计算机技术
开发与应用丛书

股市技术分析突破

姚利民 ◎ 著

清华大学出版社

北京

内 容 简 介

本书通过简洁生动的文字和图文并茂的形式介绍了股市技术分析的各种理论、技巧和心法。

全书分为 4 篇共 10 章。技术篇(第 1～5 章)重点介绍股票估值和财务报表分析的实用方法,以及技术分析的各种理论及技巧,包括常见的 K 线组合、各种价格形态(反转形态、持续形态和中继形态)、常见技术指标(MACD、RSI 和 KDJ)和均线系统等内容。实战篇(第 6 章和第 7 章)解决实战中的两大重点问题:顶部判断和黑马股挑选,其中第 6 章对各种顶部模型进行了概括总结并提炼出三头模型、波浪模型、背离模型、压力模型和双高模型等实用的头部判断技巧,第 7 章则是将经典牛股模式与笔者提出的五行均线系统相结合,介绍了众多寻找牛股的经典战法。量化篇(第 8 章)对量化交易进行探讨并介绍了一些基础和进阶的案例。心法篇(第 9 章和第 10 章)通过大量实例和实战心得对《道德经》进行解读和例证。笔者将失败的思维模式归结为"蜂巢思维",将赢家的思维模式归结为"黑客思维",而《道德经》正是实现这种跃升的心法。

本书适合所有对股市感兴趣、希望提高操作水平的读者,也同样适合对量化交易感兴趣的读者。

图书在版编目(CIP)数据

股市技术分析突破 / 姚利民著. -- 北京:清华大学出版社,2025.7. --(计算机技术开发与应用丛书). -- ISBN 978-7-302-69634-6

Ⅰ. F830.91

中国国家版本馆 CIP 数据核字第 202592NW78 号

责任编辑:赵佳霓
封面设计:吴　刚
责任校对:郝美丽
责任印制:宋　林

出版发行:清华大学出版社
　　　　　网　　　址:https://www.tup.com.cn,https://www.wqxuetang.com
　　　　　地　　　址:北京清华大学学研大厦 A 座　　　邮　　编:100084
　　　　　社 总 机:010-83470000　　　　　邮　　购:010-62786544
　　　　　投稿与读者服务:010-62776969,c-service@tup.tsinghua.edu.cn
　　　　　质量反馈:010-62772015,zhiliang@tup.tsinghua.edu.cn
　　　　　课件下载:https://www.tup.com.cn,010-83470236
印 装 者:大厂回族自治县彩虹印刷有限公司
经　　销:全国新华书店
开　　本:186mm×240mm　　**印　张:**15.75　　　　　**字　　数:**354 千字
版　　次:2025 年 8 月第 1 版　　　　　　　　　　**印　　次:**2025 年 8 月第 1 次印刷
印　　数:1～1500
定　　价:69.00 元

产品编号:108874-01

前 言
PREFACE

看过电影《黑客帝国》吗？如果还没有，则建议先看一遍，最好多看几遍。在人生中的不同时刻观看此片，你将有着不同的感悟。

主人公尼奥"本来"是一名普普通通的程序员，他总觉得自己的世界有点不对劲，但又说不出个所以然，所以他开始怀疑、开始思索、开始寻找答案。他结识了黑客崔妮蒂和孟菲斯，并得知现实世界其实是由一个叫作"矩阵"的人工智能系统所控制的，人类就像它们饲养的牲畜，给机器提供能源，在其中过着所谓的"生活"。孟菲斯告诉他，他就是救赎人类的"救世主"，而他的对手是像超人般存在的史密斯。

笔者当年进入股市的初衷是因为一句耳熟能详的话"如果你爱一个人，就送他去股市，因为那里是天堂；如果你恨一个人，也送他去股市，因为那里是地狱！"初入股市的感觉，就像觉醒前的尼奥一样，总觉得这股市有点不对劲，但又说不出个所以然，于是"开始怀疑、开始思索、开始寻找答案"。当然，笔者只是在股海中沉浮的一个小人物，自然也不是什么救世主，但是，多年的历练让笔者深深体会到，要想在股市中不任人宰割，必须跳出普通人的"蜂巢思维"，用另一种超乎寻常的独具一格的思维模式来代替，如果给它起一个名字，则可以叫作"黑客思维"。

"黑客"一词最初是指热衷于计算机技术、水平高超的计算机高手（尤指软件高手），黑客中也有白帽子和黑帽子，并非一概而论的入侵者。本书中的"黑客"可以理解为对某个系统有着深入骨髓的理解，能在其中游刃有余的那些人，"黑客思维"则是指能够达到这种境界的一种思维模式。

入市之初，笔者也交过不少学费，下跌行情自不必说，上涨行情也颇多无奈，一波行情下来往往只能喝点汤，最可气的是明明抓着一个牛股，却在大幅拉升前被掀下马来。总而言之，在大多数情况下是做反了。

痛定思痛，笔者开始转换思路。既然买了就被套，说明那是个卖点，既然拉升前被震飞，说明那是个买点。把这些案例分门别类地进行分析之后终于发现，原来主力利用了普通人的心理定势，在适当的时候反其道而行之。

接下来，笔者又把一段时间内的交易记录整理出来，按股票统计收益。统计的结果令人吃惊，原来那段时间里的收益基本上来自少数几个中线持有的优质股，而大多数的短线操作最后盈亏相抵，等于白忙。也正是这次总结使笔者下定决心以"中线持股"为主。

当然，这个过程说起来容易，做起来却绝对不简单，因为那相当于把过去的自己全盘否定了。现在回想起来，那时候的自己就像《黑客帝国》中的尼奥一样，经历了一个痛苦的觉醒过程。

经过这一番折腾之后，笔者重整旗鼓，收益率终于有了明显提高，跑赢大盘也成了常事。2015年，股指冲高后又大幅回落，上证指数全年上涨9%，大多数人只是坐了趟过山车而已。值得欣慰的是，笔者凭借书中介绍的一些技巧在5000点附近全身而退，当年实现了130%以上的收益，跑赢了绝大多数的机构和投资者。

当然，市场永远在变化，股市之中没有一劳永逸的事。股市如战场，"一念天堂，一念地狱"绝非虚言，《股票作手回忆录》的原型杰西·利弗莫尔就是一个鲜活的例子。在1929年的华尔街股灾中，利弗莫尔靠做空净赚了1亿美元，而当时美国全年财政收入也只有42亿美元，然而，五年后利弗莫尔就败光了全部身家，他的人生最后也以悲剧收场。这究竟是因为什么？追溯利弗莫尔的人生历程，我们不难发现，他的理念与《道德经》所讲的"道"与"德"相差甚远，而这也正是他悲剧的根源所在。

股市不仅是一个名利场，也是浓缩的人生，笔者早年曾对各种哲学著作，特别是《道德经》有过探究，在股市中也深深体会到"道"与"德"的威力，因此本书也包含了笔者多年的投资心得及对《道德经》的颇多感悟，希望读者在读过本书后不仅在技术上有所进步，也能在理念上有所提升。

本书主要内容

本书共10章，各章主要内容如下：

第1章是对基本面分析和技术分析的总体介绍，基本面分析重点介绍了股票估值和财务报表分析的方法，技术分析则介绍了它的三大前提和优缺点。

第2章是K线相关的一些基础知识，重点介绍了常见K线组合的应用及成交量和缺口方面的理论。

第3章主要介绍各种价格形态，包括常见的反转形态、持续形态和中继形态。

第4章对MACD、RSI和KDJ等常见的技术指标进行了详细介绍，MACD重点介绍了交叉和背离技术，RSI和KDJ指标则重点介绍了它们在超买超卖判断上的作用及背离相关的技术。

第5章介绍均线系统，包括格兰威尔均线法则、均线交叉、均线系统等。此外，本章还介绍了与均线相关的一些K线形态。

第6章是对各种顶部模型的总结，包括三头模型、波浪模型、背离模型、压力模型和双高模型等。

第7章首先对经典牛股模式进行了分析和总结，然后介绍了运用五行均线系统寻找牛股的各种战法。此外，本章还对波浪理论及其优缺点进行了分析。

第8章首先介绍了量化交易的一些基本技术，包括数据的获取、K线图绘制、均线和技术指标等，然后是均线和MACD的金叉识别、K线组合识别和反转形态识别等进阶内容。

第 9 章阐述了《道德经》中与"道"相关的一些章节,并用实例探讨了它们在股市中的具体应用。

第 10 章阐述了《道德经》中与"德"相关的一些章节,并用实例探讨了它们在股市中的具体应用。

阅读建议

本书内容涵盖较广,建议读者按顺序阅读。

本书第 1～5 章是基本面分析和技术分析的基础理论,其中也融入了笔者多年实战的心得,因此即使有一定基础的读者也不妨一读。

第 6 章和第 7 章主要解决实战中的两大问题,对技术分析不熟悉的读者建议先阅读前几章。

第 8 章介绍的是量化交易,这一章的内容需要有一定的编程基础,对此没有兴趣的读者可以跳过。

第 9 章和第 10 章探讨的是《道德经》对股市投资的启迪,也有不少实际的例子,在掌握技术分析的基础上阅读这两章收获将更大。

资源下载提示

扫描封底的文泉云盘防盗码,再扫描目录上方的二维码可下载本书源码。

致谢

感谢我的家人,感谢你们一直以来对我的理解和支持。

本书的写作得到了清华大学出版社赵佳霓编辑的大力帮助,在此深表感谢。

由于本书涉及内容广泛,加上笔者水平有限,因此难免存在疏漏之处,还请各位读者不吝批评指正。

姚利民

2025 年 5 月

目录
CONTENTS

本书源码

技 术 篇

第 1 章　股市基础 ⋯⋯⋯⋯⋯⋯⋯⋯⋯⋯⋯⋯⋯⋯⋯⋯⋯⋯⋯⋯⋯⋯⋯⋯⋯ 2

1.1　基本面分析与技术分析 ⋯⋯⋯⋯⋯⋯⋯⋯⋯⋯⋯⋯⋯⋯⋯⋯⋯ 2

1.2　股市中的万有引力 ⋯⋯⋯⋯⋯⋯⋯⋯⋯⋯⋯⋯⋯⋯⋯⋯⋯⋯⋯⋯ 2

1.3　股票的估值 ⋯⋯⋯⋯⋯⋯⋯⋯⋯⋯⋯⋯⋯⋯⋯⋯⋯⋯⋯⋯⋯⋯⋯⋯ 3

　　1.3.1　市盈率分析 ⋯⋯⋯⋯⋯⋯⋯⋯⋯⋯⋯⋯⋯⋯⋯⋯⋯⋯⋯⋯ 3

　　1.3.2　市净率分析 ⋯⋯⋯⋯⋯⋯⋯⋯⋯⋯⋯⋯⋯⋯⋯⋯⋯⋯⋯⋯ 4

　　1.3.3　PEG 分析 ⋯⋯⋯⋯⋯⋯⋯⋯⋯⋯⋯⋯⋯⋯⋯⋯⋯⋯⋯⋯⋯ 5

1.4　财务报表精要 ⋯⋯⋯⋯⋯⋯⋯⋯⋯⋯⋯⋯⋯⋯⋯⋯⋯⋯⋯⋯⋯⋯ 5

　　1.4.1　财务报表的种类 ⋯⋯⋯⋯⋯⋯⋯⋯⋯⋯⋯⋯⋯⋯⋯⋯⋯ 6

　　1.4.2　利润表分析 ⋯⋯⋯⋯⋯⋯⋯⋯⋯⋯⋯⋯⋯⋯⋯⋯⋯⋯⋯⋯ 6

　　1.4.3　资产负债表分析 ⋯⋯⋯⋯⋯⋯⋯⋯⋯⋯⋯⋯⋯⋯⋯⋯⋯ 10

　　1.4.4　现金流量表分析 ⋯⋯⋯⋯⋯⋯⋯⋯⋯⋯⋯⋯⋯⋯⋯⋯⋯ 12

1.5　技术分析概述 ⋯⋯⋯⋯⋯⋯⋯⋯⋯⋯⋯⋯⋯⋯⋯⋯⋯⋯⋯⋯⋯⋯ 13

　　1.5.1　技术分析的基本假设 ⋯⋯⋯⋯⋯⋯⋯⋯⋯⋯⋯⋯⋯⋯ 13

　　1.5.2　技术分析的优缺点 ⋯⋯⋯⋯⋯⋯⋯⋯⋯⋯⋯⋯⋯⋯⋯ 14

第 2 章　K 线基础 ⋯⋯⋯⋯⋯⋯⋯⋯⋯⋯⋯⋯⋯⋯⋯⋯⋯⋯⋯⋯⋯⋯⋯⋯ 16

2.1　基础概念 ⋯⋯⋯⋯⋯⋯⋯⋯⋯⋯⋯⋯⋯⋯⋯⋯⋯⋯⋯⋯⋯⋯⋯⋯⋯ 16

2.2　K 线组合 ⋯⋯⋯⋯⋯⋯⋯⋯⋯⋯⋯⋯⋯⋯⋯⋯⋯⋯⋯⋯⋯⋯⋯⋯ 18

　　2.2.1　启明星 ⋯⋯⋯⋯⋯⋯⋯⋯⋯⋯⋯⋯⋯⋯⋯⋯⋯⋯⋯⋯⋯⋯ 18

　　2.2.2　红三兵 ⋯⋯⋯⋯⋯⋯⋯⋯⋯⋯⋯⋯⋯⋯⋯⋯⋯⋯⋯⋯⋯⋯ 20

　　2.2.3　平头顶与平头底 ⋯⋯⋯⋯⋯⋯⋯⋯⋯⋯⋯⋯⋯⋯⋯⋯⋯ 20

　　2.2.4　黄昏之星 ⋯⋯⋯⋯⋯⋯⋯⋯⋯⋯⋯⋯⋯⋯⋯⋯⋯⋯⋯⋯⋯ 23

　　2.2.5　乌云盖顶 ⋯⋯⋯⋯⋯⋯⋯⋯⋯⋯⋯⋯⋯⋯⋯⋯⋯⋯⋯⋯⋯ 23

　　2.2.6　黑三鸦 ⋯⋯⋯⋯⋯⋯⋯⋯⋯⋯⋯⋯⋯⋯⋯⋯⋯⋯⋯⋯⋯⋯ 25

2.3　成交量 ⋯⋯⋯⋯⋯⋯⋯⋯⋯⋯⋯⋯⋯⋯⋯⋯⋯⋯⋯⋯⋯⋯⋯⋯⋯⋯ 26

　　2.3.1　成交量概述 ⋯⋯⋯⋯⋯⋯⋯⋯⋯⋯⋯⋯⋯⋯⋯⋯⋯⋯⋯⋯ 27

　　2.3.2　成交量的失真 ⋯⋯⋯⋯⋯⋯⋯⋯⋯⋯⋯⋯⋯⋯⋯⋯⋯⋯⋯ 27

2.3.3　量价模式 ··· 28

2.3.4　巨量的意义 ··· 31

2.3.5　均量线 ··· 34

2.3.6　地量与低价 ··· 34

2.4　缺口 ·· 36

2.4.1　缺口的概念 ··· 36

2.4.2　缺口的类型 ··· 37

2.4.3　周线跳空缺口 ··· 40

第 3 章　价格形态 ·· 42

3.1　反转形态 ·· 42

3.1.1　头肩顶和头肩底 ··· 42

3.1.2　双重顶和双重底 ··· 48

3.1.3　三重顶和三重底 ··· 51

3.1.4　圆弧顶和圆弧底 ··· 53

3.1.5　V 形反转 ·· 54

3.1.6　岛形反转 ·· 57

3.2　持续形态 ·· 59

3.2.1　三角形 ··· 59

3.2.2　楔形 ··· 62

3.2.3　旗形 ··· 64

3.2.4　矩形 ··· 65

3.2.5　其他形态 ·· 66

3.3　中继形态 ·· 67

3.3.1　三浪中继 ·· 68

3.3.2　一字中继 ·· 70

3.4　结构嵌套 ·· 73

3.5　趋势线 ·· 74

3.5.1　趋势线概述 ··· 74

3.5.2　趋势线的突破 ··· 76

3.5.3　趋势线的威力 ··· 77

第 4 章　技术指标分析 ·· 81

4.1　技术指标概述 ··· 81

4.2　MACD 详解 ··· 81

4.2.1　概述 ··· 81

4.2.2　金叉与死叉 ··· 82

4.2.3　MACD 的优缺点 ··· 87

4.2.4　MACD 的背离 ··· 90

4.3　RSI 详解 ·· 92

4.3.1　概述 ··· 92

4.3.2 超买与超卖 ·· 93

4.3.3 RSI 的钝化 ·· 94

4.3.4 RSI 的背离 ·· 95

4.3.5 RSI 作为趋势指标 ·································· 98

4.4 KDJ 详解 ·· 100

4.4.1 概述 ·· 100

4.4.2 超买与超卖 ·· 100

4.4.3 KDJ 的钝化 ·· 101

4.4.4 金叉与死叉 ·· 102

4.4.5 KDJ 的背离 ·· 103

第 5 章 均线系统 ·· 106

5.1 均线概述 ·· 106

5.2 格兰威尔均线法则 ·· 107

5.3 三大均线 ·· 109

5.4 均线的交叉 ·· 113

5.5 均线排列 ·· 115

5.5.1 多头排列 ·· 115

5.5.2 空头排列 ·· 117

5.5.3 均线粘合 ·· 118

5.6 涉及均线的 K 线形态 ····································· 119

5.6.1 蛟龙出海 ·· 119

5.6.2 断头铡刀 ·· 121

5.7 五行均线系统 ·· 122

实 战 篇

第 6 章 顶部模型 ·· 126

6.1 三头模型 ·· 126

6.2 波浪模型 ·· 132

6.3 背离模型 ·· 134

6.4 压力模型 ·· 136

6.5 双高模型 ·· 139

第 7 章 牛股寻踪 ·· 141

7.1 牛股模式 ·· 141

7.2 五行均线战法 ·· 149

7.2.1 蜗牛战法 ·· 150

7.2.2 鲣鸟战法 ·· 151

7.2.3 深蹲战法 ·· 153

7.2.4 牛角战法 ·· 155

7.2.5 突破战法 ·· 157

7.3 波浪看牛股 ·· 160
   7.3.1 波浪理论概述 ··· 160
   7.3.2 波浪理论的缺陷 ··· 162
   7.3.3 牛股的波浪 ··· 165

量 化 篇

第 8 章　量化交易初步 ··· 168
8.1 Python 的安装 ··· 168
8.2 入门案例 ··· 170
   8.2.1 获取股票数据 ··· 170
   8.2.2 K 线图绘制 ··· 173
   8.2.3 均线计算 ··· 175
   8.2.4 技术指标计算 ··· 175
8.3 进阶技巧 ··· 180
   8.3.1 均线交叉识别 ··· 180
   8.3.2 MACD 金叉识别 ··· 181
   8.3.3 K 线组合识别 ··· 183
   8.3.4 反转形态识别 ··· 184
   8.3.5 巨量长阳识别 ··· 187

心 法 篇

第 9 章　股市之道 ··· 190
9.1 道法自然 ··· 190
9.2 股市悟道 ··· 191
   9.2.1 故常无,欲以观其妙 ··· 191
   9.2.2 天下皆知美之为美,斯恶已 ··· 193
   9.2.3 不贵难得之货 ··· 193
   9.2.4 多言数穷,如如守中 ··· 194
   9.2.5 上善若水 ··· 196
   9.2.6 功遂身退,天之道也 ··· 197
   9.2.7 驰骋畋猎,令人心发狂 ··· 198
   9.2.8 万物并作,吾以观其复 ··· 199
   9.2.9 我独异于人 ··· 200
   9.2.10 飘风不终朝,骤雨不终日 ··· 201
   9.2.11 物壮则老 ··· 202
   9.2.12 胜而不美 ··· 204
   9.2.13 知止可以不殆 ··· 205
   9.2.14 自知者明,自胜者强 ··· 205
   9.2.15 将欲取之,必固与之 ··· 206

第 10 章　股市之德 ……………………………………………………… 209

10.1　上德与下德 ………………………………………………… 209

10.2　德行天下 …………………………………………………… 210

　　10.2.1　万物得一以生 …………………………………… 210

　　10.2.2　反者道之动,弱者道之用 ……………………… 210

　　10.2.3　三生万物 ……………………………………… 216

　　10.2.4　甚爱必大费 …………………………………… 217

　　10.2.5　为道日损 ……………………………………… 217

　　10.2.6　无死地 ………………………………………… 220

　　10.2.7　势成之 ………………………………………… 221

　　10.2.8　大道甚夷,而民好径 ………………………… 224

　　10.2.9　孰知其极,其无正也 ………………………… 225

　　10.2.10　图难于其易,为大于其细 …………………… 226

　　10.2.11　非以明民,将以愚之 ………………………… 227

　　10.2.12　不敢为天下先 ………………………………… 228

　　10.2.13　祸莫大于轻敌 ………………………………… 230

　　10.2.14　天网恢恢,疏而不失 ………………………… 231

　　10.2.15　柔弱者生之徒 ………………………………… 234

　　10.2.16　理想国 ………………………………………… 235

技 术 篇

## 第 1 章

股 市 基 础

1.1　基本面分析与技术分析

1990 年底,上交所和深交所相继成立。时至今日,中国股市已经走过了 30 多个年头,股票这两个字也早已成为一个耳熟能详的日常用语。股票至简,一买一卖就能实现收益,然而要想在股市中长期稳定地获利却绝非易事。

长期以来,股市中形成了基本面分析和技术分析两大流派。基本面分析在深入分析公司的财务状况、盈利能力、竞争优势、增长潜力等因素的基础上测算出公司的内在价值,然后将其与市场价格进行比较,从而筛选出市场价格远低于内在价值的股票。技术分析则是将股票价格和成交量等历史数据绘制成图表,或形成一定的指标系统,并据此预测未来走势、寻找买卖时机。

基本面分析和技术分析各有所长,也各有所短,因此最好的方法是将两者有机地结合起来,例如通过基本面分析找出值得投资的股票,然后用技术分析的方法找出最佳买卖点。本书虽然以技术分析为主,但是并不提倡完全脱离基本面的纯投机行为,尤其不建议买入那些基本面糟糕的垃圾股。此外,了解个股的基本面也有助于树立持股信心。股票投资有顺风顺水的时候,也有不如人意的时候。如果持股信心不足,一遇挫折就想着止损出局,那么资金再多都是不够折腾的。

1.2　股市中的万有引力

17 世纪的某一天,当牛顿在花园中的苹果树下思考引力问题时,一个苹果从树上落下。牛顿想到,为什么苹果总是垂直落向地面,而不是向外侧或向上运动呢?受此启发,牛顿提出了万有引力定律。

那么,股市中是否存在类似的定律呢?股票只是一种所有权凭证,在兑现为真金白银之前一切都只是纸上富贵,不管账面上的盈利有多少,因此将股票兑换为现金的冲动是永远存在的,这就像地球上的万有引力一样真实而永恒。

在股市中，将股票套现的吸引力可以视为股市中的万有引力，而那些拥有大量股份的大股东(包括将股价炒至高位的主力)，他们套现的欲望也往往是最强烈的，因此为了对冲这种套现欲望，各国的证券法规都对大股东，特别是控股股东大量抛售股票做出了种种限制，但是，即便如此，套现的欲望仍然难以遏制，不少大股东更是变着法儿将股票炒到高位后套现走人。

在一轮牛市行情中，成长性良好的优质企业很容易获得大资金的青睐，股价自然也水涨船高，但是，也有一些基本面糟糕的垃圾股，凭借一些所谓的"概念"和"资本运作"跟着鸡犬升天，而一旦泡沫破裂，陷在其中的投资者往往损失惨重甚至血本无归。

因此，一个理性的投资者应该始终保持一份清醒。当"暖风熏得众人醉"时，当天上成批掉馅饼时，要多想想股市中的万有引力定律，那就是悬在我们头上的达摩克利斯之剑。

1.3 股票的估值

初入股市的投资者都面临一个难题：如何判断一个股票的估值是否合理。对于普通投资者来讲，了解一个股票的估值可以从市盈率(Price Earnings Ratio，简称为 P/E 或 PER)、市净率和市盈率对盈利增长率(Price/Earnings to Growth Ratio，PEG)入手。

1.3.1 市盈率分析

1. 什么是市盈率

市盈率是股票价格除以每股收益(Earning Per Share，EPS)得到的比值，是最常用来评估股价水平是否合理的指标。

计算市盈率时股票价格通常采用最新的收盘价，而每股收益则可以用已公布的上年度的 EPS 或者投资机构盈利预测的平均值或中值计算。市场上谈论的市盈率通常是指静态市盈率，这个市盈率一般被用来比较不同股票之间的估值高低。

用市盈率来衡量股价高低并不一定准确。当某公司处于高速成长期，其盈利增长通常也相当可观。如果一个公司的盈利能够连续数年以年均 50% 的速度增长，则要求它和同行业中另一个业绩稳定但没有增长的公司具有相同的市盈率显然是不合理的。此外，某些强周期性行业具有明显的盈利高峰和盈利低谷，在其景气高峰和低谷时套用同一市盈率标准自然也是荒谬的。

2. 市盈率分析的陷阱

市盈率是用来评估股价水平是否合理的常用指标，一般情况下，市盈率较低的股票具有较高的投资价值，但是，有一类股票，如果观察它们的股价和市盈率的变动关系，则会发现一个"奇怪"的现象，也就是"越涨市盈率越低，越跌市盈率越高"，那么这种情况究竟是如何产生的呢？究竟是市盈率高的时候投资价值高还是市盈率低的时候投资价值高呢？

这类股票通常属于周期性较强的行业，例如化工行业。它们的产品和原材料价格通常波动较为剧烈,非业内人士往往对它们近期的盈利情况摸不着头脑。当行业处于景气低谷时,产品售价和利润都较低,市盈率往往很高,甚至可能因亏损而无法计算市盈率。随着景气回暖,产品售价和利润都大幅提高,市盈率则大幅降低,股价也通常会大幅攀升。当行业处于景气高峰时,企业利润会达到一个非常高的水平,此时的市盈率往往相当诱人,即使在股价大幅上涨的情况下也是如此。随着行业景气的下行,企业利润开始下降,市盈率则越来越高,股价也随之下行。

因此,"越涨市盈率越低,越跌市盈率越高"这种说法并不严谨,因为股价涨跌并不是市盈率变动的原因,而导致股价和市盈率变化的其实是产品价格和利润的剧烈变动。当然,从投资者的角度观察,看到的现象也确实是"越涨市盈率越低,越跌市盈率越高",因此对于这类股票,如果按照低市盈率买高市盈率卖的通常做法来操作,则往往会买在股价高峰,最后导致大幅亏损。

下面以利尔化学(002258)为例进行说明。该公司属于农药行业,在 2021—2023 年,由于外部因素的影响,该行业经历了一个景气上升周期,其间产品价格大幅上涨导致利润大增,具体数字见表 1-1。

表 1-1　利尔化学 2022—2023 年主要指标

项　　目	单位	2022 年				2023 年			
		1 季度	2 季度	3 季度	4 季度	1 季度	2 季度	3 季度	4 季度
净利润	百万元	591.1	571.5	509.7	352.7	342.0	265.8	99.8	59.7
总股本	百万股	528.52	744.34	744.34	800.44	800.44	800.44	800.44	800.44
季度每股收益	元/股	1.12	0.77	0.68	0.44	0.43	0.33	0.12	0.07
年化每股收益	元/股	4.47	3.07	2.74	1.76	1.71	1.33	0.50	0.30
期末股价	元	28.7	23.6	18.9	18.0	17.2	12.9	12.8	11.97
估算市盈率	倍	6.4	7.7	6.9	10.2	10.0	9.7	25.7	40.1

为了便于对比,表中的净利润是一个季度的数据,而不是年度累计数字。不难看出,2022 年上半年是该公司的盈利高峰,如果将每一季度的每股收益乘以 4 估算年化每股收益,并据此估算市盈率,则 2022 年 1 季度和 2 季度末时市盈率仅为 6.4 倍和 7.7 倍,看起来相当低。

如果因为市盈率低就买入该股,则事后看这个位置是在高高的山岗上,如图 1-1 所示,因此对于周期性强、产品价格波动剧烈的行业来讲,传统的市盈率评判标准是不适用的。作为一个投资者,从市盈率的表象看到其背后的主导因素才是制胜的关键。

1.3.2　市净率分析

市净率是指每股股价与每股净资产的比率。理论上讲,市净率低的企业风险较低,因为一旦企业倒闭,净资产较高的企业可以在清偿时收回更多成本。

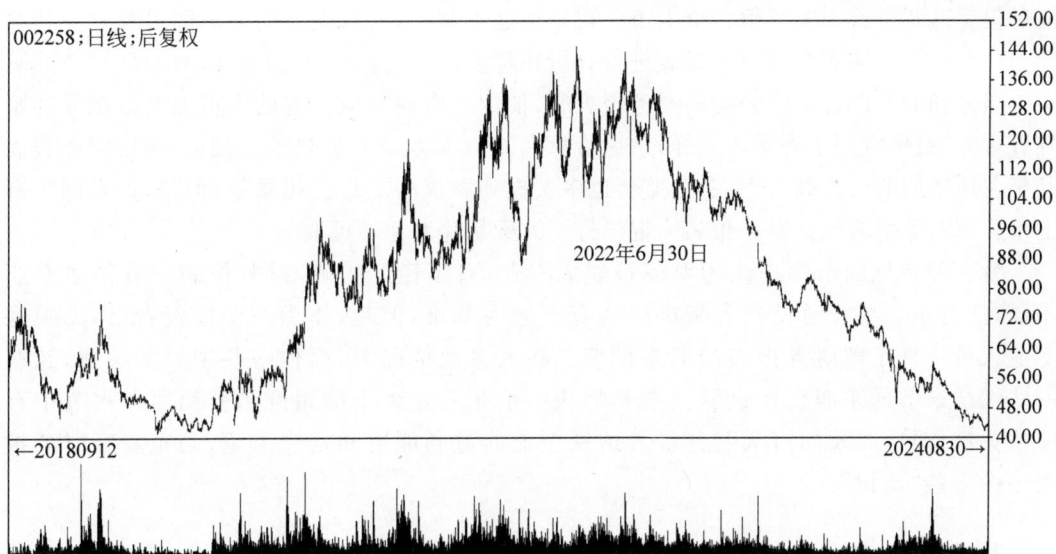

图 1-1　利尔化学日线图

由于每股净资产一般不会大幅波动,因此市净率可以作为市盈率的辅助指标,例如,周期性行业的盈利往往波动很大,用市盈率指标来衡量往往无所适从。此时,用市净率来评估更为可靠一些。

1.3.3　PEG 分析

在评估股票的价值和潜力时,可用于平衡市盈率的指标是 PEG。PEG 综合考虑了股票的市盈率和盈利增长速度,例如,假设某企业的市盈率是 36 倍,对于一个盈利没有增长空间的企业来讲,这样的估值并没有多少吸引力,但是如果该企业年均利润增长率达到 60%,其 PEG 就是 0.6,则这样的估值还是相当有吸引力的。

PEG 同时考虑了市盈率与盈利增长速度这两个因素,因而能更准确地判断股票的估值水平,特别是那些成长性较高的企业。一般来讲,当 PEG 小于 1 时,股票可能被低估,具有投资价值;当 PEG 值大于 1 时,股票可能被高估,但这并不是绝对的标准,还需要结合行业特点、公司竞争力等因素进行综合分析。

不过,PEG 也有缺陷,其最大的问题就是盈利增长速度的不确定性,即使是处于高速成长期的企业,其盈利增长率也通常波动较大,因此 PEG 可以作为一个参考指标,但不能过于偏重。

1.4　财务报表精要

市盈率、市净率和 PEG 这些指标可以让我们对股票的估值有一个初步而快速的印象,但是仅凭这几个数字来了解一个上市公司是远远不够的,要对企业的盈利能力和财务状况作一个全面的了解需要对财务报表进行分析和解读。

当你和朋友谈起上市公司的财务报表时,他们会有何反应? 有的人可能会以诧异的眼神看着你,就像看到了外星人一样,然后哈哈大笑:"那玩意儿你也信?"诚然,虚饰财务报表乃至直接造假的行为确实存在,证监会也多次提到要提高上市公司质量,但是,如果因为有上市公司财务造假就把财务报表一棍子打死无疑是片面和不可取的。

另一种常见的态度是认为财务报表太专业、看不懂。的确,财务报表中有很多专业术语,这对于一个普通投资者来讲确实有点勉为其难,但是,作为一个投资者,你无须像专业人员一样了解财务报表的诸多细节。在大多数情况下,抓住一些主要的项目,忽略一些细枝末节的东西已经足够。本节将从一个非专业人士的角度来介绍财务报表中有哪些关键信息,以及如何从财务报表透视企业的盈利能力和资产质量,乃至看穿财务报表中的一些"花招"。

1.4.1　财务报表的种类

上市公司的财务报表主要包括资产负债表、利润表、现金流量表、所有者权益变动表及财务报表附注,其中资产负债表、利润表、现金流量表揭示了企业的资产结构、盈利能力和现金流状况,是最重要的"三大表"。当然,"三大表"只是一些数字,而这些数字的原因和含义则要到财务报表附注中找。不过,并不是你想要的所有信息都能从财务报表中找到,有一些更重要的东西需要运用你的洞察力,从公司公告乃至行业信息中获取。

一般而言,上市公司会有很多子公司、联营合营企业及其他关联企业,在编制财务报表时需要将符合标准的关联企业也纳入合并范围,因此在财务报表中可以看到"母公司 XX表"和"合并 XX 表"两种类型。当然,从整体来看,应该重点关注的是合并后的报表,因此除非特别声明,书中所指的各种财务报表均指合并后的报表。

此外,上市公司的年度报告是需要经过会计师事务所审计的,审计意见可分为无保留意见、有保留意见、否定意见和拒绝表示意见 4 种情况,如果会计师事务所给出的审计意见不是"无保留意见",则投资者千万要小心,其中的风险是不言而喻的。

1.4.2　利润表分析

利润表大概是投资者最关心的财务报表了,因为利润表反映出了企业的盈利能力,而盈利能力对股价有着直接的影响。

那么,从利润表能够看出什么名堂呢? 对一般的投资者而言,至少应该从利润表中看出以下内容:

(1) 企业盈利能力强弱。

(2) 盈利能力是在增强还是减弱。

(3) 盈利能力变化的主要因素。

上市公司财务报告中的利润表一般分类较细,以下是三一重工(600031)2023年度利润表(摘自该公司2023年年报)的样例,如图1-2所示。

单位:千元 币种:人民币

项 目	2023年度	2022年度
一、营业总收入	74 018 936	80 838 530
其中:营业收入	73 221 725	80 034 495
利息收入	797 211	804 035
已赚保费		
手续费及佣金收入		
二、营业总成本	68 020 951	77 112 013
其中:营业成本	52 934 696	60 792 534
利息支出	377 252	363 981
手续费及佣金支出	14 421	14 273
退保金		
赔付支出净额		
提取保险责任准备金净额		
保单红利支出		
分保费用		
税金及附加	423 706	368 553
销售费用	6 218 283	6 301 590
管理费用	2 650 902	2 641 761
研发费用	5 864 595	6 922 913
财务费用	−462 904	−293 592
其中:利息费用	1 013 550	624 875
利息收入	980 288	696 432
加:其他收益	764 504	1 116 956
投资收益(损失以"−"号填列)	−177 082	746 047
其中:对联营企业和合营企业的投资收益	49 938	26 622
以摊余成本计量的金融资产终止确认收益		−21 819
汇兑收益(损失以"−"号填列)		
净敞口套期收益(损失以"−"号填列)		
公允价值变动收益(损失以"−"号填列)	21 149	−250 263
信用减值损失(损失以"−"号填列)	−1 173 915	−560 596
资产减值损失(损失以"−"号填列)	−83 848	−103 987
资产处置收益(损失以"−"号填列)	−5 939	93 172
三、营业利润(亏损以"−"号填列)	5 342 854	4 767 846
加:营业外收入	98 545	225 630
减:营业外支出	124 798	140 221
四、利润总额(亏损总额以"−"号填列)	5 316 601	4 853 255
减:所得税费用	710 444	431 086
五、净利润(净亏损以"−"号填列)	4 606 157	4 422 169

图1-2 三一重工2023年度利润表

对一般投资者而言,如此众多的项目不仅容易看花眼,也很难抓住重点,为此,笔者推荐一种企业财务管理用的简化损益表,见表1-2。

表1-2　三一重工2023年简式表

项　　目	2023年利润(百万元)	比例/%
营业收入	73 222	100%
营业成本	52 935	72.3%
毛利	20 287	27.7%
销售费用	6218	8.5%
管理费用	2651	3.6%
财务费用	−463	−0.6%
研发费用	5865	8.0%
其他损益	699	1.0%
利润总额	5317	7.3%
净利润	4606	6.3%

这种损益表在项目上进行了大幅度精简,对于金额较小一般无须关注的项目进行了合并,同时添加了比例分析这一栏,如果将数年或数个季度的数字放入一张表中,则通过比例的变化就很容易看出企业利润变化的主要原因。

此外,这种损益表将单位改为百万元人民币,对普通投资者而言,精确到元、角、分的财务报表实无必要。

下面以三一重工为例介绍如何对利润表进行分析,如图1-3所示。这是三一重工2019—2023年的利润表,从这张表中不难看出该公司盈利变化的来龙去脉。

单位:百万元

	2019年	比例/%	2020年	比例/%	2021年	比例/%	2022年	比例/%	2023年	比例/%
营业收入	75 665	100%	99 342	100%	106 113	100%	80 018	100%	73 222	100%
营业成本	50 932	67.3%	67 720	68.2%	78 680	74.1%	60 800	76.0%	52 935	72.3%
毛利	24 733	32.7%	31 622	31.8%	27 433	25.9%	19 218	24.0%	20 287	27.7%
销售费用	5488	7.3%	5332	5.4%	6699	6.3%	6302	7.9%	6218	8.5%
管理费用	2052	2.7%	2201	2.2%	2771	2.6%	2639	3.3%	2651	3.6%
财务费用	−46	−0.1%	282	0.3%	−125	−0.1%	−294	−0.4%	−463	−0.6%
研发费用	3644	4.8%	4992	5.0%	6509	6.1%	6923	8.7%	5865	8.0%
其他损益	141	0.2%	284	0.3%	−2277	−2.1%	−1184	−1.5%	699	1.0%
利润总额	13 454	17.8%	18 531	18.7%	13 856	13.1%	4832	6.0%	5317	7.3%
净利润	11 494	15.2%	15 861	16.0%	12 326	11.6%	4406	5.5%	4606	6.3%
毛利率	32.7%		31.8%		25.9%		24.0%		27.7%	

图1-3　三一重工2019—2023年利润表

注:2022年的营业收入摘自2022年年报,与2023年年报中的上年数略有差异。

2020年,该公司的营业收入达到993亿元,比上一年增长了31.3%,受销售收入增长的推动,2020年的净利润从上一年的114.9亿元增长到158.6亿元,增长比例达到38.0%。

对于如此大规模的上市公司来讲,年度增长超过 30% 实属不易,可喜可贺。那么,除此之外,从这两年的数据对比中我们还能看出些什么呢?

首先,2020 年毛利率有所下降(32.7%→31.8%)。毛利率是影响企业盈利能力的重要指标,毛利率的下降将对企业利润产生重大影响。当然,毛利率的变化有多重因素。在一个激烈竞争的市场上,如果竞争对手之间为了获取市场份额竞相降价,则毛利率自然会受到影响。毛利率变化的另一个因素是产品结构的变化。一个较大的上市企业往往产品种类较多,而不同的产品由于市场、成本等因素的影响其毛利率也常常相差较大。如果毛利率较高的品种的比重上升,则该企业整体的毛利率自然也会上升,反之则整体毛利率会降低。影响毛利率的另外一个因素是生产成本,但是这类数据通常属于企业的商业机密,在财务报表中是看不到的。

接下来让我们来看一看固定费用的情况。销售费用、管理费用、财务费用这些费用属于固定费用的范畴。这些费用之所以被称为"固定",是因为在一定业务量范围内它们将保持相对稳定。总体上讲,随着业务量的上升,这些费用也会呈缓慢攀升的状态,因此一个管理良好的企业,随着业务量的上升,固定费用有所上升是正常的,并且是可以理解的,但是,固定费用的比例(相对于营业收入来讲)应该是降低的。当然,有些费用,例如销售费用中的销售佣金,根据企业的销售策略的不同会呈现出类似变动费用的特性。

回到三一重工的案例。2020 年,该企业的销售费用在销售大幅增加的情况下仍有所降低,实属难得,管理费用有所增长,但比例从 2.7% 降低到 2.2%,也属正常。总体上看,2020年固定费用的控制较为成功,这也为全年利润率的提高奠定了基础。研发费用的情况较为特殊,因为从长远看研发费用属于一种投资,属于公司的战略层面,因此不可一概而论。

总体而言,2020 年三一重工的业绩较为亮眼,而该股的股价也充分反映了投资者对其未来的憧憬,如图 1-4 所示。

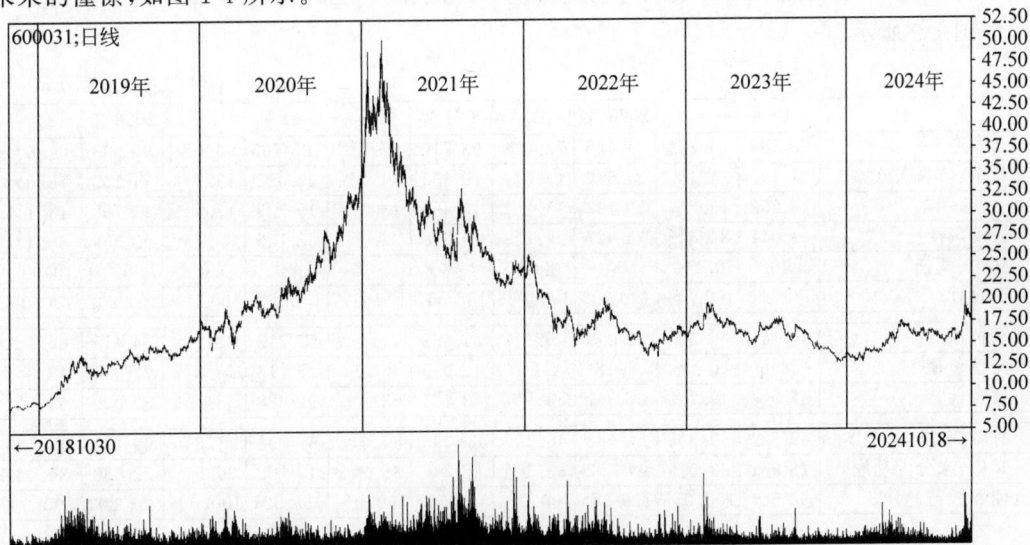

图 1-4 三一重工日线图

接下来继续分析 2021 年的利润表。在这一年度中,公司的营业收入整体有所增加,但幅度不大;毛利率则出现较大的下滑(31.8%→25.9%),毛利率下降如此之多一般预示着价格竞争较为激烈,不过在 2021 年的公司年报中并未给出详细解释。2021 年,该公司的销售费用和管理费用都比上年大幅增加,特别是销售费用,在销售没有大幅提高的情况下增长了 25.6%,年报中对销售费用的增长解释为"主要系销售规模增加,加大代理商帮扶,销售佣金、薪金及福利等相应增加",不难想象竞争的激烈程度。

在毛利率降低和固定费用增加等因素的影响下,该公司在 2021 年的净利润和利润率都大幅降低,而市场也迅速做出了反映。三一重工在 2021 年的走势基本上属于逐波下行,如图 1-4 所示。

2022 年,三一重工的情况并没有好转,营业收入大幅下降,毛利率则在上一年的基础上再度降低。销售费用总额虽然比上年有所降低,但是在营业收入下降的大背景下这也并非值得夸耀的事情。实际上,销售费用占营业收入的比例达到了 7.9%,甚至超过了 2019 年的 7.3% 的高点。管理费用也是同一趋势,比例从 2019 年的 2.7% 升高到 3.3%。

2023 年,营业收入继续下降,不过毛利率终于开始回升了。遗憾的是,销售费用和管理费用的比例继续攀升,分别达到了 8.5% 和 3.6%。从利润总额和净利润的角度看,2023 年的情况似乎比上一年有所改善,而这也反映在股价上。2023 年底到 2024 年 5 月,该股走出一波中线上升行情。

1.4.3 资产负债表分析

如果说利润表对普通投资者来讲还算比较容易理解,则资产负债表多少显得有些专业了。不过,也没有必要害怕,作为一个投资者,没有必要了解太多细节,抓大放小同样适用于资产负债表。下面仍然以三一重工为例进行说明,为了便于理解,同样对一些项目进行了归并,如图 1-5 所示。

单位:百万元

项目	2019 年	%	2020 年	%	2021 年	%	2022 年	%	2023 年	%
流动资产	68 500	75.7%	91 428	72.4%	93 719	67.6%	105 765	66.6%	97 633	64.6%
其中:应收账款	21 793	24.1%	21 512	17.0%	19 655	14.2%	25 022	15.7%	24 165	16.0%
存货	14 252	15.7%	19 198	15.2%	18 463	13.3%	19 738	12.4%	19 768	13.1%
非流动资产	22 041	24.3%	34 827	27.6%	44 838	32.4%	53 156	33.4%	53 569	35.4%
其中:商誉	49	0.1%	50	0.0%	46	0.0%	48	0.0%	50	0.0%
资产总计	90 541	100.0%	126 255	100.0%	138 557	100.0%	158 921	100.0%	151 202	100.0%
流动负债	42 149	46.6%	62 049	49.1%	61 432	44.3%	67 712	42.6%	54 415	36.0%
非流动负债	2866	3.2%	6018	4.8%	12 029	8.7%	25 116	15.8%	27 614	18.3%
负债合计	45 015	49.7%	68 067	53.9%	73 461	53.0%	92 828	58.4%	82 029	54.3%
所有者权益	45 527	50.3%	58 188	46.1%	65 095	47.0%	66 093	41.6%	69 173	45.7%
其中:未分配利润	28 952	32.0%	41 792	33.1%	48 767	35.2%	49 162	30.9%	52 080	34.4%
负债和权益总计	90 541	100.0%	126 255	100.0%	138 557	100.0%	158 921	100.0%	151 202	100.0%

图 1-5 三一重工简式资产负债表

　　首先,让我们了解一下资产负债表的结构。资产负债表有三大要素,即资产、负债和所有者权益,其中所有者权益在上市公司的报表中一般称为股东权益。资产负债表有一个恒等式,即资产＝负债＋所有者权益。

　　下面对资产负债表的主要项目做一个通俗的介绍。由于投资者是报表的使用者而不是编制者,因此此处的介绍重在易于理解,重在实用,对于一些烦琐的细节问题就不过多地涉及了。

　　资产可以分为流动资产和非流动资产两大类,流动资产主要包括货币资金、应收账款、存货等项目。货币资金中的主要部分是银行存款,应收账款通俗地讲就是公司销售产品或服务的货款,其中还包括代收的税金(例如增值税)。存货由3部分组成:原材料、在产品和库存商品,原材料和库存商品较好理解,在产品可以理解为处于不同加工阶段的半成品。

　　非流动资产主要包括固定资产、在建工程、无形资产和商誉等项目,其中在建工程指正在建设尚未竣工投入使用的建设项目,包括机器设备等固定资产的相应部分。商誉是一个较为复杂的概念,举个易于理解的例子,如果上市公司用3亿元收购了价值为1亿元的资产,则差额的2亿元就算作商誉。

　　资产负债表应该从什么角度进行分析呢?对投资者来讲,可以通过比例分析来了解企业的资产结构和质量,常见的比例有资产负债率、应收账款周转率、存货周转率、流动比率、速动比率、总资产周转率等。

　　资产负债率是评价一个公司负债水平的重要指标。上文介绍过资产负债表的恒等式:资产＝负债＋所有者权益,资产负债率就是负债占资产的比率。

　　三一重工历年的资产负债率可以从图1-5中负债合计旁的百分比看出,例如,该公司2023年底的资产负债率为54.3％。那么这个数是高还是低呢?根据国家统计局发布的《中华人民共和国2023年国民经济和社会发展统计公报》的数据,2023年年末规模以上工业企业资产负债率为57.1％,企业的资产负债率低于这个平均数可以看成安全的。当然,资产负债率的安全标准还应该考虑行业属性等因素,不可一概而论。

　　2020年8月,央行、银保监会等机构针对房地产企业提出了"三道红线",其中第1条就是:房企剔除预收款后的资产负债率不得大于70％。可见,70％的资产负债率被视为一个重要的分界线,资产负债率过高的企业的财务风险无疑会比较大,中国最大的房地产企业之一的恒大集团(港交所上市,代码03333,名称为中国恒大)就是一个典型的例子。据统计,中国恒大2017—2019年的资产负债率分别为86.3％、83.6％和83.8％,大大超过了70％的红线。

　　应收账款周转率主要用来衡量应收账款的周转速度和管理效率,其理论计算公式如下:

$$应收账款周转率＝赊销收入净额／应收账款平均余额 \tag{1-1}$$

其中,赊销收入净额＝销售收入－销售退回－现销收入;应收账款平均余额＝(期初应收账款余额＋期末应收账款余额)/2。

　　由于赊销收入的具体数字一般较难取得,为了便于计算,赊销收入净额常用营业收入代替。下面根据三一重工2020年年报中的数字计算其应收账款周转率。2020年该公司营业

收入为 99 342（单位为百万元，下同），期初和期末应收账款余额分别为 21 793 和 21 512，因此

$$应收账款平均余额 = (21\ 793 + 21\ 512)/2 = 21\ 652.5$$
$$应收账款周转率 = 99\ 342/21\ 652.5 = 4.59$$

对于非专业人士来讲，这个数字可能不太好理解，为此，可以用另一个类似的指标，即应收账款周转天数来表示。应收账款周转天数的计算公式如下：

$$应收账款周转率 = 360/\ 应收账款周转率 \tag{1-2}$$

其中，360 天代表一年的天数，应收账款周转天数可以理解为应收账款平均回收周期，在上面的例子中三一重工 2020 年的应收账款周转天数 = 360/4.59 = 78 天，即应收账款的回收平均需要 2.5 个月。同样，这个数字的好坏也需要根据行业等情况进行判断，不可一概而论，但是对同一个公司来讲，应收账款周转天数可以在一定程度上反映其管理能力，同时也反映该公司产品在市场上受欢迎的程度。

经计算，三一重工 2019—2023 年的应收账款周转天数分别为 100 天、78 天、70 天、101 天和 121 天。自 2021 年起，该公司的应收账款周转天数不断延长，期间伴随着营业收入的下降，这也从侧面反映该公司乃至整个行业面临的困境。

如果一个企业的竞争力强，则其应收账款周转天数一般较短，反之，周转天数会较长，有的企业甚至为了将产品销售出去而放松对客户信誉的考察，最终导致坏账。如果一个企业的产品很畅销或者供不应求，则其在销售时甚至会采取先收货款后发货的政策，这反映在资产负债表上通常是预收账款很高而应收账款很低，贵州茅台（600519）就是这样一个例子。据该公司 2023 年年报记载，2023 年该公司实现营业收入 1477 亿元，而期末的应收账款仅为 6000 万元，甚至比一天的销售额还低很多，与之相对应的是，期末的预收货款高达 141.3 亿元，可见其产品受欢迎的程度。

因此，通过应收账款周转率和周转天数这个指标可以看出企业产品的市场地位和受欢迎程度，从而为投资决策提供重要依据。

资产负债表中的另一个重要指标是存货周转次数，其计算公式如下：

$$存货周转次数 = 营业成本\ /\ 存货平均余额 \tag{1-3}$$

同样，存货周转次数也有一个类似的指标：存货周转天数。三一重工 2019—2023 年的存货周转天数分别为 91 天、89 天、86 天、113 天和 134 天，其反映的趋势和应收账款周转天数是一样的。

1.4.4　现金流量表分析

现金流量表，顾名思义，是反映企业现金流入和流出的财务报表。对企业来讲，要获取利润首先需要把产品销售出去，然而，把产品销售出去只是第 1 步，更重要的是把货款收回来。如果货款无法收回，则企业很容易陷入财务困境，甚至破产，因此现金对于企业来讲如同生命。没有利润的企业日子虽不好过，但还不算致命，假以时日，企业仍然可能找到出路，甚至重振雄风，而没有现金流入的企业则可能瞬间倒闭。

现金流量表将现金流量分成经营活动、投资活动和筹资活动三大类,投资者最需要关注的是"经营活动产生的现金流量"。在现金流量表中,它是一个大类,下面又分成很多小的项目,其中最重要的项目如下:

(1) 销售商品、提供劳务收到的现金。

(2) 购买商品、接受劳务支付的现金。

(3) 支付给职工及为职工支付的现金。

(4) 支付的各项税费。

在上述项目中又以"销售商品,提供劳务受到的现金"最为重要,因为它反映了货款的回收情况。如果一个企业利润表上的数字很漂亮,但是"经营活动产生的现金流量净额"却是负数,则需要小心了,这意味着该企业收到的货款甚至不足以支付原材料和支付员工工资。虽然在某些情况下暂时出现负数是可以理解的(例如某新产品在年底大量供货,而货款却要等到明年),但是对于"经营活动产生的现金流量"持续是负数的企业要格外小心,不少问题企业可以在这里发现端倪。

1.5　技术分析概述

1.5.1　技术分析的基本假设

本书的主要部分属于技术分析的范畴。技术分析有 3 个基本假设,也可以说是前提,具体如下:

(1) 市场行为包容消化一切。

(2) 价格以趋势方式演变。

(3) 历史会重演。

"市场行为包容消化一切"是技术分析的基础。影响股票价格的因素有千千万,但它们无一例外会反映在股票价格之中。如果不承认这个前提,则技术分析就无从谈起。技术派人士认为,所有基本面的因素,无一例外都会对股票的价格产生影响,并且会反映在股票的走势图中。

"价格以趋势方式演变"是另一个重要的论断。在股票市场(不单指中国股市)发展早期,还有另一种理论,认为股票价格的走势是类似于布朗运动的随机运动。

保罗·库特纳(Paul H. Cootner)曾在其《股票市场价格的随机行走特点》(*Random Character of Stock Market Prices*)一书中提出了"随机漫步理论"。他认为,股票价格的波动是随机的,像一个大广场上行走的人一样,价格的下一步将走向哪里,是没有规律的。

真实情况又是如何呢?事实胜于雄辩,让我们看一下上证指数近 30 年的周线图,以此来直观地感受一下,如图 1-6 所示。从这张 K 线图中,可以清晰地看出股市涨跌的脉络,尽管走势时疾时缓,但是在不同的阶段存在持续的趋势恐怕是不可否认的。

对于"历史会重演"这句话,人们并不陌生。黑格尔曾经说过:人类在历史中学到的唯

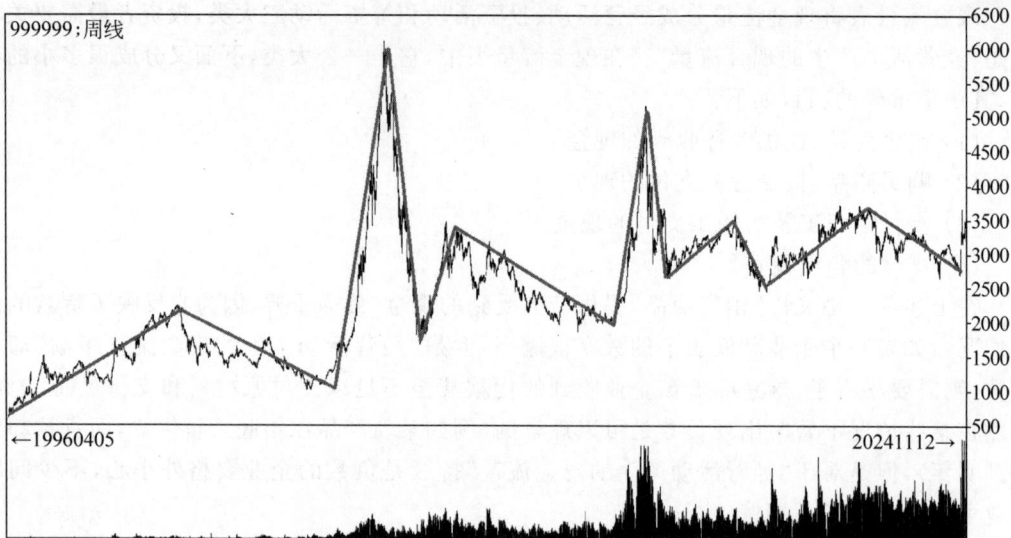

图 1-6　上证指数近 30 年的周线图

一教训就是人类在历史中学不到教训。换一句话说就是：历史会重演。在股票市场，历史同样会重演。股市经典著作《股票作手回忆录》中写道："华尔街没有新事物，投机像山岳一样古老。今天发生的事情，以前发生过，以后会再度发生。"

在牛市的巅峰时期，每天都有大量的股票涨停，钱好像来得特别容易，于是不少人忘乎所以，不顾风险地往里冲，直至最后发生踩踏……漫漫熊市中，股票阴跌不止，持股信心不断被消磨，很多人发誓只要回本就再也不进股市了，然而，当一轮牛市到来的时候，他们的"激情"再度被点燃，昔日的誓言也早被抛到了九霄云外，于是，又一个循环开始了。这就是人性，股票市场中历史重演的根源所在。

1.5.2　技术分析的优缺点

首先，技术分析的最大优点是直观，股票价格和成交量在 K 线图中一目了然，市场的趋势也很容易识别。上证指数在 2014 年的一段走势如图 1-7 所示，上半年的盘整走势和下半年一路攀升的态势在图中清晰可见，即使是初入股市的新手也不难看出其中的门道。

其次，技术分析提供了大量量化指标，可以据此判断行情的转折点，也为基于计算机程序的量化交易提供了良好的基础。

另外，技术分析适用于多种时间框架，无论是短线、中线还是长线交易都能找到合适的图表。

当然，技术分析也有其不足，例如，技术分析建立在历史数据的基础之上，而用历史数据来预测未来多少会存在一定的偏差。又如，技术分析依赖于个人对数据和图形的解读和判断，因而主观性较强。某些主力可能通过操控个股的短期走势来制造陷阱，缺乏经验的投资者往往防不胜防。此外，任何技术方法都不可能百分之百管用，如果走势与预期不一致，则

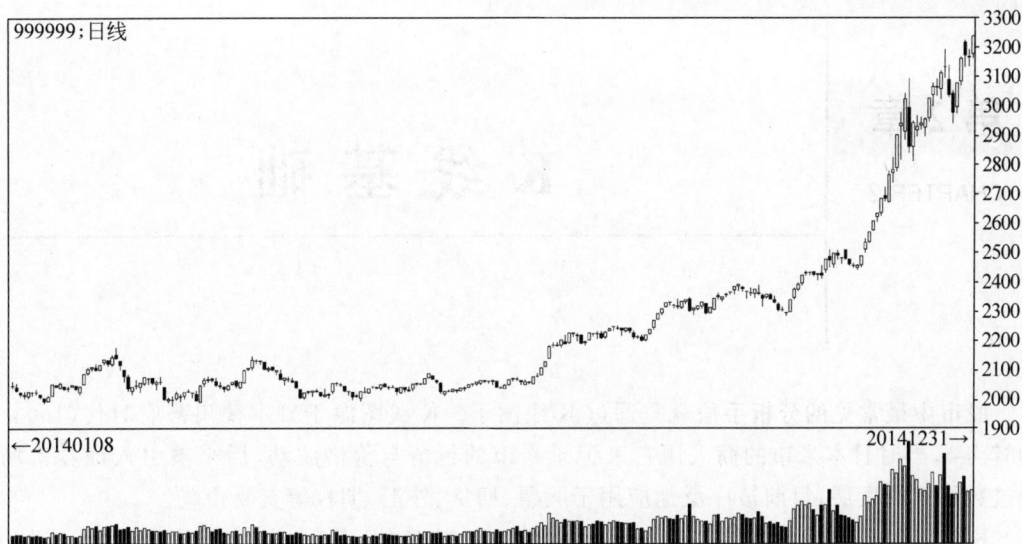

图 1-7　上证指数 2014 年日线图

是否止损也是一个令人头疼的问题。当然,并非只有技术派人士才有这个烦恼,价值投资者也面临着同样的问题。

## 第 2 章

K 线 基 础

股市中最常见的分析手段就是通过 K 线图了。K 线图源于日本德川幕府时代(1603—1867 年),当时日本米市的商人用它来记录米市的行情与价格波动,后来被引入证券市场,经过数百年的发展,目前被广泛地应用于股票、期货、外汇、期权等交易市场。

K 线可以分成若干个层次,首先最简单的是单根 K 线,其次是少数几根 K 线组成的 K 线组合,然后是数十根乃至数百根 K 线组成的形态或结构,最后才是一幅完整的 K 线图。虽然单根 K 线提供的信息并不多,但它是各种复杂形态和模式的基础,因此有必要从单根 K 线讲起。

2.1 基础概念

根据适用的时间周期不同,K 线可分为日 K 线、周 K 线、月 K 线等,其中最常用的是日 K 线,也可简称为日线。

日线包括了一个交易日中的 4 个重要价位:开盘价、收盘价、最高价和最低价,如图 2-1(a)和(b)所示。

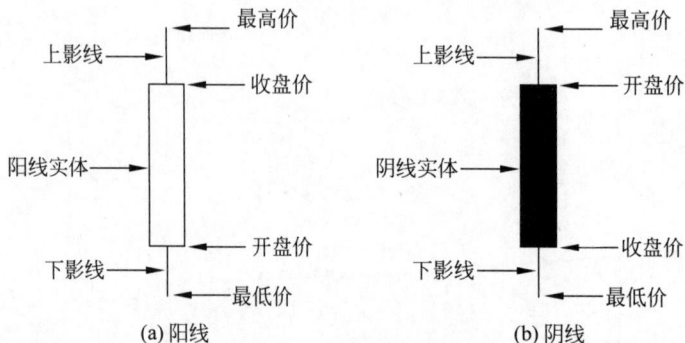

图 2-1 日线的 4 个价位

根据开盘价和收盘价的位置,K 线又可分为阳线、阴线、十字星等。如果收盘价高于开盘价,则 K 线中的柱形一般用空心方式标记,这种 K 线称为阳线;反之,如果收盘价低于开盘价,则柱形部分一般用实心方式标记,这种 K 线称为阴线。

需要注意的是,阳线只是意味着收盘价高于开盘价,但并不意味着今日收盘高于昨日收盘。如果因为某些因素开盘价大幅低开,则即使当日收出一根大阳线,股价仍然可能是收跌的。同样地,在一个强烈的多头趋势中,股价往往会承接上一交易日的走势大幅高开,这样,即使经过一天的震荡后最后收了阴线,股价相比前一交易日而言仍然可能是收涨的。

阳线和阴线中开盘价和收盘价之间的部分构成 K 线的实体,而 K 线之外的部分称为上影线和下影线。顾名思义,上影线就是在 K 线实体上方的那条线,在阳线中,它是收盘价与最高价之间的部分,在阴线中,它是开盘价与最高价之间的部分;下影线则是 K 线实体下方的那条线,在阳线中,它是开盘价与最低价之间的部分,在阴线中,它是收盘价与最低价之间的部分。

根据 K 线实体的大小,阳线和阴线可以分为以下几种。

(1) 大阳线和大阴线:实体较大的阳线和阴线,参考标准为实体部分大于 3.5%。

(2) 中阳线和中阴线:实体大小居中的阳线和阴线,参考标准为实体部分介于 1.5%～3.5%。

(3) 小阳线和小阳线:实体较小的阳线和阴线,参考标准为实体部分小于 1.5%。

实际上,股市中对于大小阴阳线的具体百分比并无统一标准,不少人往往从个人感觉出发自行定义,例如有的人将实体部分在 5% 甚至 6% 以上的 K 线才定义为大阳线或大阴线。

此外,对于 K 线实体特别巨大的阳线和阴线会冠以"巨阳"或"巨阴"的称号,参考标准为实体部分大于 8%。

除了阳线和阴线之外,还有一种特殊情况,即开盘价和收盘价正好相等的情况,这种 K 线根据其是否有上下影线,又可分成十字星、T 字线、倒 T 字和一字线 4 种,具体定义如下。

(1) 十字星:既有上影线又有下影线,形同十字。

(2) T 字线:只有下影线,没有上影线,形同英文字母 T。

(3) 倒 T 字:只有上影线,没有下影线,形同倒写的英文字母 T。

(4) 一字线:既没有上影线,也没有下影线,形同"一"字。

它们的形态如图 2-2 所示。

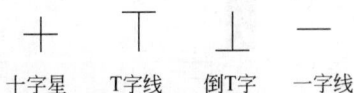

十字星 T字线 倒T字 一字线

图 2-2 阳线和阴线以外的 K 线

此外,还有一些特殊形态的 K 线也有其专有名称,具体如下。

(1) 光头阳线(阴线):没有上影线只有下影线的阳线(阴线)。

(2) 光脚阳线(阴线):只有上影线没有下影线的阳线(阴线)。

(3) 光头光脚阳线(阴线):既没有上影线也没有下影线的阳线(阴线)。

(4) 锤头线:阳线(也可以是阴线)实体很小,无上影线或上影线很短,但下影线很长。

(5) 倒锤头线:阳线(也可以是阴线)实体很小,无下影线或下影线很短,但上影线很长。

它们的形态如图 2-3 所示。

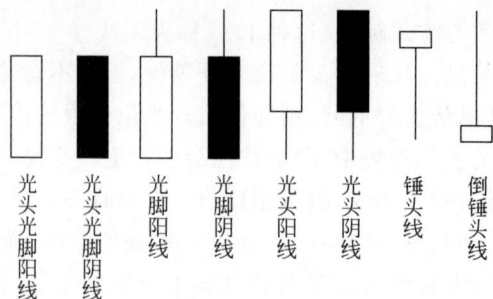

光头光脚阳线　光头光脚阴线　光脚阳线　光脚阴线　光头阳线　光头阴线　锤头线　倒锤头线

图 2-3　特殊形态的 K 线

2.2　K 线组合

单根 K 线提供的信息太少,并不足以对后市提供预判,而由数根 K 线组成的 K 线组合的信息量就大多了。常见的 K 线组合有启明星、红三兵、平头顶(底)、黄昏之星、乌云盖顶、黑三鸦等,这些组合出现频率较高,具有一定的参考价值。

需要说明的是,这些 K 线组合出现的场景和位置对后市的走势会有重大影响,因此仅凭一个 K 线组合就对后市做出判断仍然是武断的、不可靠的。

2.2.1　启明星

启明星的形态特征是在下跌走势的末端先有一根长阴线,随后出现了一根小阴小阳或十字星,之后出现了一根长阳线,如图 2-4 所示。传统意义上启明星被视为看涨反转形态,不过反转与否仅凭三根 K 线是无法判断的。

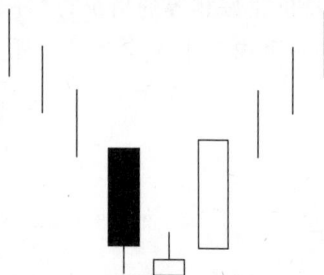

图 2-4　启明星

以下是包钢股份(600010)在 2021—2022 年的一段走势,如图 2-5 所示。在一波下跌行情的末端,该股收出了一根大阴线(2022 年 1 月 27 日),次日,该股在前一日收盘价附近震荡,收了一根十字星,而当天是春节休市前的最后一个交易日。春节后的第 1 个交易日,该股终于收出一根久违的大阳线,完成了启明星的形态。此后,该股震荡向上走出一小波反弹行情。不过,从较长的时间跨度看,该股并没有反转,一个多月后,启明星形态的低点就被击穿了。

这一点其实不难理解,K 线形态越简单,其可靠性就越低,3 根 K 线组成的形态是不可能支撑长达数周乃至数月的中期反转的。当然,也有一些股票在启明星后确实走出了一波像样的行情,这种情况可以视作巧合。

启明星一般要求前期是下跌走势,然而类似的图形并非总是出现在下跌行情末期。有时在上涨趋势中途也会有类似形态出现。以下是凯恩股份(002012)在 2014—2015 年的一段走势,如图 2-6 所示。当时的大盘蒸蒸日上,该股也正处于一波中期上涨行情之中,因此这种类似启明星的形态充其量不过起了一个短线洗盘的作用,和反转完全扯不上关系。

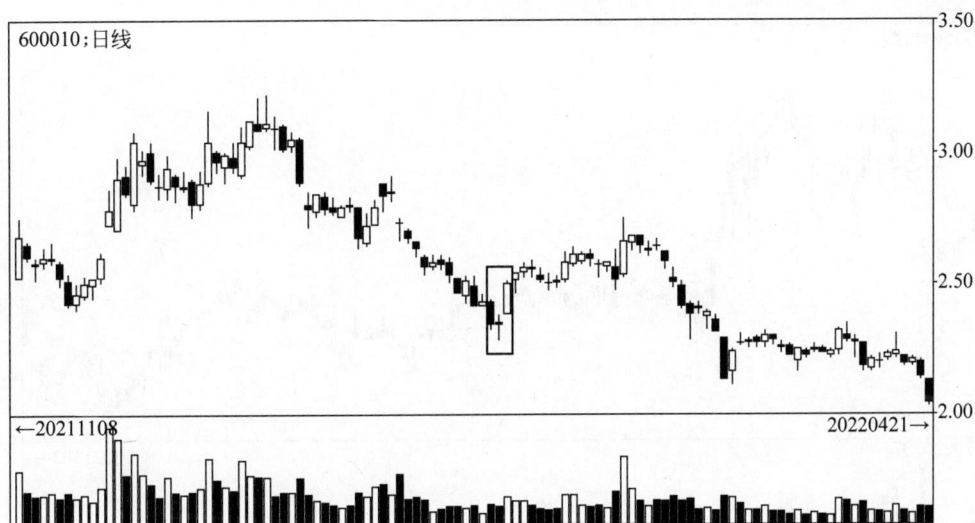

图 2-5　包钢股份日线图

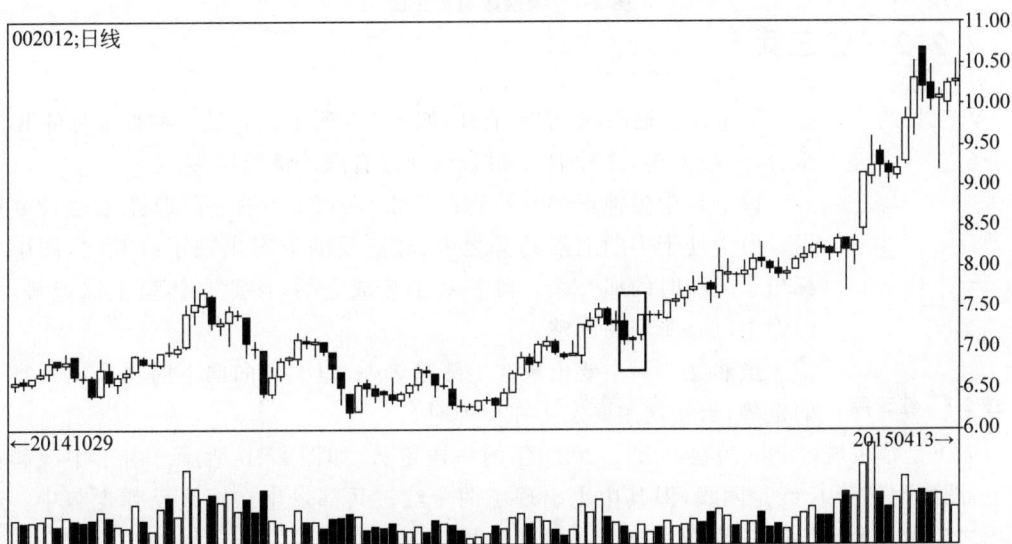

图 2-6　凯恩股份日线图

　　总体来讲，出现启明星后短期内出现上涨走势的可能性较大，但是一切都要看大势，如果启明星出现在一波较大的下跌行情之中，则后市未必乐观，甚至可能买入即被套。

　　以下是天娱数科（002354）在2022年调整行情中的一段走势，如图2-7所示。4月中旬，该股出现了启明星的形态，然而之后该股并没有反转向上，反而加速下跌并收出了几根大阴线，该股股价在此后相当长的一段时间内都没有到过这个位置，可谓买入即被套。

　　由此可见，启明星走势能否构成反转，取决于中期趋势，仅凭3根K线就仓促买入是不可取的。

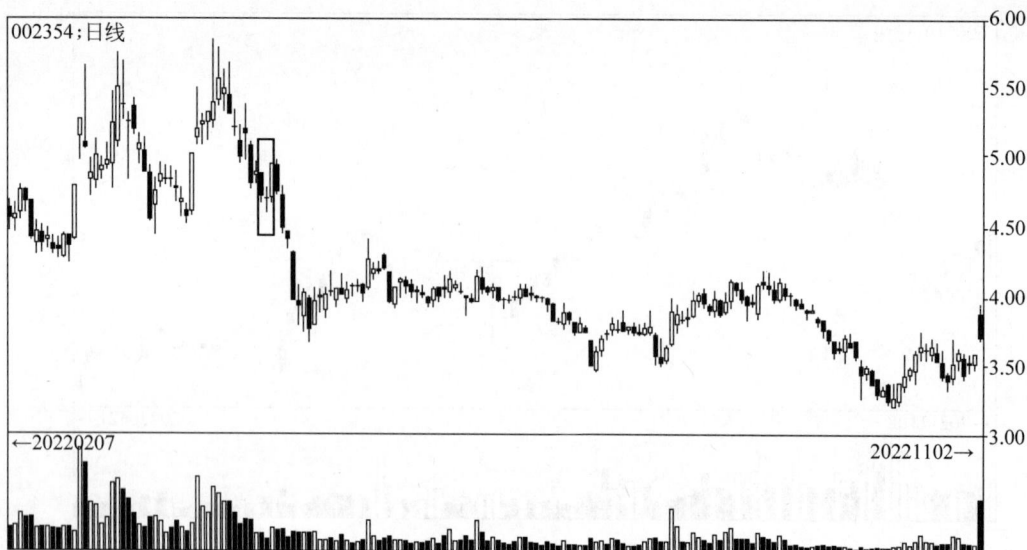

图 2-7 天娱数科日线图

2.2.2 红三兵

红三兵的形态特征是连续三根阳线,依次上升,如图 2-8 所示。它是一种很常见的 K 线组合,一般来讲,这种 K 线组合出现后看涨的情况居多。

以下是中国神华(601088)在 2023—2024 年的一段走势,如图 2-9 所示。由于处于中期上涨趋势之中,红三兵的形态出现了好几次,图中只标出了起涨时的那一个。红三兵走势成立后,该股总体呈上涨趋势,虽然途中也有所震荡调整。

虽然红三兵主要出现在上涨趋势中,但大方向向下时也会出现类似的走势,当然这主要发生在反弹时。

图 2-8 红三兵

以下是华侨城(000069)在 2023—2024 年的一段走势,如图 2-10 所示。由于中线趋势向下,图中大部分 K 线是阴线,但其中也出现了两个红三兵都发生在短线反弹走势中。红三兵之后多方力量接近枯竭,空头再次占据了上风。

2.2.3 平头顶与平头底

股价上升到高位后,如果出现两根或数根最高价相同(或几乎相同)的 K 线,则这种形态称为"平头顶",如图 2-11(a)所示;反之,当股价下跌到低位后出现两根或数根最低价相同的 K 线,则称为"平头底",如图 2-11(b)所示。平头顶一般意味着上方压力较大,平头底则意味着下方支撑较强。

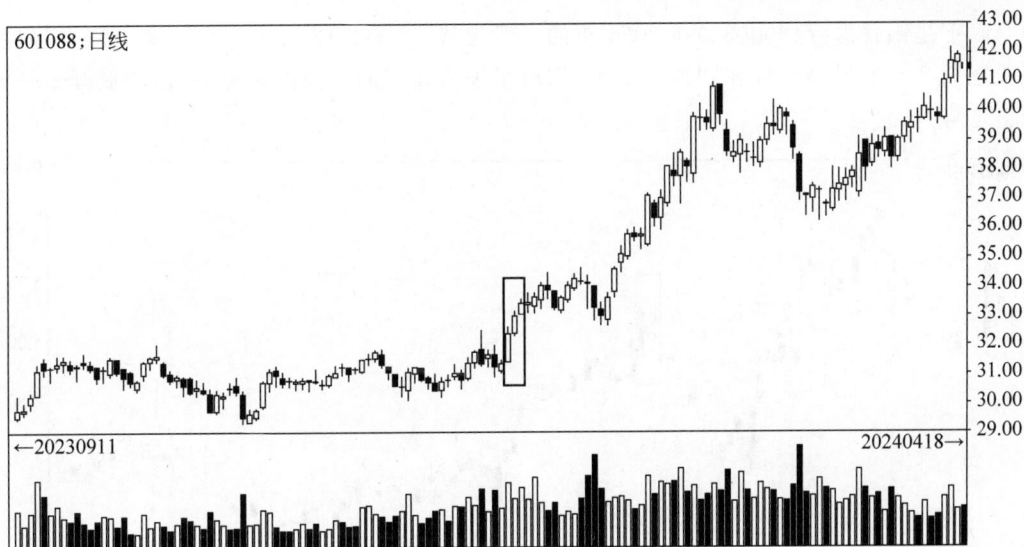

图 2-9　中国神华日线图

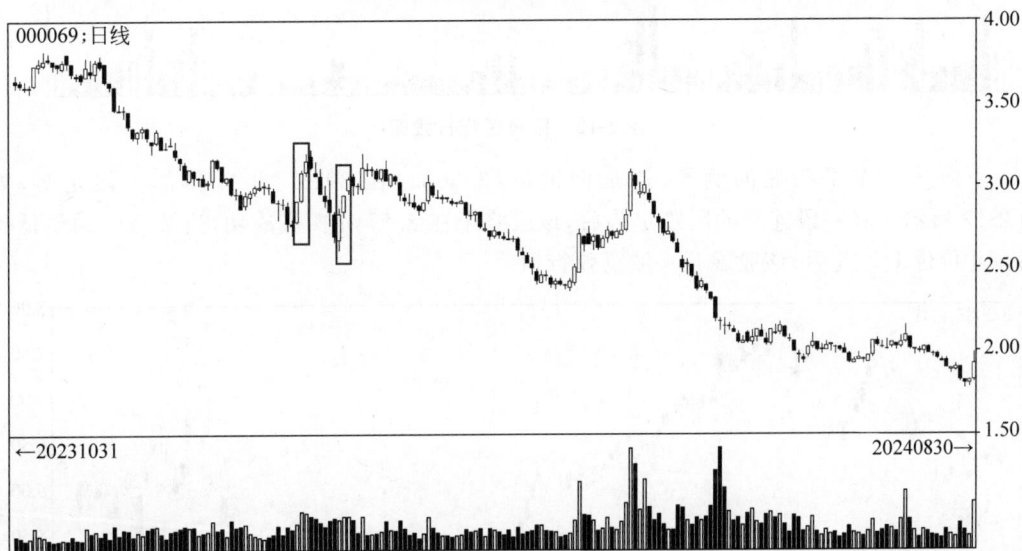

图 2-10　华侨城日线图

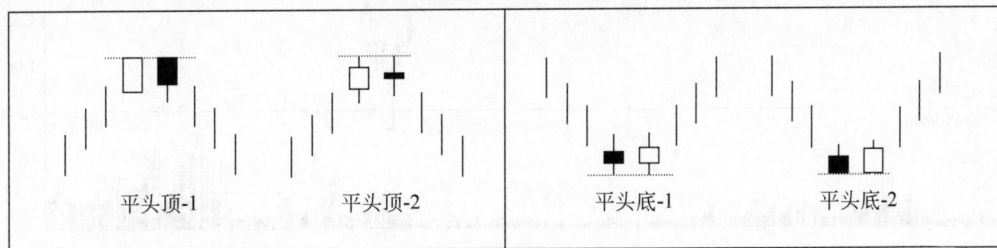

(a) 平头顶　　　　　　　　　　　　　　(b) 平头底

图 2-11　平头顶和平头底

　　以下是阳普医疗(300030)在 2024 年的一段走势,如图 2-12 所示。在一波上涨走势后,该股连续 3 天的最高价都在同样的位置,构成了平头顶。向上突破无果后,该股展开了一轮调整走势。

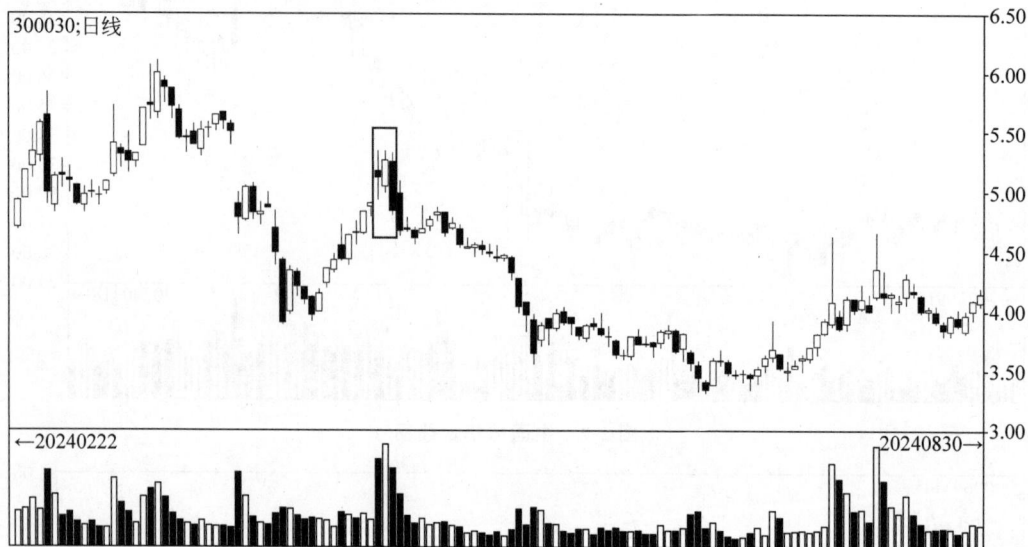

图 2-12　阳普医疗日线图

　　下面是一个平头底的例子,这是创世纪(300083)在 2023—2024 年的一段走势,如图 2-13 所示。在一段连绵的阴跌走势后,该股终于在 3.57 元探底成功,连续 2 天的最低价都在此价位上。此后,该股展开一波反弹行情。

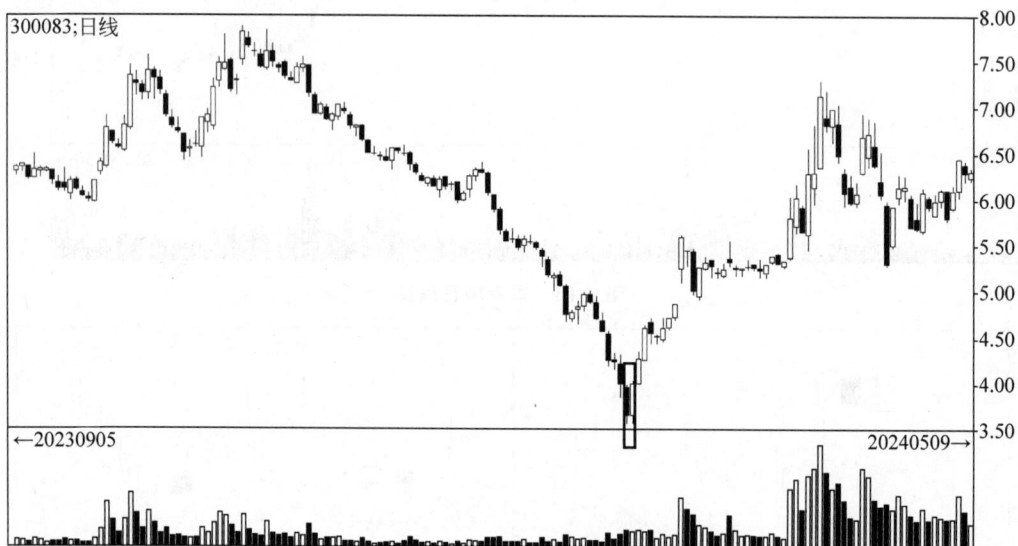

图 2-13　创世纪日线图

　　由于平头顶和平头底仅由两根 K 线组成,因此并不能简单地判断为转势。实际上,两根最高价或最低价相同的 K 线在趋势行情中段出现的情况也不少见,此处就不再举例了。

2.2.4　黄昏之星

　　黄昏之星是启明星的翻转版,同样由 3 根 K 线组成,首先是一根长阳线,其后接一根小阴小阳或十字星,最后是一根长阴线,如图 2-14 所示。

　　传统意义上,黄昏之星被视为看跌反转形态,特别是出现在一段上升走势末端时。以下是沙河股份(000014)在 2023 年 3 季度构筑中期头部时的一段走势,如图 2-15 所示。在黄昏之星(见图中标注)出现之前,该股处于中期上涨趋势之中。此轮上涨行情以黄昏之星为分界线,之后该股出现了一波较大的调整走势。

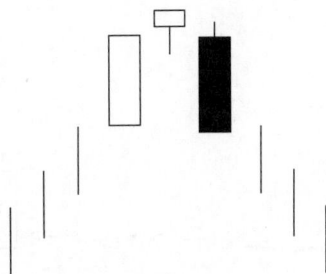

图 2-14　黄昏之星

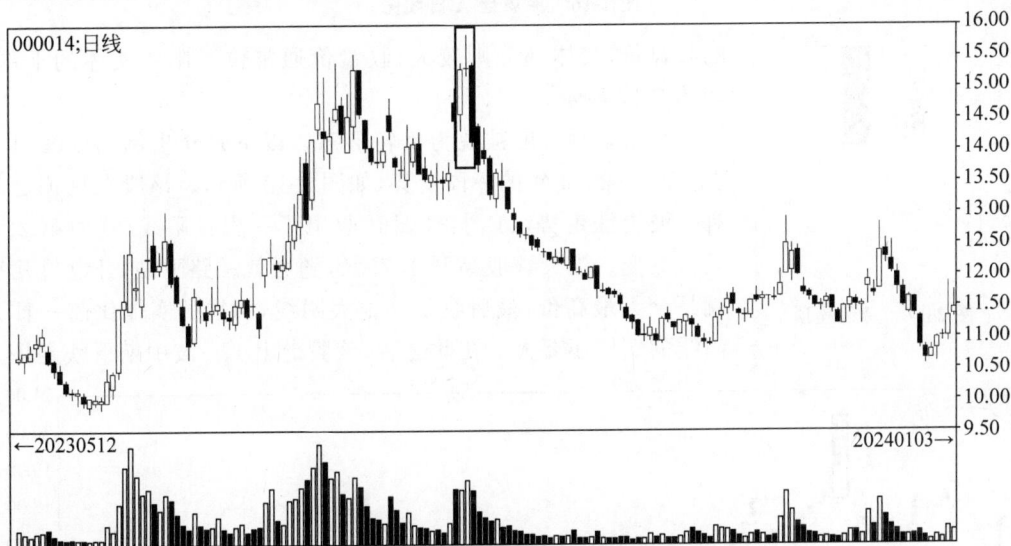

图 2-15　沙河股份日线图

　　虽然常被视作反转形态,但是不少时候黄昏之星并不构成反转,尤其是在牛市的背景下。以下是深康佳 A(000016)在 2015 年大牛市背景下的一段走势,如图 2-16 所示。4 月 6 日至 8 日,该股形成了黄昏之星,但是如果就此认为走势要反转,那就大错特错了。事实上,在黄昏之星出现后,该股仍然高歌猛进,此后的两个月里涨了约 3 倍,而当时因为出现了黄昏之星而抛售的投资者恐怕是悔之莫及了。

2.2.5　乌云盖顶

　　乌云盖顶的形态特征是一根长阳线后面跟一根长阴线,阴线的开盘价一般高于前一天

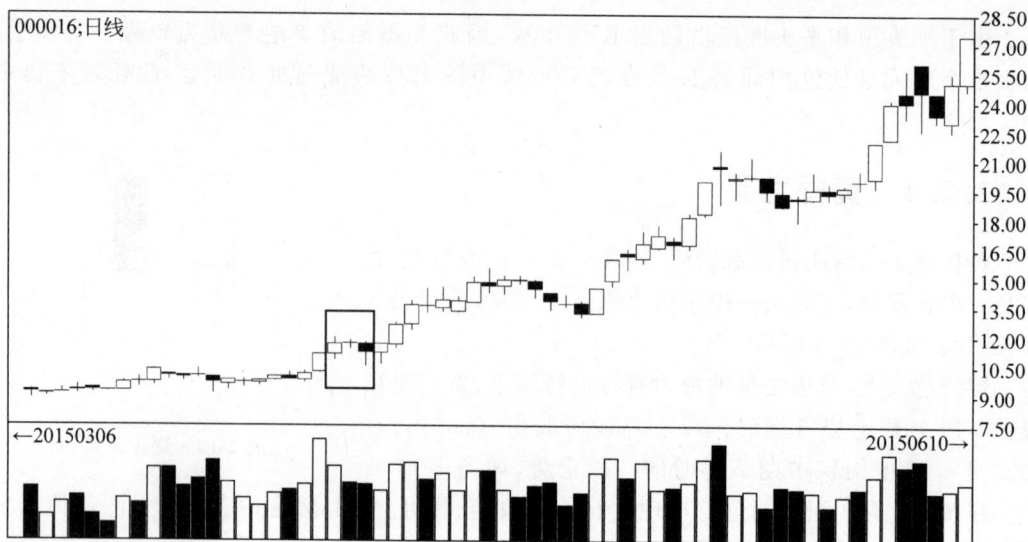

图 2-16　深康佳 A 日线图

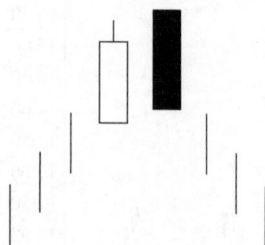

图 2-17　乌云盖顶

的收盘价,实体部分则较大,收盘价通常位于阳线实体的下部,如图 2-17 所示。

乌云盖顶一般被视为反转形态。以下是众生制药(002317)在 2023—2024 年的一段走势,如图 2-18 所示。该股在见顶之前有一波上涨走势,11 月 24 日还收出了一根长阳线,然而第 2 天风云突变。当天该股高开 1.79%,随后就一路下跌,开盘价几乎就是全天最高价,最后收了一根大阴线,阴线的实体比前一日大阳线的实体还要大。在此之后,该股走出了一波中期下跌走势。

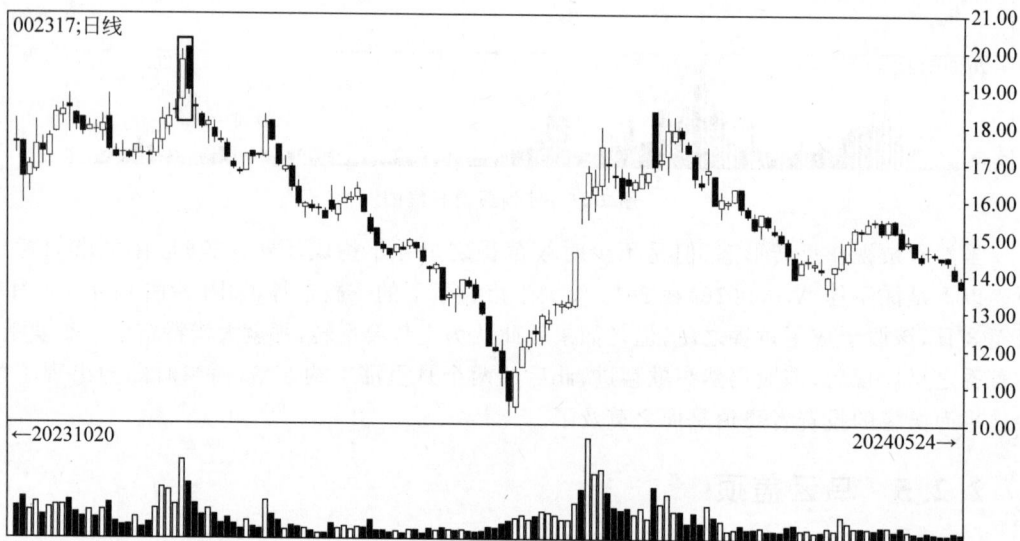

图 2-18　众生制药日线图

如同其他 K 线组合一样,乌云盖顶也会被主力用作洗盘的工具,特别是在牛市背景下。毕竟,在上涨途中制造一根大阴线对主力来讲并非难事。

以下是网宿科技(300017)在 2022—2023 年的一段走势,如图 2-19 所示。主力在上涨途中制造了一个乌云盖顶的形态(见图中标注),然而这并没有阻止该股继续上扬,事后看这只不过是上涨途中的一次洗盘而已。

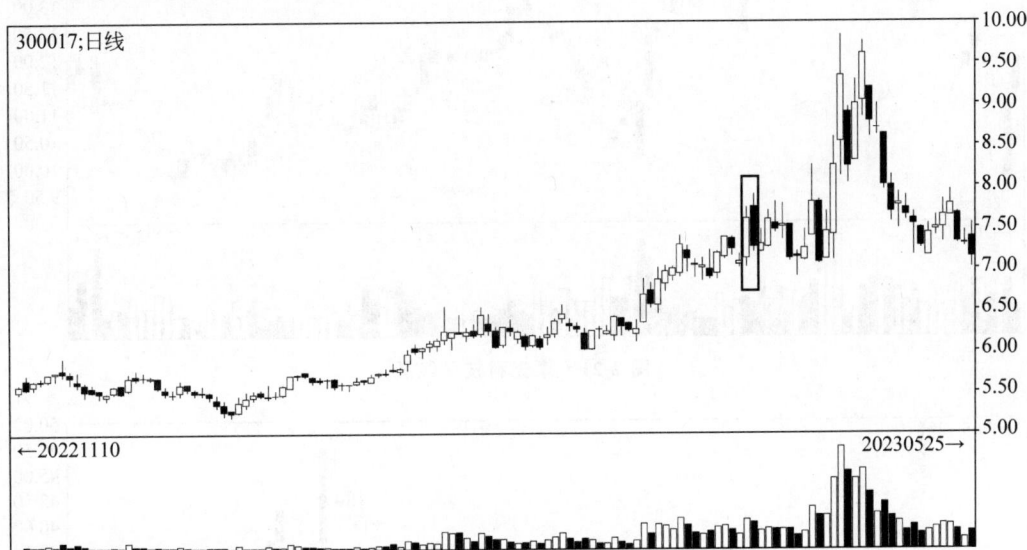

图 2-19 网宿科技日线图

2.2.6 黑三鸦

黑三鸦也称为"三只乌鸦",由 3 根较大的阴线组成,如图 2-20 所示。它一般出现在上涨走势的末端,如果是下跌趋势中出现这种形态,则不视为黑三鸦。

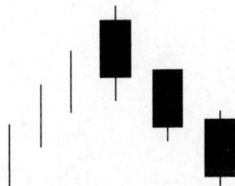

图 2-20 黑三鸦

黑三鸦一般被视为看跌信号。以下是聚光科技(300203)在 2024 年的一段走势,如图 2-21 所示。在一波上涨走势后,该股出现了黑三鸦的图形,见图中标示。此后,该股震荡下行,开启了一波调整行情。

必须指出的是,类似黑三鸦的图形在牛市中也时常出现,而且主要是作为一种强烈的洗盘方式存在的。

以下是新诺威(300765)在 2023—2024 年的一段走势,如图 2-22 所示。这个形态出现在一个跳空高开的大阳线(当日涨幅达 20.62%)后,由于涨幅过大,主力通过三根大阴线洗盘,形态完成后,该股虽然没有立即上涨,但下跌动能已经不足。小幅震荡数日后,该股开启了暴涨模式,股价在短短 3 个月的时间里差不多翻了两番,令人瞠目结舌。

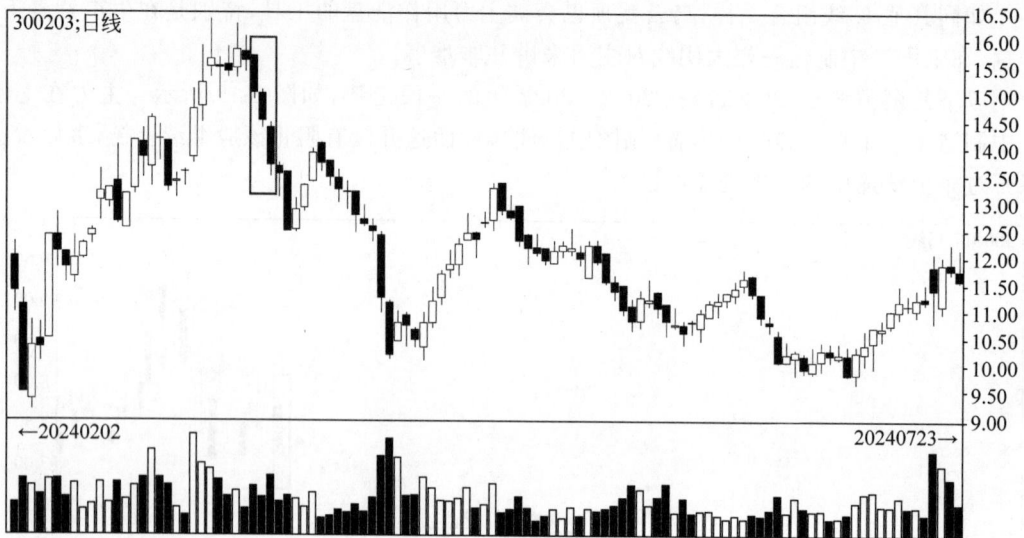

图 2-21　聚光科技日线图

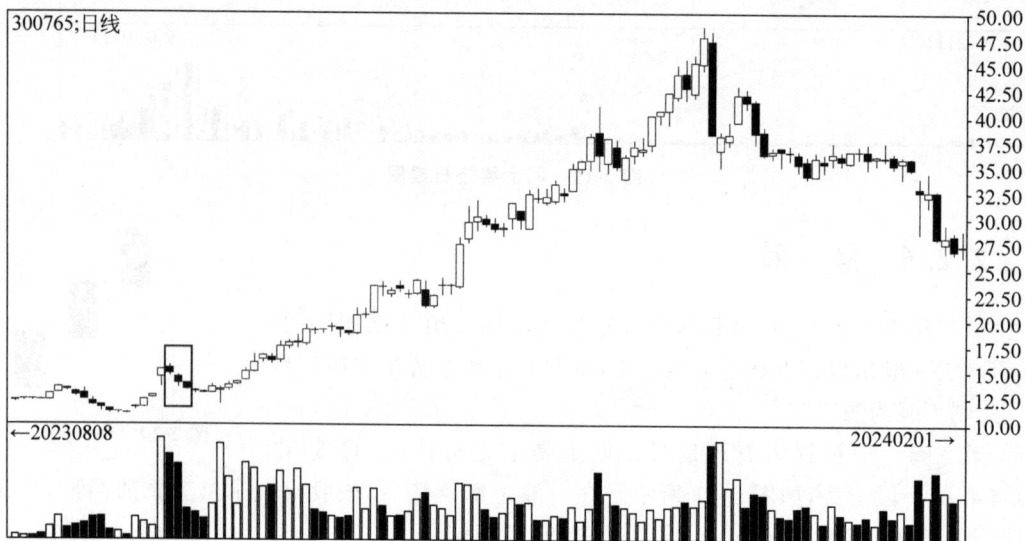

图 2-22　新诺威日线图

2.3　成交量

　　股市中有句格言叫作"量在价先"，意思是说成交量的变化会先于价格的变化，这句话也说明了成交量的重要性。许多重要的 K 线形态，只有在参考了成交量的变化后才能被正确解读，因此任何时候都不要忽视成交量的作用。

2.3.1　成交量概述

成交量指一个时间单位内股票买卖成交的数量。根据时间的长短,成交量可以分为分时成交量、日成交量、周成交量、月成交量等,分时成交量又可以分为 1 分钟、5 分钟、15 分钟、30 分钟、60 分钟成交量等,其中 1 分钟的成交量不但可以画成 K 线图的样式,也可以像分时图中那样,用一串并排的竖线来表示。

狭义的成交量指股票成交的股数(或手数),而广义的成交量则包括成交股数、成交金额、换手率等。本书中的成交量,除非特别声明,指的都是狭义的成交量,即成交的股数。

与成交量相关的常用术语有放量、缩量、天量和地量等,此处成交量的大小都是相对而言的,其中放量和缩量一般是与前几日相比的,而天量和地量则是相对于一段较长的时间而言的。放量指成交量较前几日有显著放大,缩量则指成交量较前几日有显著缩小;天量指成交量巨大,一般是某段时期内的一个极大值,地量则指成交量特别小,小到非常靠近地平线。

2.3.2　成交量的失真

一般来讲,K 线图上的成交量和换手率是成正比的,成交量越大换手就越高,成交量越小换手就越低,但是,有一种特殊情况下这种关系可能被扭曲,那就是"除权"。

在利润分配时,有的上市公司会选择送股、转增股本这些形式。送股或者转增股并不涉及额外的资金投入,只是账面上的股份数增加了,当然股价也会相应降低,这个过程就是除权。此外,有的上市公司会通过配股进行再融资。虽然理论上可以放弃配股,但是放弃的股东会蒙受市值的损失,因为配股后股价也会降低,因此配股也有除权的过程。

虽然除权后账上的股份数会增加,但是 K 线图中除权前的成交量并不会随之调整,例如,某股除权前总股本为 1 亿股,除权后为 2 亿股,那么 1000 万股的成交量在除权前和除权后显然是大不相同的。从换手率来讲,前者的换手率是 10%,而后者只有 5%,虽然成交股数是一样的,但换手率却是大幅下降的。

由于历史成交数据已经存在,股票交易软件一般不会重新计算之前的成交量,而是根据原有数据绘图,这样除权前后的成交量实际上是两个不同的基数。

例如,麦克奥迪(300341)在 2016 年 6 月 22 日实施了每 10 股转增 10 股的分配方案,因而股本数翻了一番,股价也差不多降了一半(另有现金分红)。从未复权的 K 线图上看,该股在除权日的股价比前一日低了一大截,如图 2-23 所示。从成交量来看,除权后的最初几天内该股的成交量是增加的(6 月 21 日为 31972 手,22 日为 43530 手),但从换手率来讲却是大幅降低的(6 月 21 日为 1.74%,22 日为 1.18%)。

因此,仅从 K 线图上观察很容易得出"放量"的结论,而实际上却是"缩量"。虽然股价的差异可以通过复权解决,但复权后历史成交量并没有相应调整,这意味着除权前后的换手率仅凭肉眼观察是难以判断的。

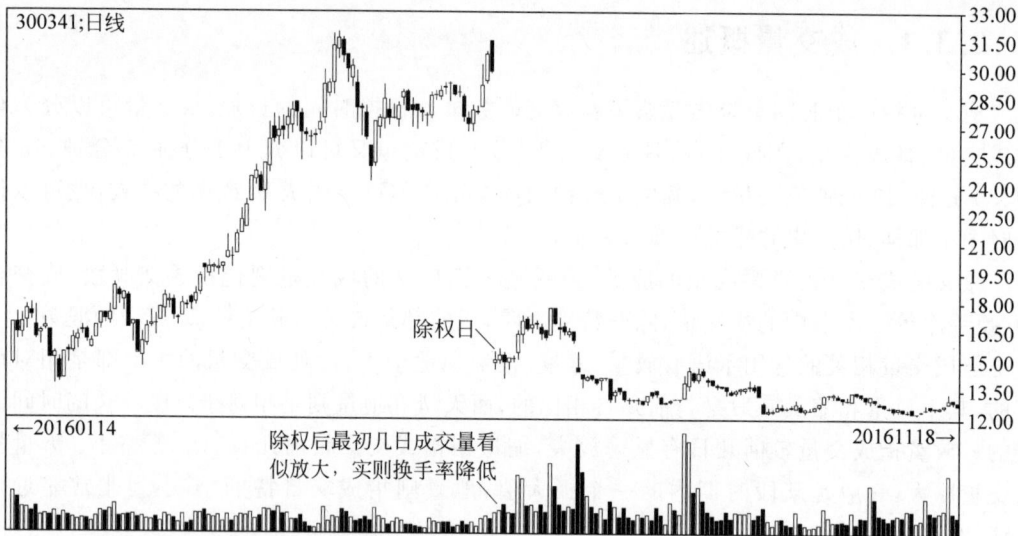

图 2-23   麦克奥迪日线图（未复权）

可见，在这种情况下成交量是失真的，据此判断后市走势时要特别注意这一点。

2.3.3   量价模式

成交量与股价的关系称为量价关系，常见的量价关系有价升量增、价平量增、价跌量增、价升量平、价平量平、价跌量平、价升量缩、价平量缩、价跌量缩这几种。

这些量价关系是针对一段走势而言的，在此期间成交量不可能每天都符合这种关系，因此放量还是缩量可以用大致的趋势来判断，5 日均量线的方向就可以反映这种趋势。

上述量价关系虽然都经常出现，但是从行情研判的角度来讲价升量增和价跌量缩这两种无疑是最重要性的，下面重点对它们进行介绍。

1）价升量增

价升量增说明价格上升得到了成交量的支撑，一般来讲后市看好。以下是中国石油（601857）在 2023—2024 年的一段走势，如图 2-24 所示，图中标示的区域就属于价升量增的走势。此阶段后该股仍然呈上升趋势，多头力量占据主导地位。

不过，价升量增也要看股价所处的位置，如果它出现在一个相对的高位，则还是小心为妙。以下是南京高科（600064）在 2020—2021 年的一段走势，如图 2-25 所示，其中 2020 年 8 月底的走势就呈现价升量增的特点，事后看，这个位置是一个中期头部。在某些情况下，高位的价升量增是一种假象，可能是主力的对倒行为，投资者需要提高警惕。

2）价跌量缩

价跌量缩也是一种很常见的量价关系，这种情况需要根据整体趋势判断，不可一概而论。在牛市背景下，价跌量缩通常意味着卖方惜售，股价在调整一段后往往会重拾升势，因而这是一个积极的信号。如果是在连绵的下跌行情中，则价跌量缩意味着买方承接力量不

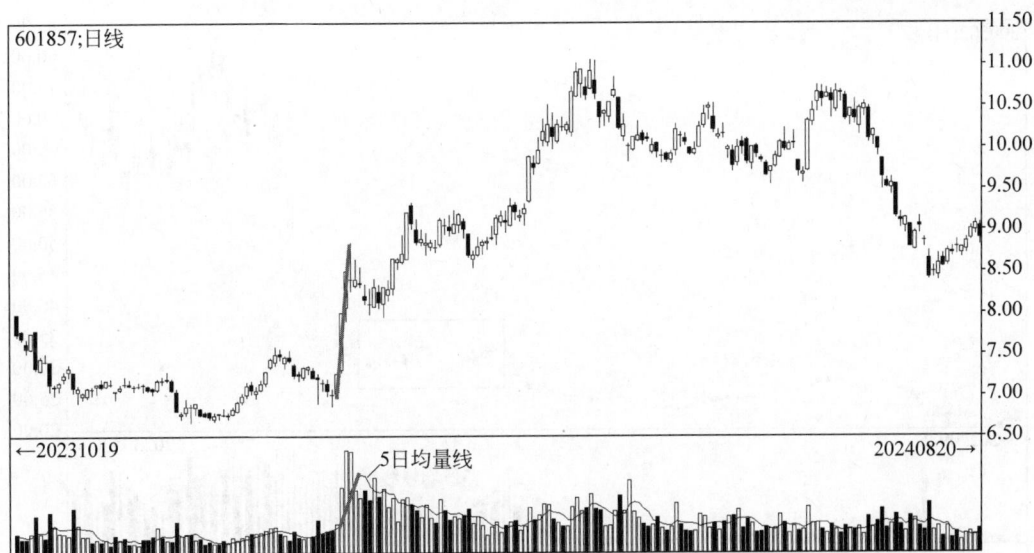

图 2-24 中国石油日线图

图 2-25 南京高科日线图

足,此时不宜盲目做多,而是多看少动为妙。

以下是新易盛(300502)在 2022—2023 年的一段走势,如图 2-26 所示。在冲破均线系统的压制后,该股有一个三浪的调整形态,其间第 1 浪和第 3 浪的下跌阶段呈现明显的价跌量缩特征,第 3 浪中的成交量比第 1 浪更小,显示持筹心态趋于稳定。此后,主力迅速将股价拉起,短短 3 个月的时间里股价翻了近两番。

在中期下跌行情中,价跌量缩意味着人气惨淡,因而通常并不是买入信号。有时,

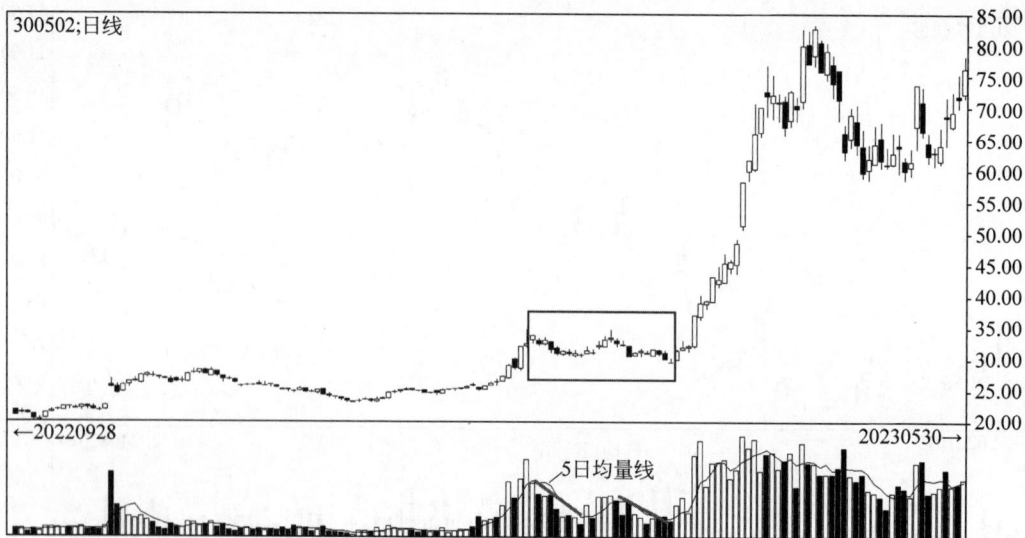

图 2-26　新易盛日线图

主力因为派发不易会伺机做一个反弹提升人气,但是这种反弹的力度和时间都是没有保证的,因此中期下跌趋势中不建议根据价跌量缩来买入,即使有其他买入信号也并不可靠。

　　以下是华远地产(600743)在 2023—2024 年的一段走势,如图 2-27 所示。2023 年 9 月至 10 月中旬,该股走出明显的价跌量缩的走势,见图中标示区域。此后该股虽然有所反弹,但相当弱势,反弹之后下行趋势依旧。

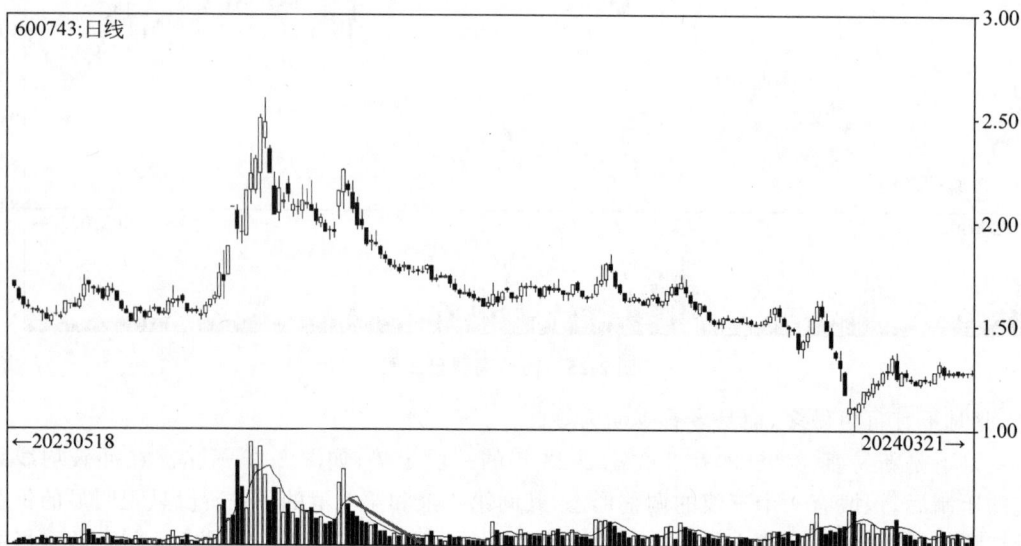

图 2-27　华远地产日线图

2.3.4　巨量的意义

巨量一般是相对于前期的成交量而言的,至于多大的量可以算巨量并没有一个统一的说法。作为一种参考标准,此处将成交量放大5倍以上称为巨量。

巨量在K线图中时有出现,巨量的阳线让人信心百倍,而巨量的阴线则往往给人以阴森恐怖的感觉,然而,巨量的阳线或阴线的含义因其所处位置的不同而截然不同,不可一概而论。

1) 巨量长阳

一般来讲,巨量长阳显示多方力量充沛,后市看高一线,但是,单根巨量长阳也可能是主力刻意营造的陷阱,特别是在反弹行情中。

如果巨量长阳发生在底部区域,则后市上涨的概率较大。以下是麦克奥迪(300341)在2024年的一段走势,如图2-28所示。9月9日,该股突然放出巨量,换手率达到5.32%,比前一日的换手率(0.48%)高出10倍以上。当天的开盘价为8.33元,收盘价为9.10元,是一根标准的长阳线。在小幅震荡几日消化浮筹之后,该股开启了一波大行情。10月29日该股冲高33.18元,与9月9日的开盘价相比翻了两番,可见这根巨量长阳的威力。

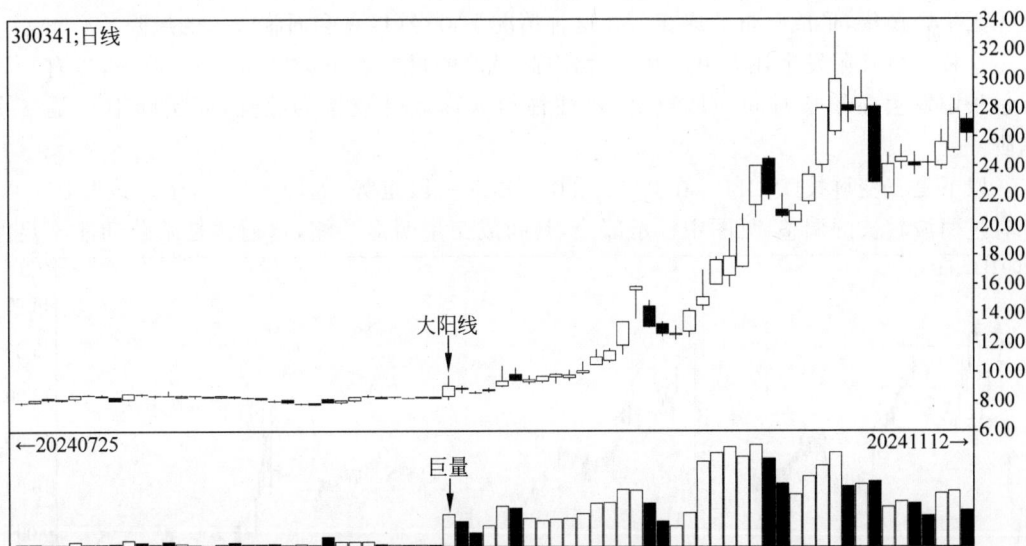

图2-28　麦克奥迪日线图

同样的情况也发生在海辰药业(300584)上,如图2-29所示。这是该股在2021年底至2022年的一段走势。2021年12月27日,该股以一根巨量长阳冲破了年线的压制,当日换手率达8.47%,比前一日高了6倍之多。在年线上方徘徊几日之后,该股开启了一波猛烈的上攻走势,股价在短短3个月的时间里翻了两番。

不过,也有一些巨量长阳是需要警惕的,例如一字涨停打开后的巨量长阳。当遭遇突发利好时,相应的股票往往出现一字涨停,巨量的封单极大地增强了持股者的信心,因而抛盘

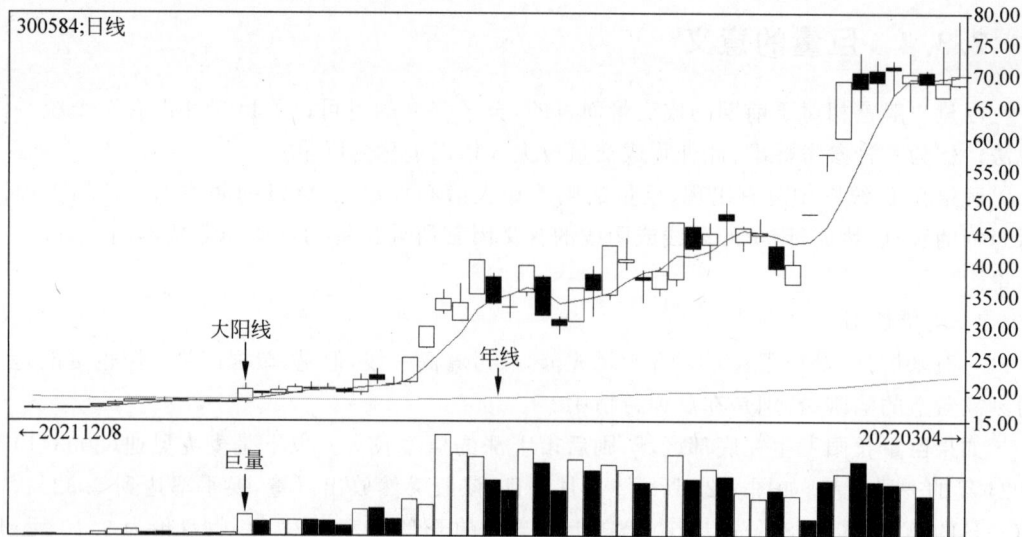

图 2-29　海辰药业日线图

通常很少。虽然一字涨停可能持续好几天,但总有结束的那一天,而获利丰厚的投资者会在这一天集中抛售,形成巨量的成交。在这种情况下,贸然接盘会面临较大的风险。

这种巨量长阳发生在大幅上涨之后,因此谨慎的投资者不会轻易介入,但是,也有一种巨量长阳发生在较长时间的调整之后,往往给人以底部放量的感觉,而实际上却是一个陷阱。

以下是三变科技(002112)在 2023—2024 年的一段走势,如图 2-30 所示。该股在 2023年有过两波较长的调整,见图中标示部分,其间成交量明显萎缩,这通常是杀跌动能不足的

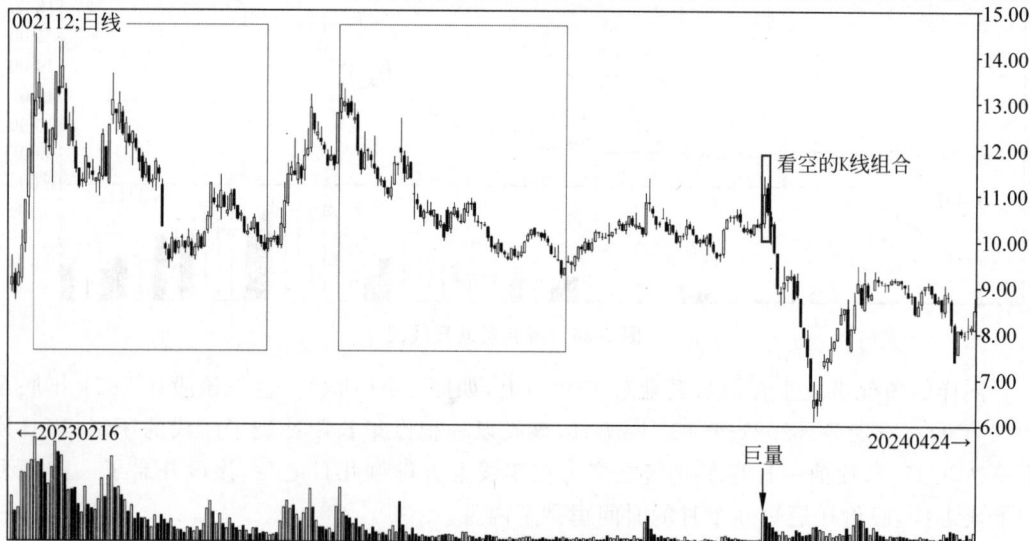

图 2-30　三变科技日线图

表现。2024 年 1 月 16 日,该股放巨量收出一根长阳线,换手率从前一天的 1.96% 飙升到 14.9%,同时突破了重重均线的压制,看似展翅欲飞,然而,该股后期的走势却让人大跌眼镜。第 2 天开始该股一路下行,在短短 3 周时间里股价就从 11.40 元跌到了 6.06 元,几近腰斩,在巨量长阳处买入的投资者可谓损失惨重。

由此看出,仅凭一根巨量长阳就判断后期会走强是草率的,不值得提倡。

2) 巨量长阴

巨量长阴具有较强的杀伤力,一波上升行情后的巨量长阴往往预示着变盘的发生。由于上涨行情中通常伴随着成交量的放大,因此当巨量长阴发生时,要求其成交量有数倍的放大不太现实,此时可以适当地调整一下巨量的标准。

以下是茂硕电源(002660)在 2023—2024 年的一段走势,如图 2-31 所示。2024 年 1 月 3 日,该股放巨量收出一根长阴线,当日换手率高达 40.75%,比前一个交易日大幅放大。此后,该股大幅下挫,走出一波急跌走势。

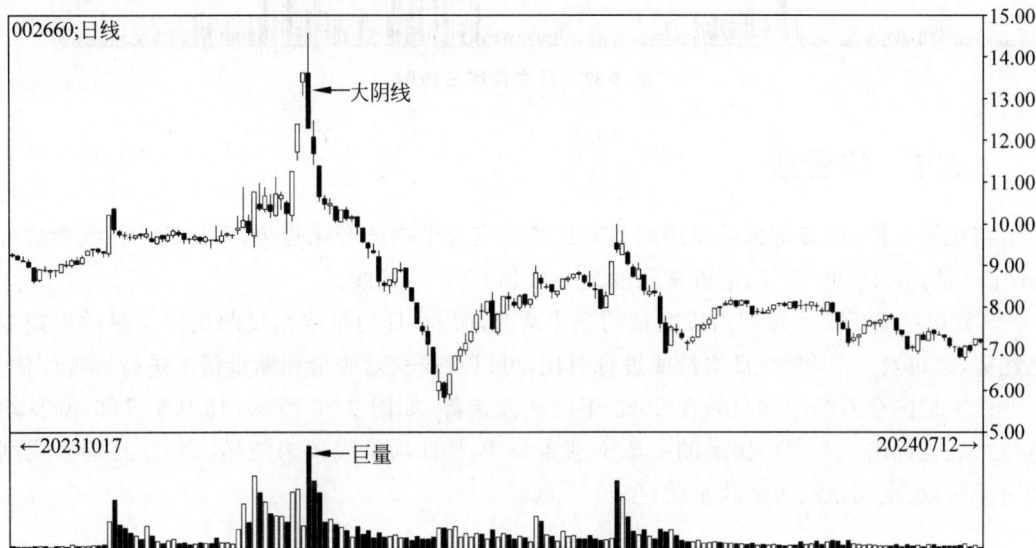

图 2-31　茂硕电源日线图

如果个股短期内涨幅巨大,则其后出现巨量长阴的机会不在少数,这是短期内积累了大量的获利盘所致的,但是,长阴过后股价是否会掉头向下仍然有不确定性。在大级别的上涨行情中,主力往往借助巨量阴线洗盘,此后的涨幅可能仍然不小。

以下是慈文传媒(002343)在 2022—2023 年的一段走势,如图 2-32 所示,其中有两根 K线属于巨量长阴,见图中标示。第 1 根长阴线发生在 1 月 6 日,此后该股进入了长达 3 个月的调整期。4 月 11 日,调整结束,主力再次发起猛攻,在接连 3 个涨停板之后,该股于 4 月 14 日又收了一根巨量长阴,但是,此处主力并没有重复上次的走法,而是迅速收复了失地并创出了新高,长阴过后的那一波涨幅也相当可观。

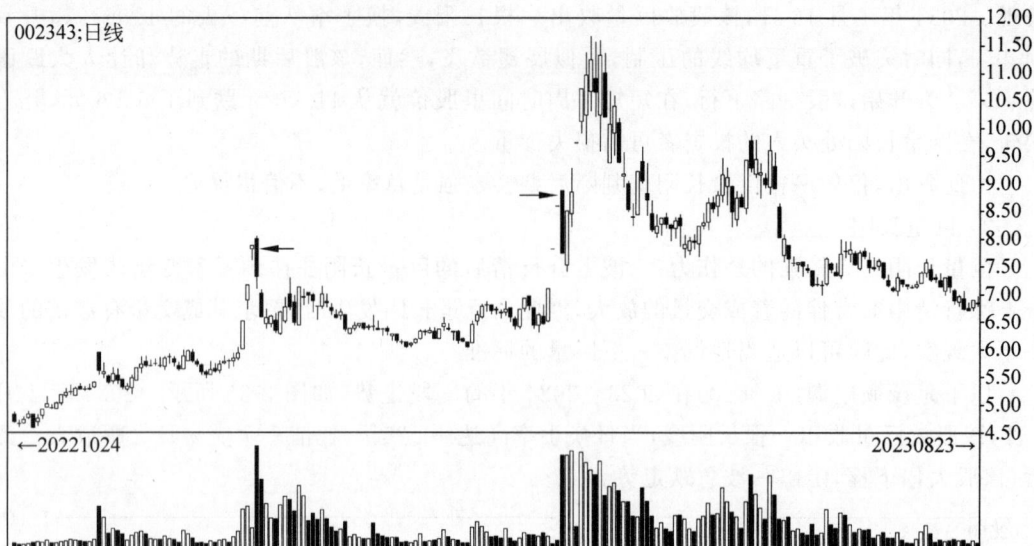

图 2-32　慈文传媒日线图

2.3.5　均量线

与股价一样,成交量也可以用均线来反映一定时期内的变化趋势,常见的均量线参数有5日、10日、30日、60日等,笔者常用的是5日和60日均量线。

5日均量线反映了短期内成交量的变化情况,而60日均量线则反映出成交量的中期变化趋势,通过对5日和60日均量线进行对比,可以对成交量放量和缩量情况进行客观评估。

以下是昆仑万维(300418)在2023年的一段走势,如图2-33所示,其中5日和60日均量线用直线标出。在图中标示的一段上涨走势中,5日均量线较为陡峭,而60日均量线则相对平缓,这说明该股短期放量明显。

2.3.6　地量与低价

均量线如何用?通过计算5日和60日均量线的比值,可以得出一段期间内成交量的缩放情况。一般来讲,5日均量线比60日均量线低一半以上表示成交量极度萎缩,可以称为地量。

股市中有一种说法,叫作"地量地价",这种说法可信吗?如果主力在收集筹码后进行洗盘,成交量出现一个阶段的地量,则此后股价确实有可能反转上升,"地量地价"是成立的。

以下是铭普光磁(002902)在2023年的一段走势,如图2-34所示。在收集了一段时间的筹码之后,主力开始洗盘,成交量逐渐萎缩,在图中所示的区域内,5日均量线比60日均量线低了50%以上,属于地量。此后,该股反转向上,走出了一波强势上涨行情。

但是,地量并非总能迎来"地价",在中期下跌行情中,特别是炒到高位的个股在派发过

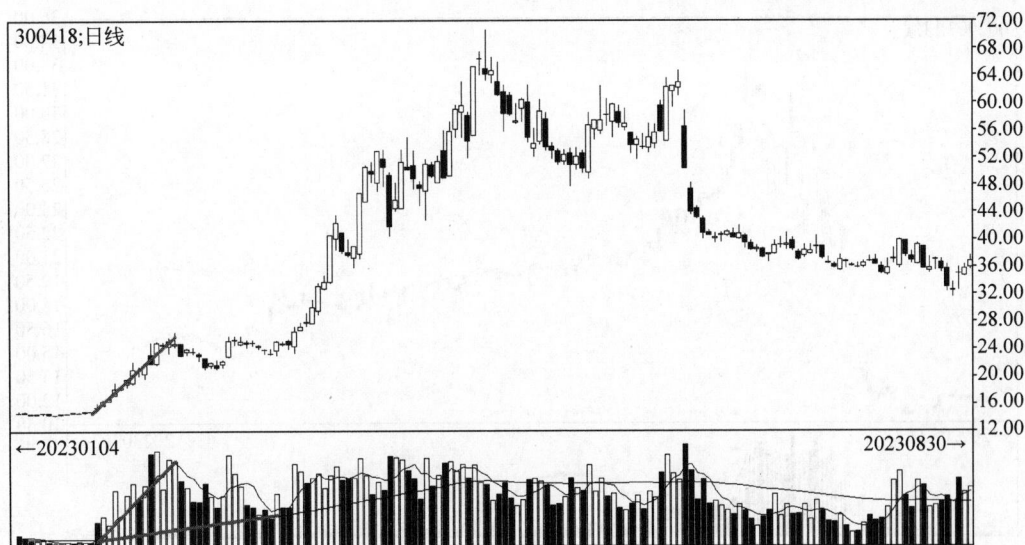

图 2-33　昆仑万维日线图

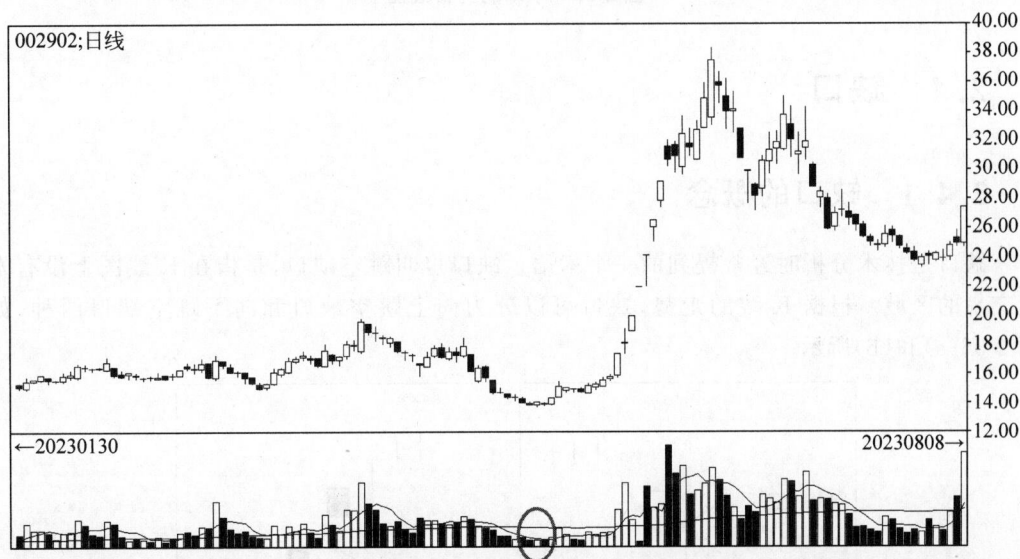

图 2-34　铭普光磁日线图

程中出现的地量就需要非常警惕。

　　以下是华森制药（002907）在 2022—2023 年的一段走势，如图 2-35 所示。该股在 2022 年 4 季度有过一波大行情，此后进入了漫长的下跌走势。随着股价的下跌，成交量也迅速萎缩，到了 2023 年 1 月底 2 月初的时候，5 日均量线甚至不到 60 日均量线的四分之一，可见缩量严重，但是，地量并没有换来地价，此后该股继续下跌走势，甚至连像样的反弹都没有。

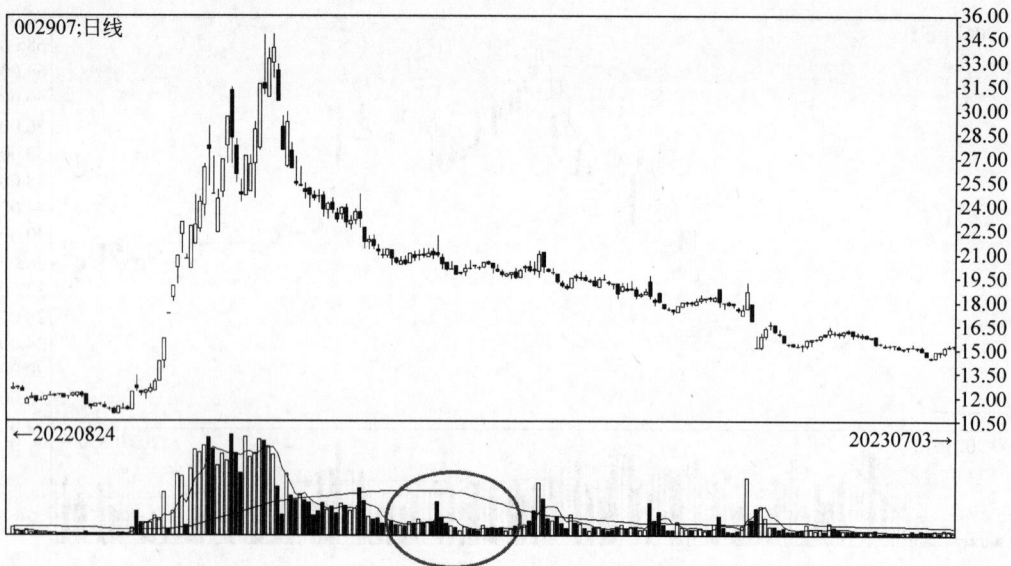

图 2-35　华森制药日线图

2.4　缺口

2.4.1　缺口的概念

　　缺口是技术分析时经常提到的一个术语。缺口也叫跳空缺口,是指在 K 线图上没有发生交易的区域。根据 K 线的走势,缺口可以分为向上跳空缺口和向下跳空缺口两种,如图 2-36(a)和(b)所示。

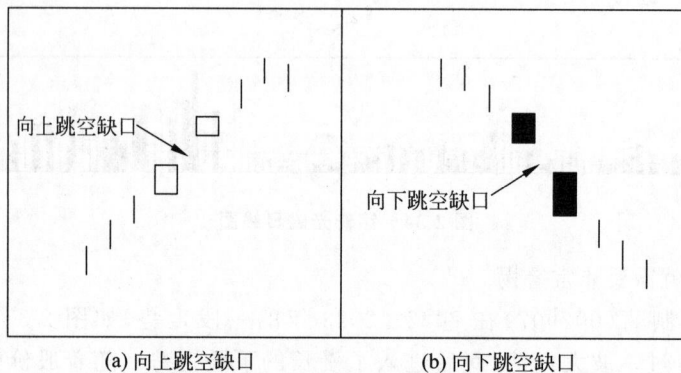

(a) 向上跳空缺口　　　　　　(b) 向下跳空缺口

图 2-36　向上跳空缺口和向下跳空缺口

　　向上跳空缺口发生在上升趋势之中。当某天的最低价高于前一交易日的最高价时,K 线上会留下一段没有交易的价格区间,这就是向上跳空缺口。反之,向下跳空缺口发生在下跌趋势之中,当某天的最高价低于前一交易日的最低价时,就会出现向下跳空缺口。

2.4.2 缺口的类型

跳空缺口一般分为4种类型:普通缺口、突破缺口、中继缺口和衰竭缺口,具体如下。

(1)普通缺口:普通缺口通常发生在价格波动不大、方向不太明朗的走势之中。普通缺口发生后,一般不会导致股价形态和趋势的变化,因此这类缺口通常在短期内会被回补。

(2)突破缺口:突破缺口通常发生在重要的价格运动完成之后,或者新的价格运动发生之初,例如,在一个头肩底的形态完成之后,股价可能以向上跳空的方式突破颈线,此时的跳空缺口意味着反转成立,股价将开启一段上涨趋势。突破缺口通常伴随着较大的成交量,并且一般不会在短期之内被回补,至少不是完全回补。一般来讲,这种跳空缺口出现时的交易量越大,短期内回补缺口的可能性就越小。

(3)中继缺口:中继缺口一般发生在趋势的中间阶段或加速阶段,这类缺口反映出趋势一方占据主导地位,因而也预示着趋势将延续,因此中继缺口不会被轻易回补。此外,在一轮强劲的趋势行情中,中继缺口往往不止一个。

(4)衰竭缺口:衰竭缺口发生在趋势性行情接近尾声之时,是做多或做空力量的集中释放。由于这种力量无以为继,因此随后的几个交易日内价格将开始反向运动并回补缺口。回补缺口的动作通常意味着衰竭缺口的形成。

普通跳空缺口相当常见,它多见于震荡行情中,而且短期内就会被回补。以下是中国软件(600536)在2024年的一段走势,如图2-37所示。从3月起,该股处于一个宽幅震荡的区间内。8月19日,该股大幅跳空高开,产生了一个明显的向上跳空缺口,然而,这个缺口在短短两天内就被回补了,因而也没有什么特殊的意义。

图 2-37 普通缺口

　　相比之下,突破缺口就重要得多。突破跳空发生后一般会有一波像样的行情,不少时候还是大行情。

　　以下是昆仑万维(300418)在2022—2023年的一段走势,如图2-38所示。该股在2022年11月18日冲高16.08元之后,一直处于一个调整走势之中,250日均线对股价的压制作用相当明显。春节假期后的第1个交易日(2023年1月30日),该股以15.50元大幅跳空高开(+4.38%)直接站上了250日均线,当日形成一个较大的跳空缺口。此后,该股一路上扬,在短短3个月里上冲至70.66元的高位,涨幅惊人。从K线上可以看出,该股的成交量在1月30日达到了48.06万手,比前一交易日的10.58万手翻了两番还多。可见,这一天是一个重要的突破日,而当日的跳空缺口则是一个典型的突破缺口。

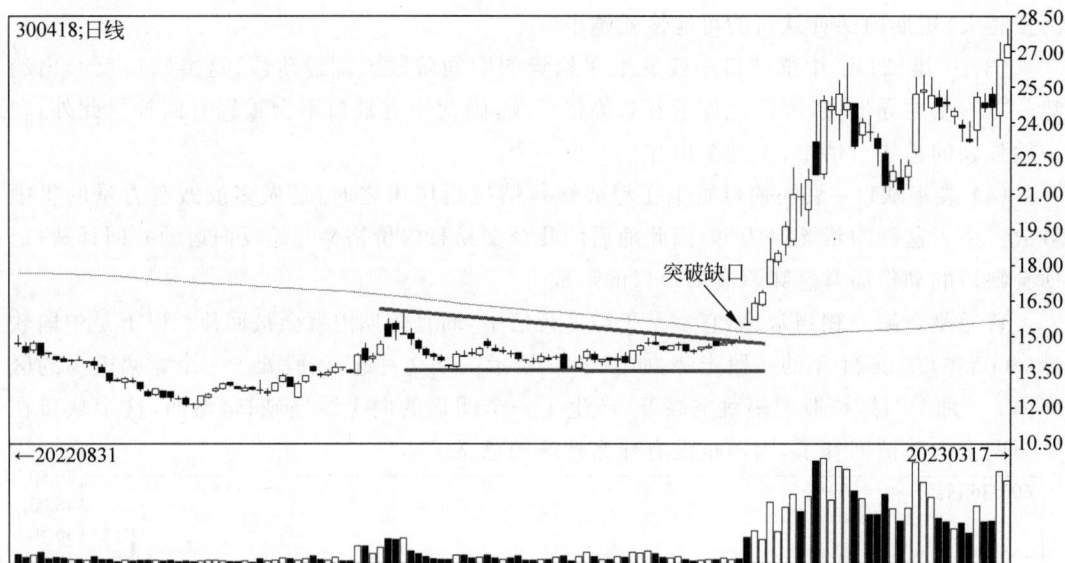

图2-38　突破缺口

　　再举一个例子。这是正丹股份(300641)在2024年的一段走势,如图2-39所示。该股从4月初开始变得活跃,并于4月10日站上了年线。次日,该股以跳空高开的方式宣告了一波大行情的开始。5月27日,该股冲高33元,短短一个半月的时间里涨幅超过6倍,令人惊叹。

　　中继缺口一般发生在较大的趋势性行情中,而且往往不止一个。以下是天汽模(002510)在2019—2020年的一段走势,如图2-40所示,其中有一段连续上涨的行情就出现了多个中继跳空。

　　衰竭缺口发生在趋势性行情的末端,此时趋势一方只能勉强发出最后一击。由于后续力量不济,股价往往在随后的几天或稍长时间里回补缺口。

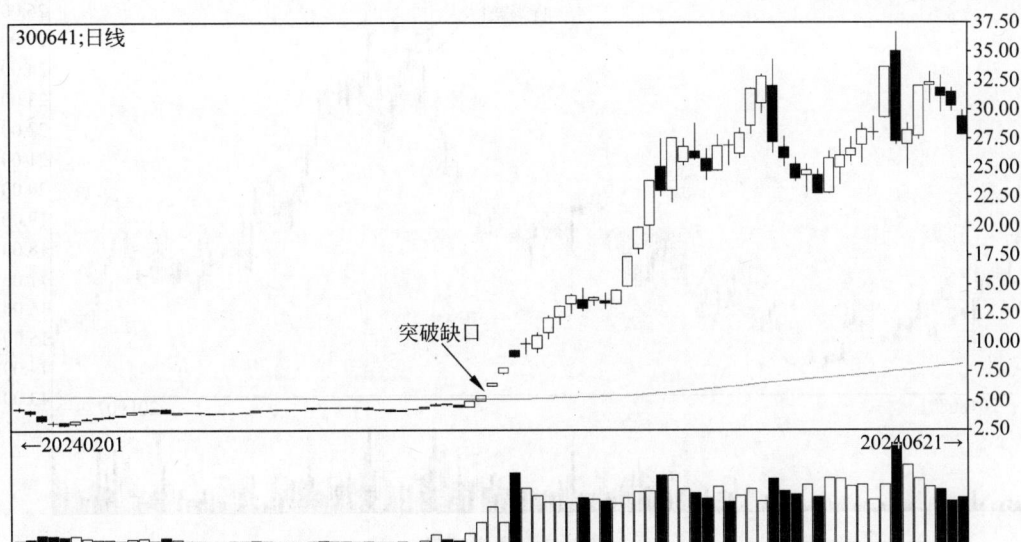

图 2-39　突破缺口另一例

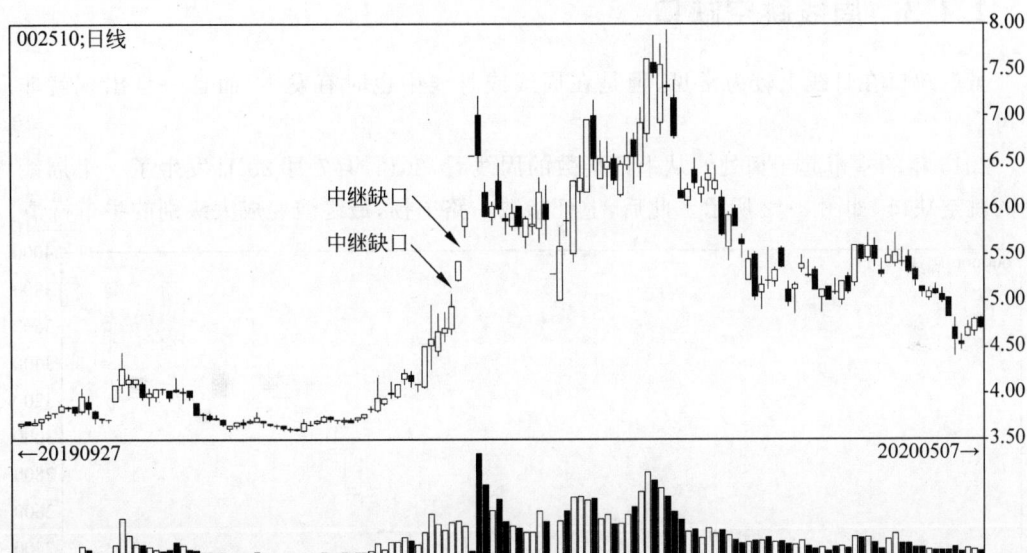

图 2-40　中继缺口

　　以下是游族网络(002174)在 2018—2019 年的一段走势,如图 2-41 所示,其中 2019 年 3 月 12 日的那个缺口就是衰竭跳空,该缺口在第 2 天就被回补,此后该股开始构筑中期头部。

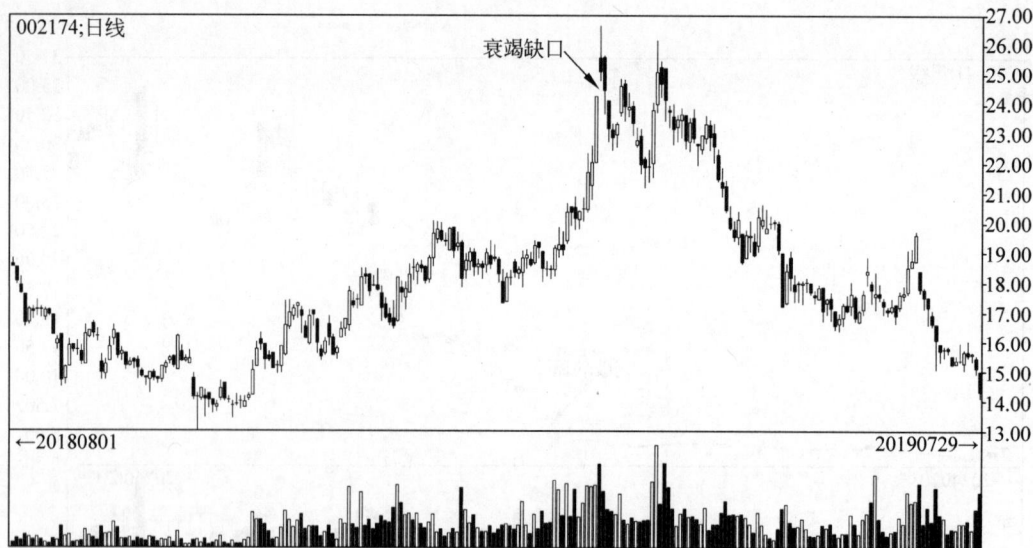

图 2-41　衰竭缺口

2.4.3　周线跳空缺口

虽然缺口在日线上较为常见,但是在周线或月线中也时有发生,而且一旦出现就非同小可。

2015 年的牛市起于何处?从上证指数的周线看,2014 年 7 月 28 日发生了一个周线级别的跳空缺口,如图 2-42 所示。此后,上证指数一路上扬,最终演变成大级别的牛市行情。

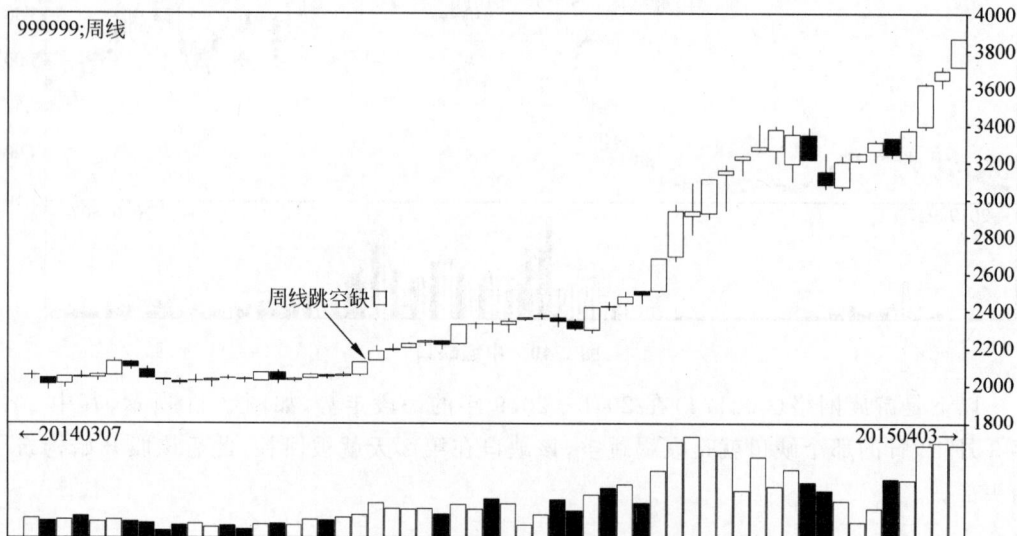

图 2-42　上证指数周线跳空缺口

同样,个股的飙升行情也常常从周线跳空缺口开始。以下是四川长虹 2022—2024 年的周线图,如图 2-43 所示。2024 年 9 月 30 日,该股有一个明显的向上跳空缺口,此后该股一路飙升,成为当时市场上的明星。

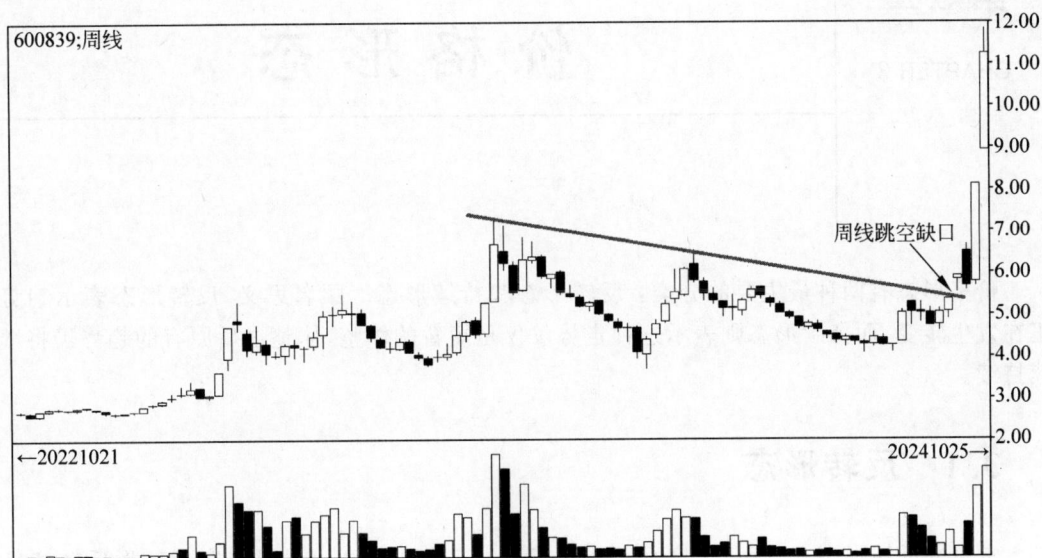

图 2-43 四川长虹周线跳空缺口

第 3 章
CHAPTER 3

价 格 形 态

价格形态有两种最主要的分类：反转形态和持续形态。顾名思义，反转形态表示趋势正在发生转变，而持续形态则表示这种走势仅仅是短暂的休整，休整过后原有的趋势仍将继续持续。

3.1 反转形态

常见的反转形态有头肩顶（底）、双重顶（底）、三重顶（底）、圆弧顶（底）、V 形反转和岛形反转等。一般来讲，顶部形态在构造过程中波动较为剧烈，而底部形态的价格波动范围则相对较小。

3.1.1 头肩顶和头肩底

反转形态中最典型的形态大概要数头肩形态了。头肩形态可以分成头肩顶和头肩底两种，如图 3-1(a) 和 (b) 所示。

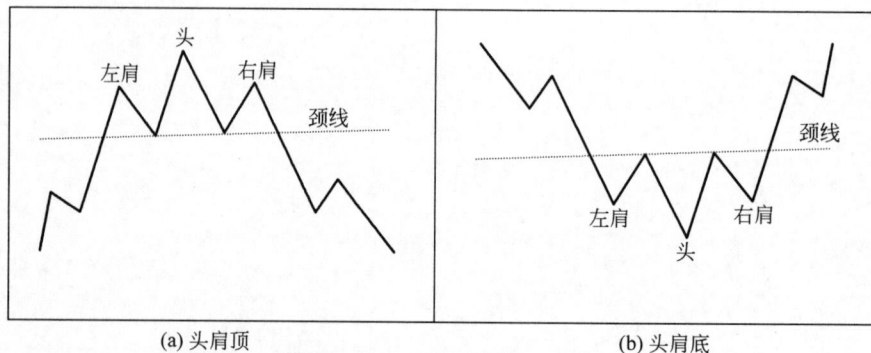

图 3-1 头肩顶和头肩底

顾名思义，头肩顶或头肩底由头部和肩部组成。以头肩顶为例，头部的位置应明显高于左肩和右肩，并且左肩和右肩不能差异太大。

头肩顶的确立以颈线的突破为准。所谓颈线，是指左肩与头部之间的低点和右肩与头部之间的低点的连线。

下面用一个具体的例子对头肩顶的技术细节进行说明,这是泰胜风能(300129)在 2022 年的一段走势,如图 3-2 所示。头肩顶的左肩形成于 6 月下旬,右肩形成于 8 月中旬,头部则形成于 7 月中旬,位于左右肩之间。8 月 26 日,一根大阴线突破了颈线位置,标志着头肩顶形态的确立。跌破颈线之后,走势上有一个回抽确认的过程,这在头肩形态中较为常见,但这种回抽确认并不是必需的。

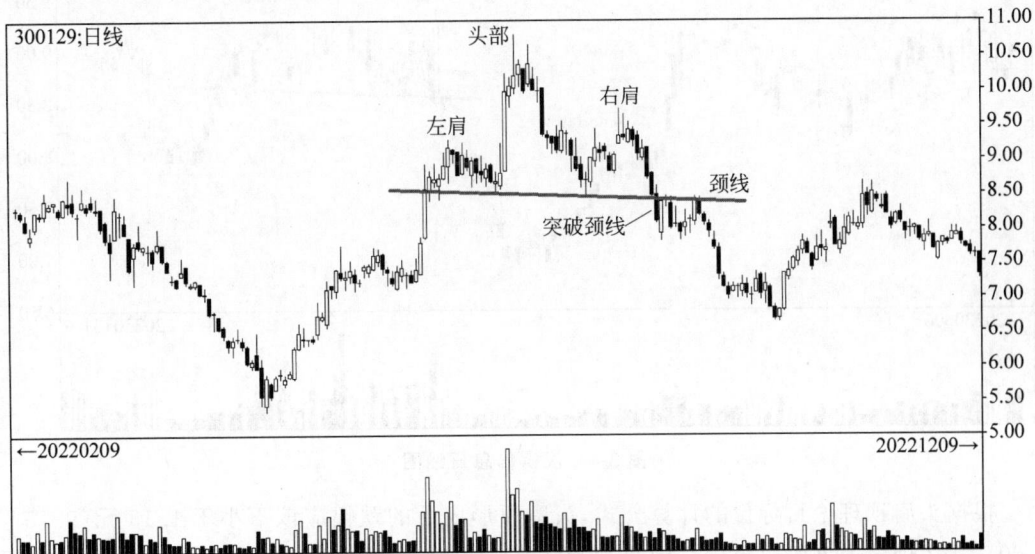

图 3-2　泰胜风能日线图

头肩形态有一个理论的最小涨幅或跌幅,其高度是颈线到头部的垂直距离,从颈线开始算起。头肩顶的理论最小跌幅如图 3-3 所示。

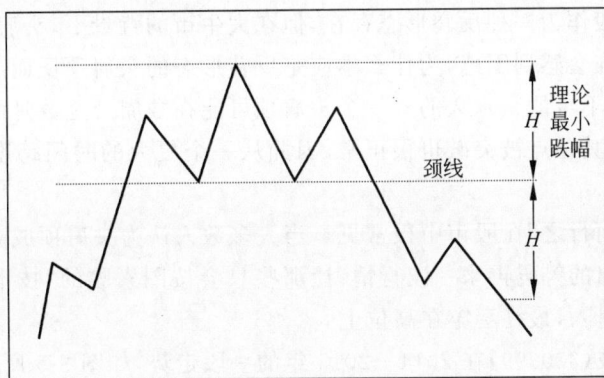

图 3-3　头肩顶的理论最小跌幅

当然,这只是理论上的目标位,实战中这个目标位并非总能达成。以下是汉得信息(300170)在 2022 年的一段走势,如图 3-4 所示。头肩顶的左肩形成于 10 月底,高点是 10

月 27 日的 9.41 元,右肩则形成于 12 月上旬,高点在 12 月 6 日的 9.44 元,与左肩大致处于同一水平。头部在两肩之间,高点是 11 月 18 日的 9.75 元,颈线则位于 8.60 元一线,由左肩右侧的低点和右肩左侧的低点的连线形成。

图 3-4　汉得信息日线图

根据头肩顶理论目标位的计算公式,头肩顶形成后的跌幅应该不小于 1.15 元(9.75-8.60),那么理论上该股应至少跌到 7.45 元(8.60-1.15)。实际上,该股在调整到 7.85 元(12 月 28 日最低点)后便不再下跌。此后,该股反转向上,走出了一波中期上涨行情,高点出现在 2023 年 3 月 27 日,比 12 月 28 日的价位足足高了一倍。显然,此头肩顶的跌幅并没有达到理论上的最小值。

虽然头肩顶一般作为一种反转形态存在,但在大牛市的背景下,头肩顶也可以作为中继存在。有的读者或许会感到困惑,为什么本应是反转形态的头肩顶反而成了中继形态呢?

首先,反转形态不可能是永久的。一个头肩顶可能在数周乃至数月的时间内构成头部,但随着时间的推移,其顶点被突破也很正常,因此从一个更大的时间跨度来看,它已经不是头部了。

其次,"反其道而行之"在股市中很常见。当大多数人认为头肩顶成立时,主力往往出其不意地接过众人抛出的筹码再来一波行情,让那些只会按图索骥的"技术匠"踏空、后悔,继而在更高的价位上追入,最终套牢在高位上。

以下是天利科技(300399)在 2014—2015 年的一段走势,如图 3-5 所示。在这波上涨行情中,其实有两个头肩顶,图中标出了这两个头肩顶的颈线。由于颈线被突破,因此这两个头肩顶的形态都得以确立,但是,从整体走势看,这两个头肩顶不过是起到了上涨中继的作用。

可见,形态只是低级的表层的东西,如同武功中的招数一样,不过是些花拳绣腿而已。

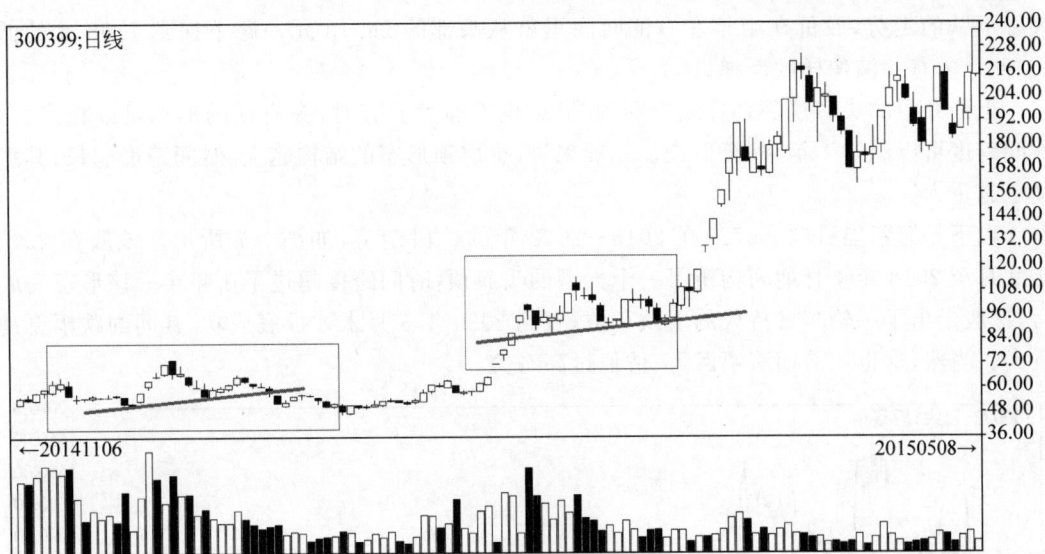

图 3-5　天利科技日线图

股市中的高手很少根据"形"来判断后市,因为那往往是主力放出的"烟幕弹"。只有对股市内在运行规律有着深刻认识的高手才能从"形"中看透主力的意图,从而"打蛇打七寸",让主力的阴谋落空。

标准的头肩顶的颈线大致是水平的,然而,在实战中,有一些头肩顶的颈线是下倾的,这种形态通常是一种走势转弱的警告,即使后来右肩的顶点高于左肩也不能解除警报。

以下是亚光科技(300123)在 2020—2021 年构筑中期头部的一段走势,如图 3-6 所示,图中的颈线就是明显下垂的,这预示着抛压较重。在头肩顶形态确立之后,该股走出了一波

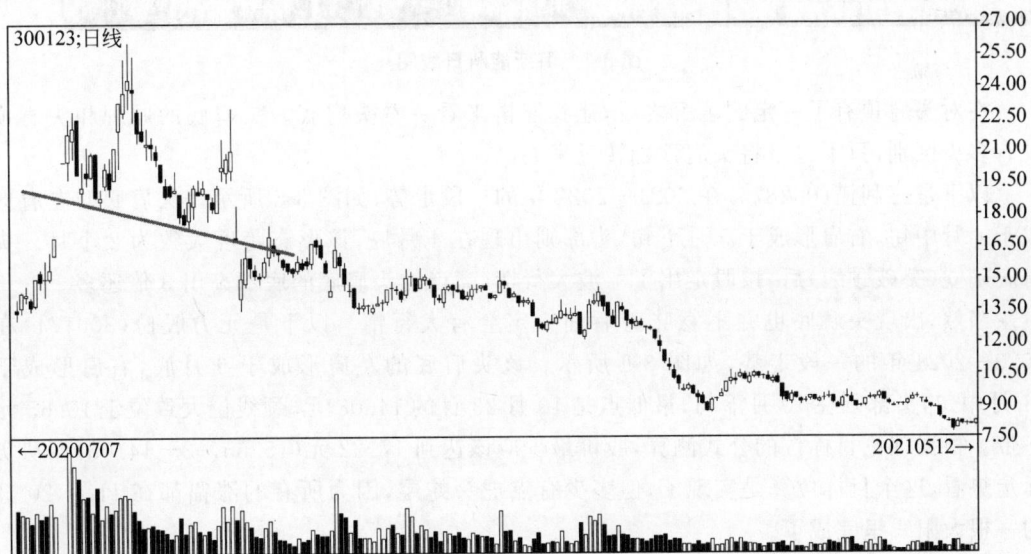

图 3-6　亚光科技日线图

大幅下跌的走势,股价在半年左右的时间里就从头部的 26.13 元一路下探到 7.68 元的低位,此后才有一波像样的反弹。

上面介绍的头肩顶都是日线级别的,形态也不够大。有时,头肩顶的形态可以相当大,时间跨度可以超过 1 年,甚至更长。一般来讲,头肩顶形态的结构越大、时间跨度越长,其意义也越重大。

以下是海新能科(300072)在 2016—2022 年的一段走势,如图 3-7 所示。该股在 2016 年 9 月至 2018 年 4 月期间构筑了一个大型的头肩顶,时间跨度超过了 1 年半。该形态完成后,该股走出了一轮旷日持久的下跌行情,直到 2020 年 5 月末才探底成功,其间的跌幅更是巨大。当然,这也和前期涨幅巨大、估值过高有关。

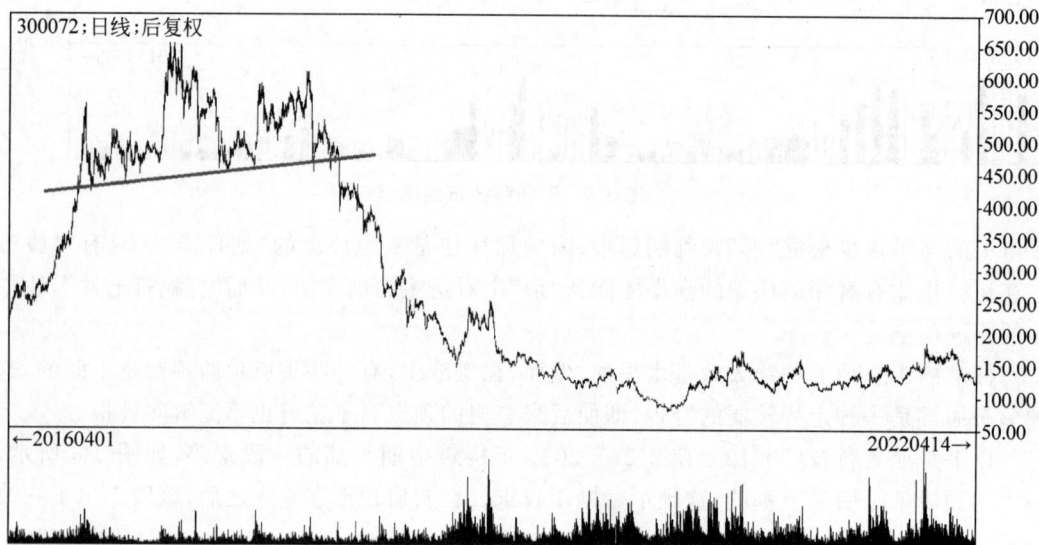

图 3-7 海新能科日线图

在对头肩顶有了一定的了解之后,让我们再来看一看头肩底。头肩底的原理和头肩顶没有多少区别,只不过是将头肩顶翻转过来而已。

以下是三利谱(002876)在 2021—2022 年的一段走势,如图 3-8 所示。头肩底的左肩形成于 4 月中旬,右肩形成于 5 月下旬,头部则出现在 4 月底,该形态跨度大致为 2 个月。头肩底确立(突破颈线)后,该股走出了一波大行情,高点比头肩底的底部高出 3 倍还多。

当然,出现头肩底也并不意味着后面一定会有大行情。以下是元力股份(300174)在 2023—2024 年的一段走势,如图 3-9 所示。该头肩底的左肩形成于 9 月底,右肩形成于 11 月中旬,头部则在 10 月下旬,最低点是 10 月 23 日的 14.08 元,颈线位大致位于 15.65 元一带。根据理论目标位的公式测算,股价最少应该达到 17.22 元(15.65×2−14.08)。从实际走势看,这个目标位算是实现了,但多少有点虎头蛇尾,因为所有的涨幅都在 11 月 20 日的一根大阳线里完成了。

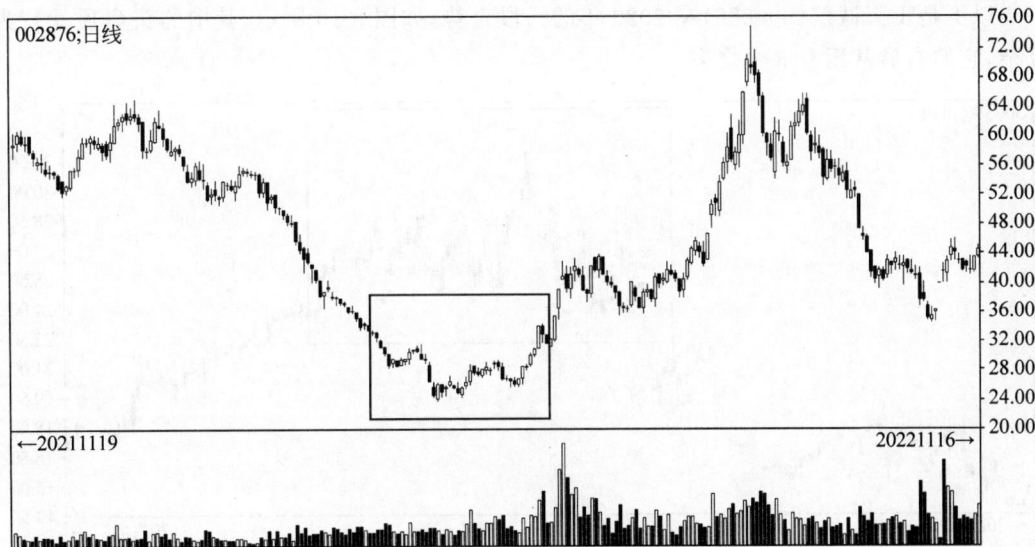

图 3-8　三利谱日线图

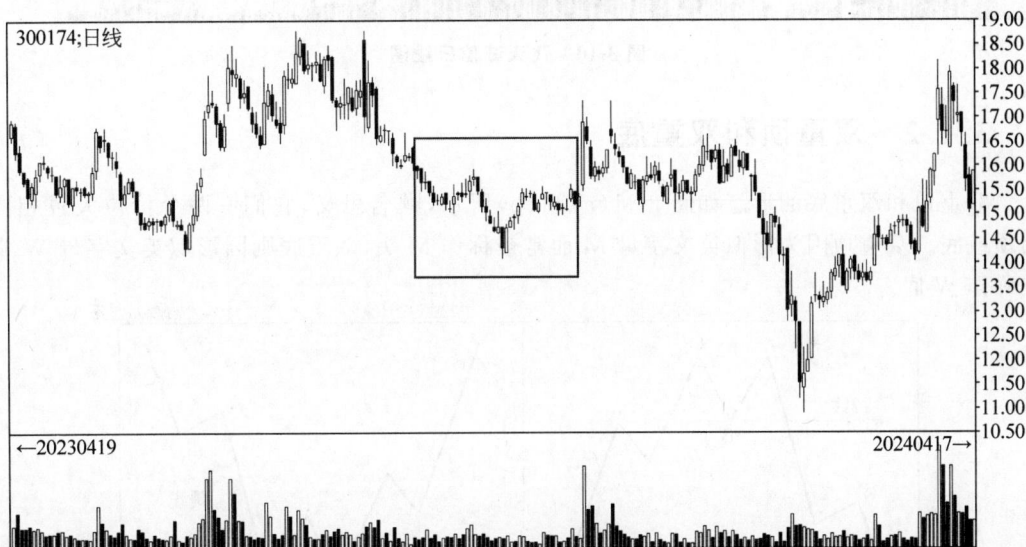

图 3-9　元力股份日线图

如果继续观察该股此后的走势,则可以发现在那根大阳线后上涨动能似乎枯竭了。在数周的小幅震荡之后,该股再次掉头向下,并在 2024 年 2 月 6 日创下了 10.89 元的低点。

在仔细研究了这幅 K 线图之后,我们不由得感叹:追随趋势才是王道,如果中长期趋势向下,则无论是头肩底还是什么底都无法抵挡下行的脚步。前后耗时 2 个月构筑的头肩底,只涨了一天行情就结束了,实在是可叹。

上面例子中的头肩顶或头肩底都是较为标准的形态。有时,头肩形态可以是有所变形的,例如有 2 个甚至 3 个左肩或右肩。

以下是飞天诚信(300386)在 2020 年的一段走势,如图 3-10 所示,其中的头肩顶就较为复杂,它的右肩甚至有 3 个之多。

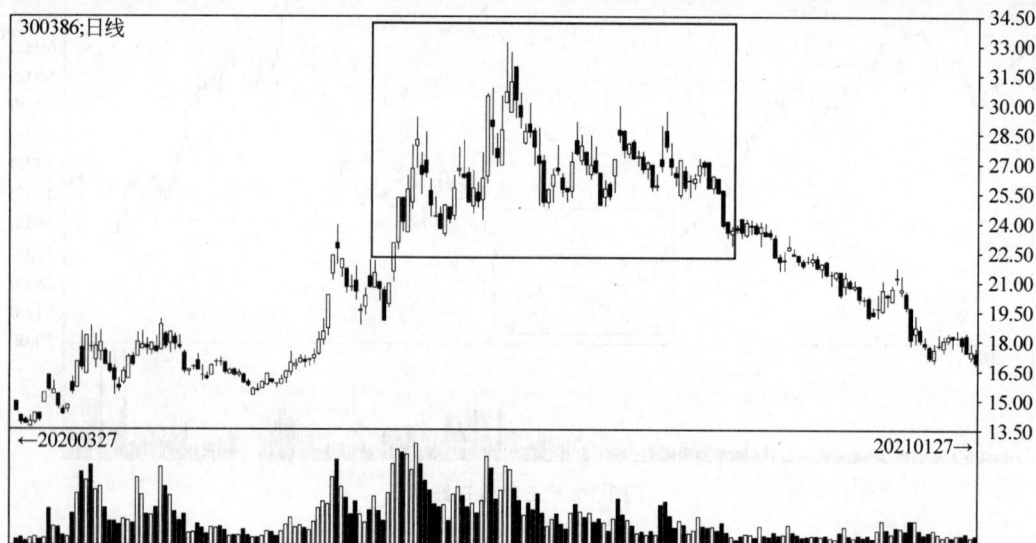

图 3-10　飞天诚信日线图

3.1.2　双重顶和双重底

双重顶和双重底的形态如图 3-11(a)和(b)所示,顾名思义,它们有两个价位大致相同的顶或底。双重顶因为形似英文字母 M 而常被称作 M 头,双重底则因形似英文字母 W 常被称作 W 底。

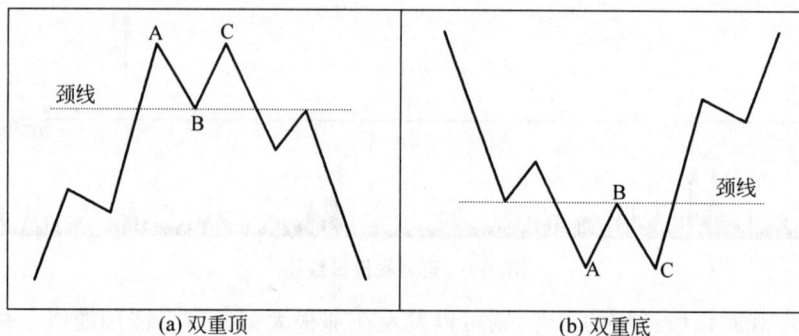

(a) 双重顶　　　　　　　　　　(b) 双重底

图 3-11　双重顶和双重底

下面以双重底为例介绍其技术特征及理论涨幅。双重底的技术要点如下:

(1)前期是下跌走势。

(2)有两个低点,并且价位大致相同。

(3)股价突破颈线标志着双底形态的确立。

以下是钩达股份(002865)在 2022—2023 年的一段走势,如图 3-12 所示,两个底分别形成于 4 月 25 日和 5 月 12 日。5 月 16 日,一根放量大阳线突破颈线位,宣告双重底成立。此后,该股走出了一波像样的上涨行情。

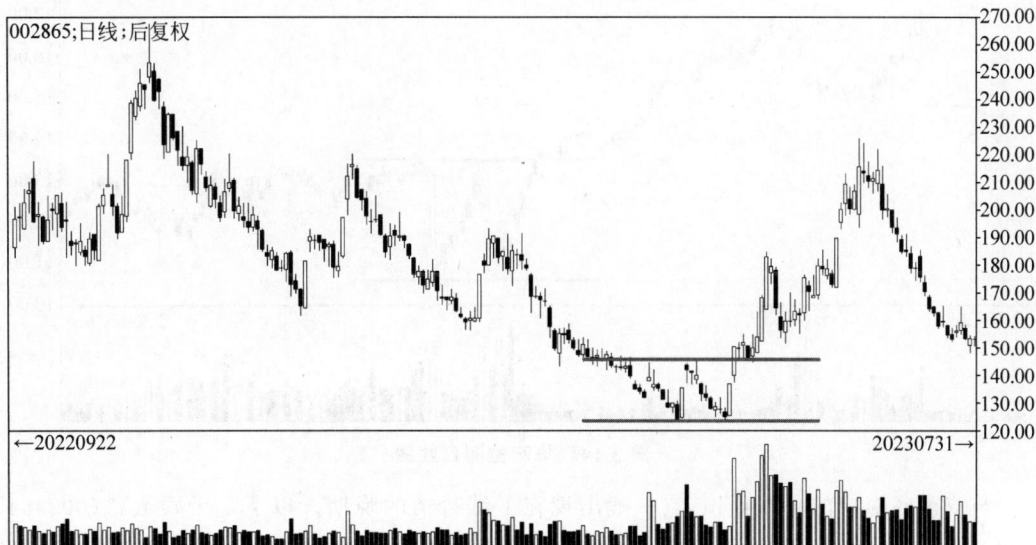

图 3-12　钩达股份日线图

理论上讲,双重底确立后的最小涨幅应等于颈线到头部的垂直距离,如图 3-13 所示。在上面的例子中双重底的最小涨幅达到了,然而在实战中双重底成立后没有完成理论涨幅就掉头向下的案例不在少数。

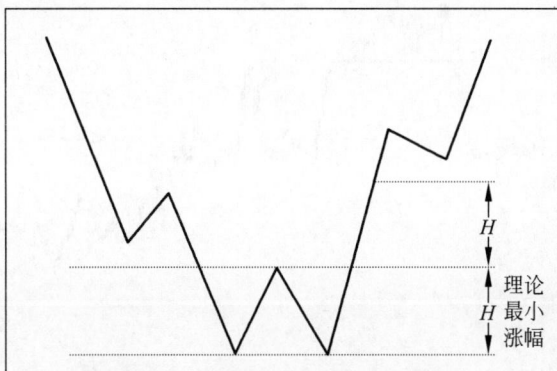

图 3-13　双重底的理论最小涨幅

以下是华测检测(300012)在 2023—2024 年的一段走势,如图 3-14 所示。该股在 1 月 18 日和 2 月 6 日形成了两个底,颈线位也于 2 月 7 日被突破,双底是成立的,但是,此后该股并没有一路向上,而是开始了震荡下跌,并于 6 月底跌穿了双底的价位。由此可见,双重底的理论最小涨幅并不可靠。

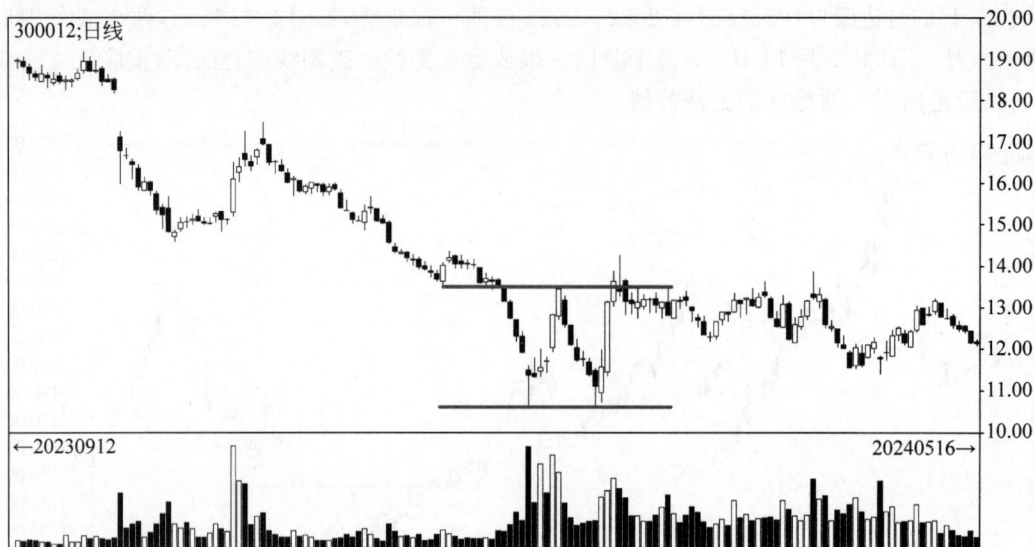

图 3-14　华测检测日线图

与双重底对应的是双重顶,它一般出现在上涨行情的晚期。以下是天娱数科(002354)在 2020—2021 年的一段走势,如图 3-15 所示。双重顶的第 1 个高点出现在 2020 年 8 月 10 日,价格为 4.34 元。在经历短暂的回调之后,该股再次上攻并于 8 月 27 日冲到了 4.35 元。此后,多方势竭,股价开始下跌。在颈线位(3.85 元一带)附近盘整数日后,多头终于无力支撑股价,此后该股震荡下行并于次年 1 月 26 日触底 2.33 元。

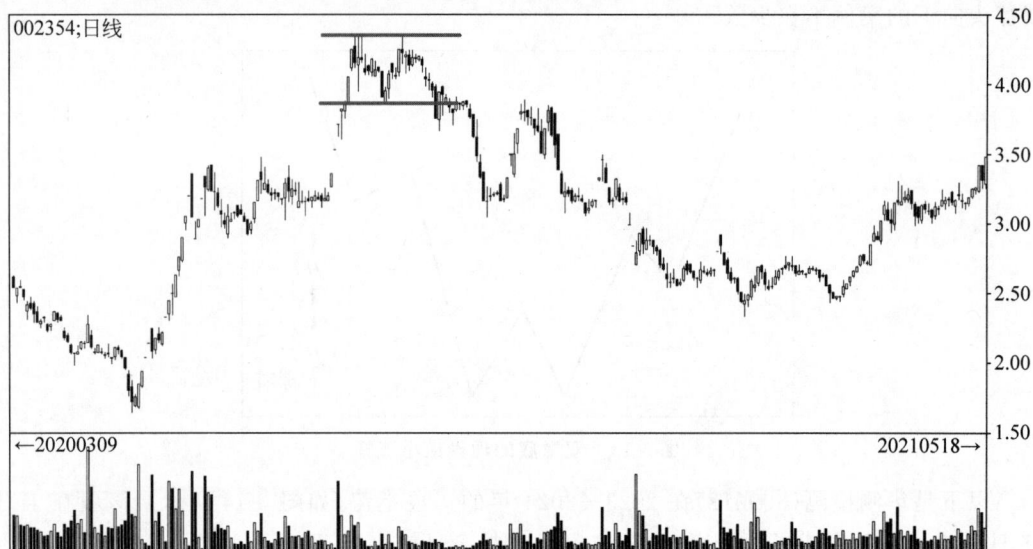

图 3-15　天娱数科日线图

双重顶通常属于反转形态,但是在大级别的上涨行情中,这种形态也可以被主力用来诱空。以下是天孚通信(300394)在2023年的一段走势,如图3-16所示。4月份,该股构筑了一个双头结构,从图中可以明显看到颈线位被突破了,但是,该股在颈线位附近盘整了几日之后再度发力向上,此后又是一波较大的上涨行情。实际上,双重顶在这里只是主力刻意营造的一个空头陷阱而已。

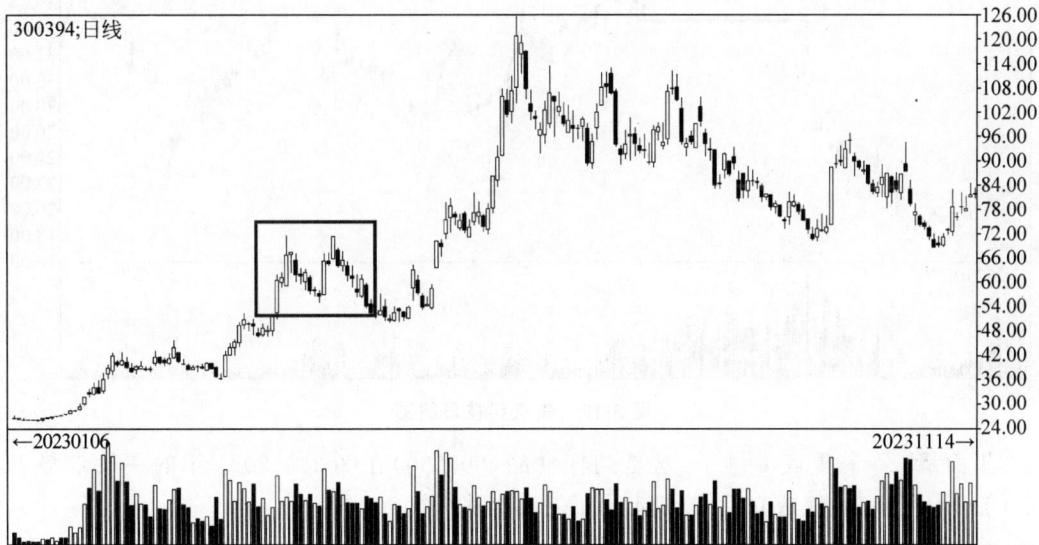

图 3-16　天孚通信日线图

3.1.3　三重顶和三重底

三重顶或三重底是由双重顶或双重底演变而来的,它们的形态如图3-17(a)和(b)所示。显然,它们的3个顶或3个底的价位应该大致相同。

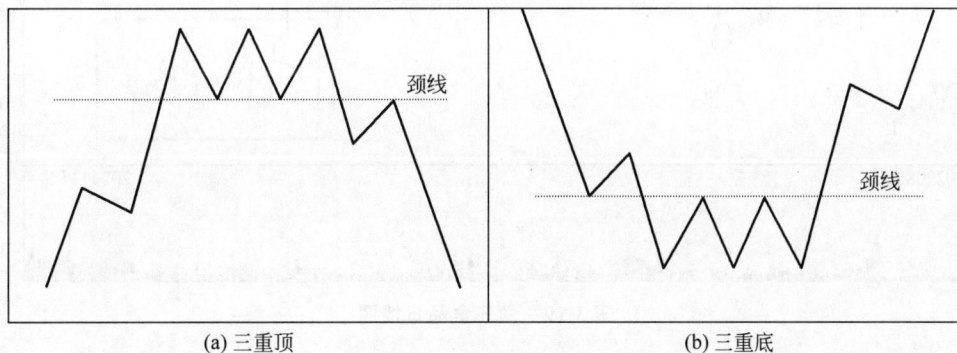

(a) 三重顶　　　　　　　　　　　　(b) 三重底

图 3-17　三重顶和三重底

以下是焦点科技(002315)在2023—2024年的一段走势,如图3-18所示。该股在2023年5月9日、6月2日和6月21日形成了3个顶,高点处的价位大致相同,颈线则位于36.00元一线。颈线位被突破后,该股有一个回抽颈线的动作,之后一路震荡下行。

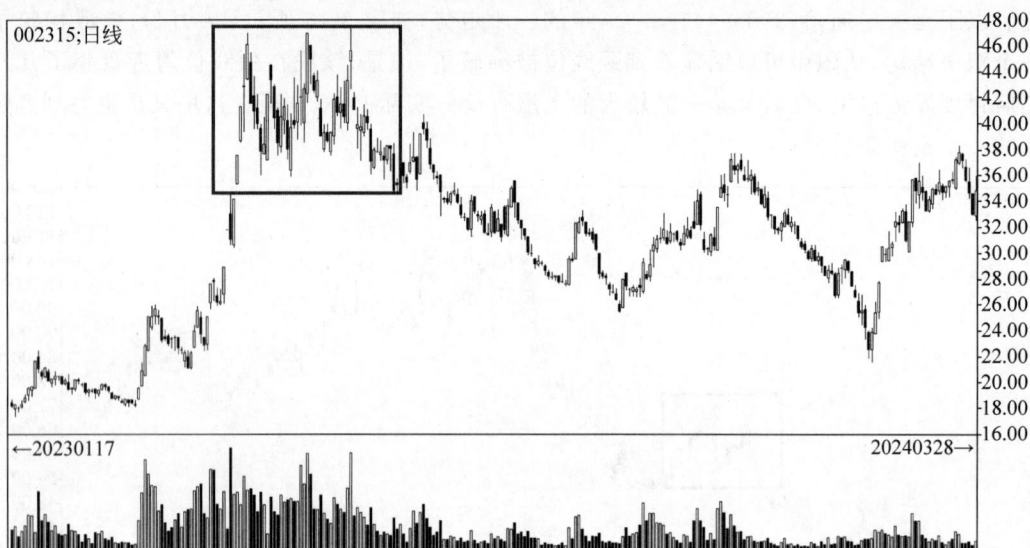

图 3-18　焦点科技日线图

下面是一个三重底的例子,这是劲仔食品(003000)在 2023—2024 年的一段走势,如图 3-19 所示。三重底成立后,该股走出了一波上涨行情。

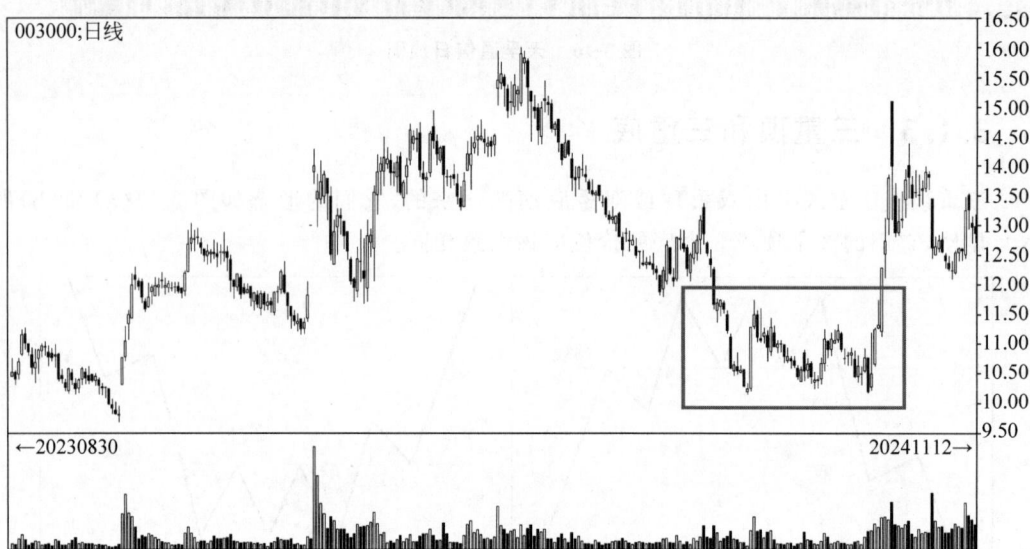

图 3-19　劲仔食品日线图

标准的三重顶或三重底形态并不多见,但是类似的形态,特别是三重顶的变形却非常常见,相关内容将在第 6 章详细介绍。

3.1.4 圆弧顶和圆弧底

顾名思义,圆弧顶或圆弧底就是顶部或底部呈圆弧状的一种走势,如图 3-20(a)和(b)所示。构筑圆弧顶或圆弧底的时间往往较为漫长,因而并不多见。

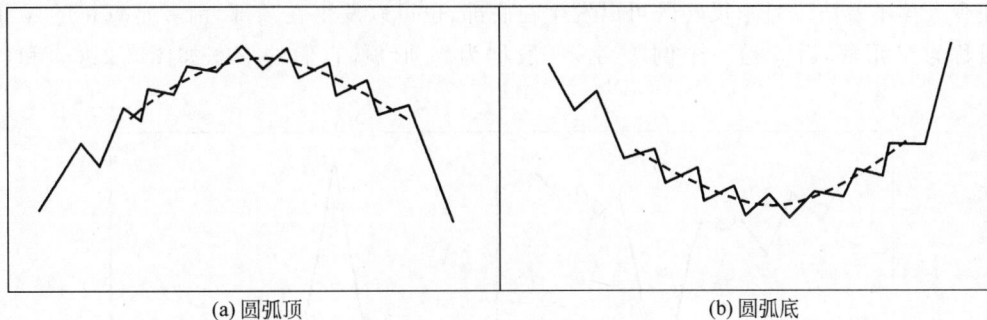

（a）圆弧顶　　　　　　　　　　　　　　（b）圆弧底

图 3-20 圆弧顶和圆弧底

以圆弧底为例,由于底部构筑时间长,早期买入的投资者往往经不起底部的煎熬而过早抛出,因而错过后面的上涨行情。

以下是大富科技(300134)在 2024 年的一段走势,如图 3-21 所示。从图形上看,圆弧底的雏形始于 5 月底,持续了大约 3 个月。该股直到 8 月底才变得活跃起来,9 月以后才开始大幅拉升,虽然其间也有大幅度的震荡。对于在 6—8 月买入的投资者来讲,股价终日波澜不兴,甚至连差价都做不出来,这种煎熬不是一般人可以忍受的。

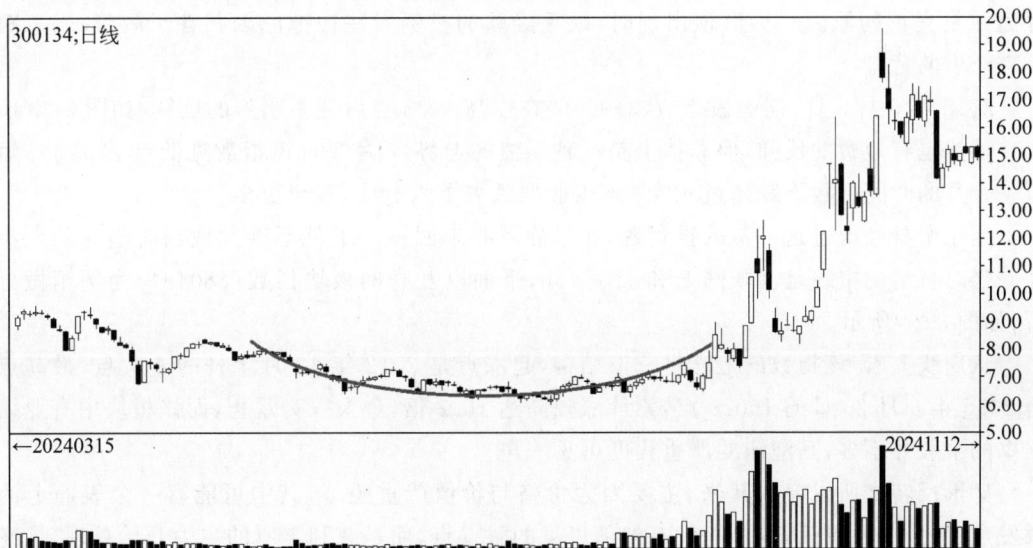

图 3-21 大富科技日线图

圆弧顶的形态与圆弧底相反,像一个倒扣的碗。标准的圆弧顶相当少见,此处就不举例了。

3.1.5　V形反转

前面几种反转形态中趋势是逐步变化的,因而价格会有一个来回拉锯的过程,投资者通常会有较多的时间从容进场或撤退。V形反转则是一种剧烈的反转形态,是突如其来的,往往令人猝不及防。V形反转既可以发生在底部,也可以发生在顶部,前者是真正的V形,一般称为V形底,后者是一个倒V字,一般称为V形顶,它们的形态如图3-22(a)和(b)所示。

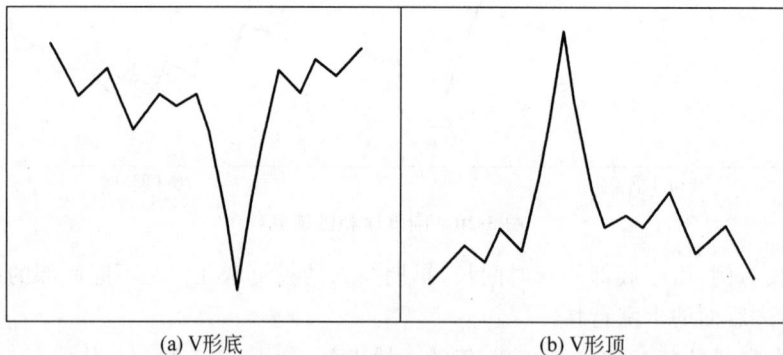

(a) V形底　　　　　　　　　　(b) V形顶

图 3-22　V形底和V形顶

V形顶通常是由价格严重脱离价值造成的。当然,在某些情况下,消息面(例如重大政策的突然出台)的影响也会产生V形反转,但是,即使有着消息面因素,价格与价值的严重背离才是真正的原因。V形顶出现时,缺乏经验的投资者往往把原因归咎于政策,却忽略了它产生的背景。

2015年6月5日,创业板指数(399006)在摸高4038点后迎来剧烈的反转,如图3-23所示。虽然也有短暂的反弹,但总体上是一种崩溃的走势,7月8日该指数见低点2305点,短短一个月的时间指数下跌超过42%,不少股票跌去了六七成,甚至更多。

当年亲身经历过这一幕的投资者,如果静下心来回顾一下就不难发现当时泡沫的严重性。当时行情的主线是互联网+和工业4.0,下面以互联网板块指数(880494)为例稍做分析,如图3-24所示。

从周线上看,该指数的上涨呈三浪结构,起涨点是2012年12月4日的617点,最高点是2015年6月20日的10020点,累计涨幅高达16.2倍,令人叹为观止,而该板块中有业绩支撑的个股并不多,其泡沫的严重程度可见一斑。

V形反转之所以突如其来,主要因为价格与价值严重脱节,其中可能有一个表面上的触发点,例如突发政策,也可能没有外部可见的触发点,而是获利丰厚的主力开始兑现,最终造成市场的连锁反应。

个股V形反转的例子也不在少数,以下是山西焦化(600740)2021—2022年一段走势,如图3-25所示。2021年8月23日起,该股走出了一波直线拉升的行情,从5元左右拉高到

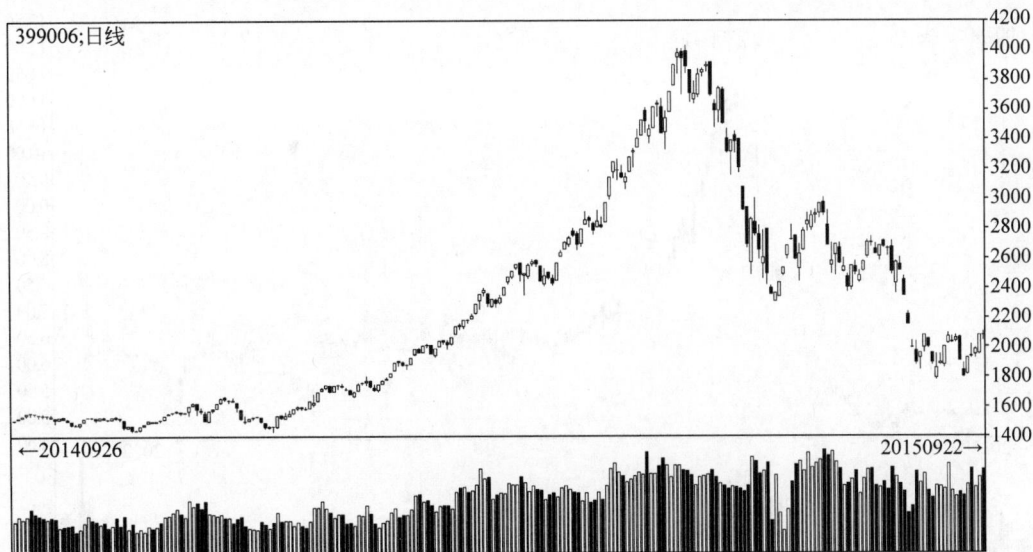

图 3-23 创业板指数在 2015 年的剧烈反转

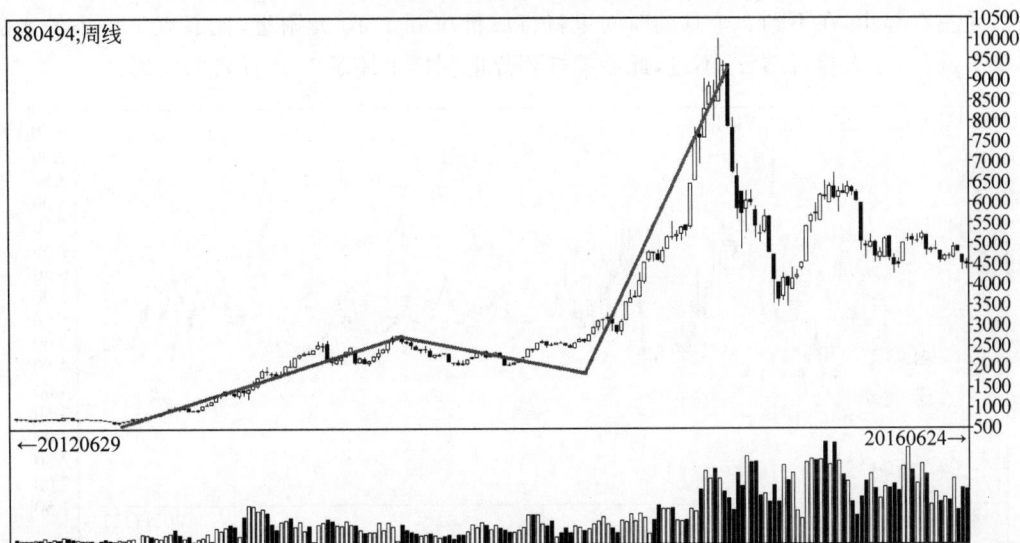

图 3-24 互联网板块指数周线图

高点的 12.22 元只用了短短 16 个交易日,然而,这一轮行情的真正起点并不在 5 元附近,而是 2020 年 2 月 4 日的 2.42 元(前复权)。也就是说,在 19 个月的时间里,该股的涨幅有 5 倍之多,获利丰厚的主力自然要迫不及待地抛售了。于是,戏剧性的一幕发生了,该股从 9 月 14 日起开始急剧下跌,最终形成了一个 V 形顶。

无独有偶,同为煤炭行业的郑州煤电(600121)也上演过类似的一幕,时间是 2020 年底至 2021 年初,如图 3-26 所示。郑州煤电的上涨行情比山西焦化更为猛烈,该股从 11 月初

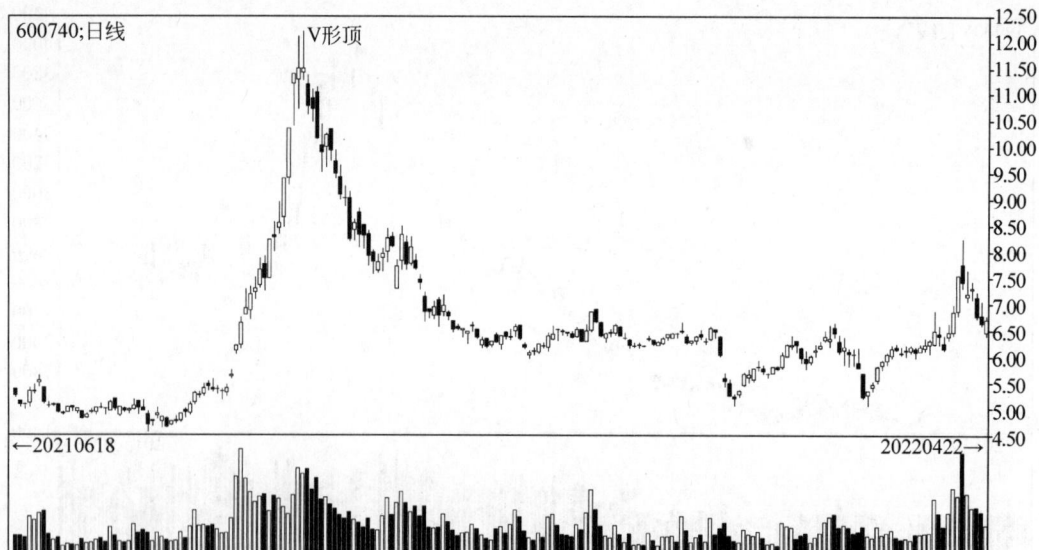

图 3-25　山西焦化日线图

　　的 2 元左右起步,在不到 2 个月的时间里就将股价拉到了 10 元附近,比起大牛市中的走势都毫不逊色,令人瞠目结舌,不过,此后的郑州煤电同样上演了 V 形反转的戏码。

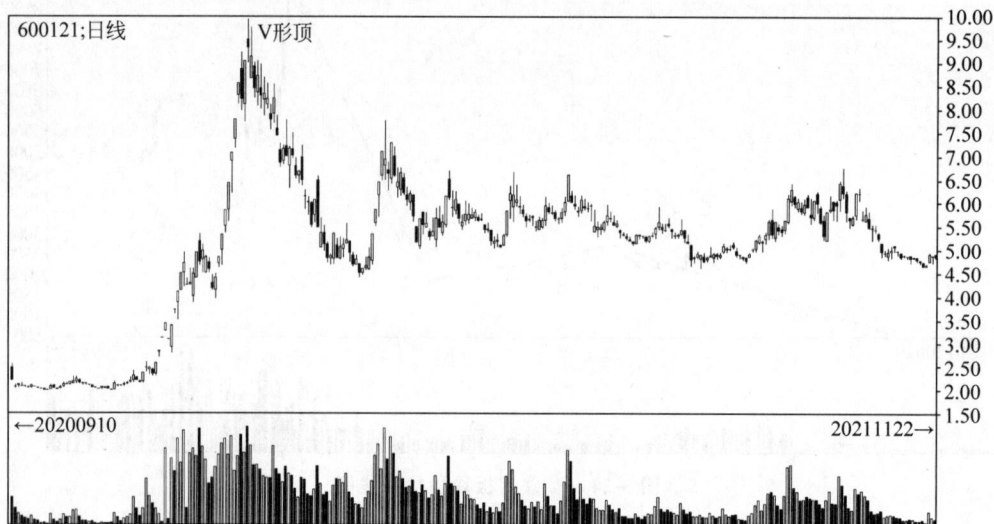

图 3-26　郑州煤电日线图

　　V 形顶有没有好的卖点? 由于直上直下,V 形顶并没有太多的转折点。如果非要找卖点,则 MACD 死叉(详见第 4 章)可以算是一个,但这个点有时并不理想,因为等到 MACD 发出死叉信号时,股价往往已经跌了 20％～30％甚至更多,不少人已经不愿意卖了,但是,泡沫很严重时,即使是那个点也算是一个不错的卖点了。所谓“覆巢之下安有完卵”,更好的卖点,即使后面有,也是可遇而不可求的。

其实,这里最重要的不是掌握 V 形反转的卖点,而是避免持有可能 V 形反转的股票,特别是基本面较为糟糕的那些。所谓"君子不立危墙之下",防患于未然才是最佳的选择。

3.1.6 岛形反转

岛形反转是建立在缺口的基础之上的,它可以分为顶部的岛形反转和底部的岛形反转两种,如图 3-27(a)和(b)所示。顶部的岛形反转先在上涨段出现一个向上的跳空缺口,在缺口上方震荡几日后,再出现一个向下的跳空缺口。从 K 线图上看,K 线被分成了两部分,两个缺口之间的部分构成头部,看似一个"孤岛"。与此相反,底部的岛形反转先在下跌段出现一个向下的跳空缺口,在缺口下方震荡几日后,再出现一个向上的跳空缺口,两个缺口之间的部分构成底部,也像一个"孤岛"。

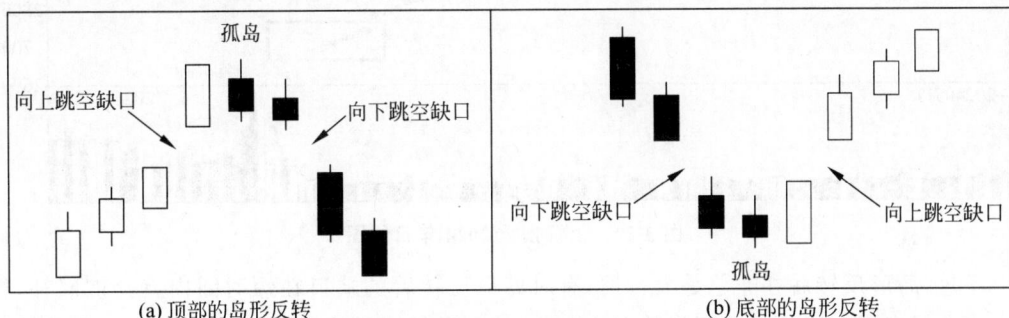

(a) 顶部的岛形反转 (b) 底部的岛形反转

图 3-27 岛形反转

岛形反转并不少见。以下是英维克(002837)在 2017 年的一段走势,如图 3-28 所示,其中就有一个明显的岛形反转。

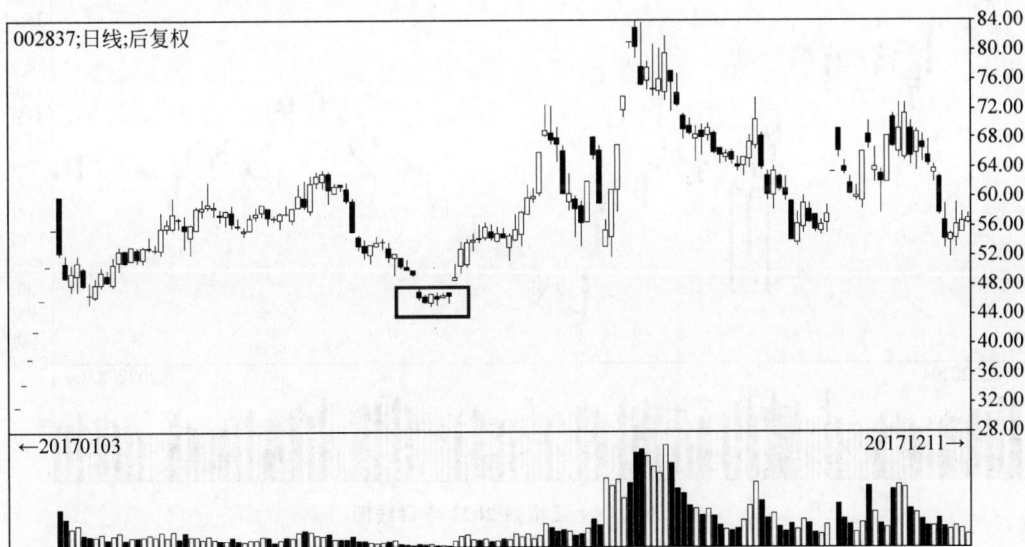

图 3-28 英维克日线图

島形反转在指数中也时有出现。以下是上证指数在 2024 年的一段走势,如图 3-29 所示,其中的急升行情前就有一个島形反转。

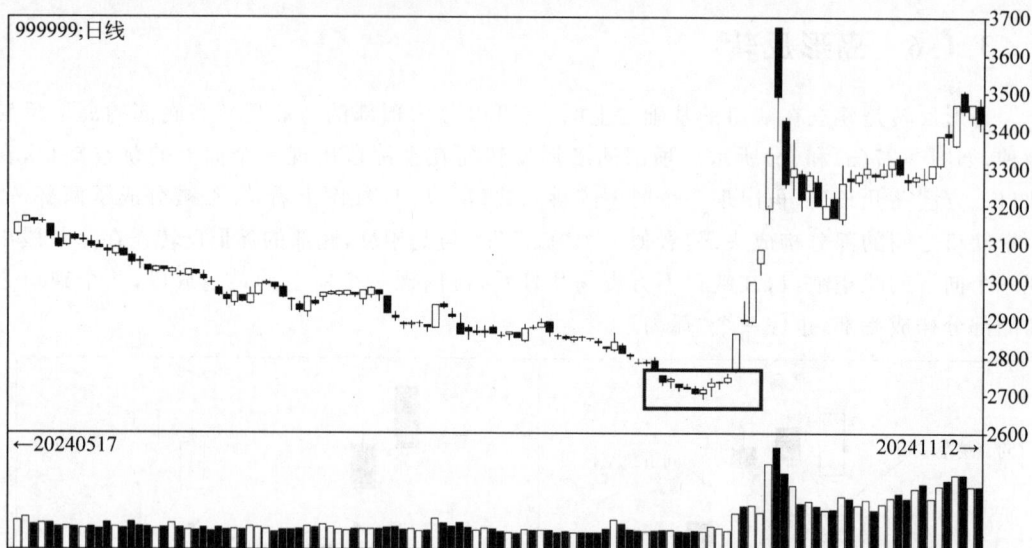

图 3-29　上证指数 2024 年日线图

不过,島形反转后并非总是大行情,有时島形反转后的缺口在短时间内就会被回补,行情也走不了多远。以下是上证指数在 2022 年的一段行情,如图 3-30 所示,其中島形反转后的涨幅就相当有限。

图 3-30　上证指数 2022 年日线图

3.2　持续形态

与反转形态不同,持续形态只是当前趋势的暂时休整,休整结束后价格仍将按原趋势方向运行。常见的持续形态有三角形、楔形、旗形、矩形等,这些中继形态都有一个共同点:上有压力线,下有支撑线。

3.2.1　三角形

顾名思义,三角形就是结构呈三角形的形态,如图 3-31 所示。三角形常作为一种持续形态出现,但是它作为反转形态的情况也相当多。由于大多数技术分析的书籍将它归入持续形态,因此本书也将其放在持续形态中介绍。

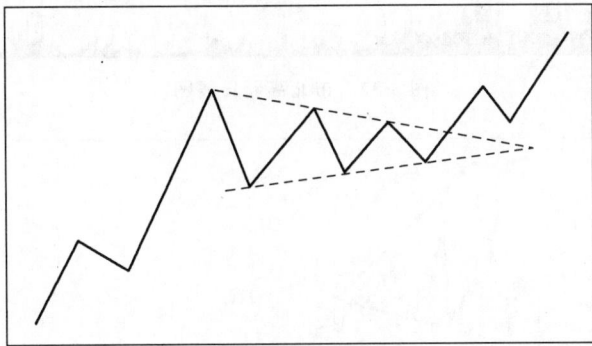

图 3-31　三角形

先从三角形作为反转形态开始。以下是市北高新(600604)在 2015—2017 年的一段走势,如图 3-32 所示。该股在 2015 年 12 月至 2016 年 4 月期间形成了多个高点和低点,如果把这些高点和低点连成线,则可以发现这是一个三角形,其中第 3 次探底的位置已经到了三角形的边缘。此后,该股短暂地冲上了高点构成的压力线,但是很快又再次回落到低点构成的支撑线下方。此后,该股开始了一波曲折的下跌行情。

在上面的例子中三角形构成了一个较为大型的反转结构,而冲到三角形上方的几日可以视为假突破。有时,主力为了迷惑散户会将突破的时间拉长,幅度加大,这样看起来就像一个真的突破,有的投资者会因此看好后市而买入,然而,从一个更大的时间跨度来看,这种突破仍然是假突破。

当然,制造假突破是需要成本和技巧的,如果技巧不够娴熟,则主力不但吸引不到新资金入场,还会让持股者抛在高位。于是,有的主力为了避免"赔了夫人又折兵"的局面,干脆在三角形的边缘直接破位下行。

以下是天禾股份(002999)在 2022—2024 年的一段走势,如图 3-33 所示。该股在 2022 年 10 月至 2023 年 3 月之间形成了一个三角形,当三角形形态穷尽必须选择方向时,主力选择

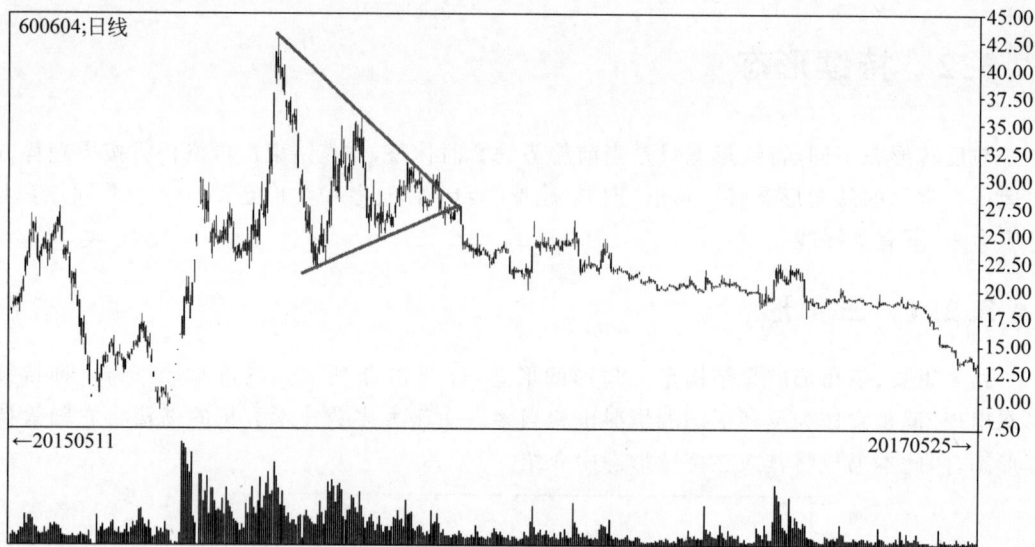

图 3-32　市北高新日线图

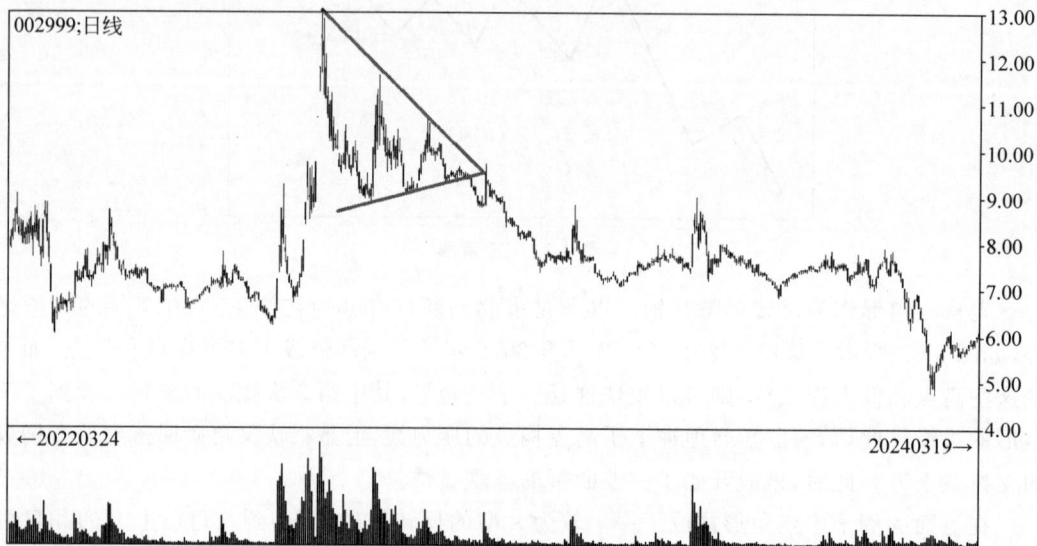

图 3-33　天禾股份日线图

了直接向下,从此开启了长达 1 年多的盘整下跌走势。

　　在上面的例子中三角形是作为头部反转结构存在的,三角形自然也可以作为一种底部反转结构存在。

　　以下是浙能电力(600023)在 2013—2015 年的一段走势,如图 3-34 所示。在这个例子中,三角形充当了底部反转结构,在压力线被突破后,该股开启了一波较大的上涨行情。

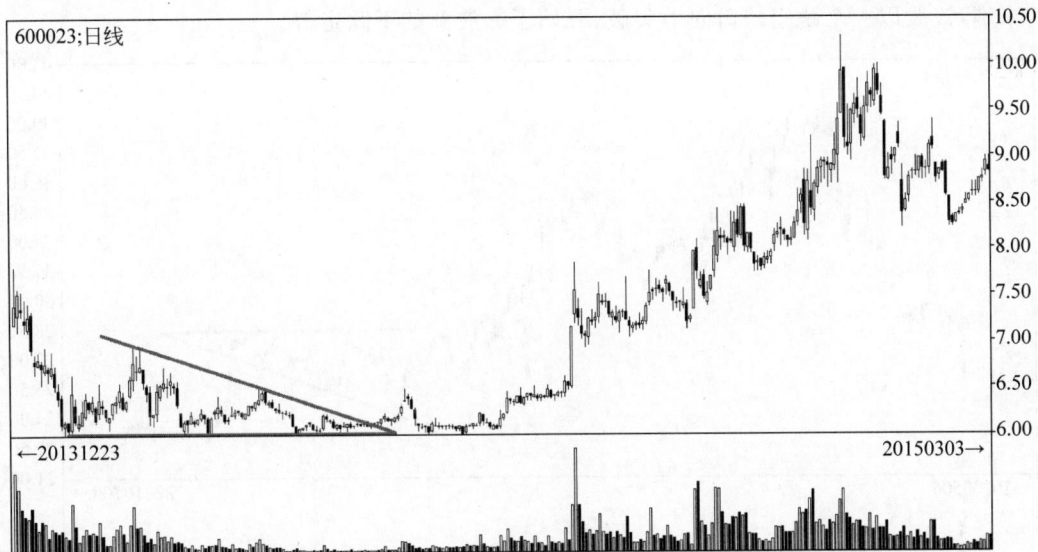

图 3-34 浙能电力日线图

三角形不但经常作为反转结构出现,也时常出现在一波规模较大的趋势性行情中,此时的三角形就充当了持续形态。

以下是同大股份(300321)在 2014—2015 年的一段走势,如图 3-35 所示,其中的三角形就是作为一种持续形态存在的。在形态的末端,该股突破向上并走出一大段上涨行情。

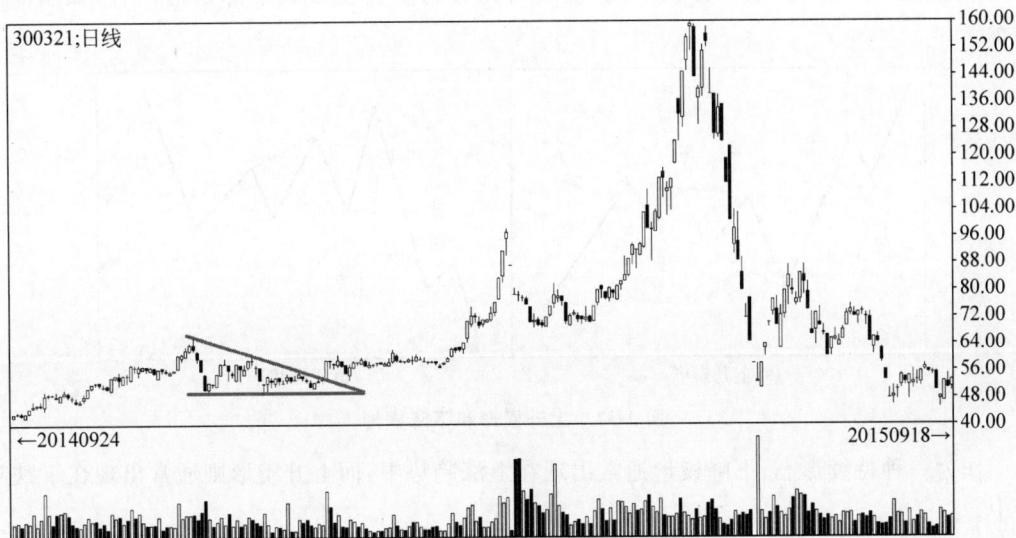

图 3-35 同大股份日线图

三角形同样会出现在下跌趋势之中。以下是新农股份(002942)在 2020—2021 年的一段走势,如图 3-36 所示。该股在 2021 年 2 月至 4 月间形成了一个典型的三角形,在该结构的末端,该股以一个跳空缺口向下突破,开始了一波新的下跌走势。

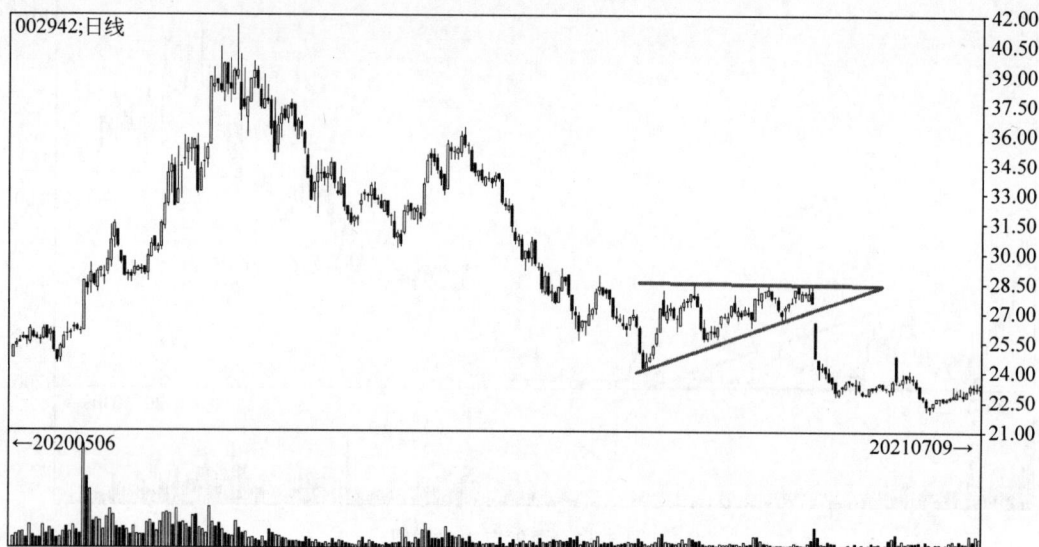

图 3-36   新农股份日线图

3.2.2   楔形

与三角形不同,楔形的压力线和支撑线是同时向上或向下倾斜的,而且越往后其价格的波动范围越窄。根据其倾角的方向不同,楔形可以分为上升楔形和下降楔形两种,如图 3-37 所示。

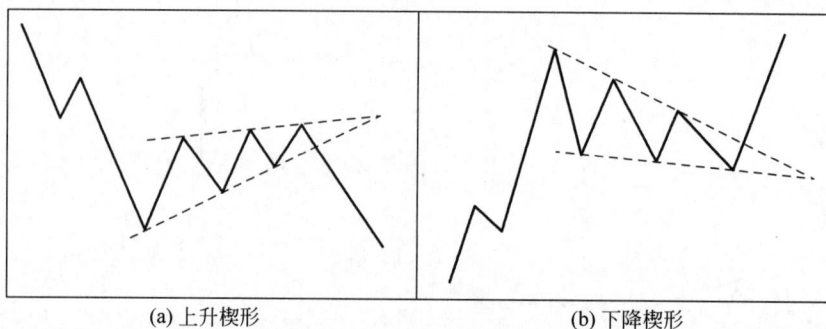

(a) 上升楔形   (b) 下降楔形

图 3-37   上升楔形和下降楔形

作为一种持续形态,下降楔形通常出现在上涨趋势中,而上升楔形则通常出现在下跌趋势中。

以下是潞安环能(601699)在 2022—2024 年的一段走势,如图 3-38 所示,图中标示区域就是一个下降楔形。这个形态从 2023 年 2 月一直持续到 8 月,长达半年之久。当上方的压力线被突破后,该股继续原来的上涨趋势,其后的涨幅也相当可观。

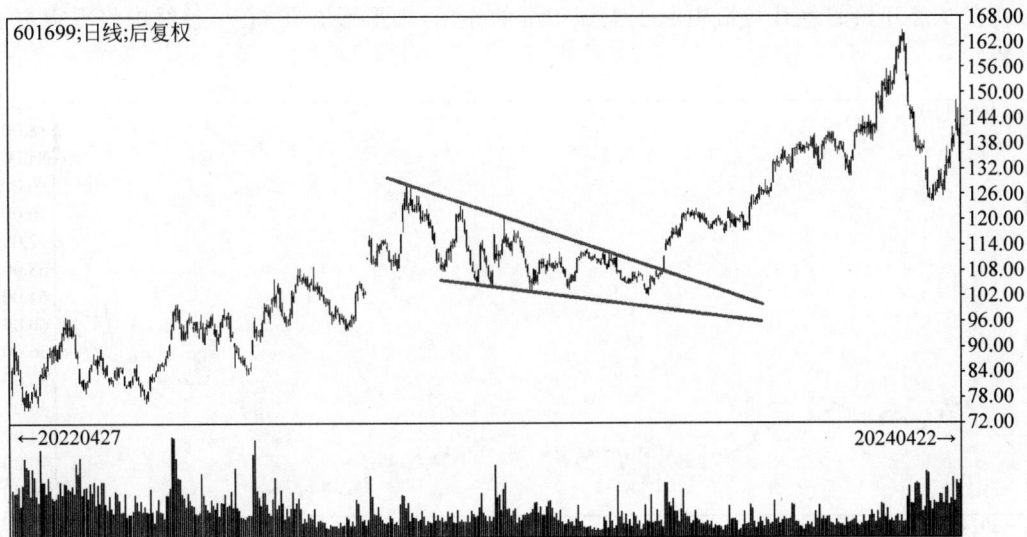

图 3-38　潞安环能日线图

与此相反，上升楔形经常出现在下跌行情中。以下是广宇集团(002133)在 2017—2018 年的一段走势，如图 3-39 所示，其中 2018 年 3 月至 6 月之间的一段反弹行情就呈现楔形结构。当前方的支撑线被突破后，该股又延续之前的下行趋势，开始了漫长的探底之路。

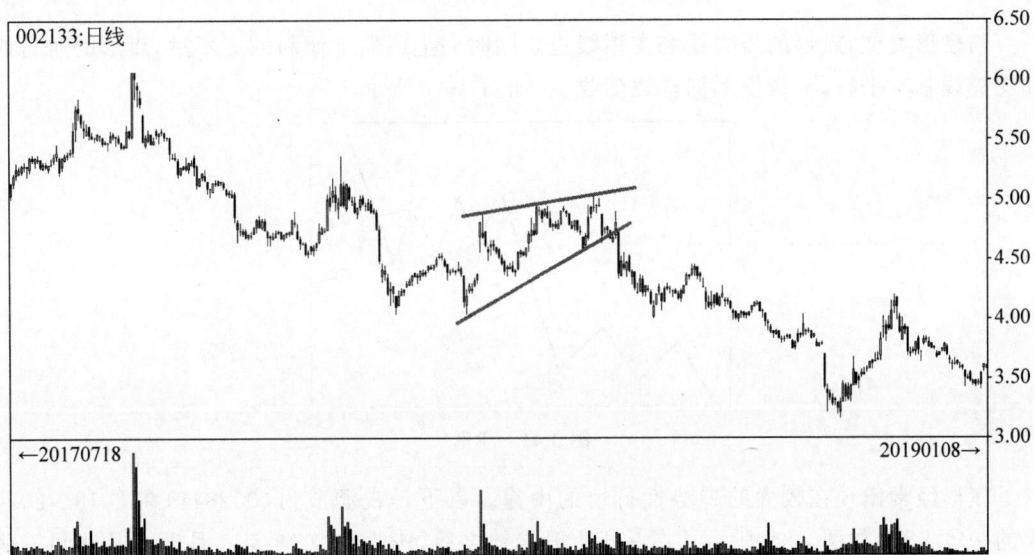

图 3-39　广宇集团日线图

虽然出现的情况不多，但是上升楔形出现在上升行情中、下降楔形出现在下跌行情中的情况也存在。以下是中科曙光(603019)在 2024 年的一段走势，如图 3-40 所示，其中上升楔形就在 9 月开始的急升行情中起了上涨中继的作用,楔形形态在 60 分钟线中将看得更加清楚。

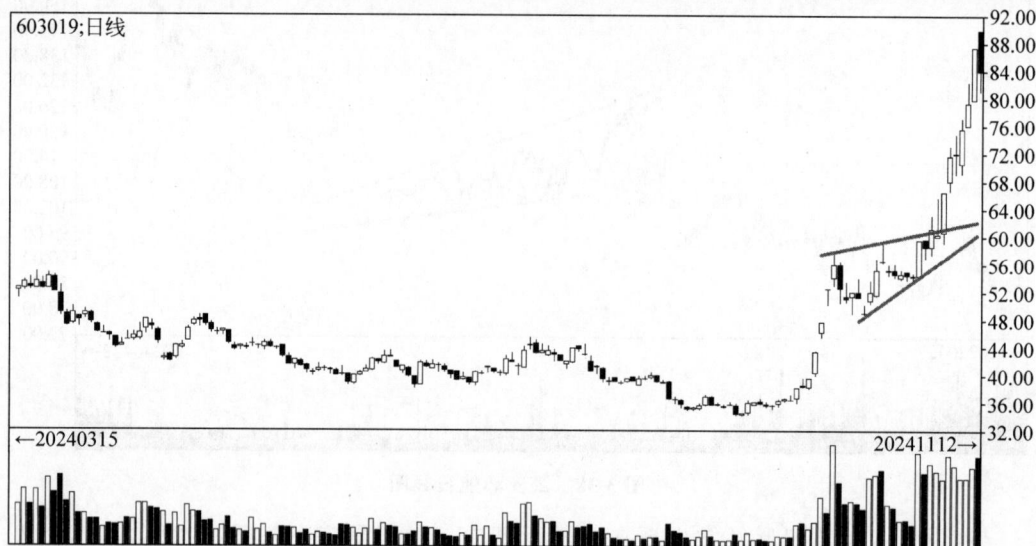

图 3-40　中科曙光日线图

3.2.3　旗形

与楔形类似,旗形的压力线和支撑线也是同时向上或向下倾斜的。不过,旗形的压力线和支撑线基本平行,不像楔形那样逐渐收窄,如图 3-41 所示。

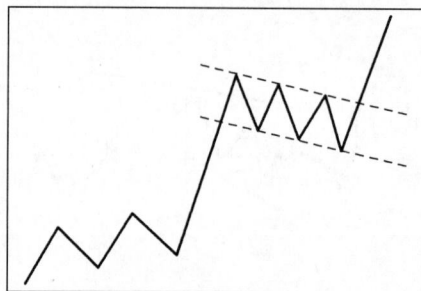

图 3-41　旗形

旗形经常出现在较大的趋势性行情的中途。以下是视源股份(002841)在 2018—2020 年的一段走势,如图 3-42 所示。在一段上升走势之后,该股在 2019 年 3 月至 8 月期间震荡整理,形态呈旗形,其后,该股向上突破,继续上行趋势。

在下跌趋势中,旗形也经常充当持续形态。以下是欧菲光(002456)在 2020—2022 年的一段走势,如图 3-43 所示。2021 年的最后两个月,该股走出一波反弹走势,其间形成了旗形结构。2022 年 1 月,旗形下方的支撑线被跌破,该股震荡下行继续寻底。

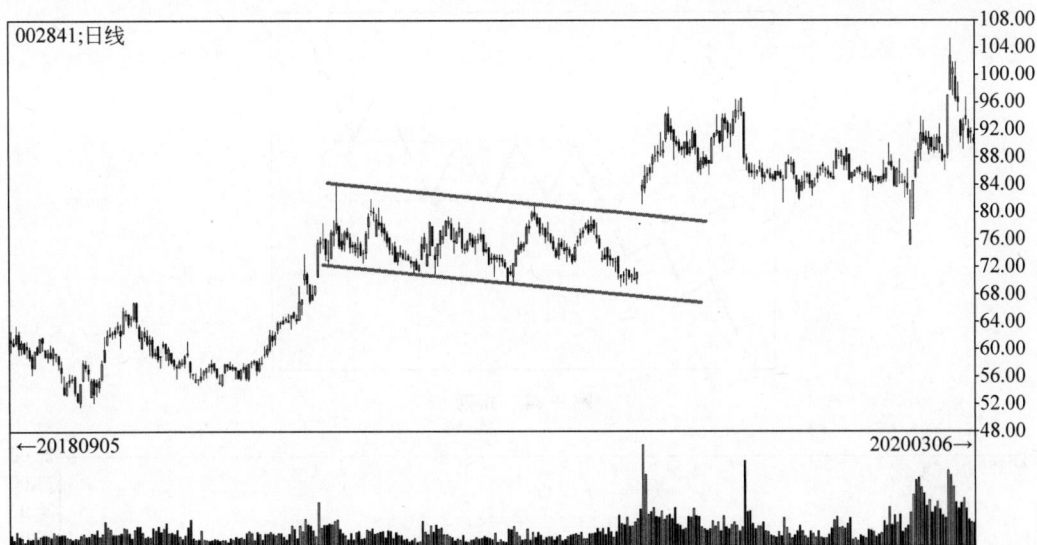

图 3-42 视源股份日线图

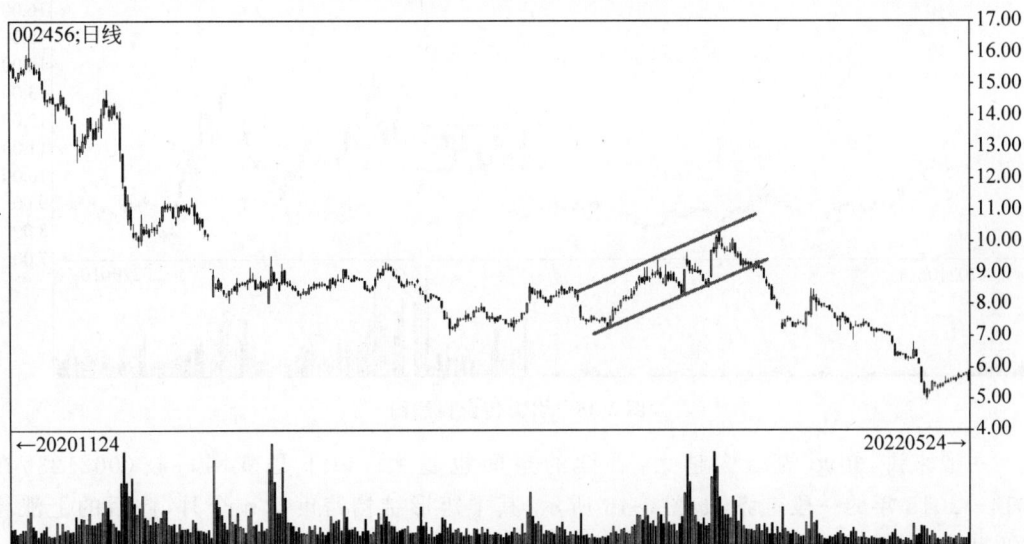

图 3-43 欧菲光日线图

3.2.4 矩形

矩形其实是旗形的一种特殊形式,其压力线和支撑线呈水平状态,也称为箱体,如图3-44所示。

同旗形一样,矩形也经常充当持续形态。以下是引力传媒(603598)在2021—2022年的一段走势,如图3-45所示,其中2021年12月中旬至次年1月中旬的震荡行情就形成了一个矩形。

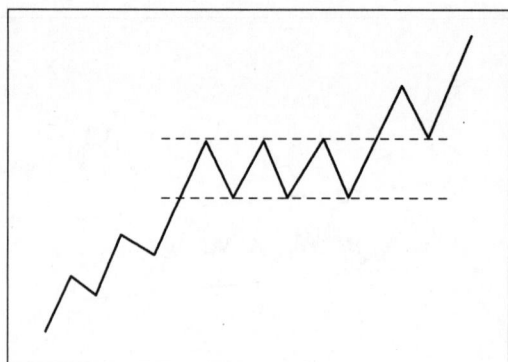

图 3-44　矩形

图 3-45　引力传媒日线图

　　一般来讲,矩形的结构越大,后续的空间也越大。以下是梦网科技(002123)在 2014—2015 年的一段走势,如图 3-46 所示,其中矩形结构跨度达 4 个月,此后的上涨行情也相当猛烈。

3.2.5　其他形态

　　除了三角形、楔形、旗形和矩形结构外,还有一些其他类型的持续形态。

　　以下是同有科技(300302)在 2017—2023 年的一段走势,如图 3-47 所示,其中有一个大型的结构,压力线和支撑线是扩散的,因而无法归入楔形或者旗形。有人将这种形态称为喇叭形,也有人将其称为扩散三角形,其实,叫什么名称并不重要,这种结构的关键是压力线和支撑线,当压力线或者支撑线被击破时,参照楔形或旗形处理就可以了。

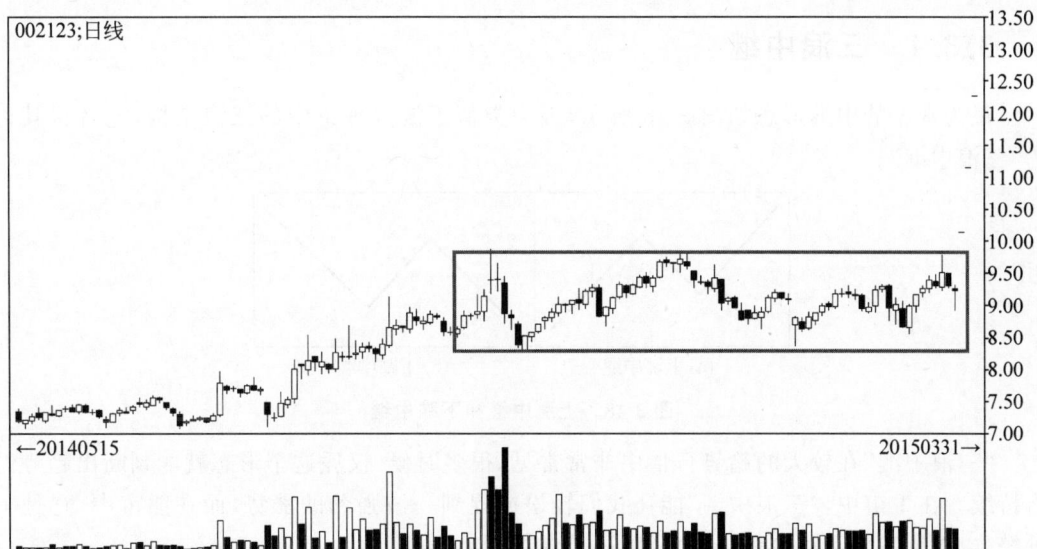

图 3-46 梦网科技日线图

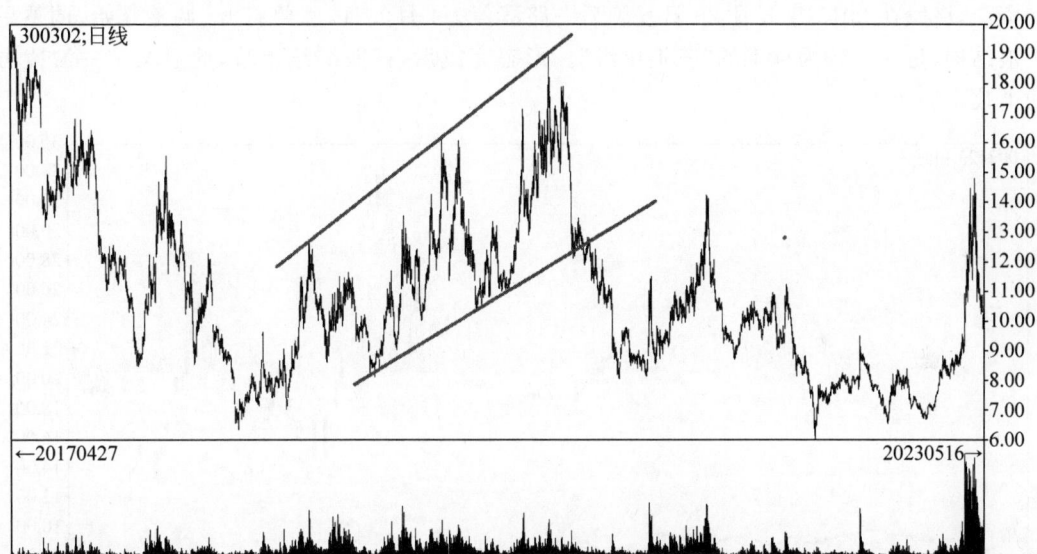

图 3-47 同有科技日线图

3.3 中继形态

3.2 节中介绍的持续形态都是较为大型的结构。在实战中，我们还能发现一些形态更小但更为常见的中继形态。

3.3.1　三浪中继

最为常见的中继形态如图 3-48 所示,因为类似于波浪理论中的三浪结构,笔者将其称为"三浪中继"。

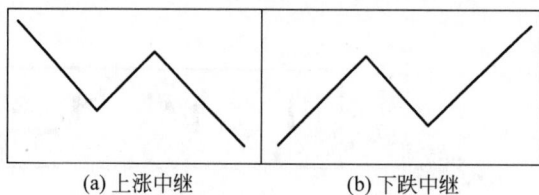

| (a) 上涨中继 | (b) 下跌中继 |

图 3-48　上涨中继和下跌中继

"三浪中继"在较大的趋势行情中非常常见,很多时候,仅凭这个形态就能判断出趋势仍将持续。在牛市中,"三浪中继"能让我们轻松捕捉到一波强劲的涨势,而在熊市中,它是一种警告,提醒我们下跌趋势仍将持续,还是多看少动为妙。

以下是梦网科技(002123)在 2014—2015 年的一段走势,如图 3-49 所示。因收购互联网资产,该股在 2015 年 3 月 26 日复牌后一路涨停。4 月 8 日,涨停打开,调整开始,调整呈三浪结构,是一个较为标准的"三浪中继"。形态完成后,该股继续上攻,此后又是一波凌厉的上攻走势。

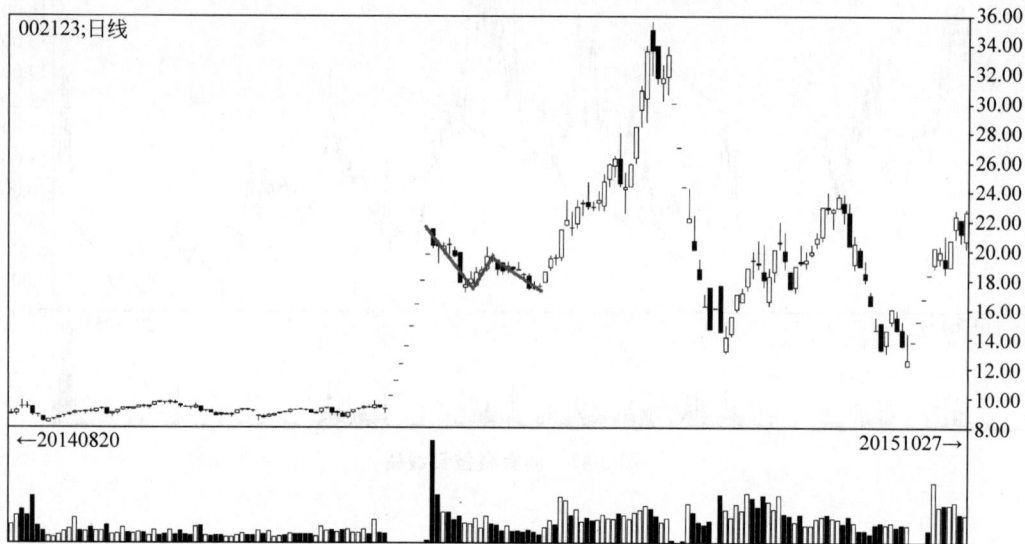

图 3-49　梦网科技日线图

图 3-49 中的"三浪中继"持续时间较长,可能和前期涨幅巨大有关。大多数时候,这种中继的持续时间会比较短。以下是富安娜(002327)在 2015 年的一段走势,如图 3-50 所示,其中的中继形态仅持续了 3 周左右。不过,中继形态较小也往往意味着后市的上涨空间不大。

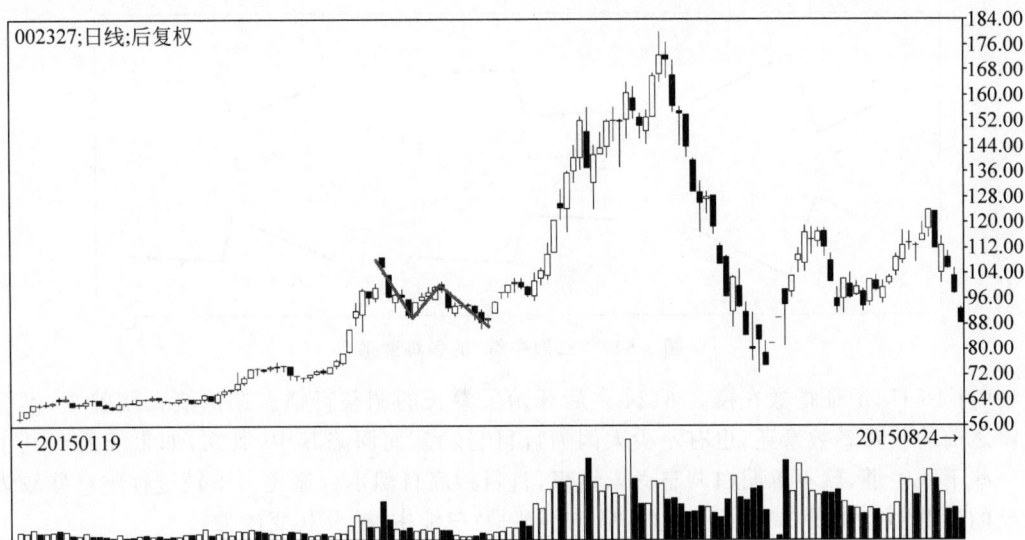

图 3-50 富安娜日线图

以上是上涨行情中的中继,在下跌行情中"三浪中继"同样时常出现。以下是深物业(000011)在 2020—2021 年的一段走势,如图 3-51 所示。自 2020 年 8 月 11 日见顶之后,该股开始了大幅调整,到了 9 月中旬股价已经被腰斩,成交量也大幅萎缩。此后,该股走出了一波三浪反弹行情。这波反弹属于下跌中继,其后股价继续探底,跌幅依然不小。

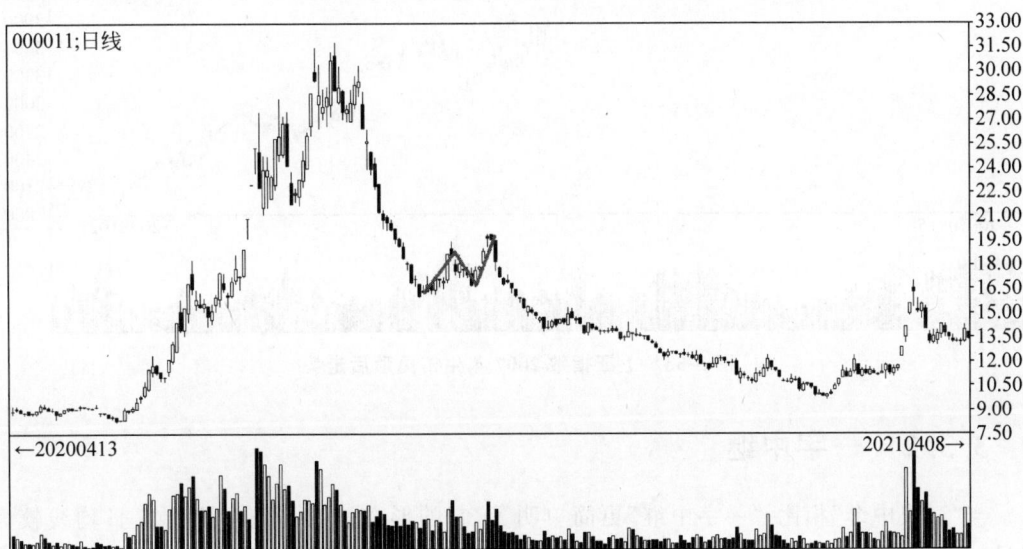

图 3-51 深物业日线图

上面例子中的"三浪中继"属于标准形态,很多时候,"三浪中继"会有所变形,如图 3-52 所示。

2005—2007 年,中国股市出现了一轮波澜壮阔的大牛市行情,但是,有涨必有落,2007

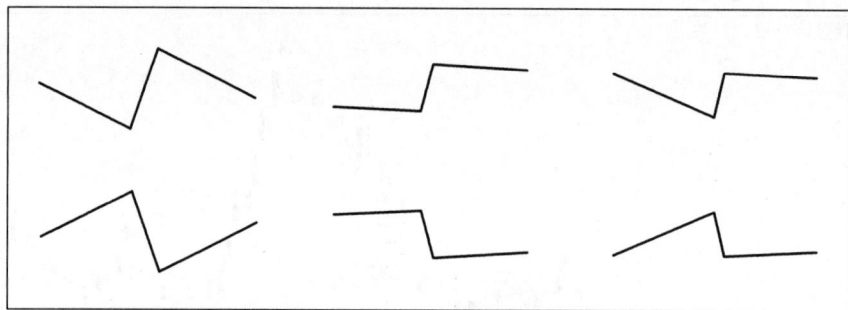

图 3-52 "三浪中继"的各种变形

年 10 月 16 日,上证指数在摸高 6124 点后开始了漫长的调整行情。在这波大调整中,不少人将之前的收益悉数奉还,也有不少人因为盲目"抄底"而深陷其中,其实,如果能看到其中的一些下跌中继,就不难明白调整尚未结束,盲目抄底自然也可避免。下跌过程中一些较为明显的中继形态如图 3-53 所示,这些形态不都是"三浪中继"及其变体吗?

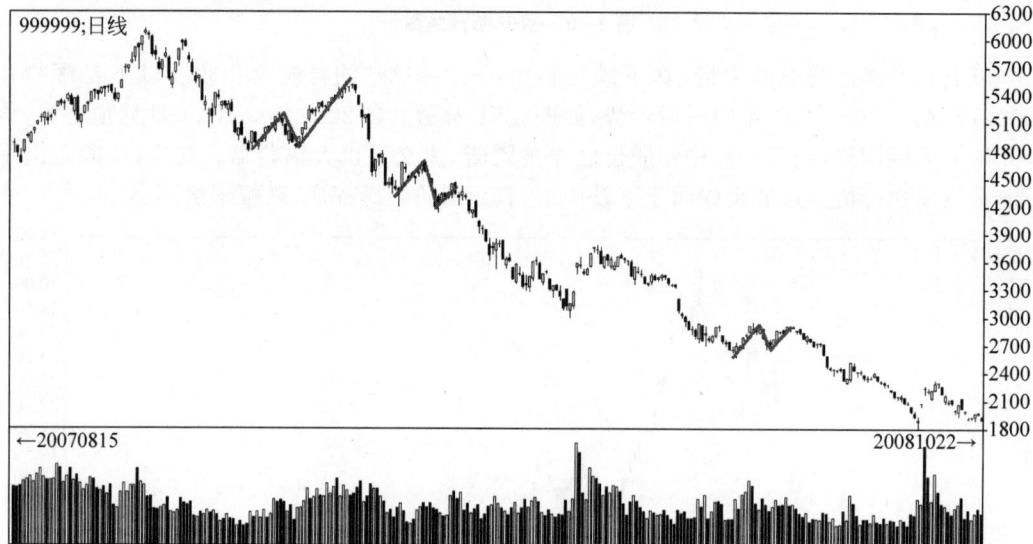

图 3-53 上证指数 2007 年牛市见顶后走势

3.3.2 一字中继

与"三浪中继"相比,"一字中继"更简单明了,它的形态就像一个"一"字(5 日均线较为明显)。以下是深康佳 A(000016)在 2014—2015 年的一段走势,如图 3-54 所示,图中标记区域就是"一字中继"。"一字中继"看起来并不起眼,但是其后续的爆发力却相当可观。在这个例子中,"一字中继"发生在 7.5 元附近,而该股在其后的 4 个月中一口气冲到了 30 元以上,可谓牛气冲天。当然,上涨的过程也并非一马平川,中途还有其他中继形态存在。

"一字中继"体现了主力不急不躁、稳扎稳打的心态。一方面,主力不急于拉高股价,而

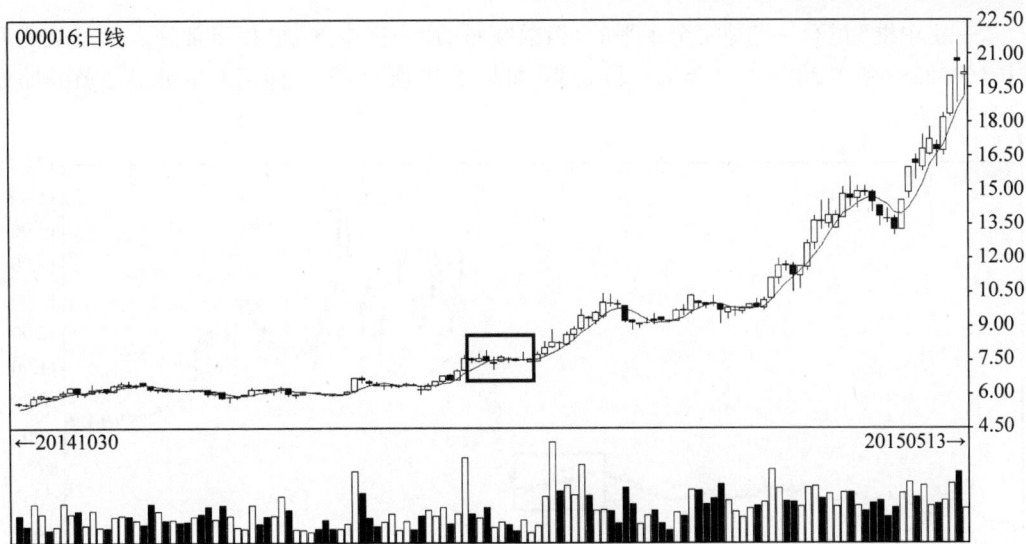

图 3-54 深康佳 A 日线图

另一方面,也不希望观望者买到低价筹码,于是股价被维持在一个狭小的区域内。由于波动范围很小,这样的走势不会引人注目,短线客也大多不喜欢这种股票,其间甚至连短差都做不出来。不少持股者经不起这样的"煎熬",乖乖地交出了筹码,而这也正中主力的下怀。在调整一段时间后,主力继续拉高,而耐不住寂寞的短线客则后悔莫及。

"一字中继"不但在牛市中很常见,在熊市中也常有它的身影,特别是在连绵不断的阴跌世道中。津滨发展(000897)在 2023 年的下跌走势中就出现了"一字中继"的身影,如图 3-55 所示。这样的走势往往令高位套牢者崩溃,"一字"后面往往是又一波下调,就像一步一步走下台阶一样,而底部则遥遥无期。

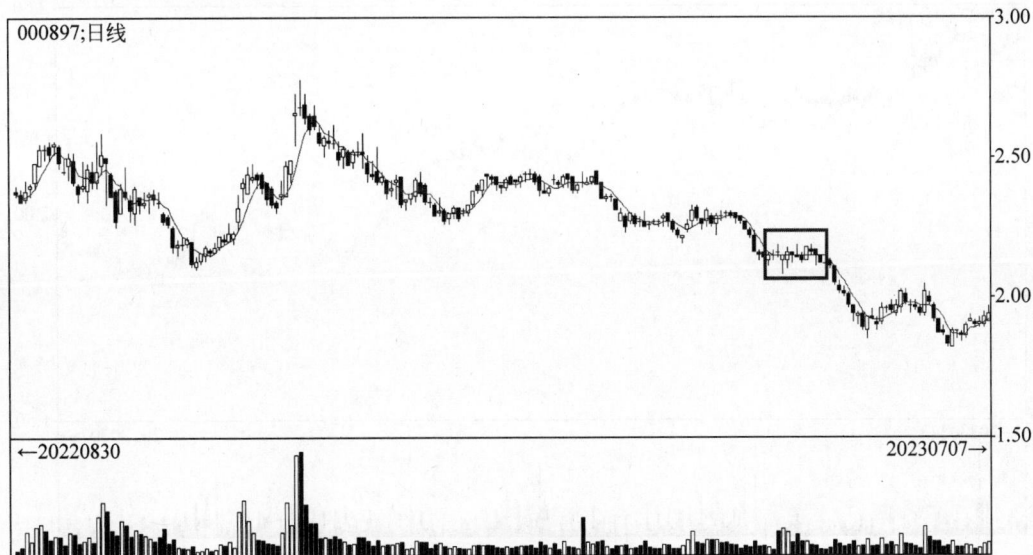

图 3-55 津滨发展日线图

　　"一字中继"并不一定是完全水平的,稍微倾斜的"一字中继"也相当常见。以下是返利科技(600228)在 2022—2023 年的一段走势,如图 3-56 所示,图中标示的中继形态就是略微向下倾斜的。

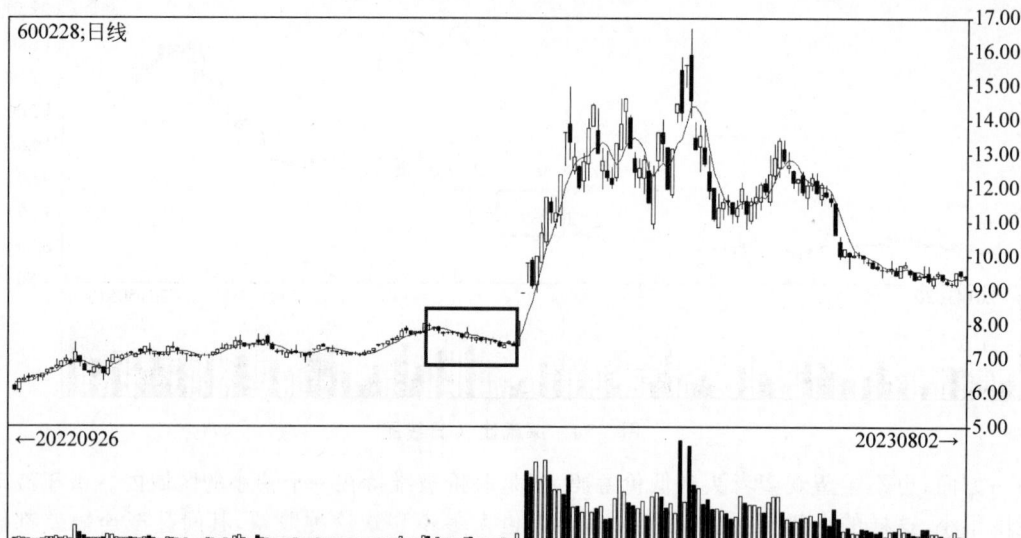

图 3-56　返利科技日线图

　　实际上,"一字中继"是从一个较长的时间周期观察的结果。在更短的时间周期下,"一字中继"可能完全不像"一字",而是一个楔形、旗形或三角形,例如,在津滨发展的例子中,那段中继在日线上看是个"一字",而在 60 分钟线上看却是一个三角形结构,如图 3-57 所示。

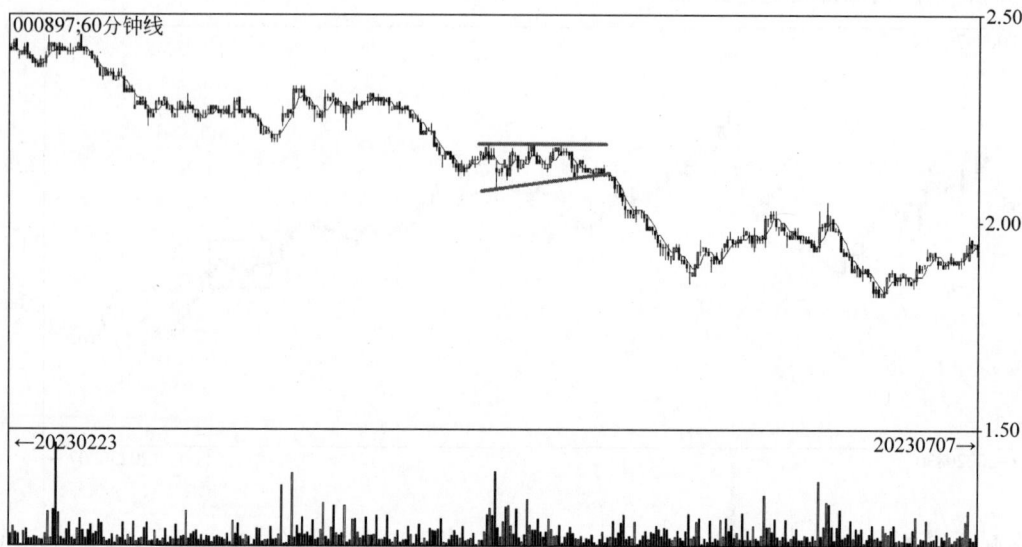

图 3-57　津滨发展 60 分钟线(对应于图 3-55)

这也反过来提醒我们,如果在某个时间周期下看不出名堂,则不妨在一个更小的级别上看一看细部,或许那里有一些"秘密"正等着我们去发现。不过,笔者不主张看过于细节的东西,例如5分钟线或者1分钟线,即使能从中发现一个反转或持续形态,它们也会很快失效。当一个新的交易日开始,或者仅仅是一顿午饭后,情况已经变化了,而这些结构已经没有什么意义了。

3.4　结构嵌套

有时,一个大型结构的某一部分可以是另外一个结构,这就构成了结构的嵌套。以下是中国软件(600536)在2020—2024年的周线图,如图3-58所示,其中的头部结构就是一个大型的头肩顶,前后跨度达11个月。

图 3-58　中国软件周线图

从日线级别,可以发现里面又由各种较小的结构组成,例如,头肩顶的左肩其实是一个三角形,右肩和头部则是楔形。我们甚至可以在头部和右肩的结合处发现一个小型的头肩底结构,如图3-59所示。

这种大结构中嵌套小结构的情况还是相当普遍的,如果在看 K 线图的时候多注意这些细节,并且触类旁通,则久而久之你的功力将会突飞猛进。

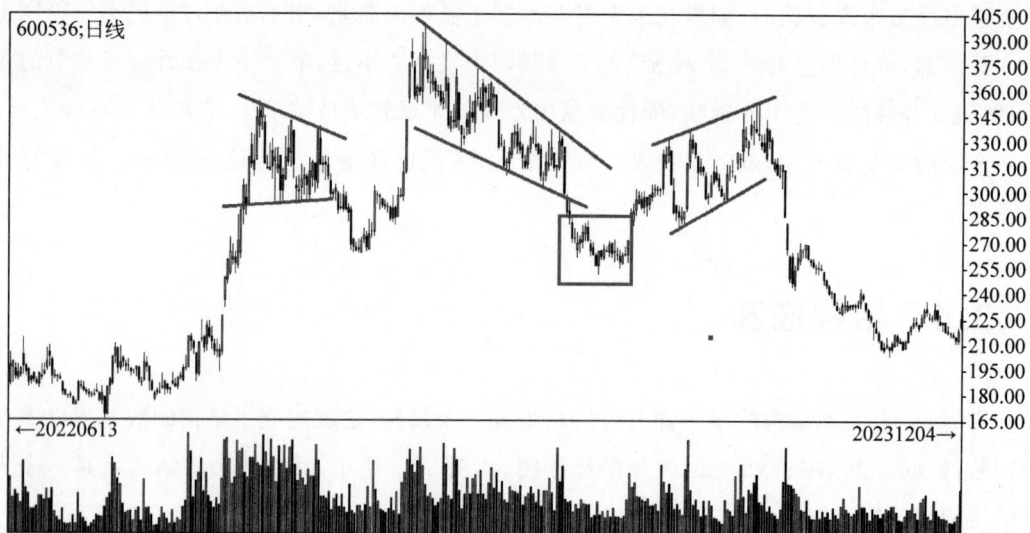

图 3-59　中国软件日线图

3.5　趋势线

3.5.1　趋势线概述

　　股票的走势往往存在着一个中期甚至长期的趋势。在股价波动中,逐波上行走势中两个或多个依次上移的低点的连线构成上升趋势线,逐波下行走势中两个或多个依次下移的高点的连线则构成下降趋势线,如图 3-60 所示。

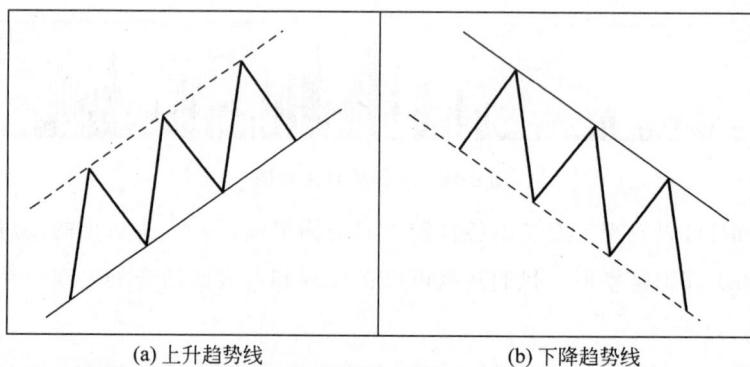

(a) 上升趋势线　　　　　　　　(b) 下降趋势线

图 3-60　趋势线

　　在上涨趋势中,当股价从阶段性高点调整至上升趋势线附近时会遇到支撑,于是多方重振旗鼓再度发力向上,因此向上趋势线也称为支撑线。以下是拓斯达(300607)在 2019—

2020 年的一段走势，如图 3-61 所示，上升趋势线就起到了很好的支撑作用。

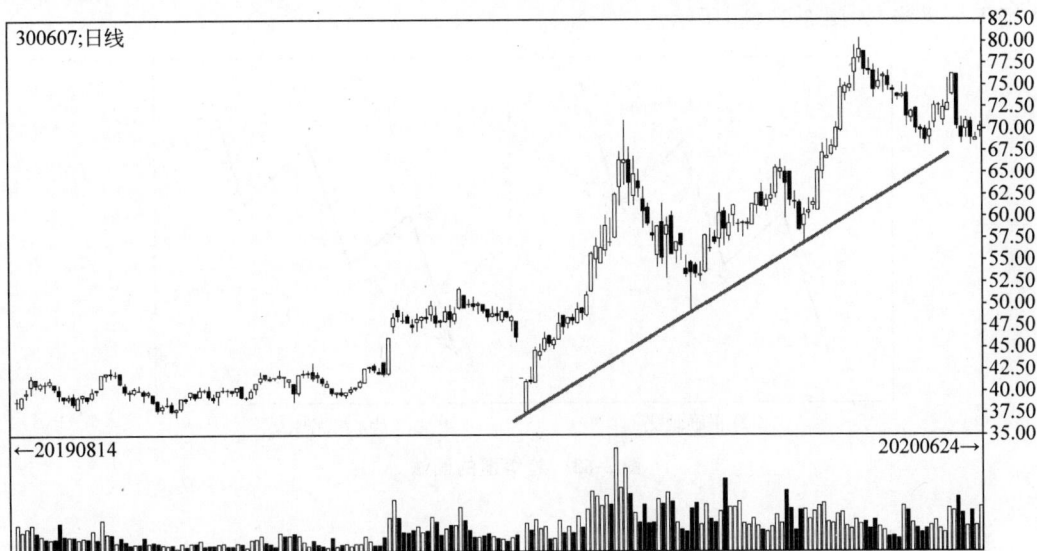

图 3-61　拓斯达日线图

在下跌趋势中，当股价反弹至上升趋势线附近时会遇到压力而重新回落，因此下跌趋势线也称为压力线。以下是上实发展（600748）在 2023—2024 年的下跌行情中的一段走势，如图 3-62 所示，该股在压力线附近就受到了压制。

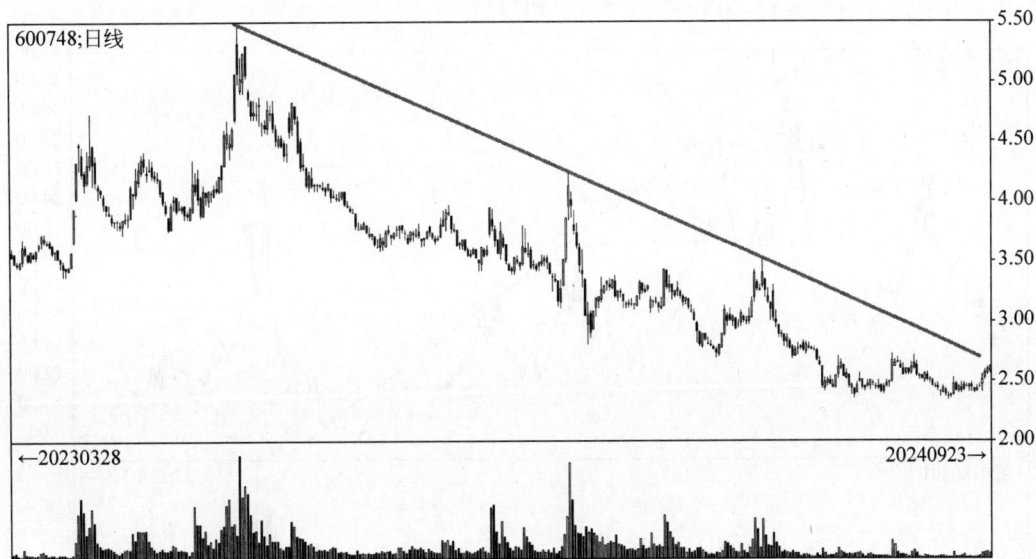

图 3-62　上实发展日线图

趋势线该怎么画？由于两点决定一条直线，因此两个相邻的低点（或高点）连接后就能形成一条趋势线，但是，如果有 3 个或更多的低点（或高点）呢？

一般来讲,趋势线画好后不应与其中的低点(或高点)相交,如图 3-63(a)所示,相交的画法则不太妥当,如图 3-63(b)所示。

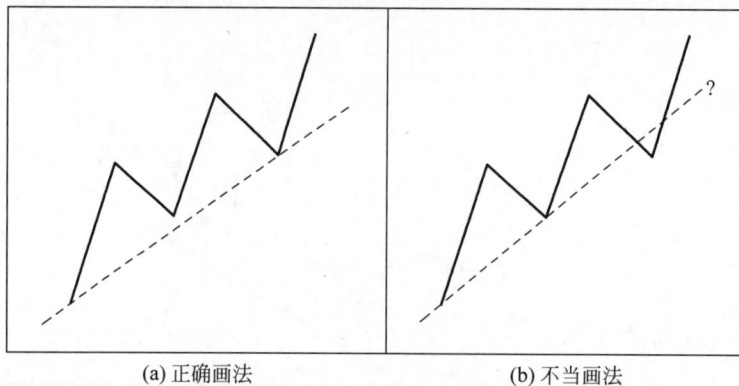

(a) 正确画法　　　　　　　　　　(b) 不当画法

图 3-63　趋势图的画法

3.5.2　趋势线的突破

趋势并非是永恒不变的,趋势线也可能被突破,压力线被向上突破后将变成支撑,而支撑线被向下突破后则将变成压力线。

以下是游族网络(002174)在 2018—2024 年的一段走势,如图 3-64 所示。压力线被突破后下跌趋势得以终结,之后走出了一波中期行情。

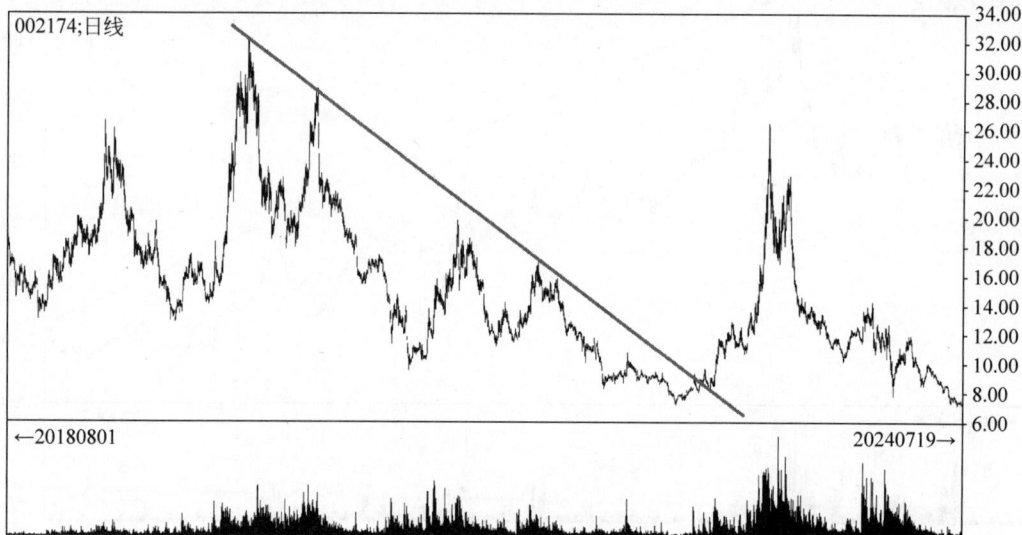

图 3-64　游族网络日线图

趋势线的突破并非总是直截了当的,有时,主力会做一个相反的假动作迷惑投资者,例如，当主力的真实意图是向上突破时，他可能先来一个向下突破的诱空动作，当大家以为行情结束而离场时，他再将股价拉回压力线上方。这也是对《道德经》中"将欲去之，必固举之；将欲夺之，必固予之"这一思想的具体运用。

以下是新诺威（300765）在 2023 年的一段走势，如图 3-65 所示。在 5 月至 8 月期间，该股始终在一个狭小的范围内震荡，上有压力线，下有支撑线。该股在向上攻击前先是向下跌破了支撑线，制造了一个空头陷阱，然后才是向上突破，之后股价一口气翻了两番，成为当时行情中耀眼的明星。

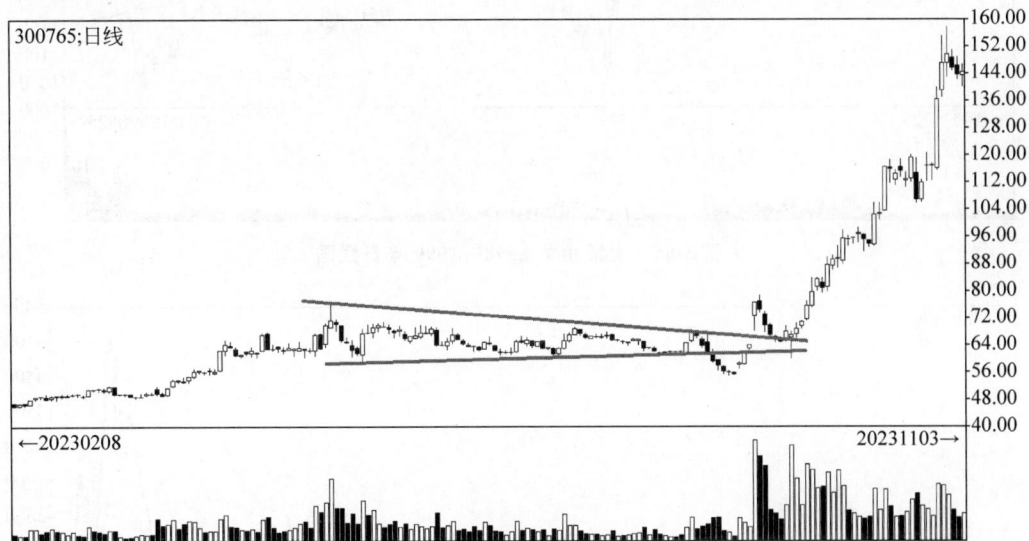

图 3-65　新诺威日线图

3.5.3　趋势线的威力

根据趋势持续的时间划分，趋势线可分为短期趋势线、中期趋势线和长期趋势线 3 种，有的长期趋势线可长达十几年甚至更长。

以下是上证指数在 1998—1999 年的一段走势，如图 3-66 所示，图中可以看到一条明显的压力线。这条压力线在 1999 年 5 月被突破，从而催生了著名的"519 行情"。

上面例子中的趋势线持续了一年多时间，属于中期趋势线，因此此后催生的行情的力度不是很大。下面让我们看一看长达 4 年的趋势线被突破的情况。

以下是上证指数在 2009—2015 年的一段走势，如图 3-67 所示。这幅图中有一条长达4 年的趋势线，直到 2014 年 7 月份才被突破。突破后发生了什么？那就是 2014—2015 年的大牛市。趋势线被突破时上证指数在 2075 点附近，不到一年的时间里，上证指数上冲至5178 点，涨幅高达 249.5%，足见这条趋势线的威力。

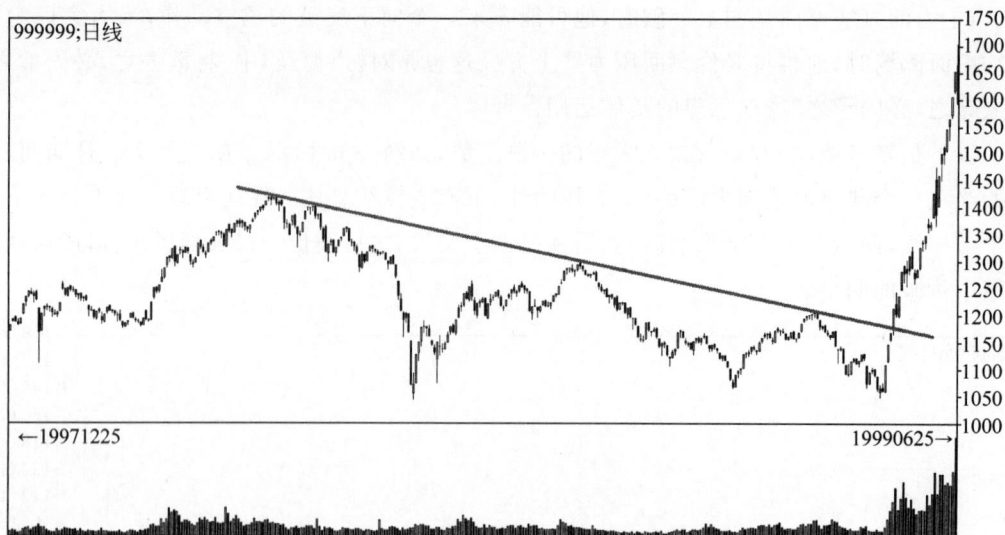

图 3-66　上证指数 1998—1999 年日线图

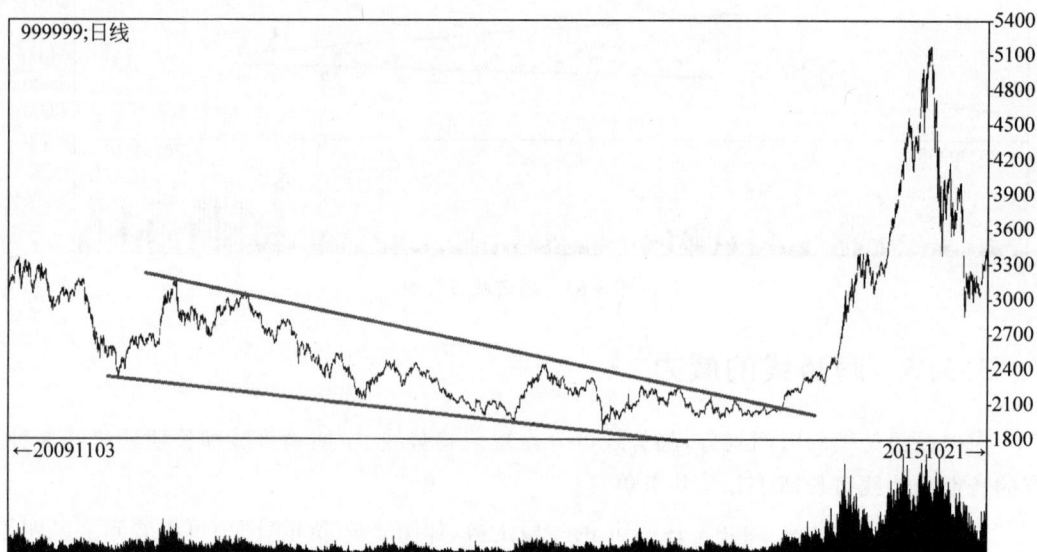

图 3-67　上证指数 2009—2015 年日线图

　　接下来看一件更加神奇的事,这是沪深 300 指数(399300)2015—2024 年的走势,如图 3-68 所示。将 2016 年 2 月 29 日的低点 2821 点和 2019 年 1 月 4 日的低点 2936 点连成线后,我们惊奇地发现,股价在 2024 年 2 月 2 日和 9 月 18 日再次触碰到了这条趋势线,当时的点位分别是 3108 点和 3146 点,而后者是个重要的低点,此后有一波较大的行情。

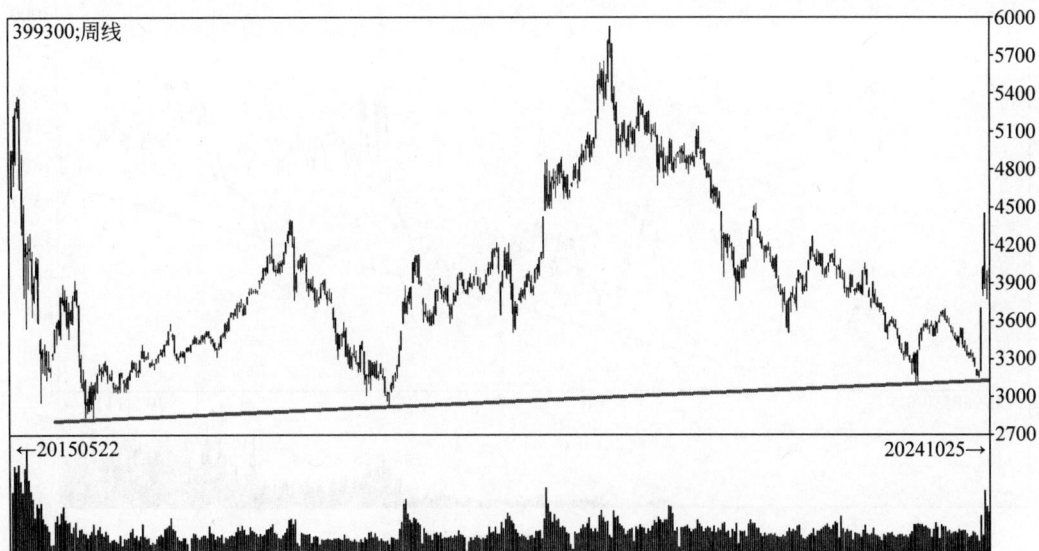

图 3-68　沪深 300 指数周线图

同样的事情也发生在上证指数、深圳综指（399106）和中小板综合指数（399101）上，如图 3-69～图 3-71 所示。这么多指数出现同样的现象，难道都是巧合吗？

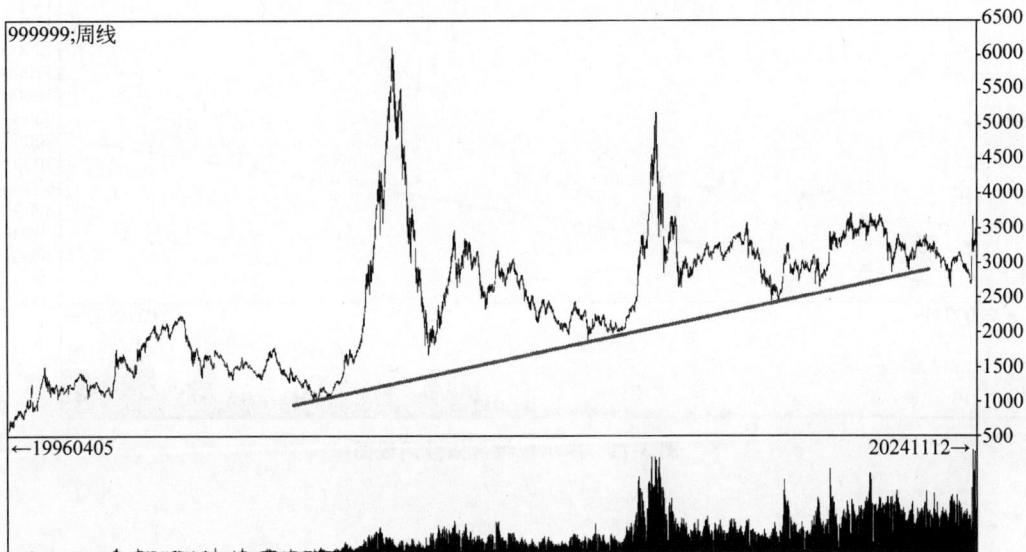

图 3-69　上证指数周线图

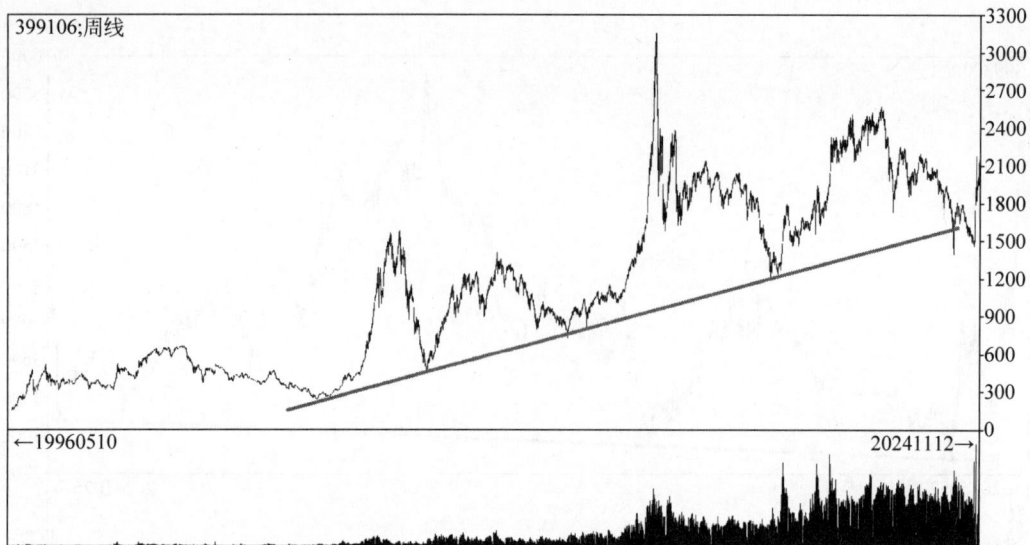

图 3-70　深圳综指周线图

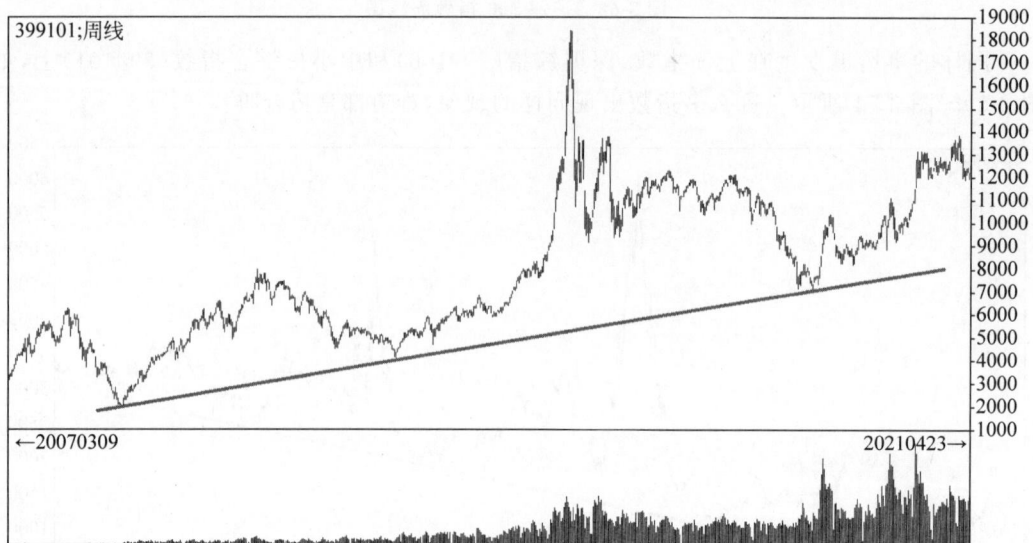

图 3-71　中小板综合指数周线图

## 第 4 章

技术指标分析

4.1 技术指标概述

技术指标分析在技术分析中扮演着非常重要的角色,它可以帮助投资者识别市场趋势、价格波动模式及潜在的买卖信号。

证券市场上的技术指标数不胜数,常用的技术指标有平滑异同平均线(Moving Average Convergence Divergence,MACD)、相对强弱指标(Relative Strength Index,RSI)、随机指标(KDJ)、趋向指标(DMI)、能量潮(OBV)、布林线(BOLL)、威廉指标(WR)等。

技术指标虽然有很多种,但是即使是专业投资者也没必要掌握那么多。这甚至不是"贪多嚼不烂"的问题,即使你把 10 种指标嚼得很烂,得出的结论也不见得比精通两三种指标时更高明,因为技术指标各有利弊,而且相互之间会有冲突,到时候究竟听谁的好呢?因此,本书只介绍 3 种最实用的技术指标:MACD、RSI 和 KDJ,把它们理解之后完全可以应付各种局面了。

4.2 MACD 详解

4.2.1 概述

MACD 通过计算两条移动平均线的差异来显示股价的趋势和动量。MACD 是一种很好的趋势跟踪指标,如果只能选一种技术指标,则笔者会选择 MACD。

计算 MACD 时,先用快速移动平均线(EMA12)减去慢速移动平均线(EMA26)得到离差值 DIF,再用 $2 \times (DIF - DEA)$ 得到 MACD 红绿柱,其中 DEA 是 DIF 的 9 日均线。一般来讲,红柱代表多方强势,绿柱代表空方强势。

在图形中,MACD 指标由零轴、指标线和柱状线三部分组成,如图 4-1 所示。零轴可以认为是多空的分界线,零轴上方为正值区域,下方为负值区域。指标线即 MACD 计算中用到的 DIF 和 DEA,其中 DIF 为快速线,而 DEA 是慢速线。柱状线就是 MACD 红绿柱,当

DIF 大于 DEA 时,MACD 为正值,用红色柱状线表示,反之则 MACD 为负值,用绿色柱状线表示。

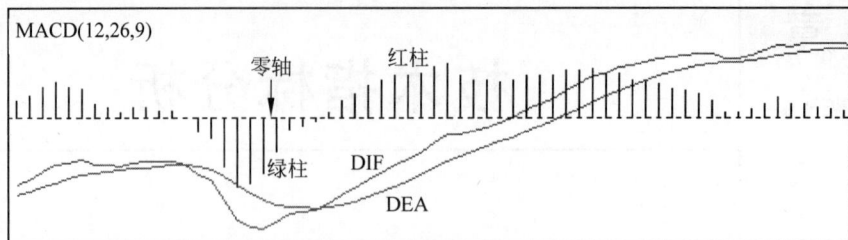

图 4-1　MACD 的组成部分

MACD 红绿柱的高度也在一定程度上反映做多或做空能量的强弱。红柱变长意味着多方气势强盛,绿柱变长则意味着空方气势强盛,红绿柱变短则表明多方或空方气势转弱。

4.2.2　金叉与死叉

指标线的交叉是 MACD 最常见的用法,交叉可分为金叉和死叉两种。金叉是指 DIF 向上突破 DEA 产生的交叉,为买入信号;死叉则是指 DIF 向下突破 DEA 产生的交叉,为卖出信号。

金叉和死叉根据其位置的不同又可分为零轴上的交叉和零轴下的交叉,因此 MACD 交叉共有 4 种情况:零轴上的金叉、零轴上的死叉、零轴下的金叉和零轴下的死叉。

1. 零轴上的金叉

指标线处于零轴上方通常意味着股价处于多方市场,金叉发生在零轴上方表示在上涨趋势中出现阶段性买点,这往往意味着后续走势较为强劲。

以下是兖矿能源(600188)在 2021 年的一段走势,如图 4-2 所示。自 2021 年 3 月起,该股开始走强,其间股价呈碎步上扬的慢牛走势。不过虽然趋势整体向上,股价涨幅却较为有限。转机发生在 8 月 26 日,该股以一根大阳线突破前期平台高点,同时 MACD 在零轴上方发生金叉,当日收盘价为 19.49 元。仅仅三周之后,该股股价已经上冲到 36.95 元的高价,接近翻番。在这一波行情中,该股的 MACD 始终保持红柱状态,多方气势强旺。

2. 零轴上的死叉

零轴上的死叉属于上涨趋势中的卖点,可以理解为上升过程中的休整,因此不少情况下,当 MACD 再次出现金叉时,上涨趋势仍将延续。

以下是中国神华(601088)在 2023—2024 年的一段走势,如图 4-3 所示。2024 年 1 月 22 日,该股 MACD 在零轴上方出现死叉,不过由于处于中线上涨趋势之中,死叉状态并没有维持多久。3 天后,MACD 在零轴上方出现金叉,此后一段时间该股涨幅可观。可见,零轴上的死叉通常并不意味着上涨趋势的终结,不必过于看空。

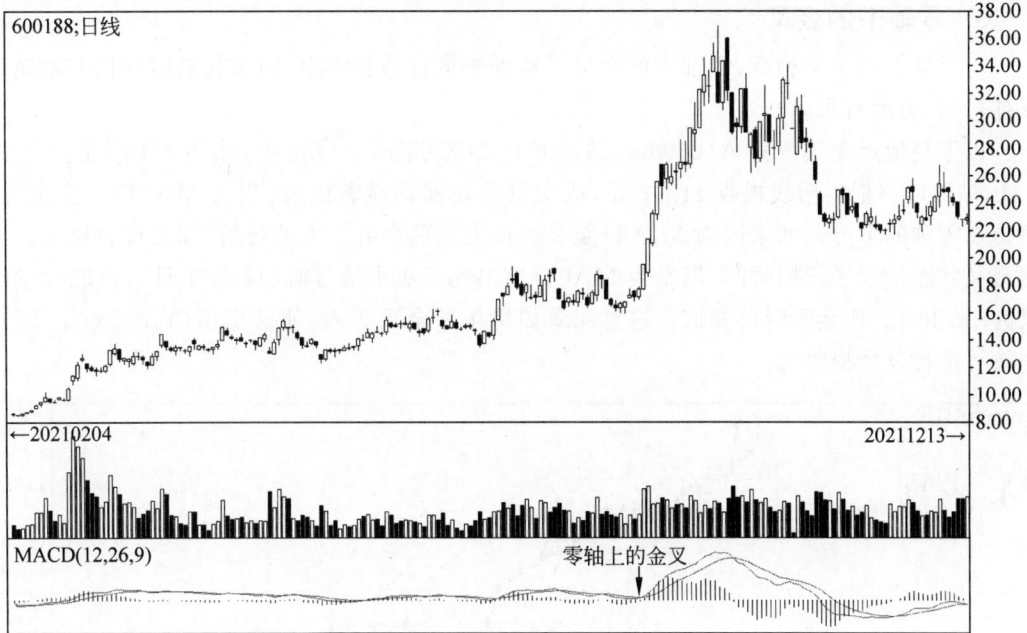

图 4-2　兖矿能源日线图

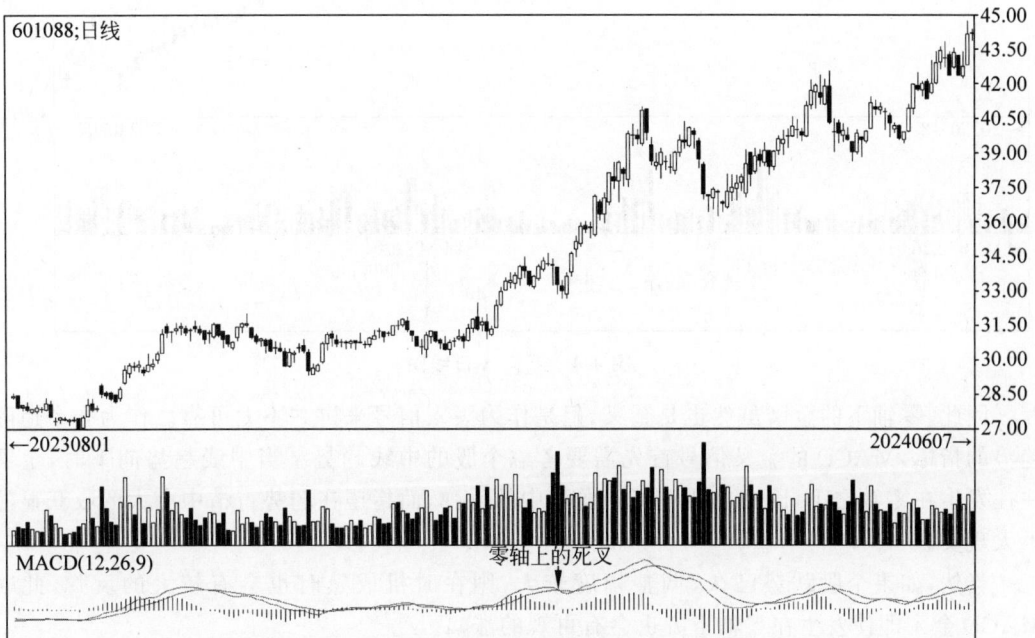

图 4-3　中国神华日线图

3. 零轴下的金叉

与零轴上的金叉相反,零轴下的金叉一般处于下行趋势之中,因而其后的行情基本属于反弹行情,力度有限。

以下是地产龙头万科 A(000002)在 2023—2024 年的一段走势,如图 4-4 所示。11 月 6 日,该股以一根大阳线报收 11.97 元,成交量也较前期显著放大,当天 MACD 发生金叉,但是在零轴的下方。如果因为 MACD 金叉就认为此后会有一大波行情,那么你就错了。虽然金叉状态持续了三周时间,但是当 MACD 发出死叉卖出信号时(12 月 1 日),该股收盘价仅为 11.40 元,比金叉时还要低。这意味着如果按照金叉买入、死叉卖出的方法操作,则这一波行情将以亏损收场。

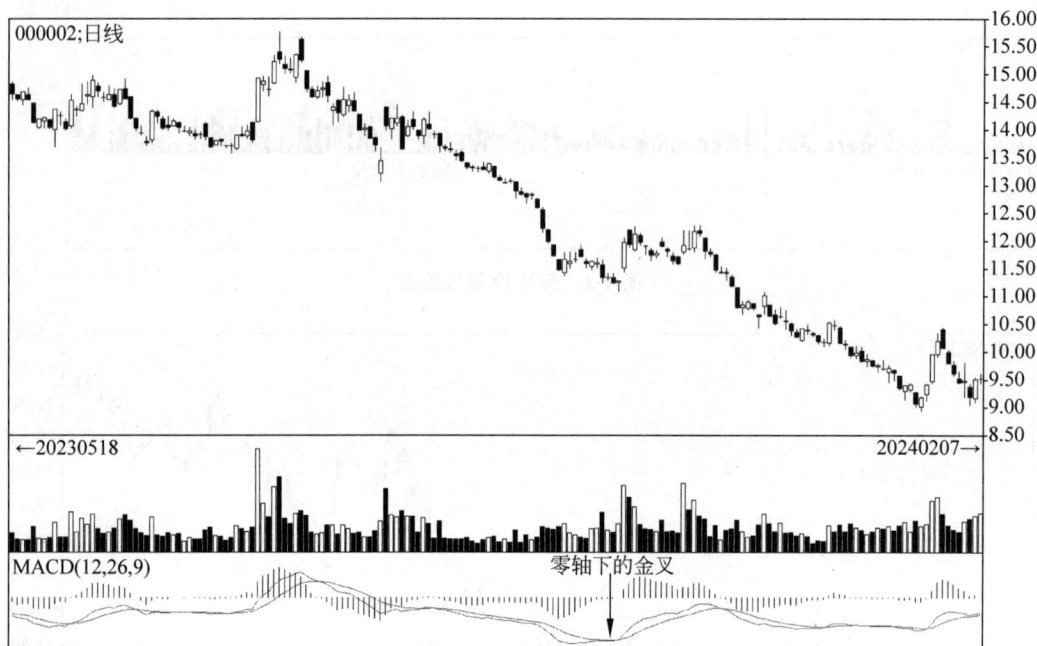

图 4-4　万科 A 日线图

因此,零轴下的金叉虽然也是金叉,但是作为买入信号来讲并不太可靠。作为一个追随趋势的指标,MACD 的金叉信号首先需要考虑个股的中线趋势。当中线趋势向下时,金叉往往发生在零轴之下,因而本质上属于弱势中的反弹,而指望在弱势行情中有大的收获显然不太现实。

当然,如果个股跌势已久,调整幅度较大,则在时机成熟时也会有较大的反弹,此时 MACD 金叉即使发生在零轴下方也会有可观的涨幅。

以下是绿地控股(600606)在 2021—2022 年的一段走势,如图 4-5 所示。受大环境的影响,该股前期一直处于阴跌走势之中。2022 年 3 月 22 日,该股收出一根大阳线,收盘价为 4.32 元。当日该股 MACD 发生金叉,位置在零轴下方。由于压抑已久,此波行情较为猛烈,仅 2 周时间股价就上冲到了 6.10 元的高位,涨幅较为可观。

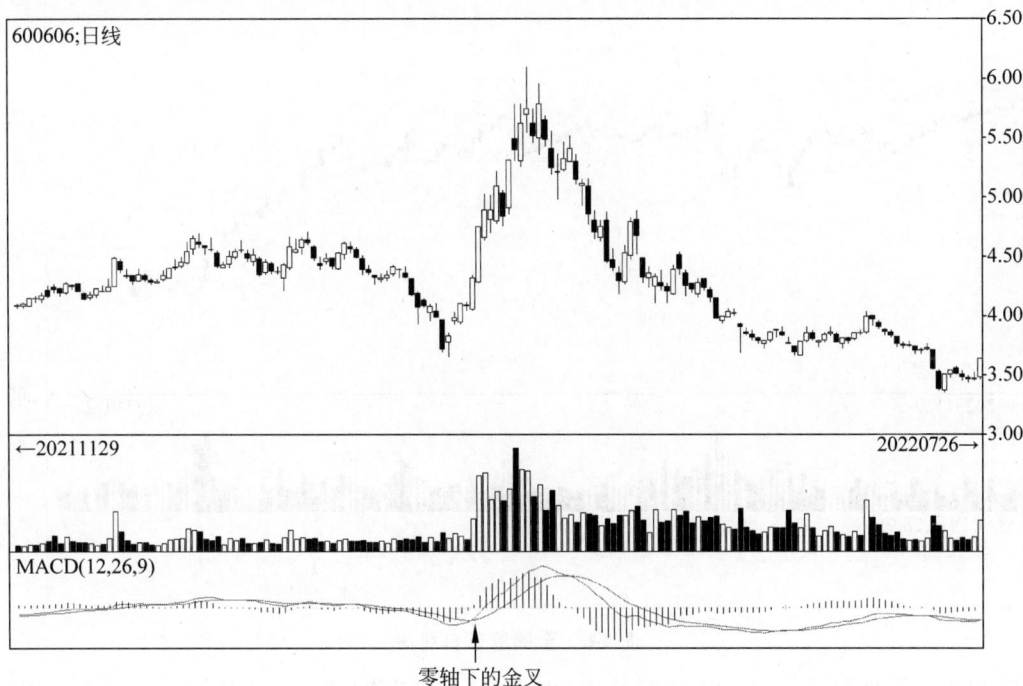

图 4-5 绿地控股日线图

当然,类似的行情属于小概率事件,而且往往需要大盘的配合才会有较大的涨幅。总而言之,零轴下方的金叉要谨慎参与,"逆势而为"是股市大忌。

4. 零轴下的死叉

零轴下的死叉发生在下行趋势之中,因而意味着股价将继续走弱。大环境的弱势和死叉的卖出信号叠加,空方的力量往往较为强大,因而死叉之后的走势并不乐观,甚至可能出现深跌。

以下是金隅股份(601992)在 2023—2024 年的一段走势,如图 4-6 所示。总体而言,该股处于一个下跌趋势之中。2024 年 1 月下旬,该股发生了一波反弹,其间 MACD 多次出现金叉和死叉。5 月 27 日,该股在零轴下出现死叉,接下来是一波急跌行情,一直到 7 月才开始止跌企稳。

5. 总结

由上可以看出,MACD 的交叉发生在零轴上方和零轴下方对后市走势有着不小的影响。

此外,对于零轴上的死叉,还应考察死叉前那次金叉的位置,因为一波像样的上涨行情,即使是中期下跌趋势中的反弹行情,其结束(死叉)时的指标线也往往在零轴之上。如果机械地认为零轴上的死叉结束后仍会继续上涨,则结果往往是灾难性的。

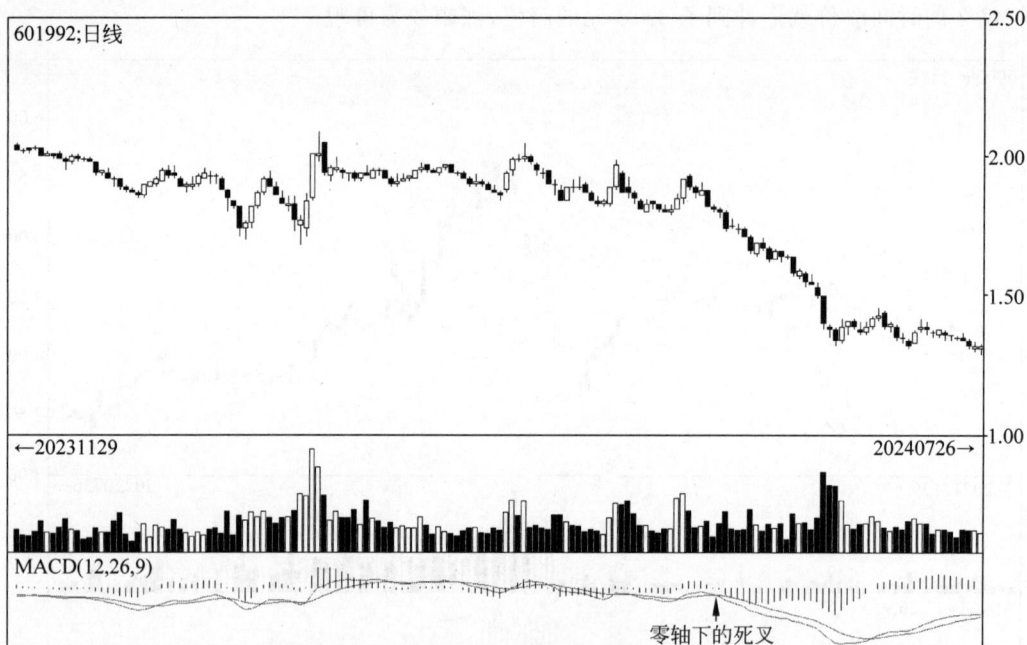

图 4-6　金隅股份日线图

　　以下是绿地控股（600606）在 2021—2022 年的一段走势，如图 4-7 所示。2022 年 3 月下旬，该股迎来了一波猛烈的反弹行情。4 月 6 日，该股在创下此轮行情的高点 6.10 元后开

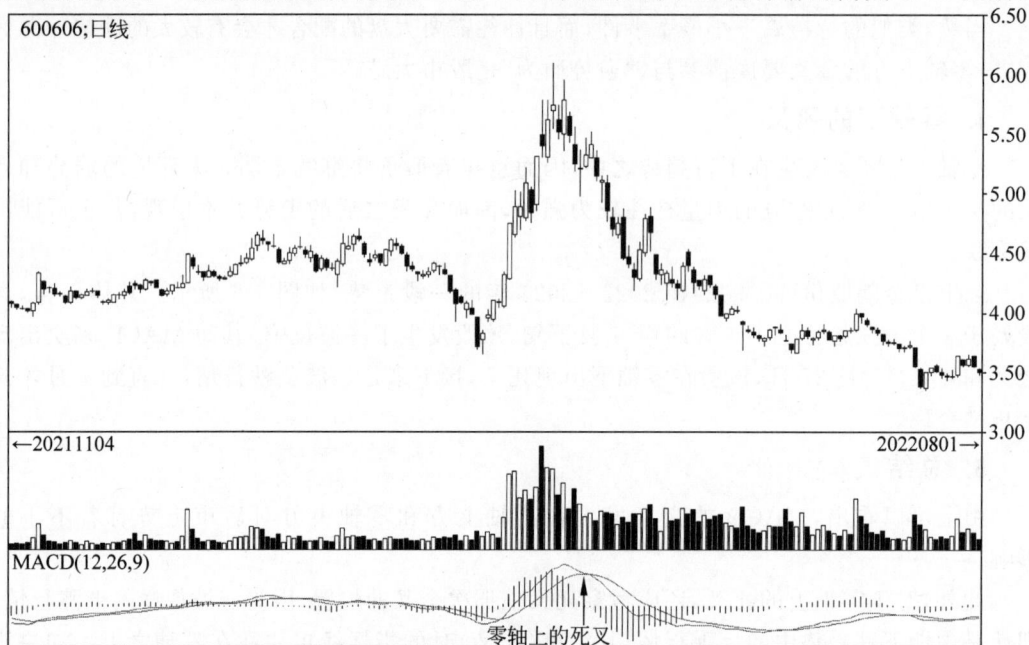

图 4-7　绿地控股日线图

始走软,并于 4 月 18 日出现了死叉。需要注意的是,此次死叉发生在零轴上方。如果因为它发生在零轴上方而放松了警惕可就不妙了,此后再一次出现金叉已经是 6 月 9 日,当日收盘价仅为 3.86 元,上一轮行情中的涨幅已被悉数抹去,可谓"一夜回到解放前"。

因此,对于零轴上的死叉这种情况,最好能追溯上一次出现金叉时的位置,如果当时的金叉发生在零轴下方,则此次死叉也应视同零轴下的死叉处理。

总之,MACD 是一个追随趋势的指标,如果大盘或个股的中线趋势向下,则不管死叉发生在零轴上方还是零轴下方都应引起足够的重视。

4.2.3　MACD 的优缺点

MACD 在趋势明确的走势中的表现有目共睹,下面以上证指数在 2015 年牛市行情中的表现为例进行说明,如图 4-8 所示。自 2015 年 2 月 26 日 MACD 发出买入信号以后,上证指数始终处于上涨趋势中,直至 2015 年 5 月 4 日 MACD 死叉发出卖出信号,其间,上证指数由 3298 点上涨到了 4480 点,仅此一个波段涨幅就高达 35.8%,可以说完美地捕捉到了这一波主升浪。

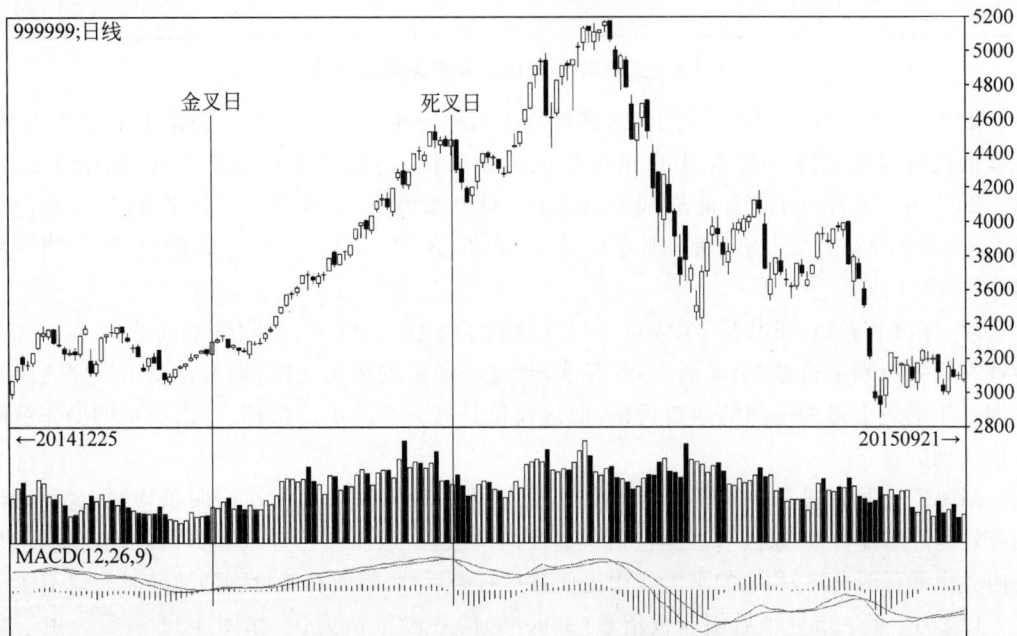

图 4-8　上证指数 2015 年牛市期间日线图

在下跌趋势中,MACD 的表现同样良好。以下是上证指数在 2015 年的牛市行情见顶后的一段走势,如图 4-9 所示,MACD 在 6 月 16 日死叉发出卖出信号,当日收盘 4887 点。MACD 再次发出买入信号已经是 1 个月以后了。7 月 16 日,MACD 出现金叉,当天上证收盘 3823 点,指数已经跌去了 1000 多点。如果能按照 MACD 的卖出信号操作,则这 1000 多点的跌幅是完全可以避免的。

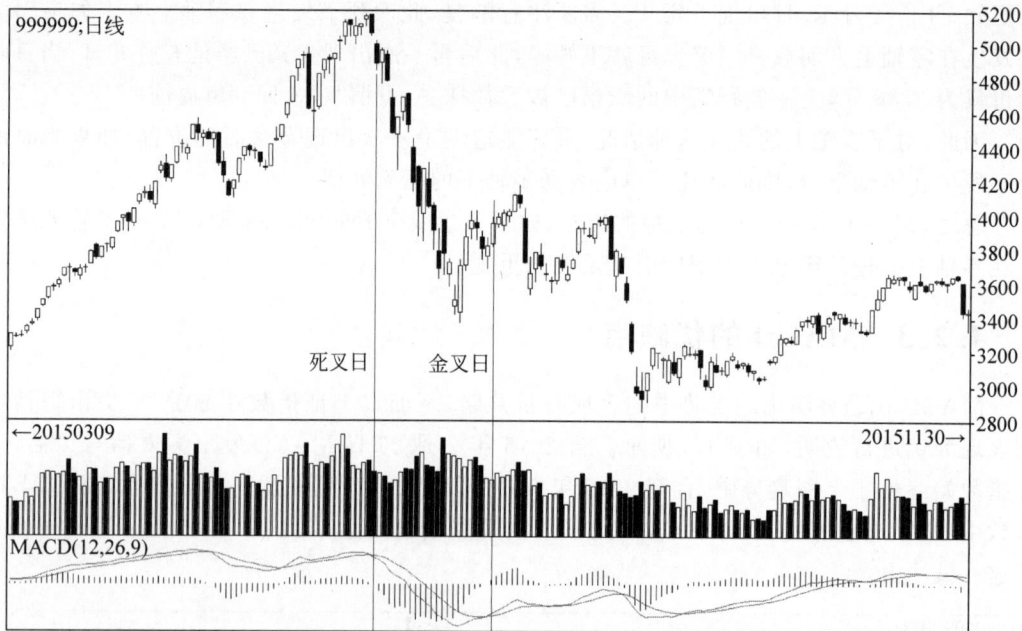

图 4-9　上证指数 2015 年牛市见顶后日线图

如果将 MACD 运用到周线上,则它对趋势的把握更是令人惊叹。仍以上证指数为例,让我们把时间拉回到 2007 年牛市结束后的调整阶段,不过这次用的是周线,如图 4-10 所示。2007 年 11 月 9 日,上证周线收在 5316 点并发出了卖出信号。让我们看一看此后 MACD 是何时发出买入信号的,那已经是 2008 年 11 月 14 日,一年以后的事情了,当时的指数在 1986 点。

对,你没有看错,指数从 6124 点一口气跌到了 2000 点以下,其间跌幅高达 70%。如果能够在周线级别上遵循"金叉买入,死叉卖出"这一简单的买卖法则,那么你就可以完美躲过为期一年的史上最为惨烈的熊市行情,而这仅仅是靠一个简单的指标、一次简单的操作就能轻松实现的。

MACD 之所以是一个很好的趋势指标,是因为在计算时采用了快慢两条均线,这种设计能有效地过滤掉一些"杂波",甚至包括一些反向的波段,从而在趋势跟踪方面表现稳定,但是任何事物都有两面性,均线的平滑作用也使其具有滞后性,因而在股价剧烈波动时表现不佳。

以 2015 年牛市见顶后创业板指数(399006)的一段行情为例,如图 4-11 所示。由于累计涨幅巨大,该指数自 6 月初见顶以后深度回调,短短一个月的时间指数就从 4038 点下调到 2305 点,其间个股走势可谓惨烈,腰斩的股票比比皆是。随着做空动能的释放及消息面上一些积极因素的出现,7 月 8 日起该指数已经开始了反弹,但是由于 MACD 指标的滞后性,金叉直到 7 月 16 日才出现,当日指数收于 2627 点,比低点 2305 点高出了 14%。8 月 3 日,该指数发出 MACD 死叉信号,当天收报 2399 点。如果按照"金叉买入,死叉卖出"的思路操作,则这个点位比买入点 2627 点还要低 8.7%,此波操作将以亏损收场。

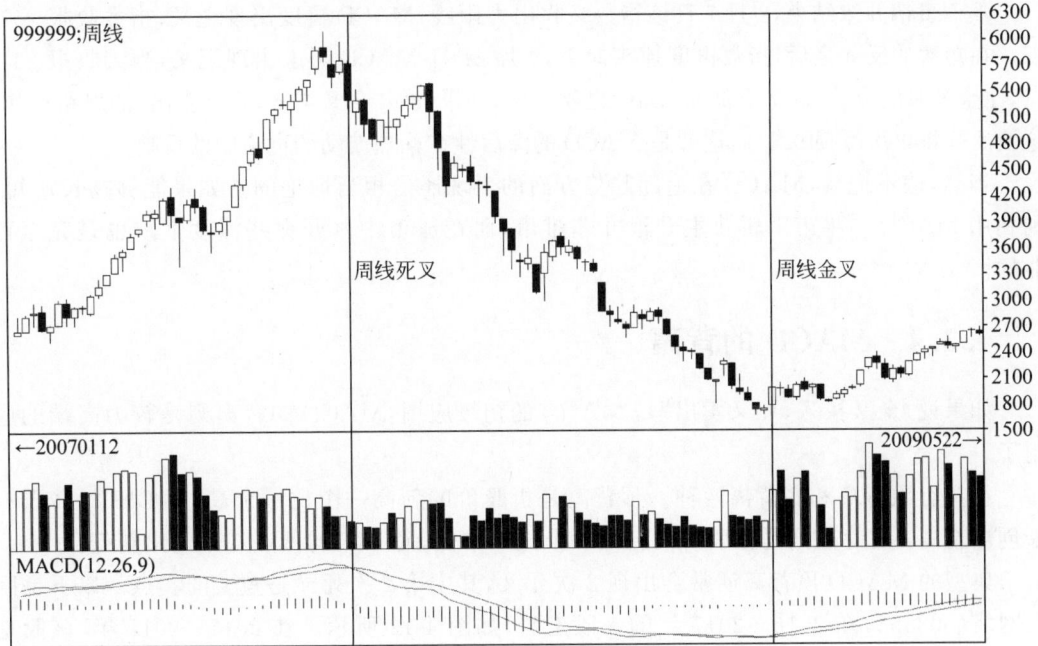

图 4-10 上证指数周线图

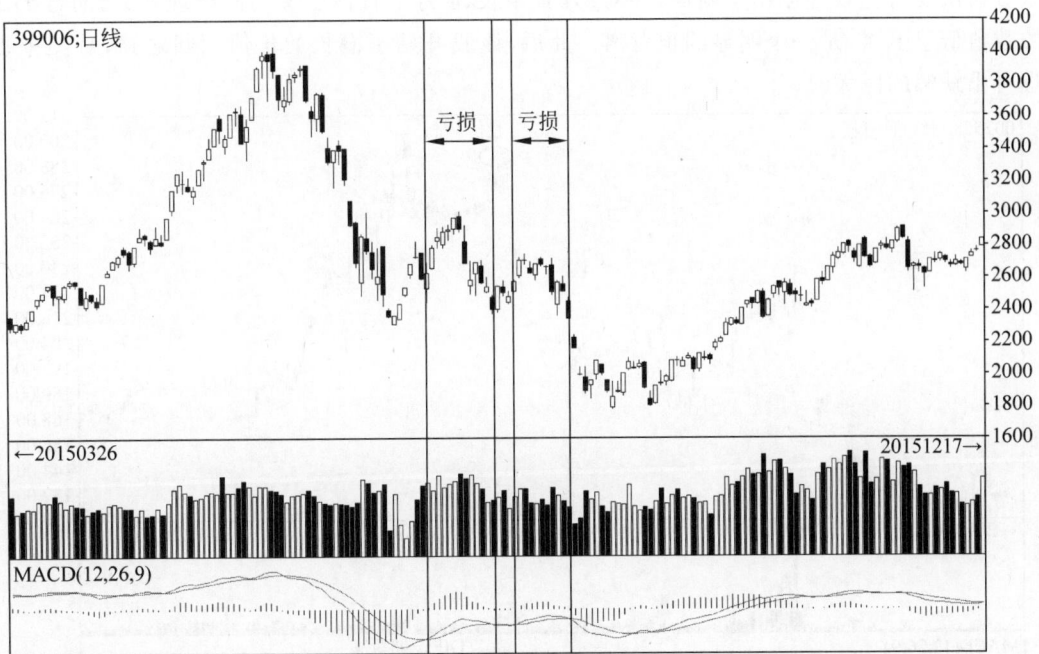

图 4-11 创业板指数日线图

然而事情并未结束,8 月 7 日该指数又收出大阳线,MACD 再度出现金叉,指数收报 2577 点。在短暂的反弹之后,指数再度掉头向下,8 月 21 日 MACD 再度出现死叉,当天收报 2342 点,比金叉时的点位 2577 点低 9.1%。也就是说,如果按照"金叉买入,死叉卖出"的思路操作,这波反弹将再次亏损 9.1%,这就是 MACD 的滞后性在剧烈波动的世道中的反映。

当然,瑕不掩瑜,MACD 在追随趋势方面的表现还是相当惊艳的。如果能够扬长避短,则利用 MACD 在牛市中斩获主升浪并非难事,而在熊市中避开那些深度下跌也是完全可能的。

4.2.4 MACD 的背离

如果说"金叉买入,死叉卖出"是 MACD 的初级应用,MACD 的背离则是较为高端的应用了。

背离有顶背离和底背离两种。顶背离是指股价的新高一个比一个高,而 DIF 的高点却未创出新高;底背离则是指股价的新低一个比一个低,而 DIF 的低点却未创出新低。

典型的 MACD 顶背离通常会出现 2 次死叉,其中第 2 次死叉是重要的卖点。以下是巨人网络(002558)在 2016—2017 年的一段走势,如图 4-12 所示。在 2015—2017 年,该股是一个大牛股,累计涨幅巨大。2017 年 3 月 8 日,该股 MACD 出现死叉,在调整一段时间后该股再次发力上攻并创出了新高。不过好景不长,4 月 7 日该股又一次出现死叉,而且 DIF 的数值低于上次,是一个明显的顶背离。此后,该股开始了漫长的价值回归之路,从图中不难看出跌幅的巨大。

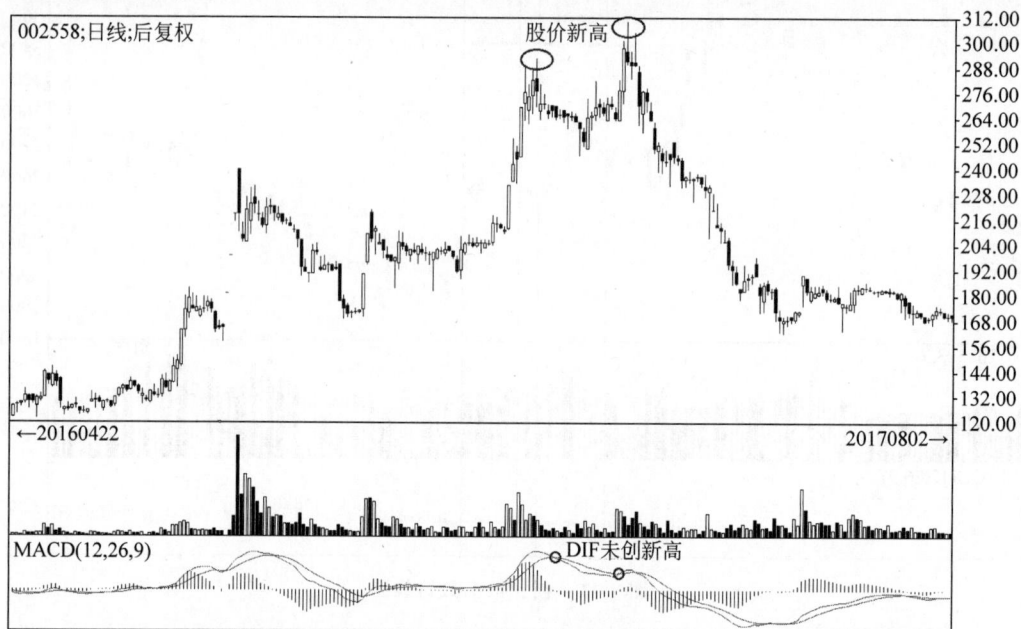

图 4-12 巨人网络日线图

因此,在较大的一波上涨行情后出现顶背离是重要的看空信号,虽然并非每次都会有大调整出现,但提高警惕是必要的。

事实上,中国股市中顶背离的出现相当频繁,在重要的中期顶部中顶背离也是屡见不鲜的。在不少情况下,还会接连出现第 2 次顶背离。以下是中小板综合指数(399101)在2021—2022 年的一段走势,如图 4-13 所示。在筑顶阶段,MACD 共出现 3 次死叉,分别发生在 2021 年 12 月 2 日、12 月 17 日和 2022 年 1 月 6 日。出现 3 次死叉时 DIF 依次降低,股指则被依次抬高,符合顶背离的条件。

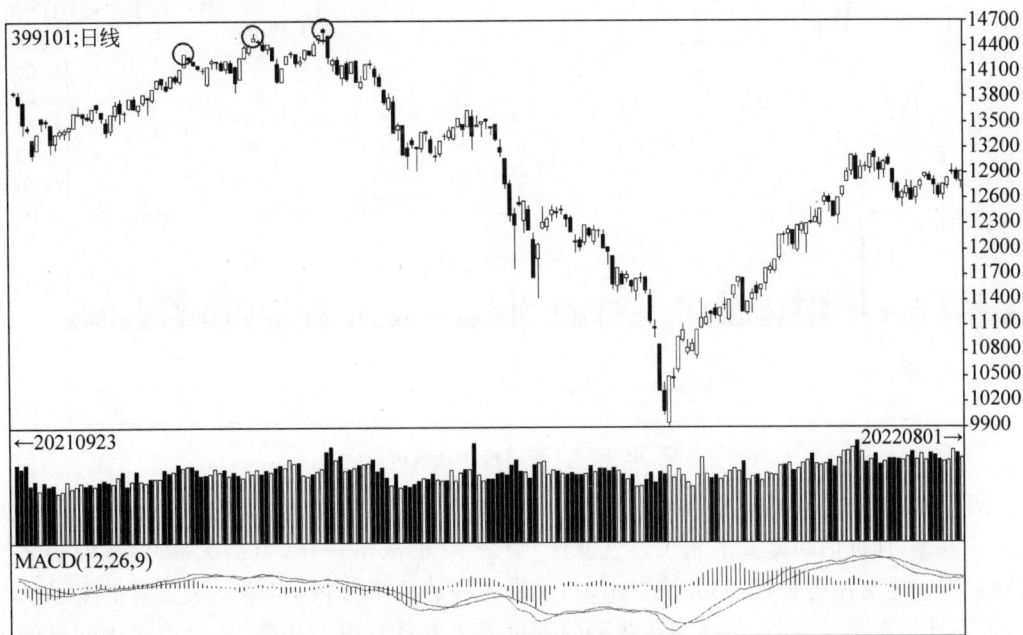

图 4-13　中小板综合指数日线图

在第 2 次顶背离之后,该指数出现了大幅下调。2022 年 1 月 4 日该指数见高点 14 625 点,到了 4 月 27 日只有 9913 点了,3 个多月的时间里跌去了 4700 多点,跌幅达 32.2%,可见顶背离威力之大。

二次背离的情况下顶部共有 3 个高点,而且是逐步抬高的,这种形态具有相当的迷惑性。当每次调整后股价都能重拾升势并且超越前期高点时,不少人会得出行情尚未结束的结论,甚至认为即将迎来新一波的主升浪。

为了增加迷惑性,主力往往会在第 2 次背离时加一些“料”,例如一根石破天惊的大阳线,或者伴随着平台突破等假象,给人以无限的遐想。以下是掌趣科技(300315)在 2013—2014 年的一段走势,如图 4-14 所示。在构筑头部的过程中,共出现过 3 次 MACD 死叉,分别发生在 2013 年 11 月 1 日、12 月 2 日和 2014 年 2 月 13 日。出现 3 次死叉时 DIF 的高点依次降低,股价则越来越高,符合顶背离条件。注意 2014 年 1 月 30 日的那根放量大阳线,当日该股以涨停报收且突破前期高点,给人以无限的憧憬。1 月 30 日也是春节假期前的最后一个交易日,持股过年者自然是向往着节后的"好风景"了,然而,该股在节后并未继续上扬,而是在小幅震荡之后形成了第2次顶背离,从而构筑了一个重要的中期头部。

图 4-14 掌趣科技日线图

可见,双重顶背离具有相当的欺骗性。当每次冲高回落后股价都能再创新高时,一般人会放松警惕,而此时风险真的来了。这就像"狼来了"的故事一样,第1次、第2次喊狼来了的时候人们还有所警觉,但狼并没有出现,于是人们放松了警惕,当第3次狼真的来了的时候,人们已经忘记了风险,最终导致悲剧的发生。历史总是惊人相似,在股市之中同样的事情一再发生,因为那是人性中的弱点。

4.3 RSI 详解

4.3.1 概述

相对强弱指标(Relative Strength Index,RSI)是根据一定时期内上涨和下跌幅度之和的比率计算而来的,常用于超买超卖的判断。

RSI 的计算公式如下:

$$N \text{ 日 } RSI = A/(A + B) \times 100$$

其中,$A = N$ 日内收盘涨幅之和;$B = N$ 日内收盘跌幅之和(取绝对值)。

RSI 实际上是对向上与向下的力量进行比较,若向上的力量较强,则 RSI 会上升;若向下的力量较强,则 RSI 会下降。由计算公式可知,RSI 的值介于 0～100。

4.3.2　超买与超卖

RSI 是一种超买超卖型指标,通常,RSI 在 80 以上属于超买,在 20 以下属于超卖。超买意味着股票在短时间内上涨过高,股价有回落调整的需求;超卖则意味着股票下跌过度,有触底反弹的可能。由于 RSI 是相对于一定的时期来讲的,因此 RSI 在计算时一般会设置长度不同的几个时间参数,常见的设置是 6、12 和 24,分别称为 RSI1、RSI2 和 RSI3。由于 RSI2 和 RSI3 期间较长,其值很少会低于 20 或高于 80,因此上面所讲的 RSI 值都是指 RSI1。为简洁起见,除非特殊说明,本书中的 RSI 值都是指 RSI1 的值。

RSI 超买超卖的一种简单用法是在 RSI 低于 20 时买入,高于 80 时卖出,这可以用中国建筑(601668)在 2024 年的一段走势说明,如图 4-15 所示。2024 年 4 月 10 日,该股的 RSI 跌破 20,达到 17.27 的超卖值,当日收盘价为 4.78 元。随后 RSI 振荡上行,于 5 月 17 日超过了 80,当日收盘价为 5.59 元。如果按照"RSI 低于 20 时买入,高于 80 时卖出"的策略操作,则这波行情将有 16.9% 的收益率。

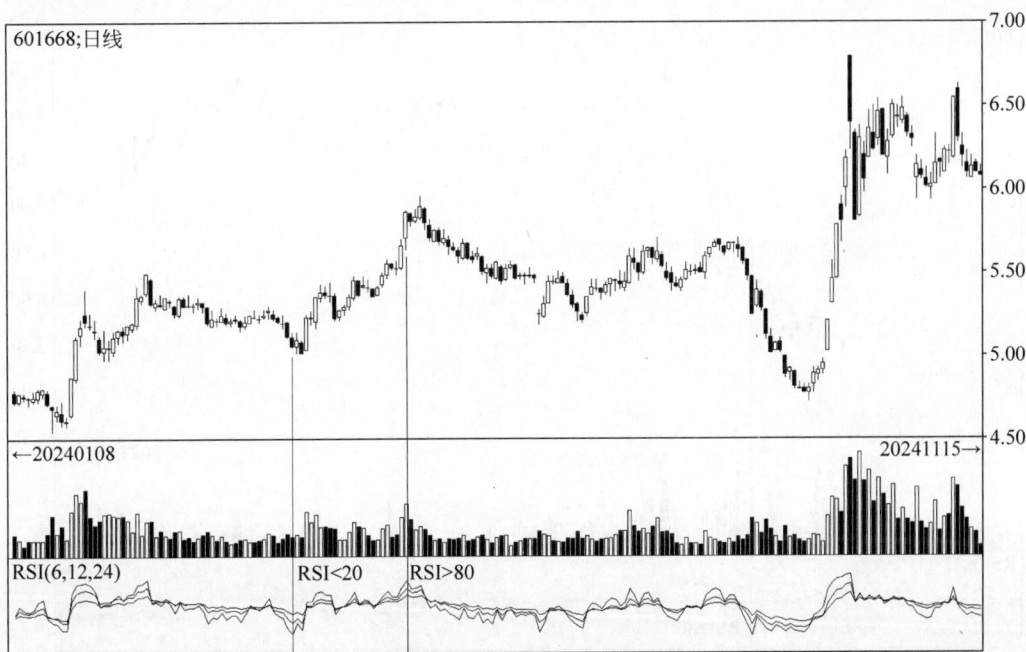

图 4-15　中国建筑日线图

但是,RSI 并不总在 20~80 的区间内波动。很多时候,RSI 并没有达到 20 就开始回升了,也有很多时候,RSI 没有达到 80 就开始下降了。仍以上图的中国建筑为例,5 月 17 日 RSI 超过 80 以后,该指标开始振荡下行,但在 RSI 在 30 左右时就不再下行了,而在其后的相当长的一段时间内,RSI 始终也没有超过 80。也就是说,在这段时间内没有买点和卖点。

需要指出的是,上述策略只适用于股价来回振荡的行情,在持续上扬或下跌的单边世道中,此法可能在很长时间都没有买卖点,因此该策略并不适合实战。

4.3.3 RSI 的钝化

从本质上讲,RSI 是一个逆向指标,超买超卖的本质就是"物极必反",也就是说"涨得多了就会回落,跌得多了就会反弹",但是,如果在一波强烈的中期趋势行情中根据超买超卖操作,则结果往往是灰头土脸,甚至是灾难性的。

这里不以大牛市中的走势举例,仅举一个普通的上涨行情的例子。这是中国石油(601857)在 2023 年的一段走势,如图 4-16 所示。该股自 2023 年初就开始温和上涨,RSI 基本处于 50 以上的强势区域。3 月下旬,该股有所回调,RSI 也有所回落,低点是 3 月 27 日的 44。此后一个多月该股走出了一波中级上涨行情,涨幅可观,但 RSI 始终没有低于 44,更不用说低于 20 了,因此如果用超买超卖的方法操作,则此处没有买点可言,这波大好行情只能错过。

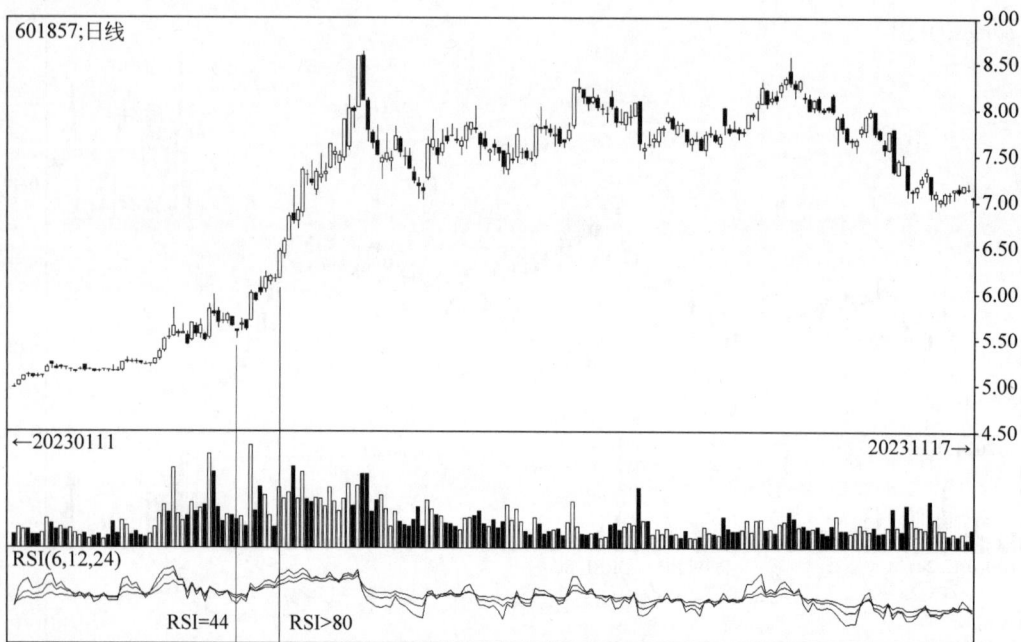

图 4-16 中国石油日线图

4 月 10 日,该股 RSI 达到 83 的超卖值,按理说应该卖出,但是,观察此后的走势可以发现,更大的主升浪就是发生在那以后,RSI 大多时候处于超卖区域,但是股价却一个劲地往上涨。也就是说,按照超买超卖的规则来操作恰恰错失了利润最丰厚的一段行情,实在令人惋惜。

接下来看一看 RSI 在下跌行情中的表现。这是地产龙头万科 A(000002)在 2023—

2024年的一段走势,如图4-17所示,总体上看,该股处于下跌趋势之中。2023年10月9日,RSI指标达到19的超卖区域,当日收盘价为12.89元。如果以此价位买入,则会发现几个问题。首先,买入即被套。到达超卖区域后,该股并没有走出反弹行情,而是继续下跌,而且跌势还有加剧的迹象。10月19日,该股收盘11.46元,而RSI更是低到了5附近,其次,找不到卖点,即使其后有所反弹,RSI也在相当长的时间内没有达到80的位置,如果不想止损就只能长期持股了。

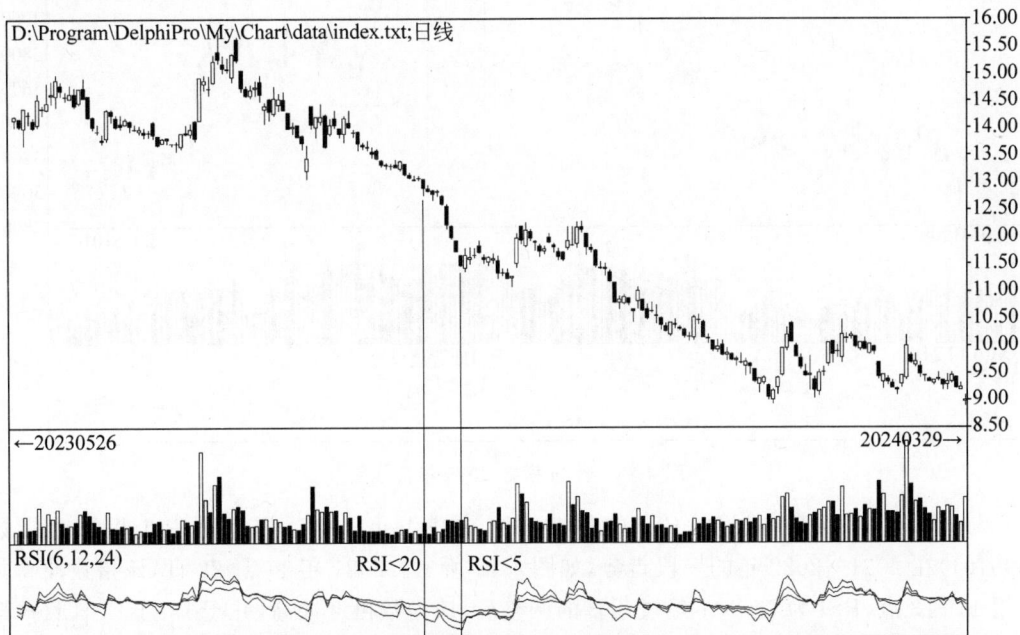

图4-17 万科A日线图

可见,作为超买超卖指标,RSI无论在牛市还是熊市背景下的操作都相当失败,究其根本,"逆势操作"犯了股市大忌。当然,RSI也并非一无是处,RSI的背离还是有相当的参考价值的。

4.3.4 RSI的背离

与MACD类似,RSI也有顶背离和底背离。RSI的顶背离是指股价的高点一个比一个高,而RSI没有创出新高。与此相反,底背离则是指股价的低点一个比一个低,而RSI没有创出新低。

一般来讲,顶背离被认为是一种卖出信号,而底背离则是买入信号。下面举一个经典的顶背离的例子,这是2015年牛市见顶时上证指数的走势,如图4-18所示。2015年5月27日,上证创下阶段性新高4942点,RSI也达到88.76的高位,经过短暂的调整后,股指重拾升势,并于6月12日收于5166点,但RSI只到了79.74的位置,没有达到前期的高点,这是典型的顶背离。顶背离发生后,股指发生反转,此后上证指数在不到一个月的时间里跌去了

1700 多点。

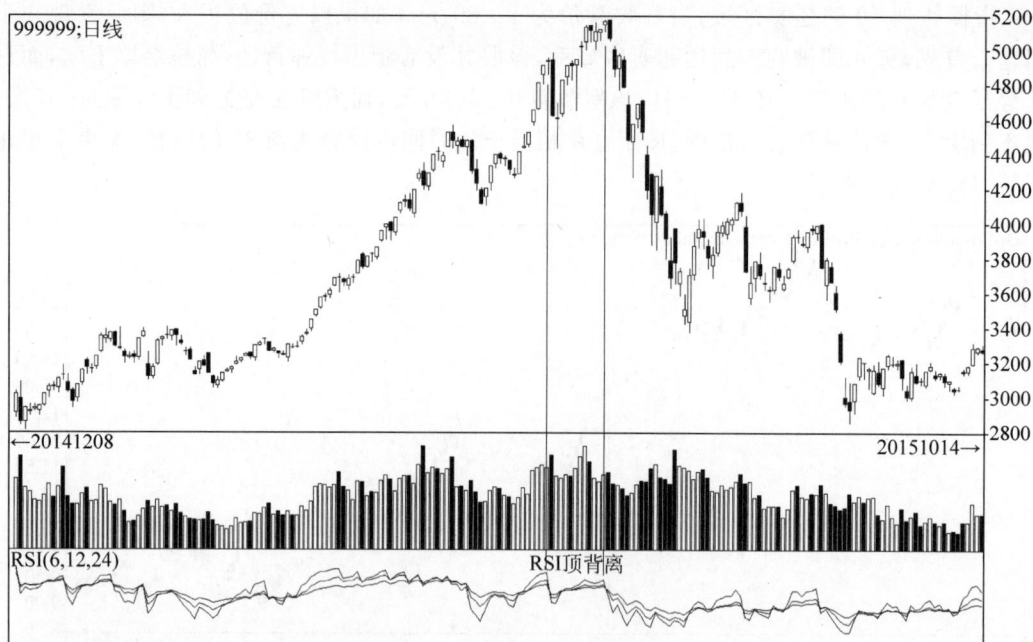

图 4-18　上证指数 2015 年日线图

　　与 MACD 的顶背离类似，RSI 的顶背离也往往不止一次。以下是中小板综合指数（399101）在 2021—2022 年的一段走势，如图 4-19 所示。2021 年 11 月 22 日，该指数冲高并收报 14 313 点，RSI 为 78.10；经过几日的调整后，该指数再度冲高，并于 12 月 13 日收报第 2 个高点 14 497 点，RSI 为 71.95；这一次指数仍然没有见顶，稍做调整之后指数再次冲高并于 2022 年 1 月 4 日冲高至本轮行情的第 3 个高点，当日收报 14 565 点，RSI 为 70.38，比前两个高点的 RSI 都要低，这也是本轮行情中第 2 次顶背离。此后，股指开始了中期调整。

　　在重要的转折关头，底背离也会时常出现。以下是上证指数在 2023—2024 年的一段走势，如图 4-20 所示。这里有一个明显的底背离，第 1 个低点出现在 2024 年 1 月 22 日，RSI 为 13.88，第 2 个低点出现在 2 月 5 日，RSI 为 21.55，两个低点之间间隔 10 个交易日。

　　当然，任何技术都不是万能的，在一轮主要的上涨行情中，特别是类似 2014—2015 年的大牛市行情中，大盘在持续上涨的过程中会不断出现 RSI 顶背离。上证指数在 2014 年 9 月 9 日和 10 月 9 日出现了顶背离的走势，如图 4-21 所示，其后股价也确实出现了短暂的调整，然而这里并没有形成一个重要的头部。10 月 28 日，一根中阳线突破了 30 日均线的压制，股价再次腾空而起并很快创出了新高。此后，大盘的涨势更为凌厉，持续时间也较长。如果因为前面的顶背离而匆匆离场等待大幅度回调，则后面的主升浪无疑就错过了。

　　可见，在较大规模的趋势性行情中，RSI 背离作为 MACD 背离的一种补充更为合适。

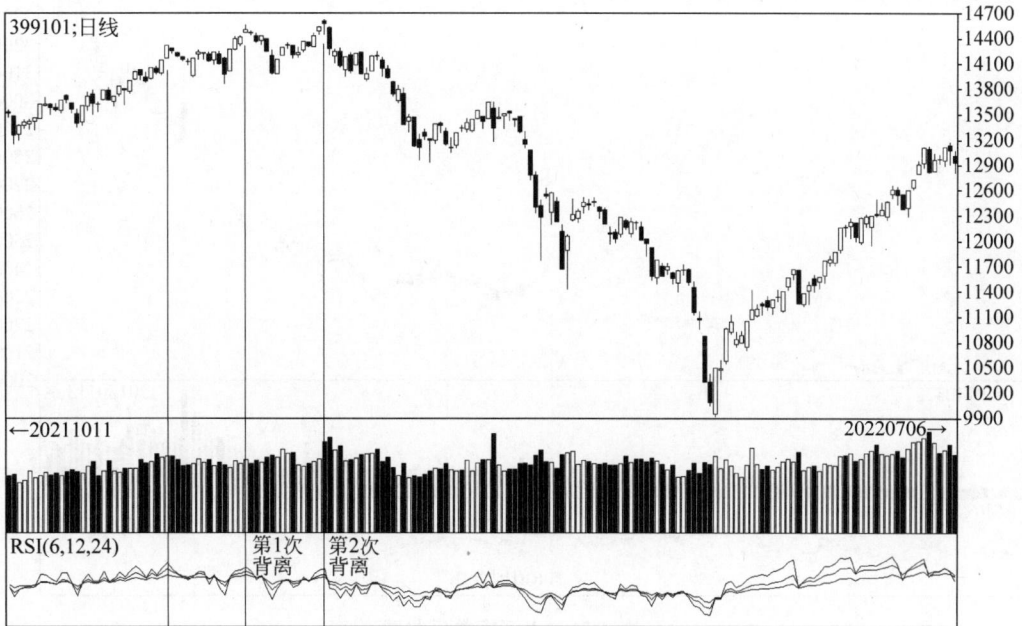

图 4-19 中小板综合指数日线图

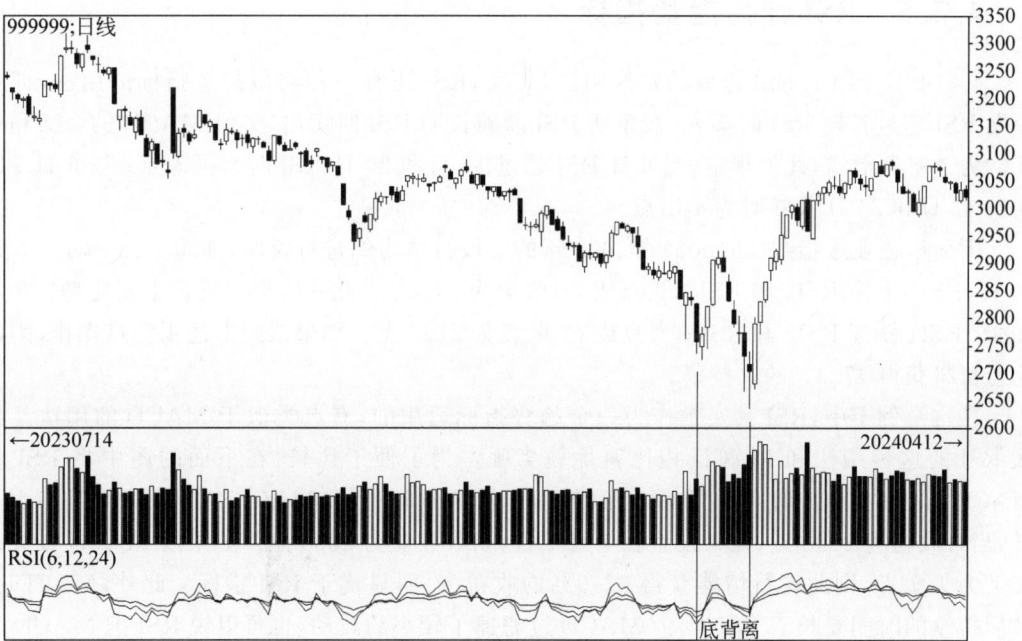

图 4-20 上证指数日线图

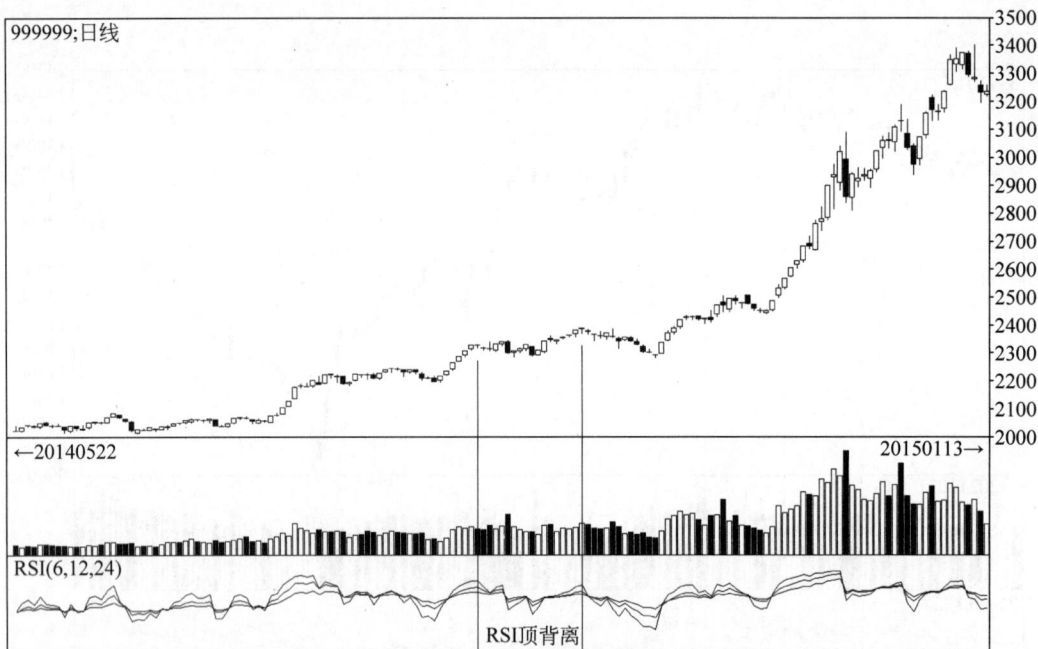

图 4-21　上证指数日线图

4.3.5　RSI 作为趋势指标

　　4.3.4 节介绍了 RSI 指标的常规用法,其实,RSI 还有一种类似趋势指标的用法,即在短期 RSI 超过长期 RSI 时买入,在短期 RSI 跌破长期 RSI 时卖出,类似 MACD 的金叉和死叉。为了避免混淆,此处规定,当 6 日 RSI 超过 12 日和 24 日 RSI 时为买入点;当 6 日 RSI 跌破 12 日和 24 日 RSI 时为卖出点。

　　下面以创业板指数(399006)在 2022 年的一段行情为例进行说明,如图 4-22 所示。5 月 30 日,RSI1 上穿 RSI2 和 RSI3,买点成立,收盘为 2350 点,此后股指呈震荡上扬走势。6 月 29 日,RSI1 跌穿 RSI2 和 RSI3,卖点成立,收盘为 2769 点。如果按照上述买卖点操作,则此轮行情将获得 17.8% 的收益率。

　　在这个例子中,RSI 其实是作为一个趋势指标运用的,有点类似于 MACD 的用法。那么 RSI 的这种用法和 MACD 相比孰优孰劣呢? 为了便于比较,在下面的图中将 RSI 和 MACD 指标并列,如图 4-23 所示。不难看出,同样这轮行情,MACD 的金叉发生在 5 月 9 日,当日收盘为 2228 点,死叉发生在 7 月 7 日,当日收盘为 2850 点。如果以 MACD 金叉和死叉为买卖点,则此轮行情能获得 27.9% 的收益率,明显优于 RSI 指标。此外,MACD 金叉后持续的时间要长于 RSI,因为 MACD 过滤掉了较小的波动,也可以说 RSI 把 MACD 的一段行情分成了若干小段。

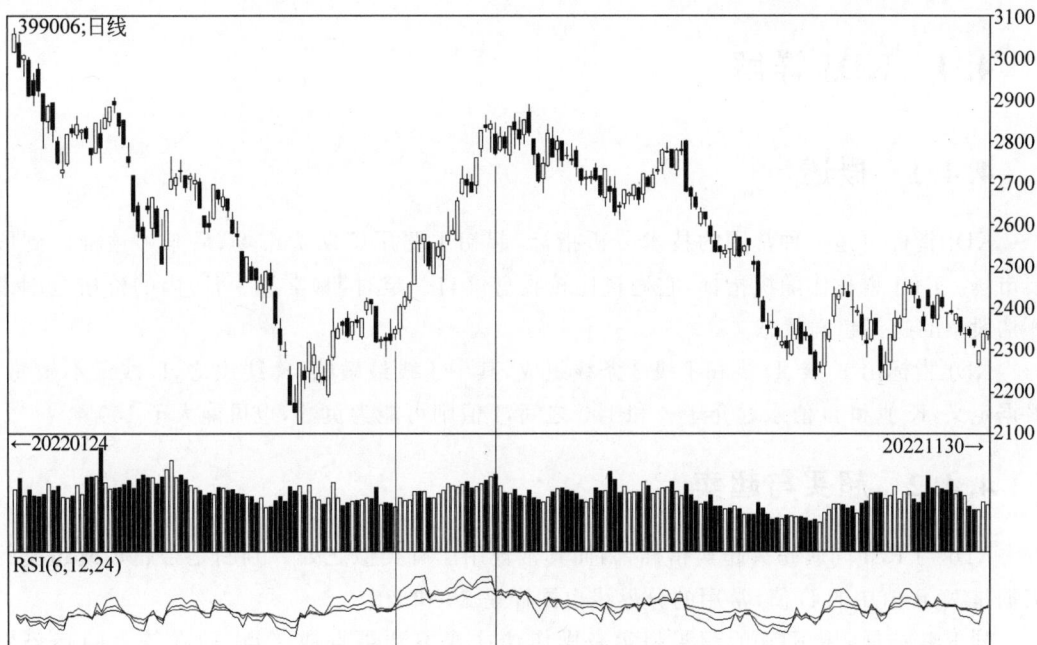

图 4-22　创业板指数日线图

图 4-23　创业板指数日线图（RSI 和 MACD 对比）

　　虽然仅凭一波行情就做出结论过于牵强，但一般来讲，作为趋势指标 MACD 还是优于 RSI 的。感兴趣的读者可以用更多的场景来验证这个结论，此处就不再展开了。

4.4　KDJ 详解

4.4.1　概述

KDJ 指标也是一种常用的技术分析指标,起初主要用于期货市场,后来才被推广到股票市场。KDJ 也称作随机指标,它通过比较收盘价与一定时期(常为 9 日)内的价格范围来评估股票的超买超卖状态。

KDJ 指标由 K 线、D 线和 J 线 3 条线组成,其中 J 线最敏感,K 线次之,D 线最不敏感。根据定义,K 值和 D 值永远介于 0 和 100 之间,J 值则可能为负数,也可能大于 100。

4.4.2　超买与超卖

KDJ 与 RSI 同属超买超卖指标,因而其常规用法有类似之处。判断是否超买或超卖的依据是 KDJ 值中的 D 值,常用的分界线也同样是 80 和 20。

同 RSI 一样,用 KDJ 的超买超卖来操作往往找不到买点或买点,而在较大的趋势性行情中,KDJ 又往往过早发出超卖信号,以致错过了利润最丰厚的主升浪。

以下是上证指数在 2018 年底至 2019 年的一段走势,如图 4-24 所示。2018 年 12 月 27 日,在经历了一波调整行情后,D 值跌破了 20 的超卖线,达到了 19.77,当日收盘为

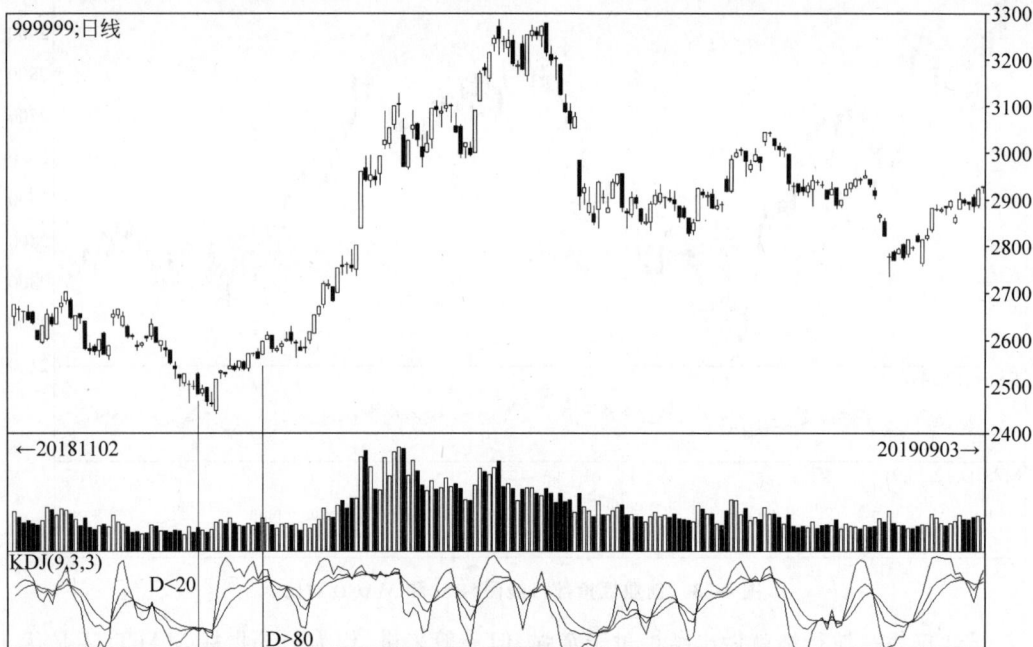

图 4-24　上证指数日线图

2483 点。继续调整几日后,该指数终于止跌回升,KDJ 也随之上扬,并于 2019 年 1 月 18 日突破了 80 的超买线,当日收盘为 2596 点。此后数日,指数在此点位附近震荡盘整,KDJ 值也有所回落,但始终都在 50 以上的强势区。此后,多头力量爆发,股指开始大幅上涨,并于 2019 年 4 月 8 日创下此轮行情的高点 3288 点。在此期间,D 值始终没有跌破过 50,更不用说低于 20 了,因此如果在 1 月 18 日 D 值突破 80 时卖出,则后期是找不到超卖的进场点的。

也就是说,如果根据 KDJ 超买超卖指标操作,则在这波涨幅超过 800 点的大行情中只能抓到其中的 113 点(2483～2596 点),可谓"捡了芝麻,丢了西瓜"。这也正是 KDJ 等超买超卖指标的可叹之处。

4.4.3　KDJ 的钝化

在上面的例子中,如果仔细观察 2019 年 2 月下旬至 3 月上旬这段时间的 KDJ 指标线,则可以发现指标始终在超买区域附近运行,而且多次发生交叉现象,这种现象称为"钝化"。此例中钝化发生在超买区域,这种钝化称为"高位钝化"。与此相反,如果钝化发生在超卖区域,则称为"低位钝化"。

在大牛市或大熊市背景下,KDJ 指标的钝化将更为显著。以下是上证指数在 2015 年大牛市中的走势图,如图 4-25 所示。为了便于比较,图中同时显示了 KDJ 和 MACD 两种指标。注意观察 3 月底至 4 月底这段时间的 KDJ 指标,K、D、J 这 3 条线在超买区域反复交

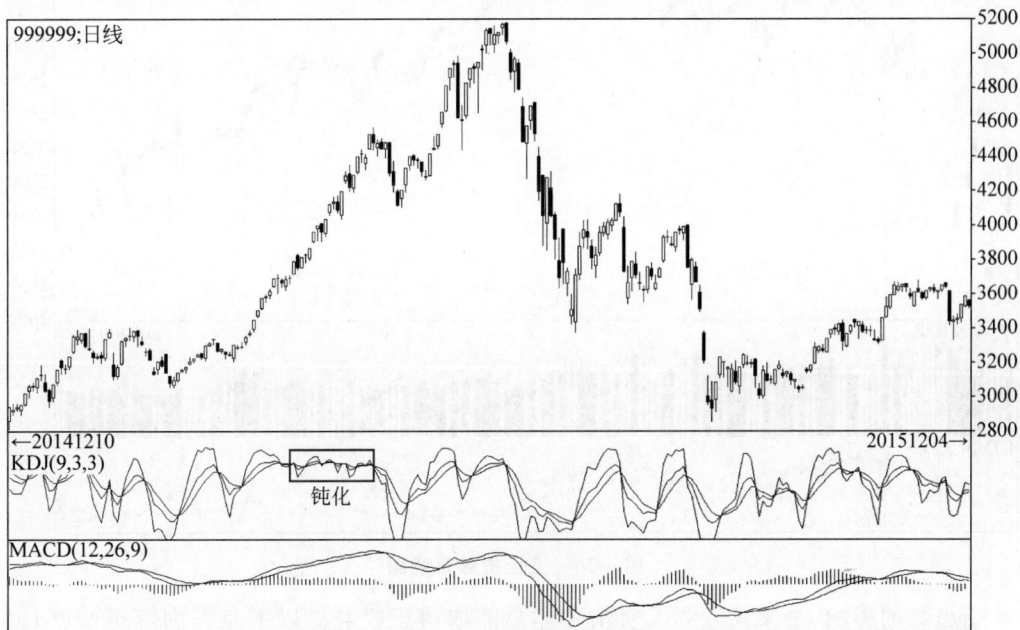

图 4-25　KDJ 指标的钝化

叉,高位钝化现象非常明显,然而,从整体走势上看,这段时间正是牛市中的主升浪阶段,MACD 指标可以验证这一点,2 月 26 日 MACD 出现金叉以后就一直处于红柱运行状态,直至 5 月 4 日才发生一次死叉。

因此,在一个较大级别的趋势性行情中,不但 KDJ 的超买超卖不构成头部或底部,甚至在钝化时都不是,在大行情中用 KDJ 的超买超卖来判断是否反转完全是"牛头不对马嘴"的做法。

4.4.4 金叉与死叉

与 MACD 类似,KDJ 指标也有金叉和死叉的说法。当 J 线从下方向上穿越 K 线、D 线时形成金叉,当 J 线从上方向下穿越 K 线、D 线时形成死叉。KDJ 的金叉和死叉同样可以构成买入和卖出信号。

以下是上证指数在 2024 年的一段走势,如图 4-26 所示。2 月 7 日,J 线从 K、D 线的下方向上穿越形成金叉,当日上证收于 2830 点;2 月 28 日,J 线从 K、D 线的上方向下穿越形成死叉,当日收盘 2958 点。如果以金叉作为买入信号,以死叉作为卖出信号,则这个波段收益率约为 4.5%。

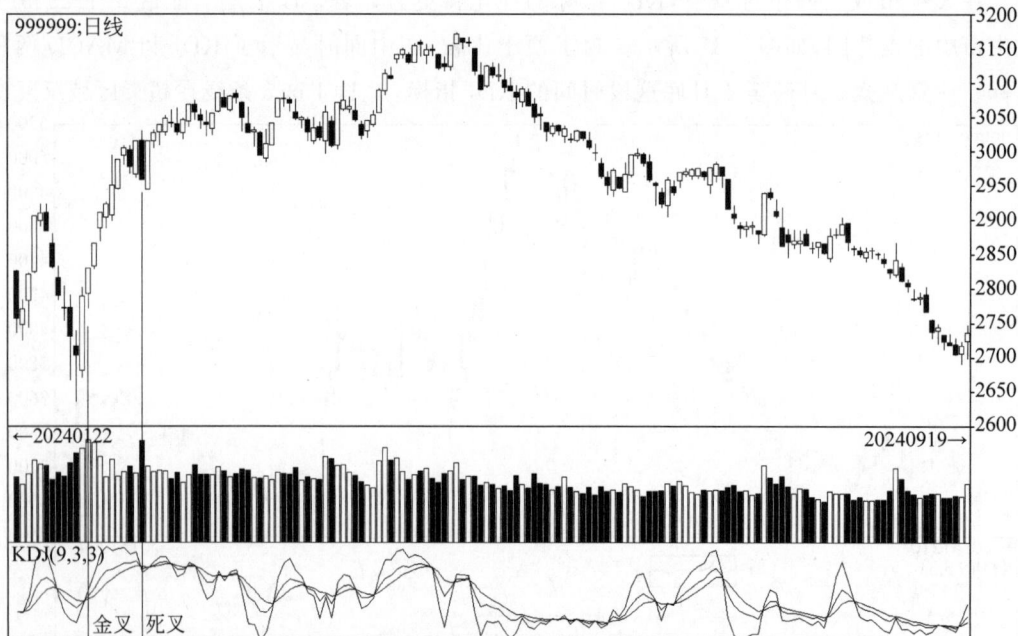

图 4-26　上证指数日线图

受趋势的影响,金叉买入死叉卖出并非总能取得正收益。以下是深圳综指(399106)在 2024 年的一段走势,如图 4-27 所示。1 月 24 日,KDJ 发出金叉信号,当天股指收报

1647 点,然而好景不长,1 月 29 日起股指开始大幅下跌,并于 1 月 30 日发出死叉信号,当天收报 1593 点。按照"金叉买入,死叉卖出"的方式计算,这一个来回的收益率为－3.3％。

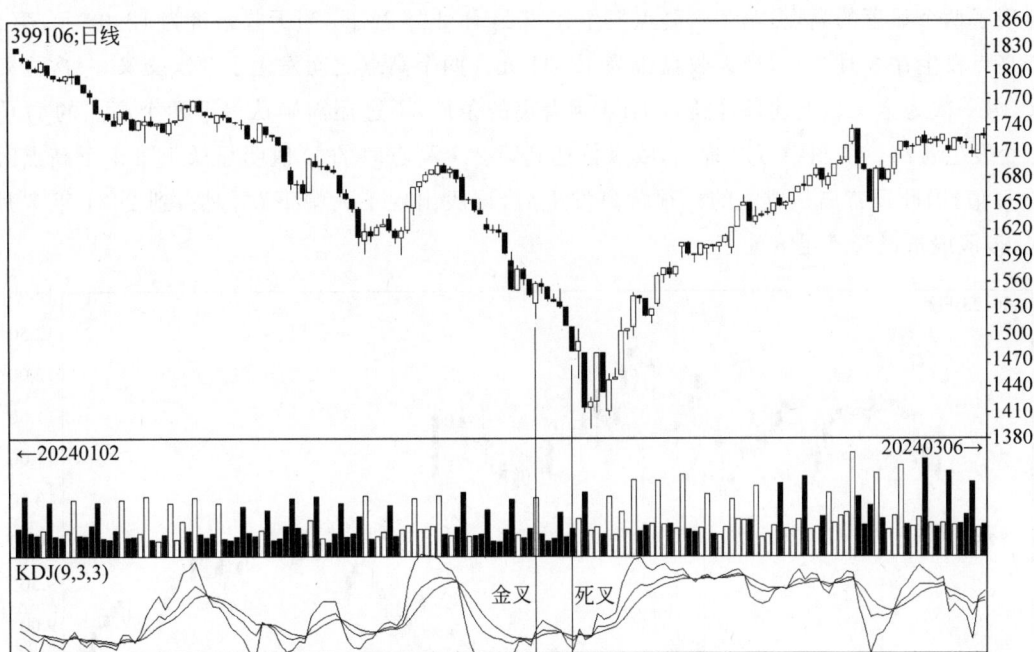

图 4-27　深圳综指日线图

4.4.5　KDJ 的背离

与 MACD 和 RSI 一样,KDJ 指标也可以发生背离,KDJ 同样有顶背离和底背离两种。如果股价的高点一个比一个高,而 KDJ 指标却未创出新高,则此种情况称为 KDJ 的顶背离;如果股价的低点一个比一个低,而 KDJ 指标却未创出新低,则称为 KDJ 的底背离。

这里有一个细节问题,KDJ 指标中有 K、D、J 共 3 根线,虽然在大多数情况下这 3 根线是齐涨共跌的,但是它们相互之间的关系会发生微妙的变化,有时最敏感的 J 线没有创出新高,但 D 线却比前值略高,此时究竟如何来确定背离是否发生呢? 还有,两个高点相隔较近是否能构成背离呢?

为了解决上述两个问题,笔者将 KDJ 背离的定义做出如下细化:

(1)顶背离的两个高点必须有一个先死叉后金叉的过程,底背离的两个低点之间必须有一个先金叉后死叉的过程。也就是说,两个高点或低点之间必须有且仅有两次交叉。

(2)根据交叉发生时 D 点的值来判断 KDJ 指标是否创出新高或新低,这样可以避免定义的含糊性。

　　上述定义不仅对 KDJ 的背离做出了清晰的界定，也避免了 KDJ 出现过于频繁的问题。以下是兰花科创(600123)在 2023—2024 年的一段走势，如图 4-28 所示。头部构筑过程中出现了两个显著的高点，第 1 个高点发生在 2024 年 2 月 22 日，当天收盘价为 12.02 元，第 2 个高点发生在 3 月 7 日，当天收盘价为 12.31 元。两个高点之间发生了两次交叉，一次为死叉，另一次为金叉。上述条件符合 KDJ 顶背离的条件，不过还需确认一下两个高点的 D 值是否发生背离。从图中可以看到，收盘价达到第 2 个高点时的 D 值明显低于第 1 个高点时的 D 值，因此顶背离是成立的。顶背离发生后，该股出现了大幅下跌行情，到 2024 年 7 月底，该股股价已经不足 8 元了。

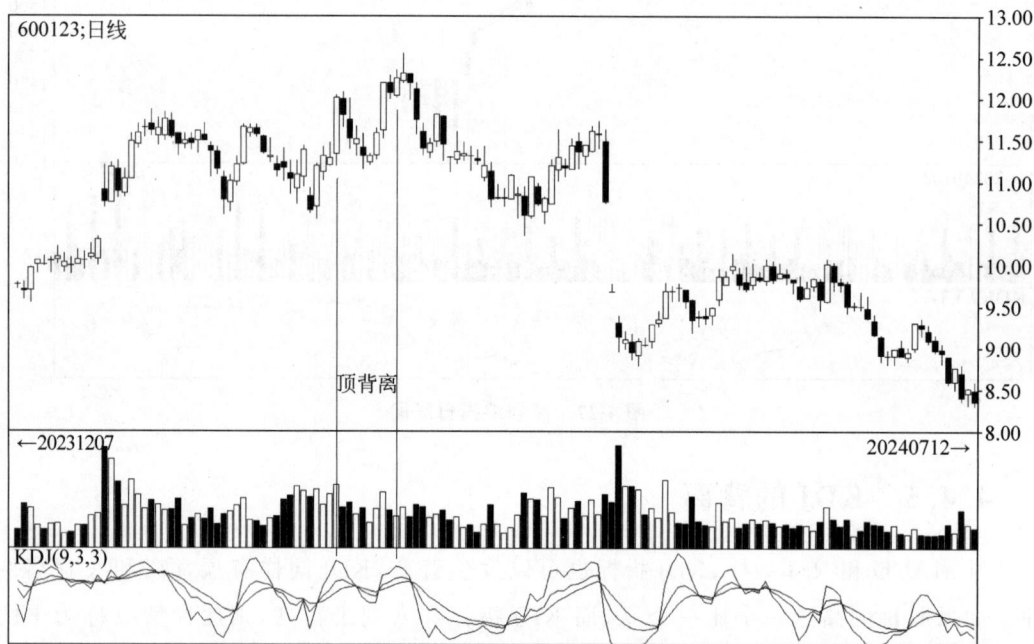

图 4-28　兰花科创日线图

　　底背离的例子也不少见。以下是上证指数在 2023—2024 年的一段筑底行情，如图 4-29 所示。这一期间有两个明显的低点，分别发生在 2024 年 1 月 22 日和 2 月 5 日，两个低点之间出现过一次金叉和死叉，后一个低点的价位低于前一个，但 D 值并未创出新低，符合底背离的定义。底背离发生后，股指触底反弹，此后有一波长达 3 个多月的中期反弹行情。

D:\Program\DelphiPro\My\Chart\data\index.txt;日线

底背离

←20231023   20240718→

KDJ(9,3,3)

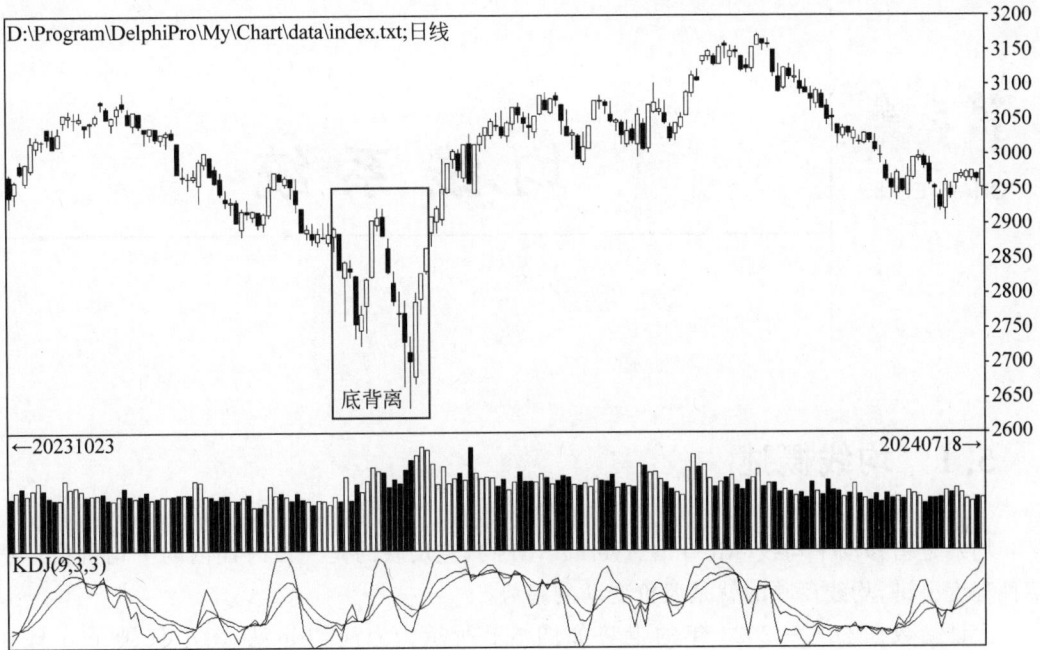

图 4-29　上证指数日线图

## 第 5 章

均 线 系 统

5.1 均线概述

均线是指移动平均线(Moving Average,MA),它反映的是一段时期内的平均价格。从某种程度上讲,均线反映的就是股价变动的趋势。

上证指数在 2022—2023 年的走势如图 5-1 所示。为简洁起见,图中仅画了 5 日和 60 日两条均线,其中贴着 K 线走的是 5 日均线,而另一条稍远的均线就是 60 日均线。虽然股指时高时低,但是总体上讲它是震荡向上的,这可以从 60 日均线上反映出来。在这段时间里,60 日均线始终在缓慢攀升,这表明趋势是向上的。

图 5-1 上证指数日线图

根据时间周期的不同,均线可以分为短期均线、中期均线和长期均线。短期均线和中长期均线的方向可以是相反的,例如当短期均线向上时,长期均线可以是向下的,反之亦然。

以下是创业板指数(399006)在 2023 年的一段走势,如图 5-2 所示,图中 5 日均线忽上忽下,而 250 日均线始终是向下的。也就是说,即使在反弹的行情中,长期趋势仍然是向下的。

图 5-2 创业板指数日线图

5.2 格兰威尔均线法则

作为均线应用的一个入门方法,这里介绍格兰威尔均线八大法则,该法则分成买进法则和卖出法则两大类,每类又有 4 个法则,共八大法则,如图 5-3 所示。

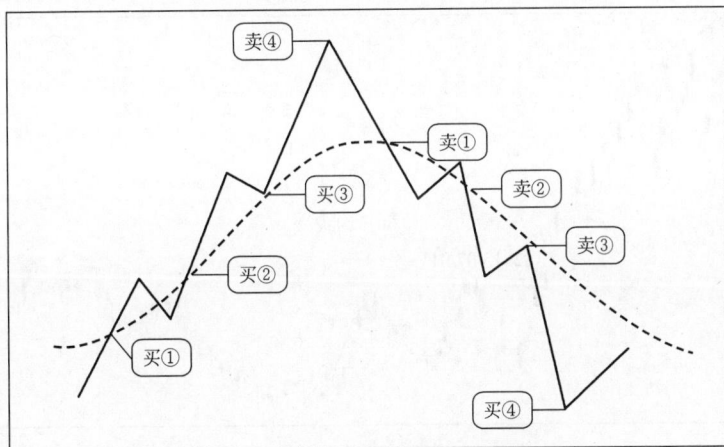

图 5-3 格兰威尔均线法则的买卖点

1) 买进法则

(1) 如果均线从下降趋势逐渐走平并转换为上升趋势,而股价从均线下方向上突破均线时,则为买入信号。

（2）股价回调跌破均线,均线继续呈上升趋势,股价也很快回到均线上方,此时为买入信号。

（3）股价在均线上方运行,回调时未跌破均线,然后重现升势,此时为买入信号。

（4）股价跌破均线后在均线下方运行,当股价远离平均线时,由于物极必反,股价可能向均线靠近,此时为买入信号。

2）卖出法则

（1）如果均线从上升趋势逐渐走平并转换为下跌趋势,而股价从均线上方向下跌破均线时,则为卖出信号。

（2）股价在均线下方运行,反弹后向上突破均线并在均线上方徘徊,但均线仍在下跌,此时为卖出信号。

（3）股价在均线下方运行,反弹时未突破均线即遇阻回落,此时为卖出信号。

（4）股价在均线上方运行,连续上涨后远离均线,近期买入者获利丰厚,有着较强的获利了结需求,此时为卖出信号。

格兰威尔均线八大法则简单明了,但也有一些缺陷。

首先,该法则仅采用一根均线,这根均线究竟以多长的周期为宜呢?股票的波动周期各有不同,有的股票波动较为剧烈,有的则相对平缓,即使是同一股票,在不同的时期其表现也会大相径庭,因而用一根均线进行判断很难奏效。

其次,在股价远离均线时,该法则倾向于逆势而为,这种操作思路在趋势明显的世道中容易遭受挫败。

以下是中科金财（002657）在 2015 年的一段走势,如图 5-4 所示。该股是 2015 年互联网＋行情中的大牛股,在 2015 年 5 月 13 日达到了历史高点 185.90 元,其后随大盘深幅调

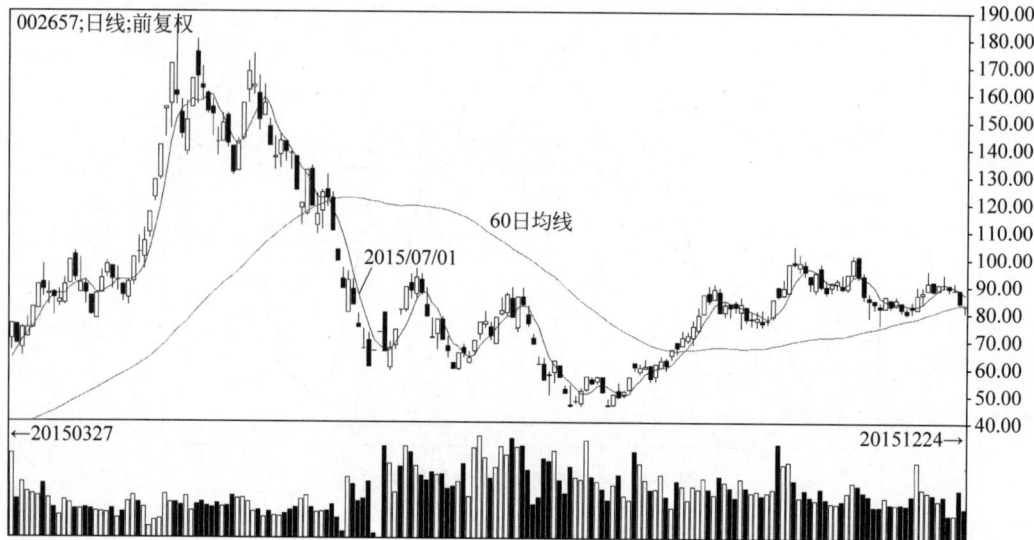

图 5-4　中科金财日线图

整,2015 年 7 月 1 日该股收盘价为 82.72 元,与高点相比已经跌去 100 元以上。假设这里采用 60 日均线,7 月 1 日该均线在 121.72 元左右,股价离均线不可谓不远,符合格兰威尔均线八大法则中的第 4 条买入法则,然而,此时买入将遭遇后面连续的大阴线,损失惨重,即使此后该股在利好的推动下随大盘反弹,也仅能在反弹高点处收获可怜的几个点的收益。

可见,格兰威尔均线八大法则存在着不小的缺陷,特别是没有考虑到趋势的威力。

5.3　三大均线

均线可以设置不同长度的参数,常见的有 5 日、10 日、20 日、30 日、60 日、120 日和 250 日等。不同周期的移动平均线在不同的场景中各有妙用,因而很难说哪种均线更重要,但是,如果一定要比较一下,则笔者认为 5 日、30 日和 250 日均线最为重要。

1. 5 日均线

5 日均线是跟踪价格短期走势的一个较为理想的指标。

首先,一周有 5 个交易日,5 日均线体现了过去一周的平均价格。

其次,5 日均线相当灵敏,5 日均线向上还是向上往往是后市走向的一个重要风向标。以下是上证指数在 2024 年的一段走势,如图 5-5 所示。5 月 20 日,该指数收出一根小阳线,股价收报在本轮行情的最高点,成交量也温和放大,从形态上看似乎向上突破已经成立,市场气氛一片乐观,此时 5 日均线是向上拐头的。接下来的两天,上证指数收出小阴小阳,不

图 5-5　上证指数日线图

过仍然在 5 日均线之上,5 日均线也仍然是向上的,然而,5 月 23 日的一根中阴线无情地打破了许多人的美梦,这根阴线不但收在 5 日均线下方较远处,而且使 5 日均线拐头向下了。更要命的是,MACD 也在当天出现死叉,这些迹象都预示着一轮下跌行情的到来。果然,5 月 23 日的中阴线开启了一轮中级调整,此后在长达 4 个月的时间里,指数都呈下行趋势。

由此可见,5 日均线具有非常重要的引领作用,对 5 日均线的拐头要给予足够的重视。

2. 30 日均线

如果说 5 日均线是短期走势的风向标,则 30 日均线无疑就是中期走势的风向标了。虽然一个月大致有 30 天,但由于周六周日市场并不交易,因此 30 个交易日的时间跨度肯定是超过 1 个月的。有的技术人士为了与日历上的一个月对应会将 20 日或 21 日均线看作月线,这也无可厚非。不过,任何设置都有其优点和缺点,30 日均线仍然是被广泛采用的中期均线。

30 日均线在趋势性行情中往往成为重要的阻力位或支撑位,以下是上证指数在 2024 年的一段走势,如图 5-6 所示。当上证指数从 3174 点见顶之后,很快就跌破了 30 日均线,其后,指数始终在 30 日均线下方运行,即使在 2024 年 7 月走出一波 3 浪的反弹,指数也只是稍稍碰了一下 30 日均线便又掉头向下了。可见,30 日均线在中期下跌趋势中成了重要的阻力线。

图 5-6　30 日均线在下跌趋势中成为压力线

同样,在牛市行情中,30 日均线也往往成为重要的支撑线。以下是中科金财(002657)在 2015 年的走势,如图 5-7 所示。2015 年 1 月 13 日,该股向上突破 30 日均线之后就开启了疯牛走势,此后除了起飞之前的 2 月 26 日短暂回探了 30 日均线以外,股价始终在 30 日均线上方运行,不少时候甚至远离了 30 日均线。股价再次回到 30 均线下方是 6 月 9 日,此后空方占据优势,股价开始大幅下跌,没有及时出局的投资者损失惨重。

在上面的例子中,跌破 30 日均线是一个重要标志,在某些情况下这可以作为一个中期的卖点。虽然这个卖点略显滞后,但是从长远看此处仍然是高点,此处离场仍能保留最丰厚

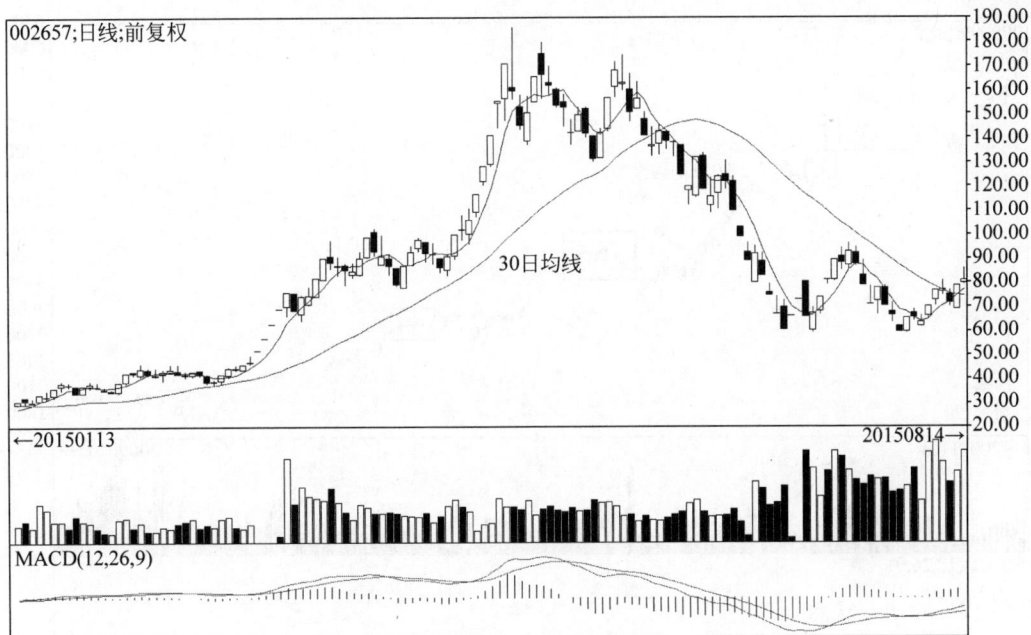

图5-7 30日均线在上涨趋势中成为支撑线

的一段利润,因而仍然是个不错的卖点。

30日均线通常是一轮趋势行情中重要的阻力线或支撑线,但这并不意味着突破了30日线趋势就能反转。在趋势性下跌行情中,向上突破30日均线也不过是多头的一次小反攻而已,而这样的反攻往往会耗尽多方的力量,空方在短暂休整之后仍会卷土重来。

以下是上证指数在2008年的大熊市中的走势,如图5-8所示。在这波大调整中,股指有几次站上了30日均线,然而每次反弹结束后股指都重新跌破了30日均线,此后又是一波大调整。有句谚语讲得好"罗马不是一日建成的",股市中趋势的逆转也不是突破一条均线就能完成的。

3. 250日均线

前面介绍了5日均线和30日均线的重要性,和它们相比,250日均线毫不逊色。一年中大致有250个交易日,因此250日均线也可视为年线。250日均线也被称为"牛熊分界线",可见其在走势研判中的重要性。

250日均线属于较为长期的均线,因而有些喜欢短线操作的交易人士对此并不重视,觉得这段时间跨度太长了,意义不大,但是笔者对此并不认同,即使是短线操作,为了提高成功率,对市场的中长期走势有一个总体上的认识和研判也是必不可少的。笔者认识一些短线高手,他们在牛市中的收益往往相当高,但是在熊市或调整世道中也经常损失惨重,究其原因就是不重视大盘的整体方向,过分迷恋强势股。殊不知"水能载舟亦能覆舟",在调整行情中强势股往往昙花一现,"强势"往往是刻意营造出来的陷阱,因而买入之时就是被套之始,或者只能按照短线客的风格忍痛止损,止损次数多了收益率自然就惨不忍睹,因此即使是喜

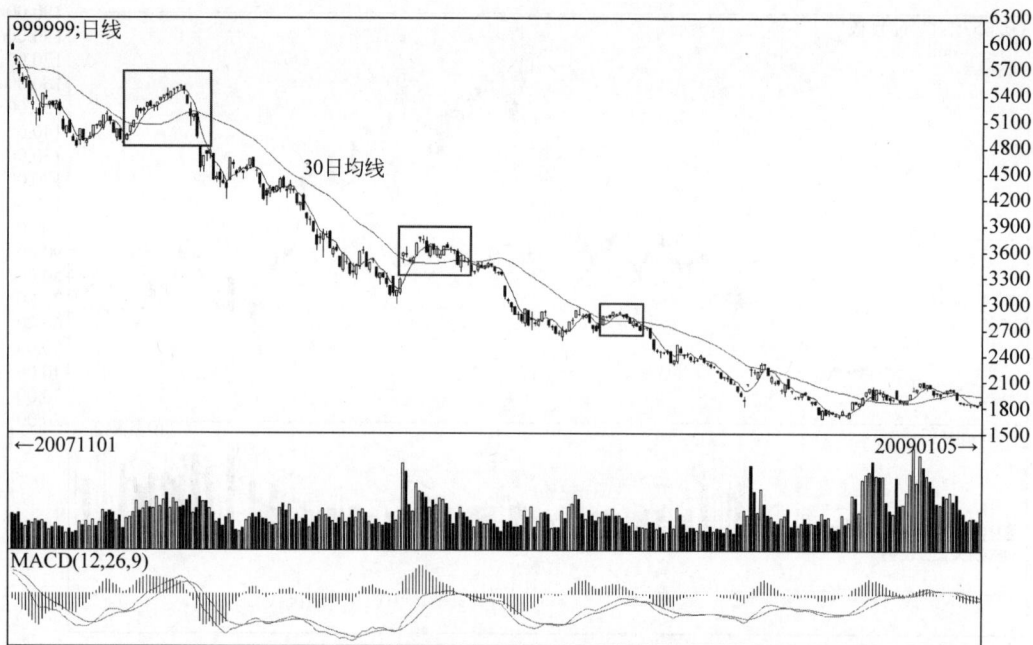

图 5-8　上证指数 2008 年走势

欢做短线的投资者也应重视大盘的中长期走势,而 250 日均线就是一个不错的参考指标。

以下是创业板指数(399006)在 2018—2024 年的日线图,如图 5-9 所示,其中离 K 线最

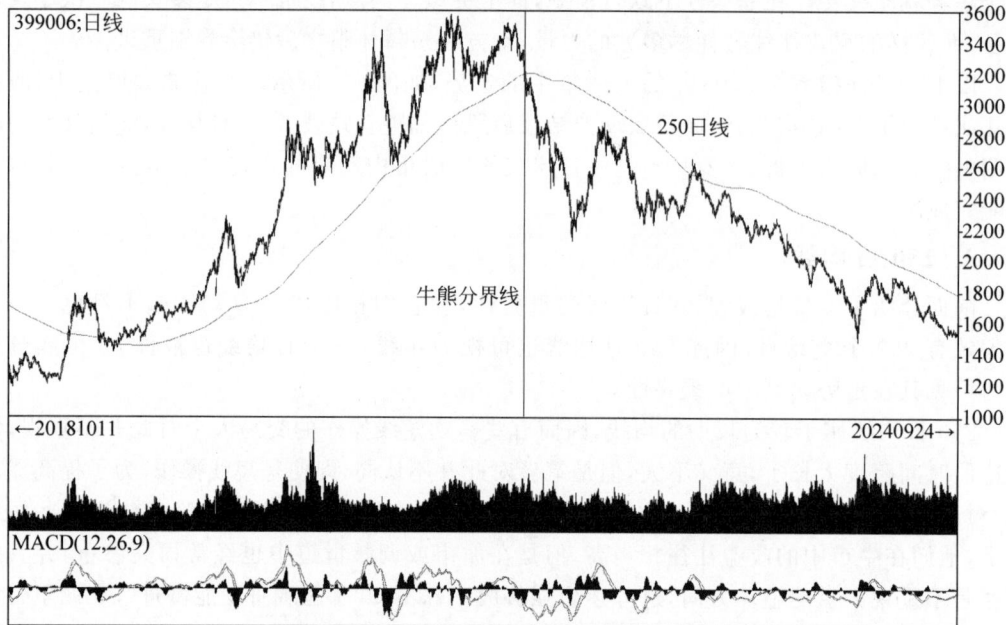

图 5-9　250 日线成为创业板指数牛熊分界线

远的那条均线就是 250 日均线。这幅 K 线图很清晰地分成两个阶段,以 2022 年初股指跌破 250 日均线为界,左面是牛市,右面是熊市。牛市阶段股 250 日均线是向上的,熊市阶段 250 日均线是向下的。在这个例子中,250 日均线作为"牛熊分界线"的作用一览无遗,如果以此为参考,同时辅以 30 日均线等其他指标,则对大盘节奏的把握还是不难的。

5.4 均线的交叉

与 MACD 等技术指标类似,不同周期的均线在交叉时也可形成买点和卖点。周期较短的均线自下而上穿过周期较长的均线时称为金叉,如图 5-10 所示;周期较短的均线自上而下穿过周期较长的均线时称为死叉,如图 5-11 所示。

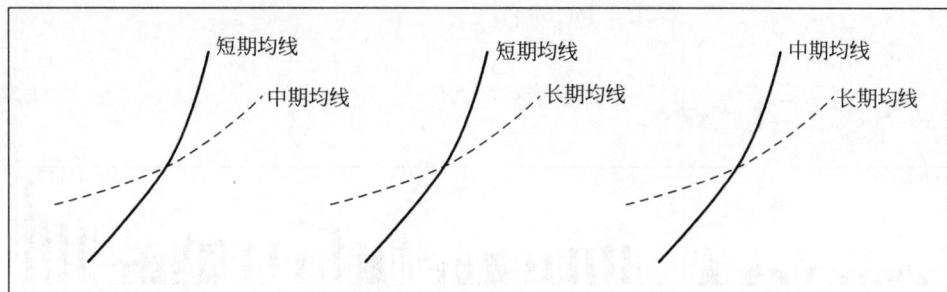

图 5-10　均线的金叉

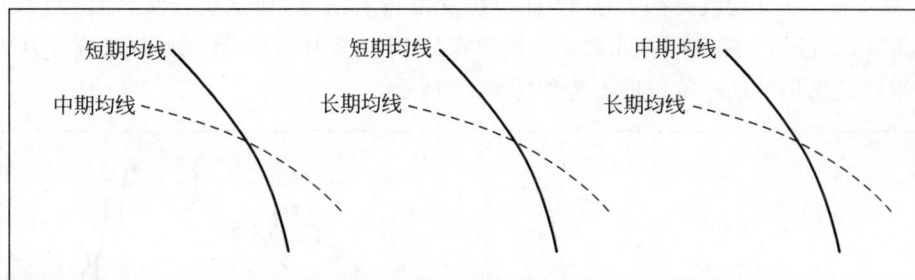

图 5-11　均线的死叉

有观点认为,在判断均线是否出现金叉时,应保证这两条均线都是向上的,而在判断是否出现死叉时,应保证这两条均线都是向下的。这种方法固然在价格大幅波动时有一定的过滤作用,但也有其弊端,例如,当股价经过较长时间的调整后开始企稳时,较长期的均线已经开始向上了,但短期均线仍然在上下翻腾,此时恪守上述原则不但烦琐,还会错过不少底部的机会。对此,笔者的看法是,只要保证其中较长期的均线向上(金叉时)或向下(死叉时)即可,对短期的均线可以不必过于纠结。

那么,运用金叉和死叉时的均线应该采用何种时间周期呢?这里推荐 10 日和 30 日均线的组合。下面我们检验一下这一设置在 2014—2015 年行情中的表现,这里采用的是沪深

300 指数(399300)。由于该段期间跨度较长,我们将其分为两个阶段。

自 2014 年 6 月底起,30 日均线已经开始稳步向上了。7 月 4 日,10 日均线上穿 30 日均线,形成金叉,这是一个买点,当日指数收盘 2179 点。此后几天,股指虽然有所波动,但 10 日均线始终在 30 日均线上方,直到 10 月 27 日出现死叉为止。这一阶段的走势如图 5-12 所示。

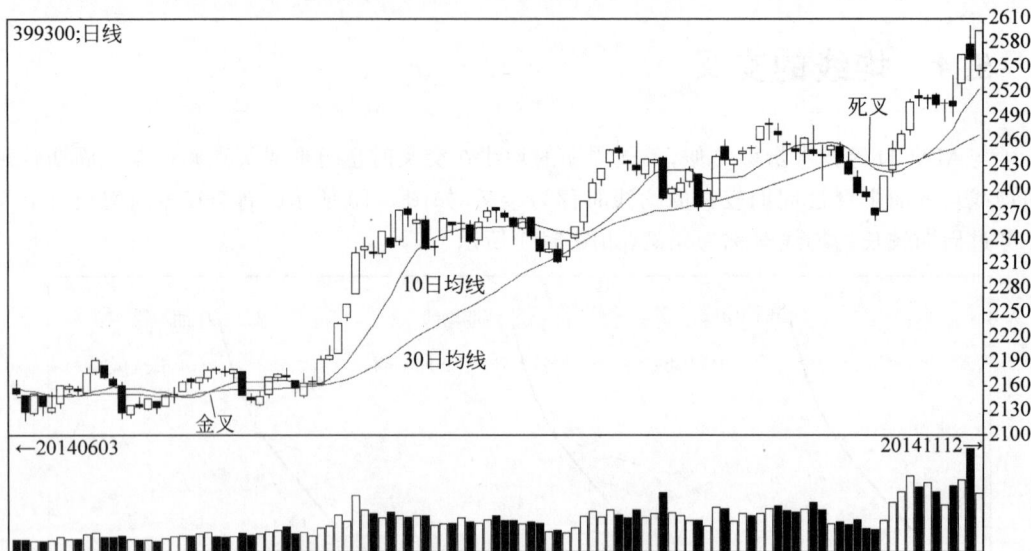

图 5-12　沪深 300 指数 2014 年日线图

11 月 4 日,10 日均线再次上穿 30 日均线发出买入信号,而这次金叉一直持续到 2015 年 2 月 5 日,长达 3 个多月。第 3 次金叉发生在 2015 年 3 月 2 日,死叉则出现在 6 月 25 日,此时股指已经见顶。这一阶段的走势如图 5-13 所示。

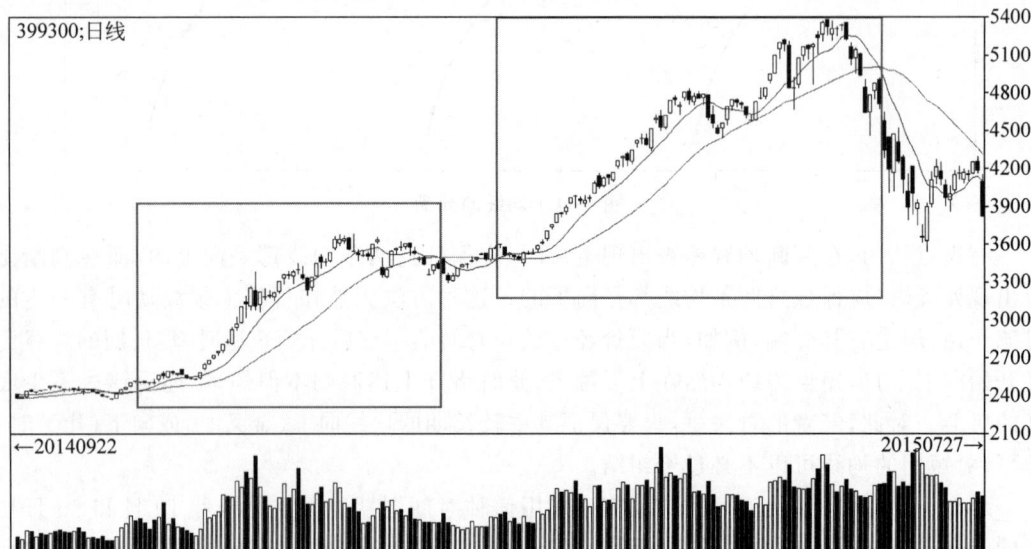

图 5-13　沪深 300 指数 2014—2015 年日线图

不难看出,在整个牛市期间,10 日均线在 30 日均线上方的时间占了绝大部分,利用这两条均线的金叉和死叉信号就能够抓住牛市行情的大头。当然,均线金叉和死叉的买卖点也有一个缺点,那就是在头部见顶大幅回落时反应滞后。这个问题可以通过头部形态和指标背离等方法解决。总体上讲,用这种方法对趋势进行跟踪是有效的。

5.5 均线排列

均线的金叉和死叉用到了两条均线,在趋势的跟踪上比单条均线提供了更多信息。可以看到,在趋势明确的市场中双均线已经相当强大,能够捕捉大趋势中的主要波段,但是,在一些更复杂的情况下,双均线仍显不足,此时就需要用到均线系统了。

均线系统其实就是多根均线组成的系统,均线的数量一般多于 3 根,但也没必要太多,因为太多的均线容易让人眼花缭乱。常用的均线系统由 4～6 根均线组成,一般包括从短期到中期甚至长期的均线。

均线系统中用到的时间周期一般有 5 日、10 日、20 日、30 日、45 日、60 日、90 日、120 日、250 日等。为了过滤掉一些信号,有人独辟蹊径采用较为冷僻的时间周期,例如 21 日、29 日、34 日、58 日等,其实,这种做法没有必要,因为任何一种设置都不可能包罗万象,解决一切问题。有时,34 日均线可以将 30 日均线的某些信号规避掉,但是在另一些时候,它却产生了多余的信号。或者,在某个时期,某种设置更有效一些,但是到了另一个时期,你会发现这种设置一点都不好用。

因此,没有必要为了挑选均线系统的时间周期费心劳神地进行测试,或者迷信某些所谓高手的理论采用冷僻的时间周期。一般来讲,投资者用得最多的时间周期主力也常用,当然,他们揣摩的是如何利用大家的心理定势获利,例如通过击穿某条均线迫使短线客止损或者在某均线附近上蹿下跳让人摸不着头脑。

由于有着多条均线,均线之间往往会产生各种复杂的关系,其中有几种特殊情况值得重点关注。

5.5.1 多头排列

多头排列是指时间周期较短的均线在上方,时间周期较长的均线在下方,如图 5-14 所示。

一般来讲,多头排列时各条均线均是向上的,但也没有必要过于苛求,特别是短期均线,它们掉个头很容易。

下面举一个多头排列的例子,如图 5-15 所示。这是浦发银行(600000)在 2024 年的一段走势,由于呈中期上涨走势,该股的均线系统(共 5 根均线)呈

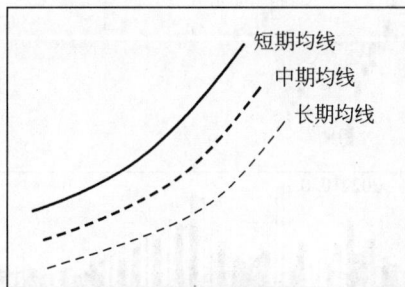

图 5-14 均线的多头排列

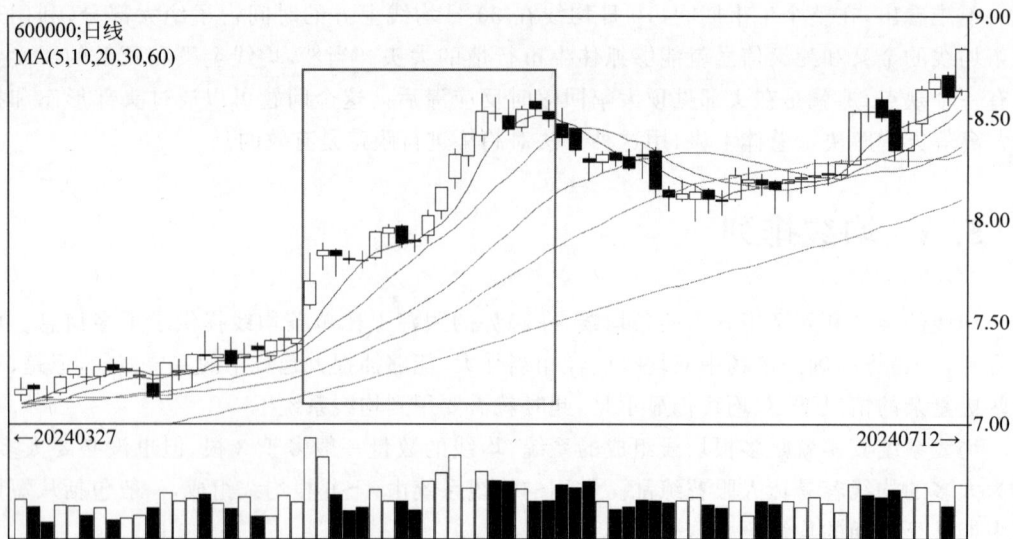

图 5-15　浦发银行日线图

多头排列，从上到下分别为 5 日、10 日、20 日、30 日和 60 日均线。

　　多头排列一般出现在多方市场中，由于股价持续上扬，越是短期的均线其值越高，因而越在上方，但是，也不要因为均线系统呈多头排列就盲目做多，在不少情况下，特别是熊市中期反弹的末端，均线系统也多呈多头排列，一些股评人士往往利用这一点鼓噪"牛市到来""勇敢做多"，不明就里的投资者事后才发现那正是中期反弹的高点。

　　以下是万科 A(000002)在 2022—2023 年的一段走势，如图 5-16 所示。在经历较长的一段下跌行情后，该股自 11 月初开始展开了一波中期反弹，随着反弹的持续，均线系

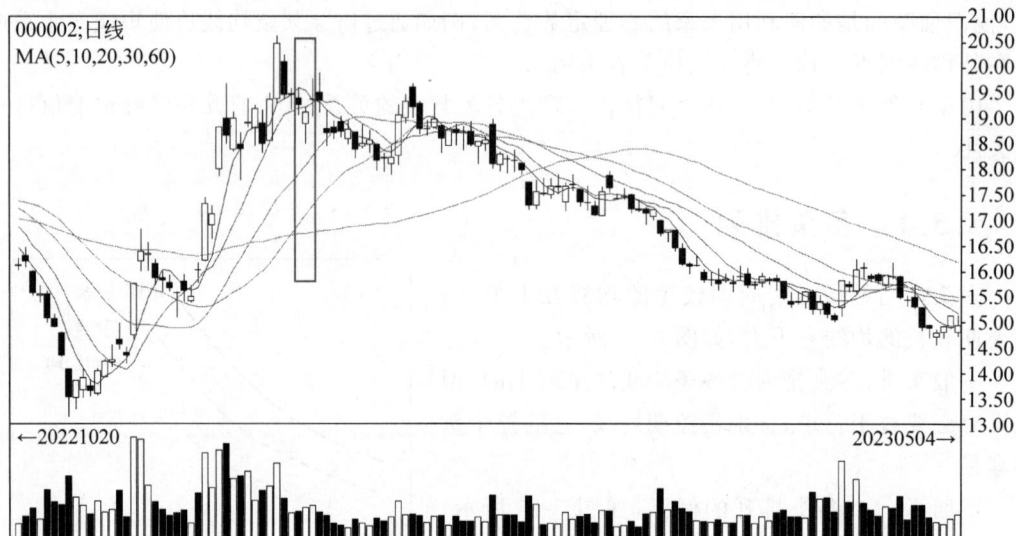

图 5-16　万科 A 日线图

统逐渐走好。12 月 13 日,30 日均线上穿 60 日均线,这意味着均线系统(5 日、10 日、20 日、30 日、60 日均线)呈完全的多头排列,然而,完全的多头排列仅维持了短短数日。12 月 19 日,随着 5 日均线跌破 10 日均线,多头排列的局面被打破,此后该股又开始了新一轮跌势。

如果从更长的时间跨度来看这一波反弹行情,则不难发现这只是一波大熊市中的一小朵浪花而已,而反弹过后的走势无疑给盲目看多者敲响了警钟。

5.5.2　空头排列

空头排列是指时间周期较短的均线在下方,而时间周期较长的均线在上方,如图 5-17 所示。

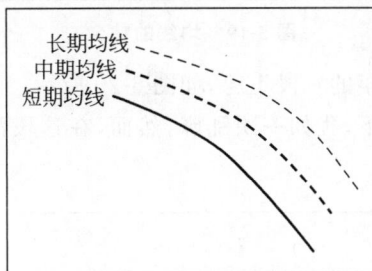

图 5-17　均线的空头排列

举一个实际的例子,这是上证指数在 2024 年的一段走势,如图 5-18 所示。在标示的区域里,均线系统(5 日、10 日、20 日、30 日、60 日均线)完全呈空头排列。

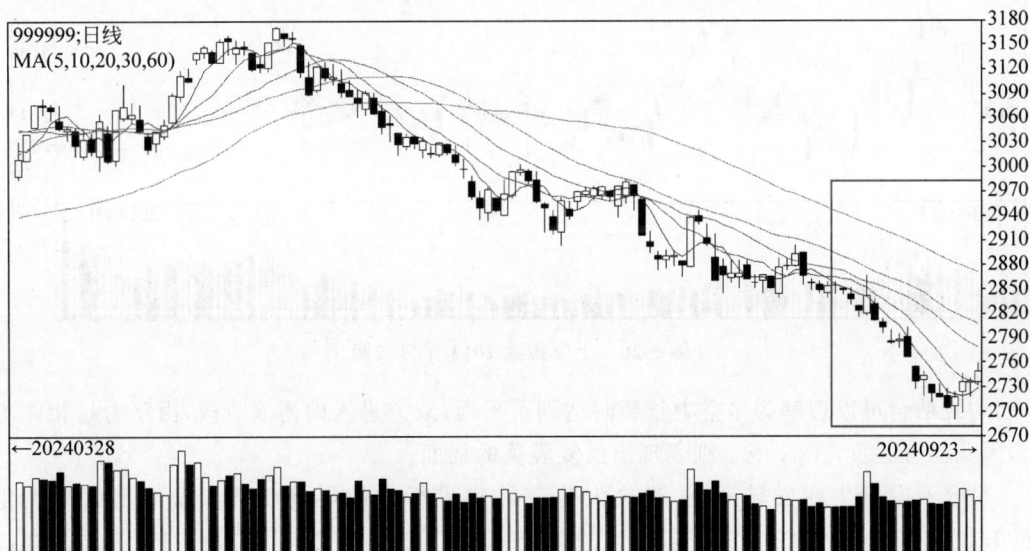

图 5-18　上证指数 2024 年日线图

5.5.3 均线粘合

均线的多头排列和空头排列一般出现在单边市场中,而在多头市场和空头市场的转换中,另一种均线形态经常出现,那就是粘合,如图 5-19 所示。均线粘合发生时,不同时间周期的均线搅在一起,就像一团乱麻。

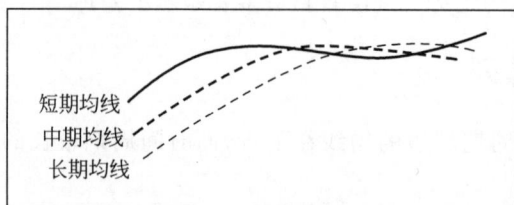

图 5-19 均线的粘合

以下是上证指数在 2014 年的一段走势,如图 5-20 所示。在上半年构筑中期底部期间,各种均线纠缠在一起,时上时下,犹如一团乱麻,然而,在这段混沌期之后,一轮波澜壮阔的牛市行情诞生了。

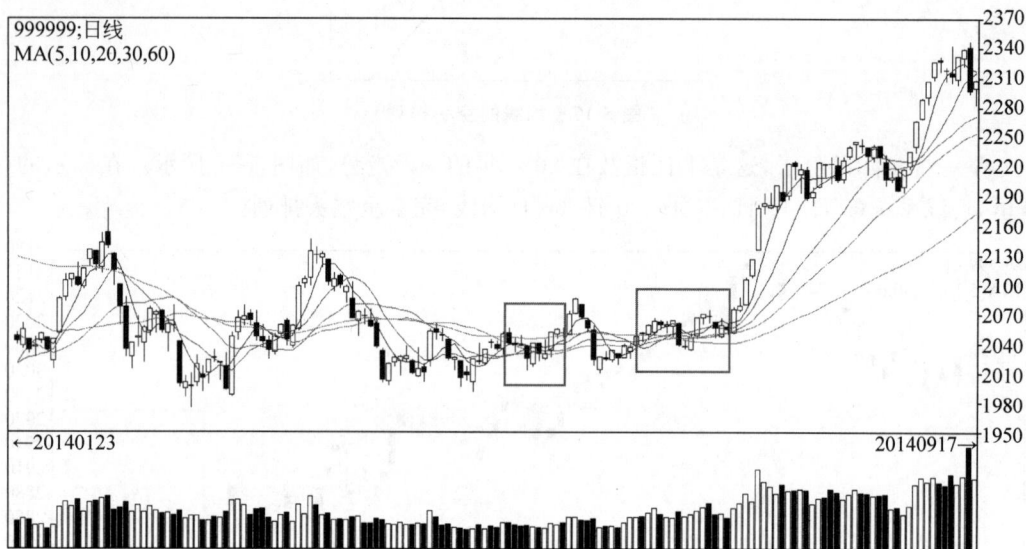

图 5-20 上证指数 2014 年日线图

均线粘合可以理解为多空力量暂时达到了平衡,双方进入肉搏战阶段,由于力量相差不大,因此互有胜负,在 K 线上则表现出反复震荡的局面。

粘合不但发生在发转期间,也会发生在趋势进行中的震荡阶段。以下是山西焦化(600740)在 2021—2022 年的一段走势,如图 5-21 所示。在此之前,该股曾有过一波大幅拉升的行情,接着股价又大幅回落。在经历过大起大落之后,多空双方都消耗严重,力量达到暂时的平衡,于是出现了一段较长的震荡期,均线开始粘合(5 日、10 日、20 日、30 日均线)。

不过,力量的平衡只是暂时的,盘整期结束后,股价再次破位下行。

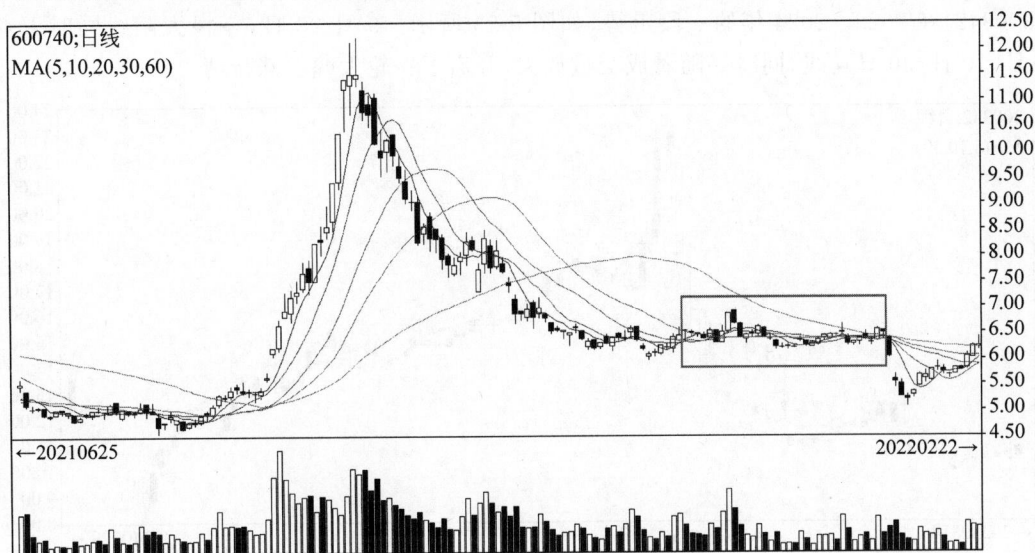

图 5-21 山西焦化日线图

5.6 涉及均线的 K 线形态

第 2 章中对一些常见的 K 线形态进行了介绍,这些 K 线形态仅和股价相关,并不涉及均线系统。还有一些 K 线形态涉及股价与均线系统的关系,它们常常在一些转折关头出现,其中较具代表性的是"蛟龙出海"和"断头铡刀"。

5.6.1 蛟龙出海

在股价横向整理的末端,各周期均线逐渐收敛、粘合,然后出现一根突然放量的大阳线,一举突破上方的短期、中期、长期均线,就像一条蛟龙从深海中一跃而出,这种走势称为"蛟龙出海",如图 5-22 所示。此处的短期、中期、长期均线均是相对而言的。

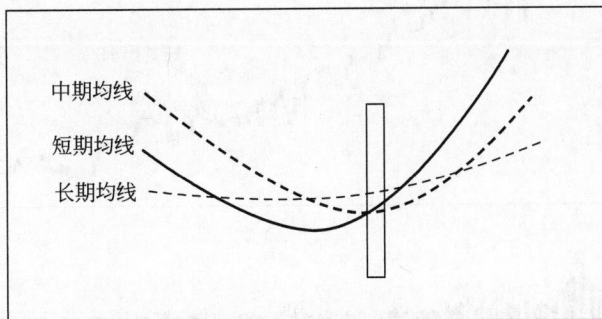

图 5-22 蛟龙出海

如果量能能够持续放大，则"蛟龙出海"一般预示着后市向好。以下是天银机电（300342）在 2023—2024 年的一段走势，如图 5-23 所示。9 月 28 日，一根大阳线同时上穿 5 日、10 日、30 日均线，同时伴随着成交量放大，开启了一轮大幅上涨行情。

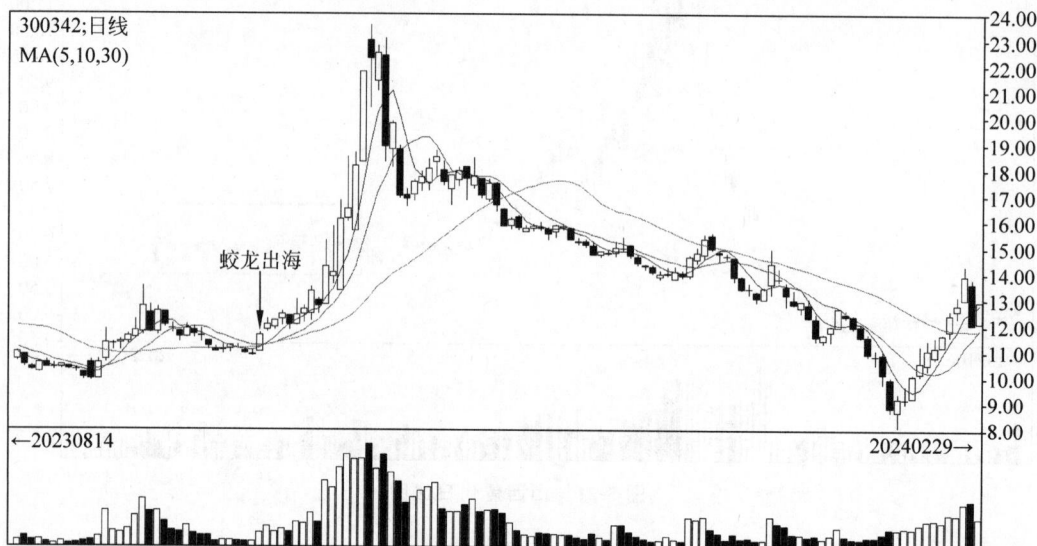

图 5-23　天银机电日线图

不过，"蛟龙出海"并非总是看多的，特别是在中期下跌趋势或整理形态中。以下是人民网（603000）在 2024 年的一段走势，如图 5-24 所示，其间 7 月份有过两次"蛟龙出海"的走势，一次是 7 月 19 日，另一次是 7 月 30 日，这两次都是一根大阳线上穿了多根均线，同时伴随着成交量放大，然而，从后期走势看，这两根大阳线都是诱多的阳线。

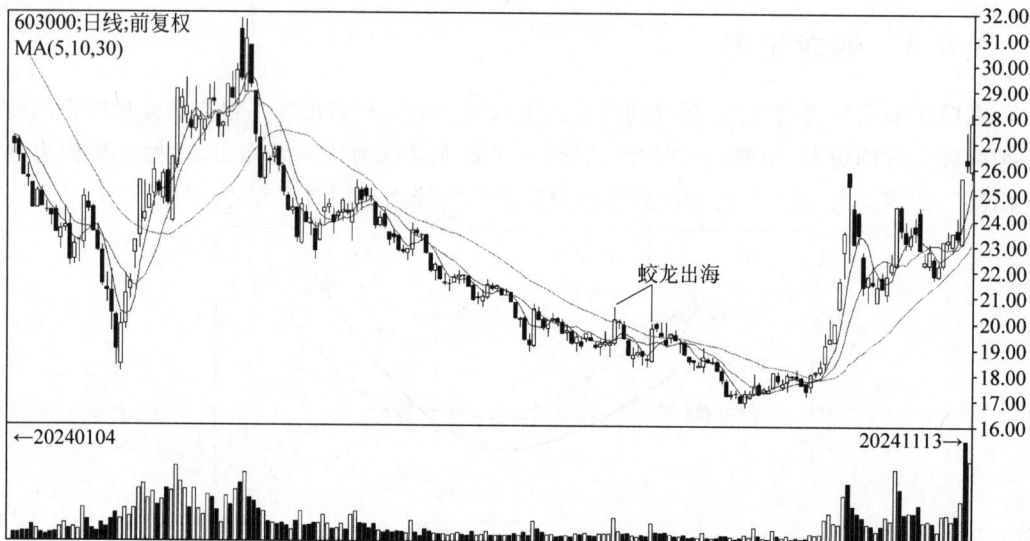

图 5-24　人民网日线图

从图 5-24 中可以看出,该股的 30 日均线是向下的,这意味着该股处于下跌趋势之中,而这两次"蛟龙出海"只不过是中期下跌趋势中一段小插曲而已。

5.6.2　断头铡刀

当短、中、长期均线逐渐收敛时,突然有一根大阴线跌破 3 条均线,同时成交量放大,这种形态称为"断头铡刀",如图 5-25 所示。"断头铡刀"表示空方力量较为强大,后市多为看空。

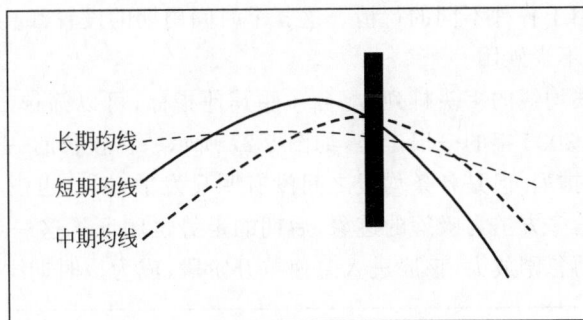

图 5-25　断头铡刀

以下是万通智控(300643)在 2022—2023 年的一段走势,如图 5-26 所示。2022 年 8 月 18 日,该股以一根大阳线突破前期高点,看似展翅欲飞,然而事后证明,这只是一种诱多的走势。8 月 24 日,一根放量的阴线同时下穿 5 日、10 日、30 日均线,宣告了下跌趋势的确立。此后,该股震荡向下,走出了一波急跌走势。

图 5-26　万通智控日线图

5.7 五行均线系统

在对均线系统有了初步了解之后,介绍笔者常用的均线系统。此均线系统包括从短期到长期的 5 根均线,因此将其命名为"五行均线系统"。在中国传统文化中,"金、木、水、火、土"被称为"五行",它们是随处可见的基本元素,但是五行生克制化之理却可通万物。

"五行均线系统"由 5 日、30 日、60 日、120 日和 250 日 5 根均线组成,涵盖了短期、中期和长期各种均线,适用于各种不同的行情。这 5 个时间周期的设置都甚为普通,然而这 5 根均线组成的系统却有不少妙用。

例如,通过这 5 根均线的多头排列,配合一些其他指标,可以筛选出不少牛股。以下是森远股份(300210)在 2023 年的一段走势,如图 5-27 所示。在较长的一段时间里,该股的五行均线系统保持多头排列,但是各条均线之间没有明显发散,股价也没有大幅飙升,而是呈温和上涨的态势,这是多方主力吸筹的迹象,后期的走势也印证了这一点。10 月底,主力开始发力,随着成交量的急剧放大,该股进入急速拉升阶段,成为该时期少见的牛股。

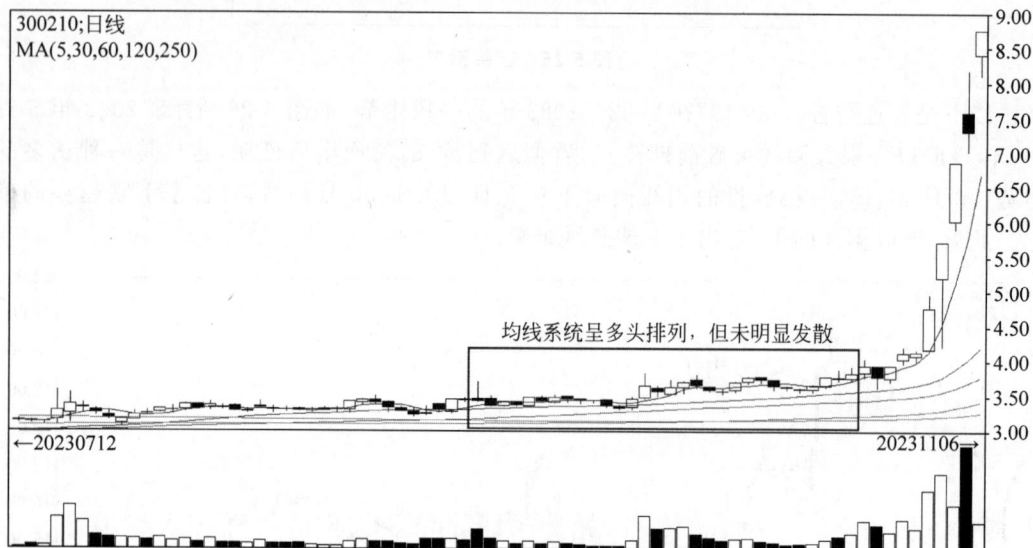

图 5-27 森远股份日线图

又如,某些牛股在均线系统呈现多头排列之初会有一个下探的过程,30 日均线可能会被暂时击穿,形成一个短期的头部。不过,下跌走势很快就会被扭转,随着成交量的放大,股价腾空而起,一轮牛市行情就此展开。江龙船艇(300589)在 2020 年的一段走势就符合上述特征,如图 5-28 所示。

以上是"五行均线系统"的两个简单应用。由于涉及另外一些理论,此处就不深入展开了,详细内容可参见第 7 章。

300589;日线
MA(5,30,60,120,250)

均线系统多头排列之初，股
价回探短暂击穿30日均线

←20200611

20210415→

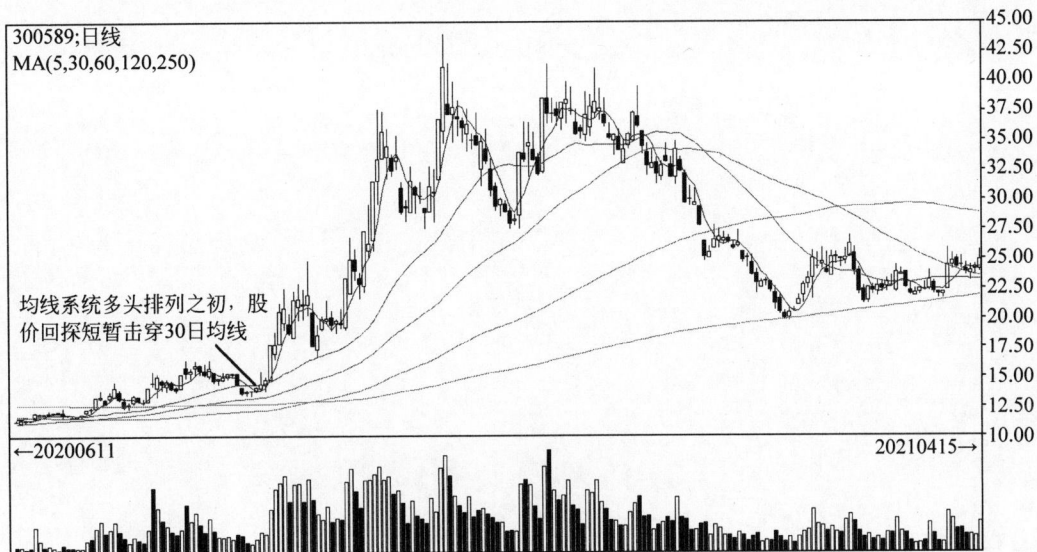

图 5-28　江龙船艇日线图

实　战　篇

## 第 6 章

顶 部 模 型

如果想在股市中实现盈利,则必须做到"低买高卖",而准确地判断顶部是其中的重要一环。顶部的判断对大多数投资者来讲是一个难题,然而,通过综合运用一些技巧,我们完全可以识别出一些重要顶部特征,下面介绍一些常用的顶部判断技巧。

6.1 三头模型

通过形态来识别顶部恐怕是最直观的方法了。第 3 章中对一些重要的顶部形态进行了介绍,例如头肩顶、双重顶、三重顶、圆弧顶等,第 4 章又介绍了另外一种顶部判断方法:背离,那么这些顶部有没有什么共同点呢?

观察大量的顶部图形后你会发现,很多顶部由 3 个高点构成。以下是中科曙光(603019)在 2018—2019 年的一段走势,如图 6-1 所示,其中的几个重要顶部不都是由 3 个高点组成的吗?

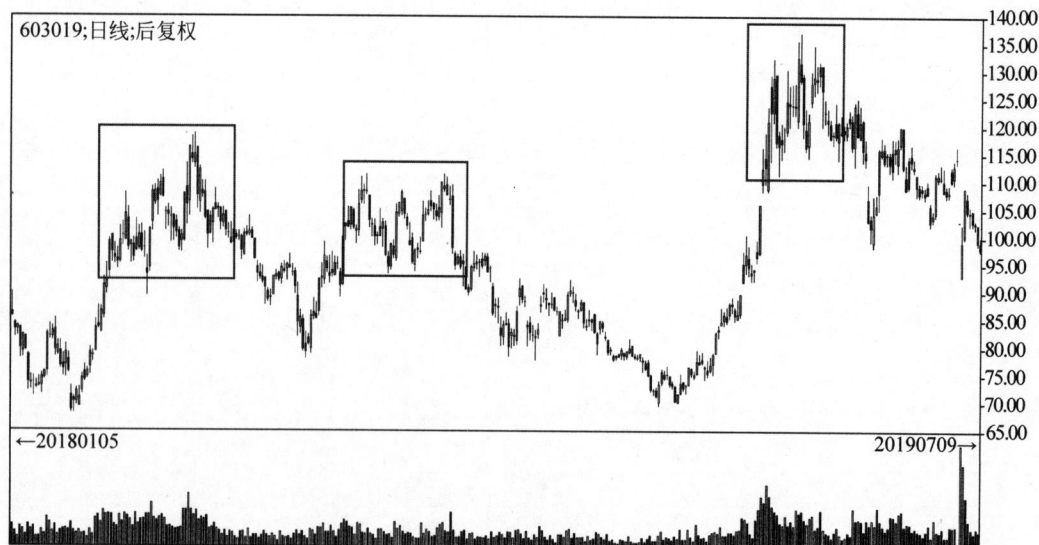

图 6-1 中科曙光日线图

当然,这几个顶部的特征是有所不同的,例如第 1 个顶部的 3 个高点是依次抬高的,MACD 上形成顶背离(有两次背离);第 2 个头部类似于三重顶,但是中间的高点比两侧的高点要低一些,因此只能算是三重顶的变形;第 3 个头部则是标准的头肩顶,中间高两头低。

当然,上述几种形态只是 3 个高点构成的顶部形态中的一部分。为了对各种顶部进行系统性研究,笔者对这些类似的形态进行了归集,并给它们一个统一的名称:"三头"。

1. 头肩顶

头肩顶是最常被提起的反转形态,它中间高两头低,属于较为特殊的"三头"形态。有关头肩顶的内容在第 3 章中已有介绍,此处不再重复。

2. 三重顶

三重顶恐怕是"三头"形态中最特别的一种了。不过,实战中我们发现,标准的三重顶并不多见,而它们的非标准形态却相当多。

实际上,没有人给出过"标准三重顶"的定义,为了便于说明,笔者提出以下几条参考标准:

(1) 3 个顶点的价位大致相同。

(2) 构成颈线的两个低点的价位大致相同。

(3) 前两个顶点的时间间隔与后两个顶点的时间间隔大致相同。

上述标准可以进行量化,不过大多数投资者只是在股票软件中凭肉眼观察这些形态,因此给出明确的数字标准并无必要。

非标形态的"三重顶"种类相当之多,下面对它们进行分类梳理。

3. 三重顶的变形

1)"高高低"型

"高高低"型是指 3 个顶中前两个高点价位接近,而第 3 个顶比它们低一些。

以下是中青宝(300052)在 2021—2022 年的一段走势,如图 6-2 所示。从图中可以看出,这个顶部结构由 3 个重要高点构成,其中前两个高点价位相差无几,而第 3 个高点则要低一些。

这种走势形成有其心理诱因。由于前两个高点很接近,因此会有一些投资者准备在第 3 次到达这个高点时抛出,而为了避免成为抬轿的"冤大头",主力会在到达这个价位之前提前开始抛售,于是第 3 个高点就这样流产了。

有时,第 3 个头比前两个头要矮上一大截,因而看起来更像是双重顶。以下是掌趣科技(300315)在 2020 年 3 季度构筑中期头部时的一段走势,如图 6-3 所示,其顶部结构就符合这个特征。

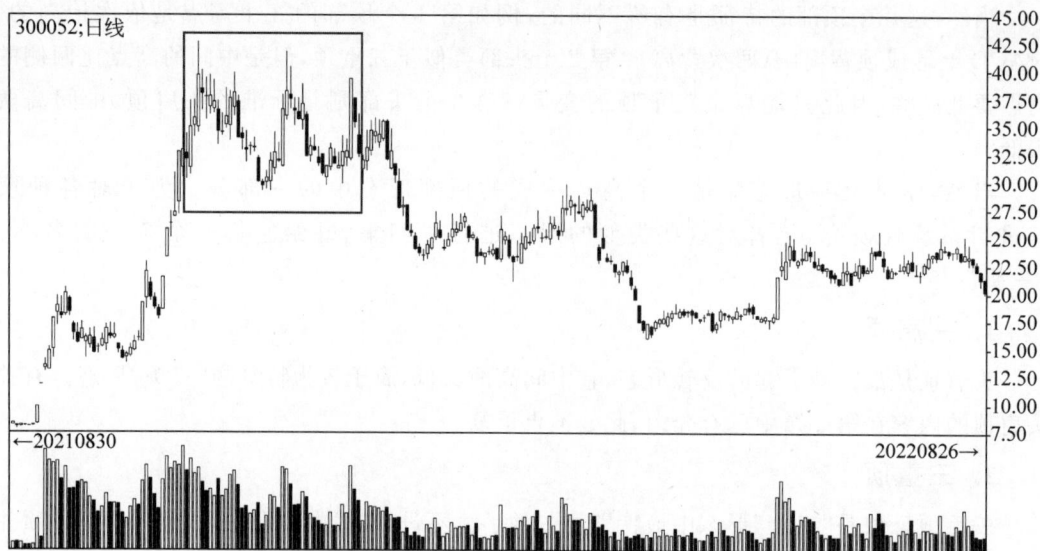

图 6-2　中青宝日线图

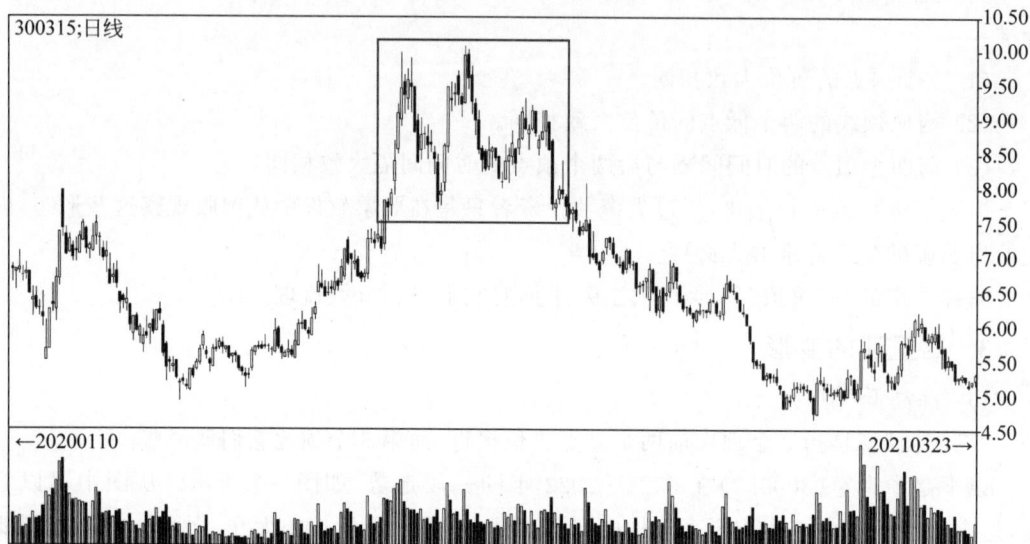

图 6-3　掌趣科技日线图

2)"高低高"型

"高低高"型是指第 1 个高点和第 3 个高点接近,而中间的高点比这两个低一些。

以下是金运激光(300220)在 2021 年底构筑中期头部时的一段走势,如图 6-4 所示。这种走势的成因可以这样理解:第 1 个高点和第 3 个高点之间构成三浪调整,这种结构是一种典型的中继形态,前两个高点的连线性成一条压力线,有些投资者会根据压力线是否被突破来操作;主力在第 3 次上攻时强力突破这条压力线,于是压力线转化成支撑线;一些根据趋势线操作的投资者会以为后面还有一波上涨,因此积极买入,此时主力乘机收网,头部构造完成。

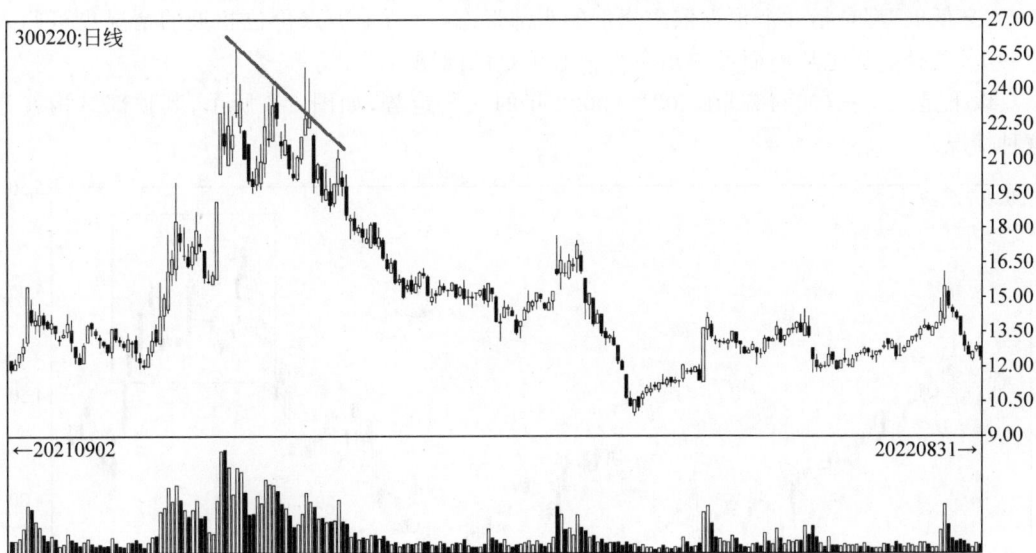

图 6-4　金运激光日线图

3)"低低高"型

"低低高"型是指 3 个顶中前两个顶价位接近,而第 3 个顶比它们高一截。这种走势的成因和"高低高"型类似:先是一个三浪调整,然后强势拉高突破前期高点,让人以为后市还有一波行情,等到投资者追高买入后主力反向做空,头部形成。

以下是神州数码(000034)在 2020 年 1 季度构筑中期头部时的一段走势,如图 6-5 所示,其头部形态就符合这个特征。

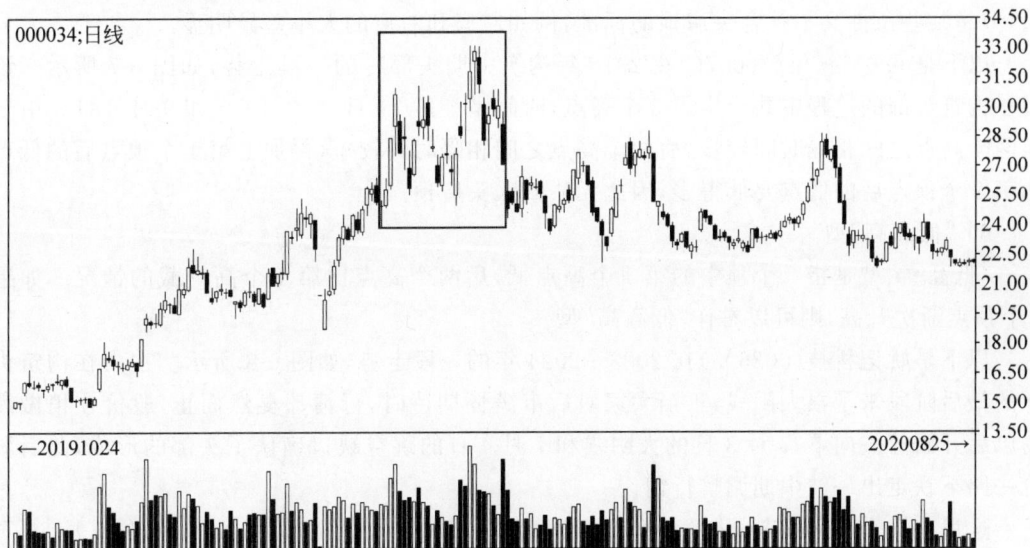

图 6-5　神州数码日线图

4）"高低低"型

"高低低"型是指 3 个顶点依次降低的头部形态,后两个顶点价位相近的情况也可归入这一类,这种走势也从侧面反映出主力信心不足的问题。

以下是二六三(002467)在 2021—2022 年的一段走势,如图 6-6 所示,其顶部结构就是这种情况。

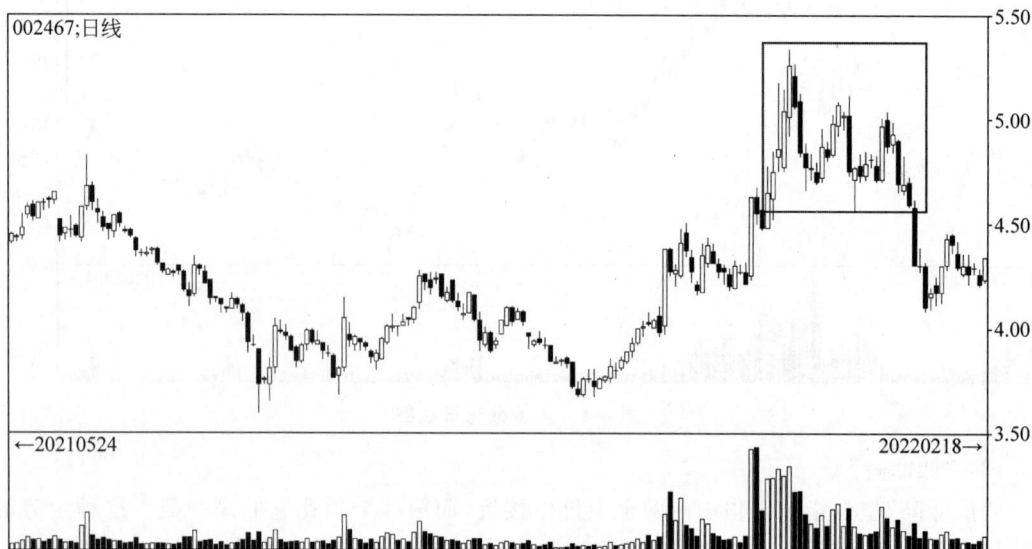

图 6-6　二六三日线图

5）"低高低"型

"低高低"型是指 3 个顶中中间一个最高,左右两个较低的情况。这种形态类似于头肩顶,但是某些条件又不符合头肩顶的标准,例如左肩和右肩的大小差异明显。

以下是 GQY 视讯(300076)在 2016 年构筑中期头部时的一段走势,如图 6-7 所示。该股在构筑头部的过程中共产生了 3 个高点,时间是 7 月 21 日、8 月 19 日和 9 月 8 日。由于前两个高点之间相隔时间较长,后两个高点之间相隔时间较短,再加上第 1 个顶点后的低点比第 2 个顶点后的低点要低得多,因此无法归入头肩顶。

6）"低高高"型

"低高高"型是指 3 个顶中的第 1 个高点低,后两个高点比第 1 个高一截的情况。如果 3 个顶点渐次升高,则可以看作"低高高"型。

以下是姚记科技(002605)在 2023—2024 年的一段走势,如图 6-8 所示。主力在构筑头部的最后阶段来了根大阳线,正当大家对后市满怀期待时,行情却戛然而止,股价在稍做震荡以后开始掉头向下,7 月 3 日的大阴线和 7 月 4 日的跳空缺口确认了头部的形成,此后股价一路下跌走出一波中期调整行情。

这里有一个技术细节,从第 2 个顶点回落时,MACD 已经出现死叉,即使在 6 月 29 日大阳线那天也没有再度出现金叉,这也暗示着后市走势不会乐观。

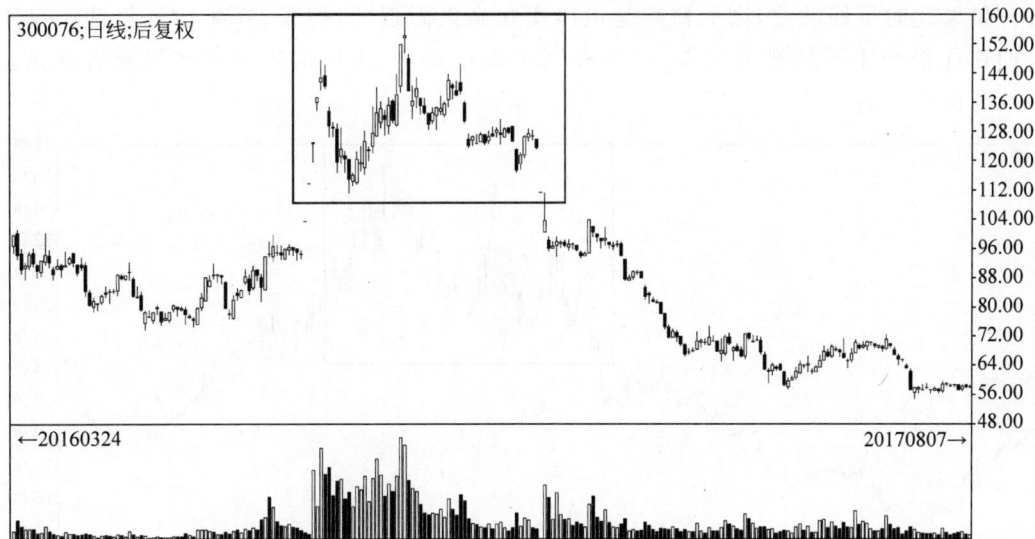

图 6-7　GQY 视讯日线图

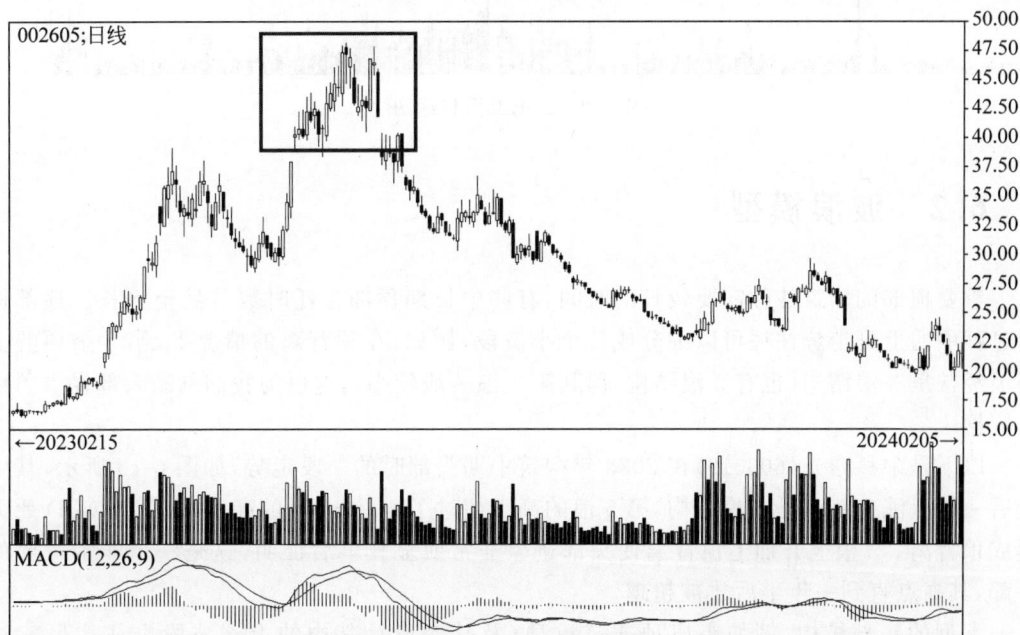

图 6-8　姚记科技日线图

　　"低高高"型中还有一种常见形态是 3 个顶点依次抬高的。以下是三七互娱（002555）在 2023 年 2 季度构筑中期头部时的一段走势，如图 6-9 所示。这种走势在较为强烈的上涨趋势中比较常见。随着股价一波又一波地突破前期高点，投资者往往信心满满，然而，在第 2 次突破前高（第 3 个顶点）后，主力不再拉抬股价，而是开始抛售。如果此时见好就收,则大概率是可以卖在高点附近的,但是,在牛市气氛的感染下人们往往晕晕乎乎地错过高点,甚至在高位附近买入,牛市的末期很多投资者就是这样被高位套牢的。

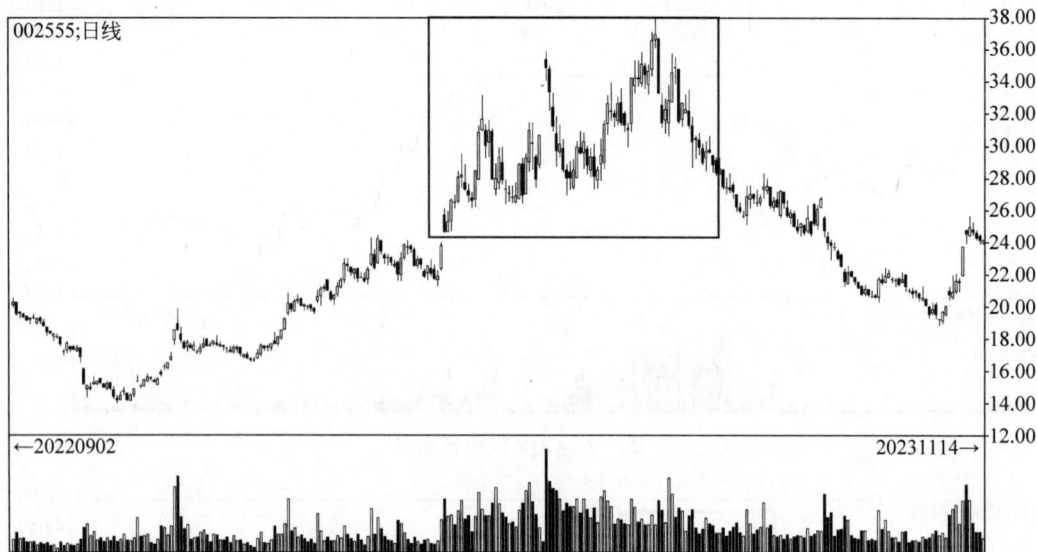

图 6-9   三七互娱日线图

6.2   波浪模型

重要顶部的构筑往往需要较长的时间,有些中长期顶部会耗时数月甚至更长。顶部构造过程中的上升走势往往可以细分成几个小波段,例如,在顶背离的情况下,第 2 个顶的上升浪经常呈 3 浪结构(也有 5 浪结构,但其第 1 浪一般较小),这也为我们判断头部提供了更多依据。

以下是中科曙光(603019)在 2023 年构筑中期头部时的一段走势,如图 6-10 所示,其中最后一轮上涨走势就是 5 浪结构,第 5 浪的高点超过了 4 月 25 日的高点,之后 MACD 死叉形成顶背离。5 浪上升加上顶背离使头部迹象非常明显。事后证明,这是一个非常重要的头部,其高点直到一年半后才被超越。

大型的头部结构,例如头肩顶或三重顶(及其变形),其中的上涨波段也往往呈三浪或五浪结构。以下是光环新网(300383)在 2020 年构筑一个重要头部时的一段走势,如图 6-11 所示。这个头部属于三重顶的变形"高低高"型,其中第 2 个、第 3 个高点前的上升段都是明显的三浪结构。浪形结构与头部形态结合能够让我们轻松地识别出头部结构并从容撤退。

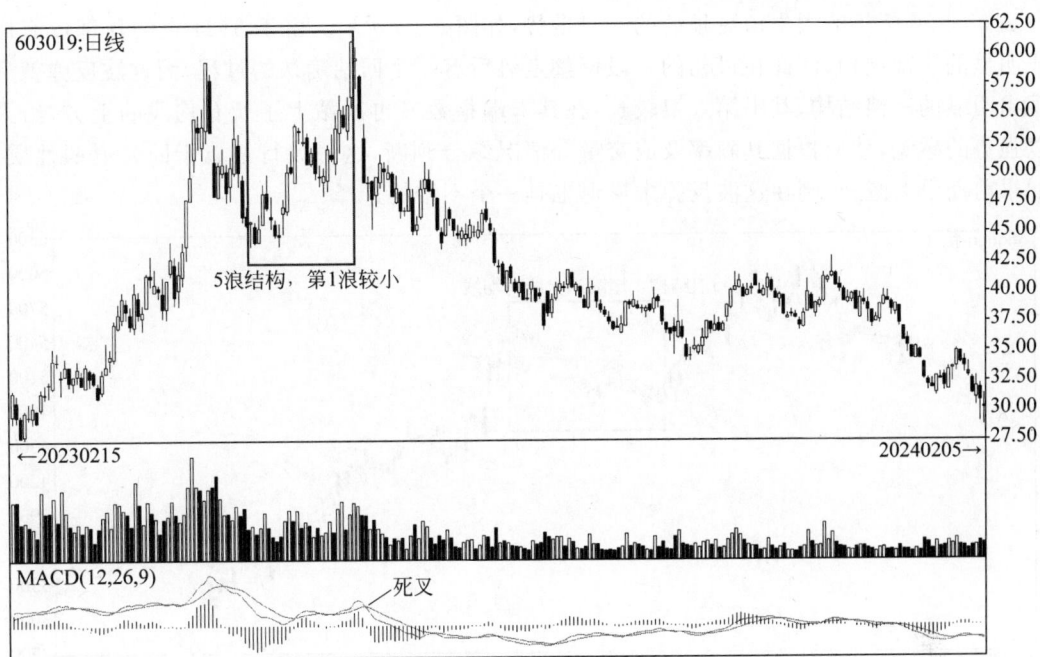

图 6-10　中科曙光日线图

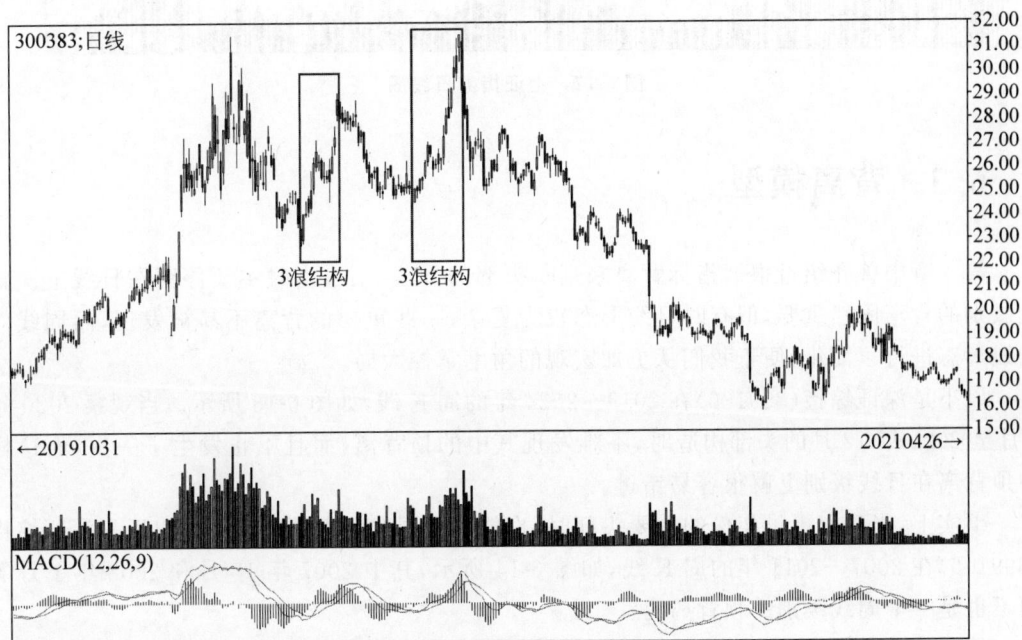

图 6-11　光环新网日线图

此外,在头部形成后的回抽确认过程中,这种浪形结构也会经常出现。以下是上证指数在2005—2007年的大牛市见顶后的一段走势,如图6-12所示。由于6124点的顶部没有形成明显的头部结构,因此在最初的一段调整走势后有一个回抽确认的过程,而这波反弹就呈现出明显的三浪结构,其中第3浪较长,在其末端指数又再次站上了所有均线的上方,给人以强势的感觉,然而根据其斜率及成交量等情况综合判断,这一波行情属于回光返照性质,如果前期没有减仓,则在这波反弹中撤退也是一个不错的选择。

图6-12　上证指数日线图

6.3　背离模型

第4章中曾介绍过根据指标背离来判断头部的方法,不过当时主要停留在日线上。日线级别的背离固然重要,但有时日线形态较为复杂,一些重要的背离不易被发现,而周线对K线形态进行了简化,便于我们从更加宏观的角度掌控大局。

以下是深证综指(399106)在2019—2024年的周K线,如图6-13所示。当观察2020年8月至2021年12月的头部构造时,不难发现其中的顶背离,而且不止发生了一次,而这样的顶背离在日线级别上就很容易错过。

事实上,当观察更早年份的重要头部时,也能发现周线级别的顶背离。以下是深证综指(399106)在2007—2011年的周K线,如图6-14所示,其中2007年10月和2008年1月的顶不也是一个周线级别的顶背离吗?

接着往前找,深证综指(399106)在1999—2004年的周K线,如图6-15所示,此处不也是一个明显的顶背离吗?

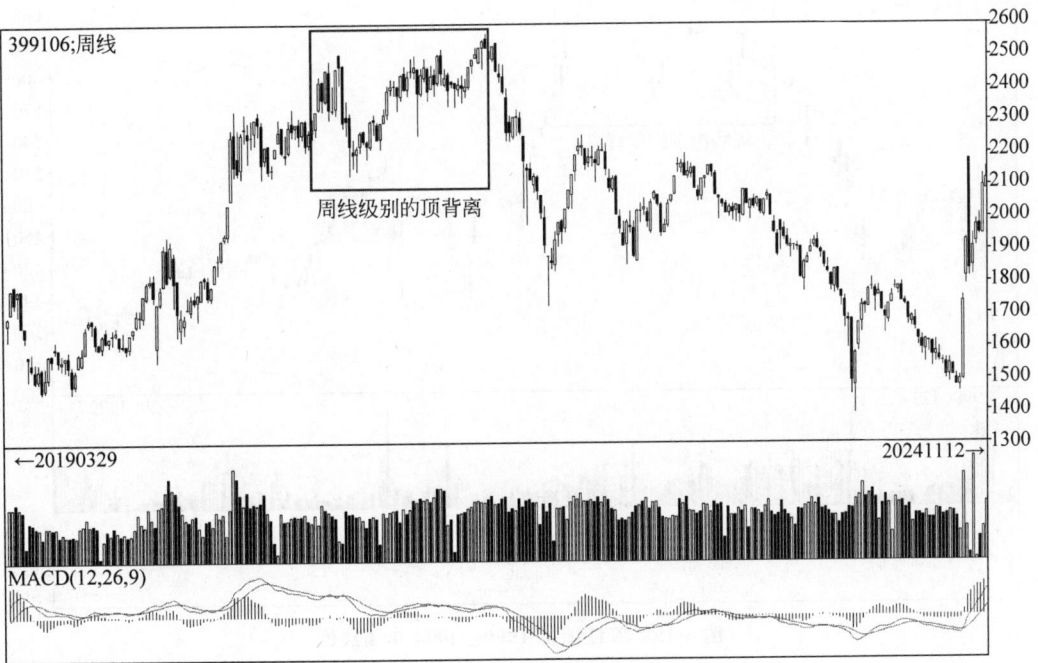

图 6-13　深证综指 2019—2024 年周线图

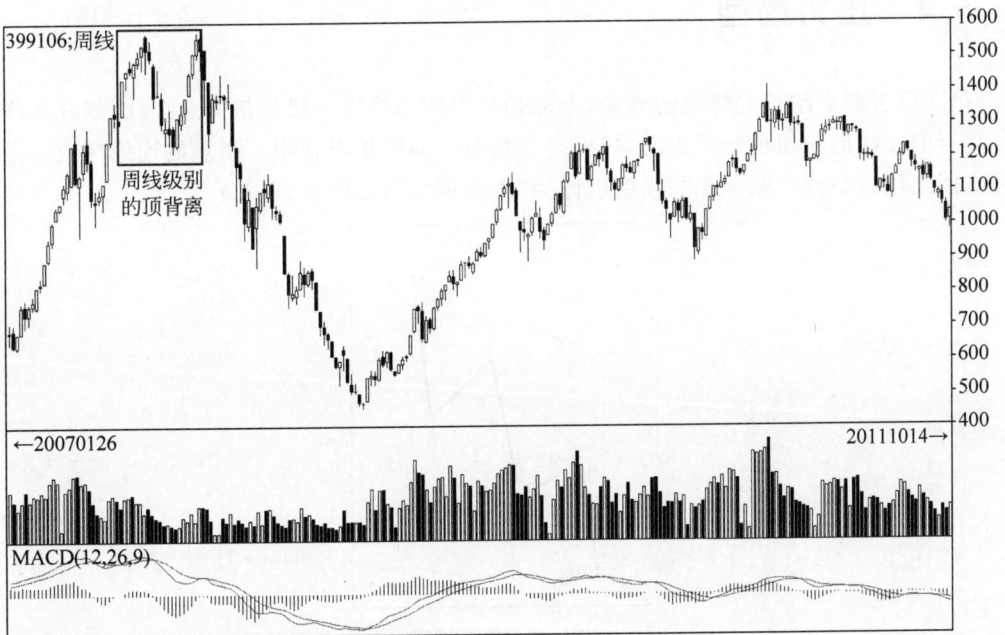

图 6-14　深证综指 2007—2011 年周线图

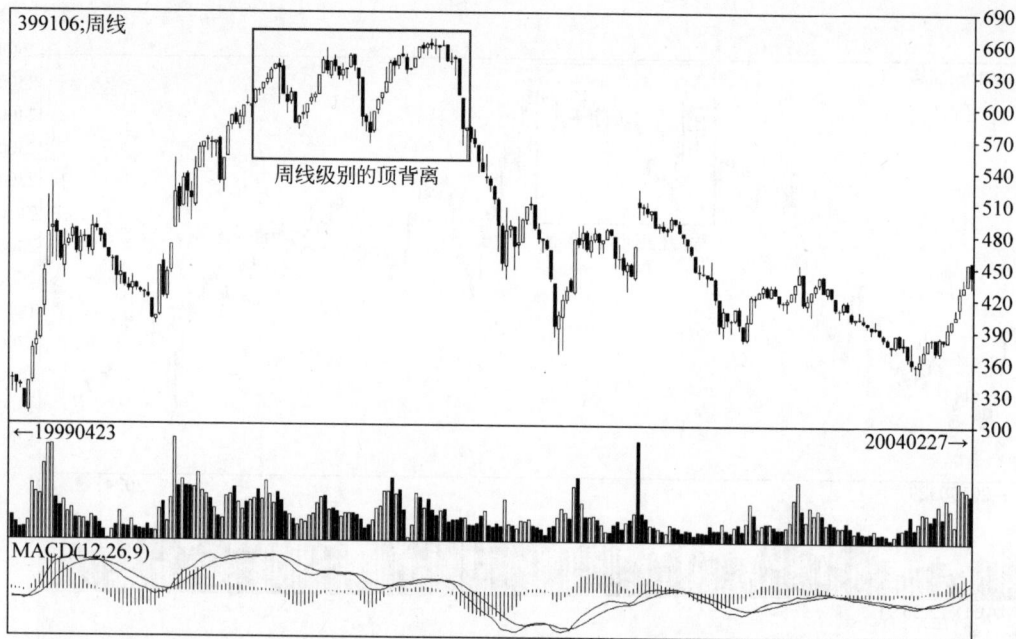

图 6-15 深证综指 1999—2004 年周线图

6.4 压力模型

第 3 章曾经介绍过趋势线的理论，上涨趋势中的趋势线一般是指低点连线，但在不少时候，高点的连线的作用也不可小觑，特别是在判断头部时相当管用。高点的连线构成一条压力线，因此用这条线判断顶部的模型也称为"压力模型"，如图 6-16 所示。

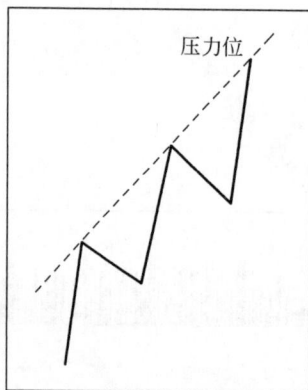

图 6-16 压力模型

下面以 2015 年牛市见顶时上证指数的走势为例进行说明。如果把 2015 年 1 月 6 日和

2015 年 4 月 28 日的高点连接成一条线,则指数再次碰到这条线时将构成一个很好的卖点,如图 6-17 所示。事实上,指数在此后有两次触碰到该趋势线,第 1 次是 2015 年 5 月 26 日,第 2 次是 2015 年 6 月 5 日,每次碰到趋势线都是卖点。这两个卖点都在 5000 点附近,离最高点仅一步之遥,可以说是绝佳的卖点。6 月 5 日的卖点出现后股价有一个多星期在趋势线上方震荡,这是一个难得的窗口期。如果错过了这个窗口期,则下一个肉眼可见的逃顶机会在 6 月 16 日,股指低开低走收了一根大阴线,而且 MACD 出现了死叉,高位出现这个信号绝对是重要的逃顶机会,此后大盘的走势有目共睹。

图 6-17 上证指数触及压力线

可能有的读者会问,前后两个卖点究竟哪个更好呢?答案是,第 1 个就是最好的,因为你永远不知道会不会有第 2 个卖点出现,眼前的机会就是最好的机会。

此外,另一种画法也将给出类似的结论。如果把 2015 年 4 月 28 日和 2015 年 5 月 28 日的高点连接成一条压力线,则 6 月 9 日那根长下影的小阴线构成了另一个很好的卖点,如图 6-18 所示。

为了迷惑散户,主力往往在见顶之时将股价拉上压力线,给人以一种强势的感觉。由于已是强弩之末,这种突破往往较为短暂,而压力线之上的那几天就成了绝佳的卖点。

以下是兔宝宝(002043)在 2014—2019 年的周线图,如图 6-19 所示。该股在 2015 年 10 月 30 日和 2016 年 9 月 6 日形成了两个重要的高点,它们的连线构成一条压力线。再一次碰触到这条压力线已经是 2017 年 4 月下旬,该股在 4 月 20 日后有几天曾经站上过这条压力线,然而主力已经无力维持如此高位,在短暂的辉煌之后,该股终于开始了漫漫的寻底之路。

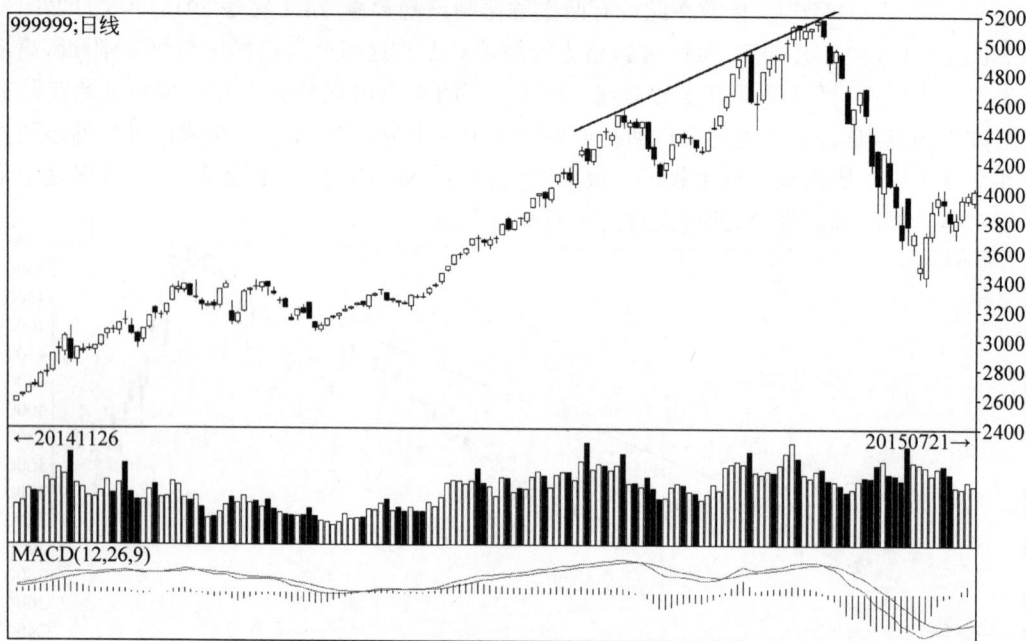

图 6-18　上证指数中另一种压力线画法

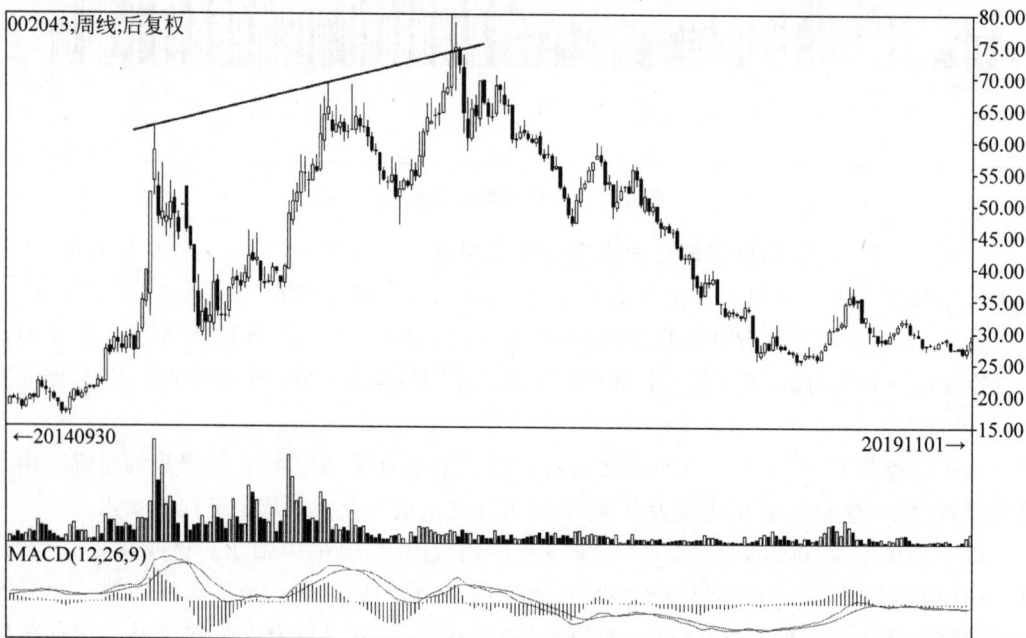

图 6-19　兔宝宝日线图

顺便提一句,三头模型中有一些形态其实也可以看作压力模型。以下是中科曙光(603019)在2017—2018年的一段走势,如图6-20所示,其中2018年3月至4月间的头部形态中其实也有一条压力线,只不过构成这条压力线的顶点之间间隔较小、角度也不够陡峭而已。

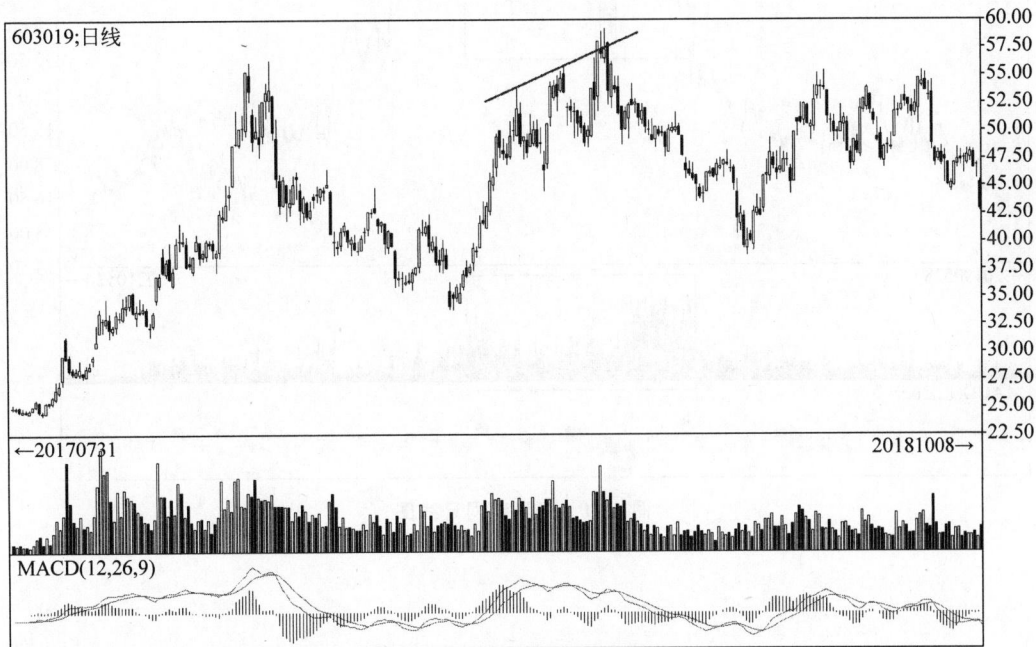

图6-20　中科曙光日线图

6.5　双高模型

当个股拉高抵达高位后,主力必须将大量筹码抛出才能实现利润,这一阶段一般会伴随着较高的换手率,利用这一特征来识别头部的模型称为"双高模型",此处的双高指的是高位和高换手。

以下是光环新网(300383)在2019—2021年的一段走势,如图6-21所示。该股在拉到高位后,成交量急剧放大,在图形上可以非常明显地观察到这一现象。在完成了一个"高低高"的三头形态后,该股终于破位下行,踏上了漫长的探底之路。

需要说明的是,所谓高换手是相对而言的。有的个股股性活跃,长期换手率在10%以上,对这些股票来讲10%的换手率就不算什么高换手,而有的个股换手率常年在百分之一二左右甚至更低,对于这些个股来讲,即使是5%的换手率也算是很高了,上面例子中的光环新网就是这种情况,因此换手率是高还是低,主要是纵向比较,与其他个股的横向比较一般没有意义。

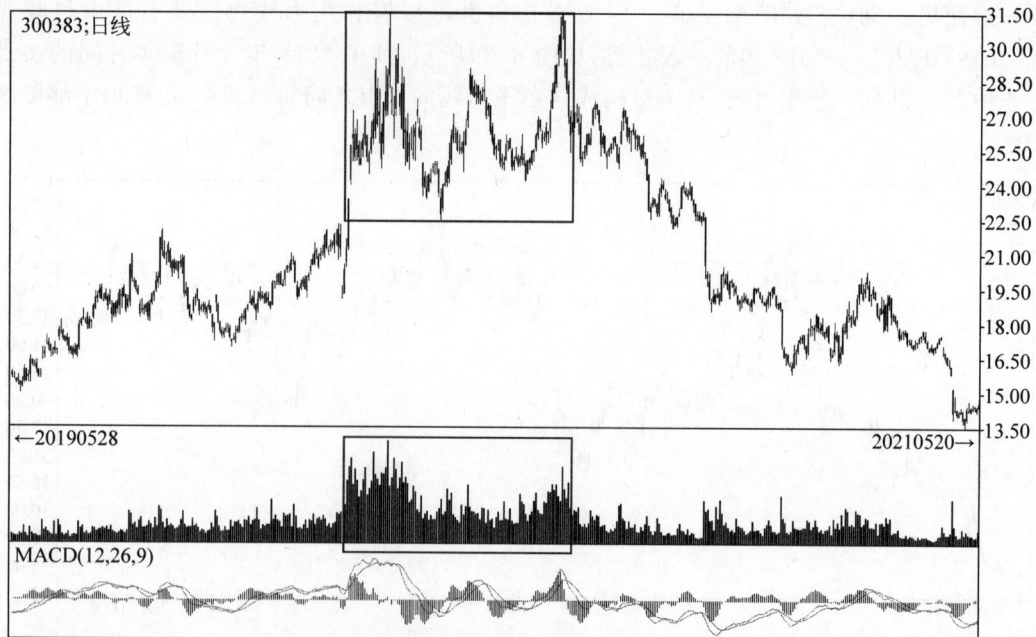

图 6-21 光环新网日线图

## 第 7 章

牛 股 寻 踪

7.1　牛股模式

买股票就要买牛股,这一点恐怕没有人会否认,但是怎样的股票才能成为牛股,牛股的主力又是如何运作的呢?

传统理论将一只牛股从底部到顶部的过程分成吸筹、洗盘、拉升和出货 4 个阶段,如图 7-1 所示。

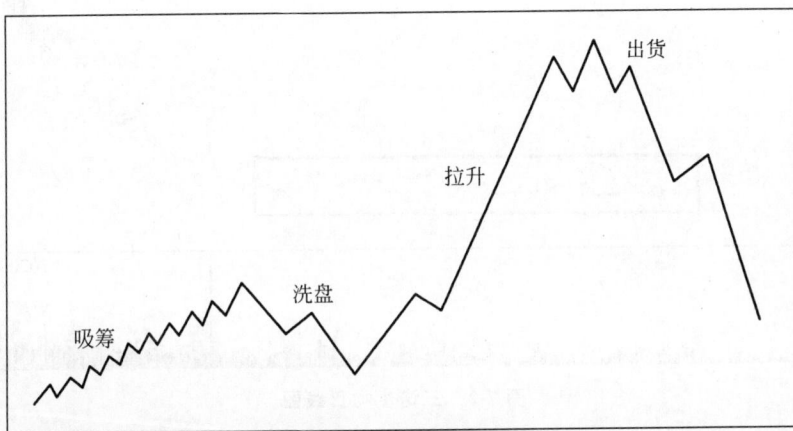

图 7-1　牛股模式

这一理论属于庄股理论,而庄股在不成熟的市场中较为常见。随着市场资金的多元化和法规的逐渐完善,庄股现象会越来越少,但是,任何股票都会有一些主力,他们的持仓量往往很大,如果他们的操作理念较为激进,则其操控的股票也会走出类似庄股的走势。了解这一理论有助于我们掌握市场运作的内在规律,从而做到知己知彼,在诡谲的股票市场中立于不败之地。

当然,在现实中主力往往根据具体情况有所变通,并不会机械地按照这个理论一步一步地来,例如,某些股票的吸筹和洗盘是一体的,是边吸边洗的,你根本无法将其划分成吸筹和洗盘两个阶段。

但是,也有一些牛股的走势脉络清晰,我们甚至能从中窥见主力的意图。有时,当主力在卖力地杀跌时,他已经将股价杀破了自己的成本线,在此时买入可以说是一剑封喉,性价比极高。

1. 吸筹

在吸筹的初始阶段,由于市场中浮筹较多,主力往往能够轻易收集到大量筹码。为了控制成本,主力更倾向于不动声色地悄悄吸筹,因而股价往往呈碎步上扬的走势,但成交量一般会明显放大。

以下是三诺生物(300298)在2019—2020年的一段走势,如图7-2所示。该股的吸筹阶段相当长,而且波澜不兴,其间涨幅相当有限。虽然阳线的数量不少,但"油水"实在不多,然而,在收集到足够多的筹码后,主力开始了一波大行情,股价在4个月的时间里翻了两番,前期吸筹期间因为耐不住寂寞而一抛了之的投资者恐怕是后悔莫及了。

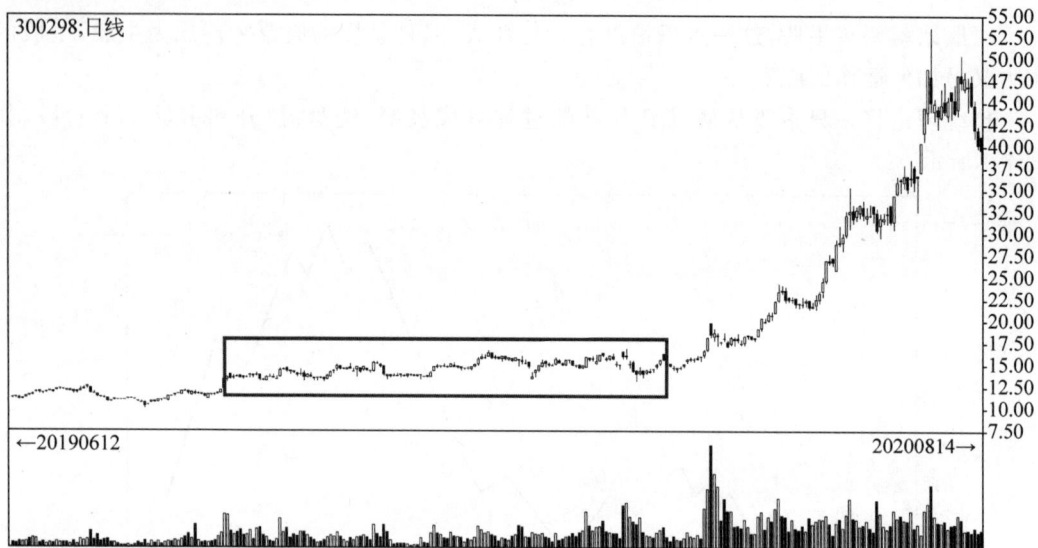

图7-2　三诺生物日线图

当然,吸筹也要看市场环境。如果大盘处于牛市氛围之中,个股属于热点板块或者基本面不错的,则慢条斯理地吸筹可能会贻误战机,甚至与行情擦肩而过。此时,主力可能会采用拉高吸筹的方式。

以下是昆仑万维(300418)在2022—2023年的一段走势,如图7-3所示。由于基本面不错,再加上互联网板块的光环,想要从容吸筹不那么容易,因此主力采取了连续拉高的方式吸筹,见图中标示区域。在此期间,该股的成交量急剧放大,股价则呈45°角上升,在春节后的3周时间里涨幅达60%以上,然而,从走势特征看这只是吸筹阶段,在一段时间的震荡整理之后,该股开始了一波大幅拉升行情,股价在2023年5月5日冲高到了70.66元,比启动时高了近5倍。

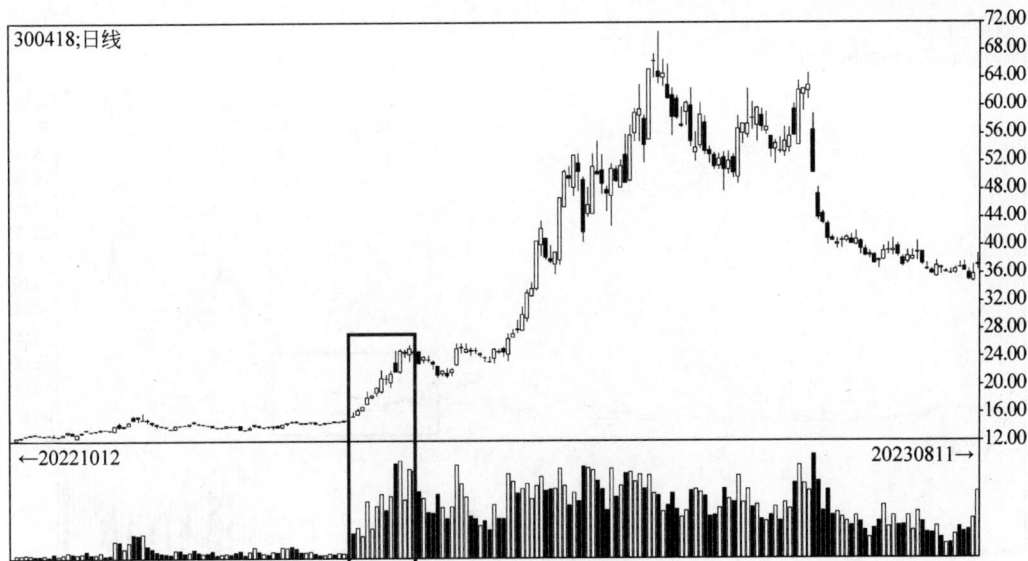

图 7-3 昆仑万维日线图

2. 洗盘

为了最终实现低买高卖的目标,主力必须在高位吸引大量跟风者入场接盘。吸筹阶段虽然总体涨幅不会很大,但是慢牛行情也会使不少低位买入者不愿离开。为了让更多的人在高位接盘,主力需要在相对的低位将持股者赶走,这就是洗盘的目的。

简单地讲,洗盘就是为了让持股者不看好后市,因而心甘情愿地交出筹码。为了实现这个目标,主力需要让 K 线形态恶化或者击穿一些重要的支撑,因而在这段时间内股价往往下跌幅度较大,甚至要把股价打到自己的成本价之下,而对于高手来讲,这个阶段是介入的最佳时期,一方面是因为价格低,另一方面是因为后期涨幅大、速度快。

以下是中青宝(300052)在 2021 年一波大行情中的一段走势,如图 7-4 所示。该股在 2020 年 12 月到 2021 年 7 月之间花了大量时间才从 6.68 元的低位涨到 11.03 元,而在 7 月 23 日至 8 月 6 日之间短短 11 个交易日里股价又跌回到 8 元附近,把前期大部分涨幅给抹去了。8 月 6 日的阴线还将 120 日均线击破,至此长中短期所有均线(5 日、30 日、60 日、120 日和 250 日均线)都被击破,让人找不到看多的理由,洗盘的残酷性可见一斑,然而,在 8 元附近的低位徘徊一个月之后,该股突然爆发,仅用两个月的时间就将股价拉升到了 42.63 元的高位,主力的控盘能力可见一斑。

当然,洗盘并非总是那么恐怖。很多时候,主力采用宽幅震荡的模式进行洗盘,期间会有几根大阴线,或者跌穿 1～2 根重要均线,但总体跌幅并不太大。

以下是梦网科技(002123)在 2014—2015 年的一段走势,其中的洗盘就是按照上述方式进行的,如图 7-5 所示。

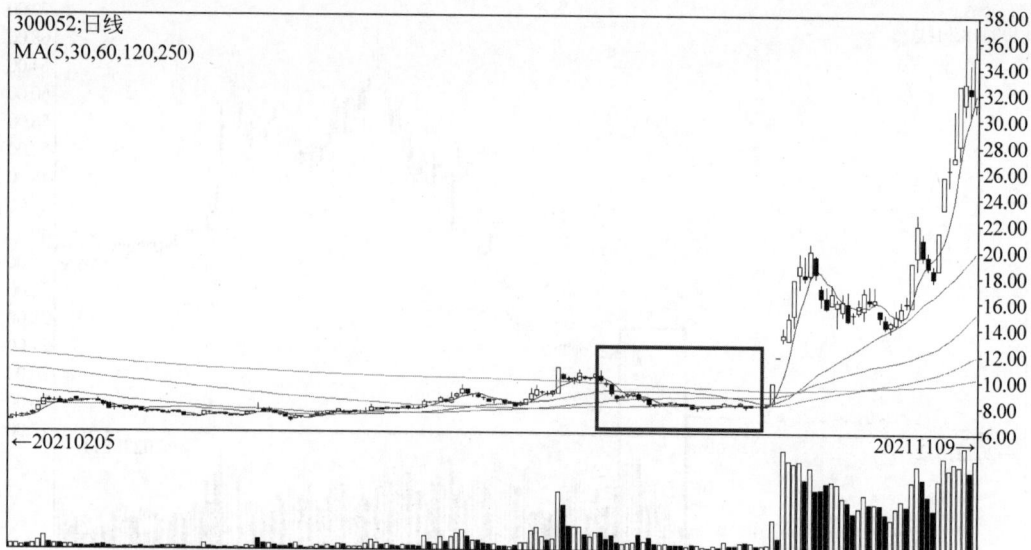

图 7-4　中青宝日线图

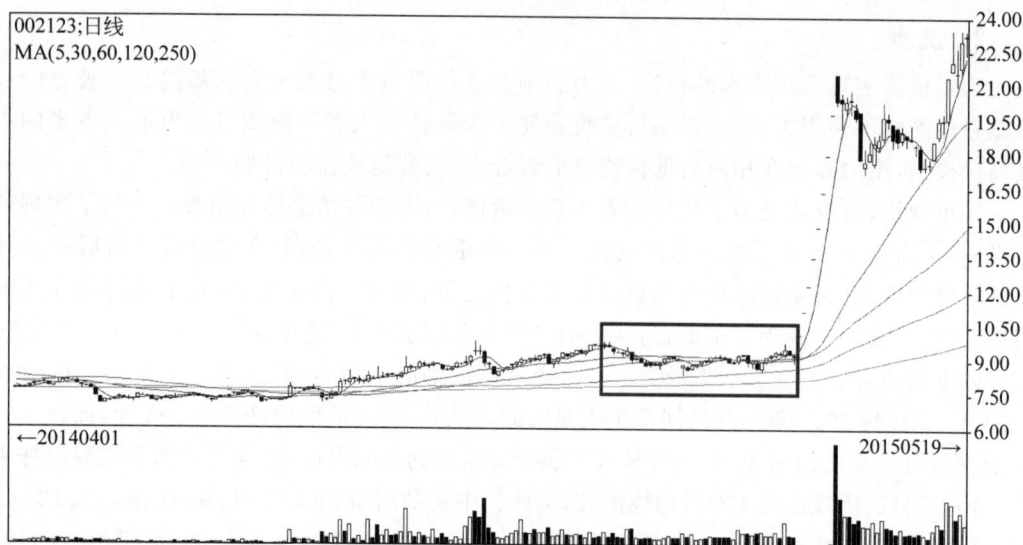

图 7-5　梦网科技日线图

对于目标远大的主力来讲，吸筹和洗盘会有好几轮。以下是沙钢股份（002075）在2013—2015 年的一段走势，如图 7-6 所示。该股经历了 3 次吸筹和洗盘，每次吸筹（见图中标示）期间成交量都是大幅放大的，其后的洗盘阶段成交量则趋于萎缩。从图中可以看出，每次吸筹的高点都高于上一次，洗盘阶段的低点也是逐步抬高的。

主力耗费大量时间和精力进行吸筹和洗盘，自然是为了获取更大的收益，因此经历多轮吸筹和洗盘的个股在拉升阶段的涨幅也往往相当惊人。在沙钢股份的例子中，该股最后一

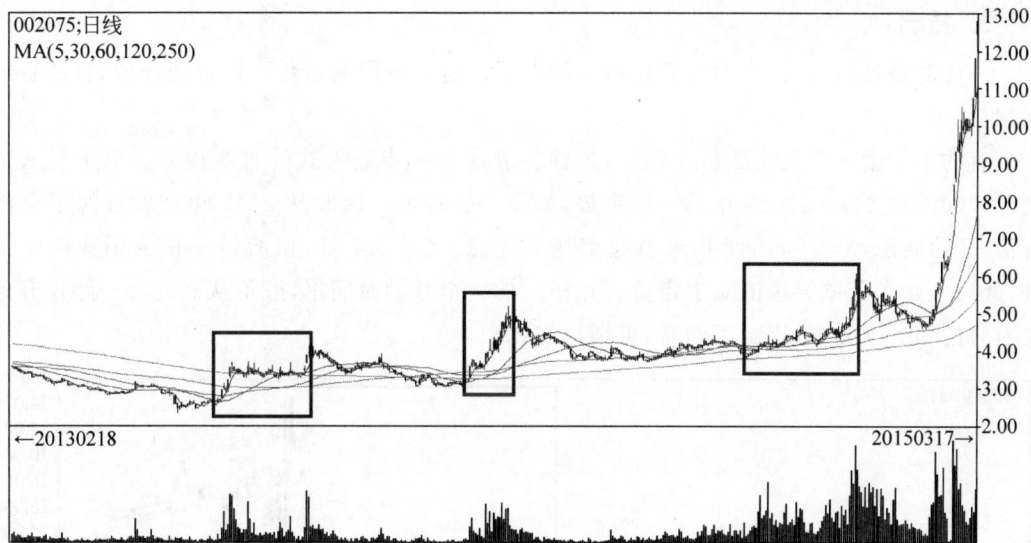

图 7-6　沙钢股份日线图

次洗盘的低点是 4.61 元,出现在 2015 年 1 月 14 日,而到了 6 月 18 日,该股冲高 34.95 元,短短 5 个月涨了 7.6 倍,毫无疑问是一个超级牛股。

如前所述,吸筹和洗盘并非总是泾渭分明的,很多时候主力采用的是边吸筹边洗盘的模式,这个阶段结束后直接开始拉升,没有太多的低价筹码可捡。

以下是森远股份(300210)在 2023 年的一段走势,如图 7-7 所示,在进入拉升之前,该股始终保持震荡上行的态势,期间没有像样的回调。

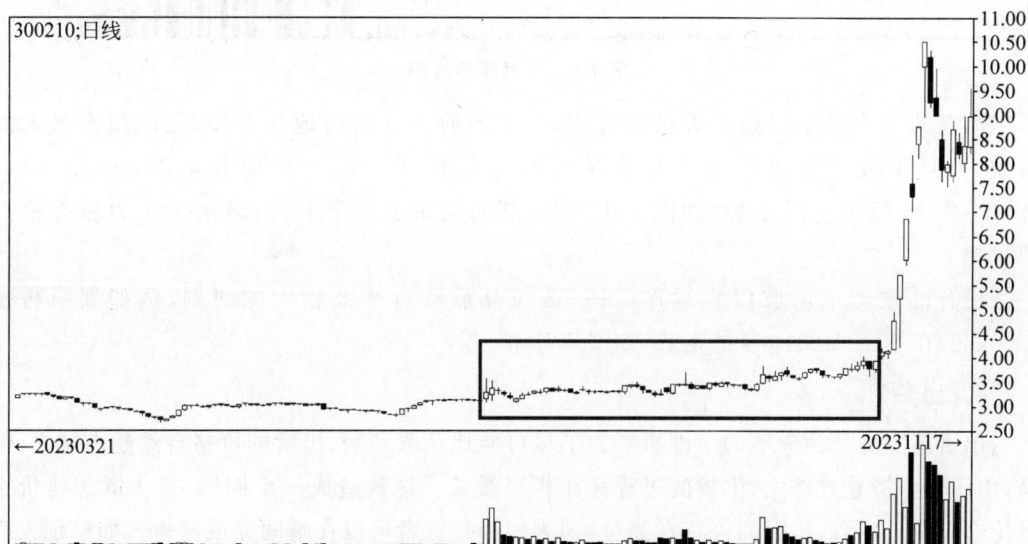

图 7-7　森远股份日线图

3. 拉升

一切准备就绪之后,主力要开始拉高股价了。这个阶段的走势可谓百花齐放,各有各的高招。

有的主力会一口气将股价拉到位,这往往表现为一步登天式的直线拉升。以下是人民网(603000)在2018—2019年的一段走势,如图7-8所示。该股从2019年初就开始了上涨行情,开始时涨幅较小,因而并未引起市场的注意。2月14日,该股以一根大阳线向上突破,此后开始了狂飙突进的疯牛走势。在短短的1个月的时间里,股价从9元多一路拉升到高点时的34.60元,接近翻了两番,可谓风光无限。

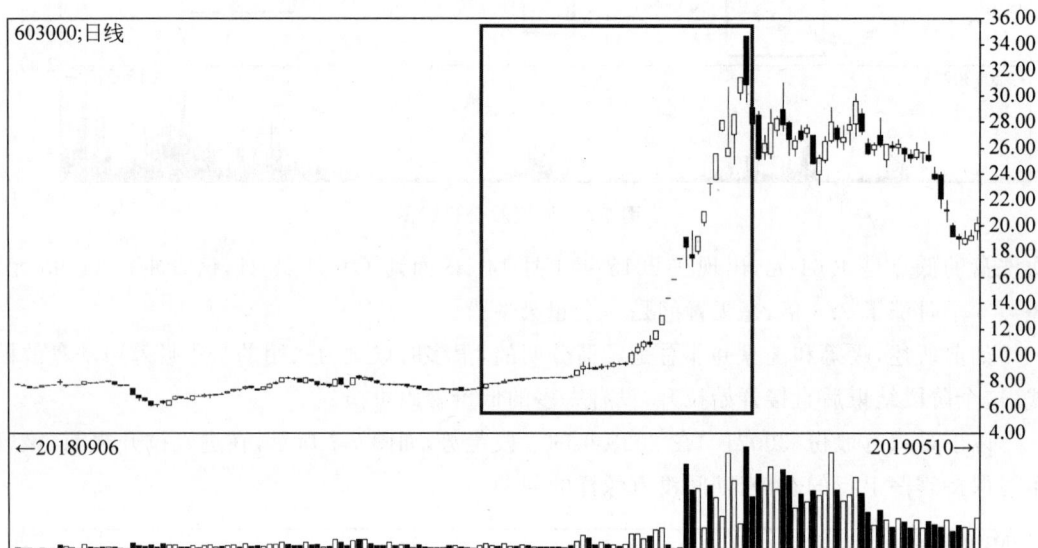

图 7-8 人民网日线图

也有的主力采用层递式推进的方式,一个台阶一个台阶地往上推,其间没有太大的回撤,一旦中途下车就只能在更高的价位上接回了。以下是阳光电源(300274)在2020—2021年的一段走势,如图7-9所示,其间构筑了多个平台,显示了主力稳扎稳打的风格。

还有的主力采用波段式运作,每一波拉高后都有一波较大的回调,例如洲明科技(300232)在2013—2016年的走势,如图7-10所示。

4. 出货

出货是主力最为头疼的一件事。为了尽可能地获取利润,出货的价格自然越高越好,但是,由于主力持仓量巨大,出货的过程往往相当漫长。这就造成一个困境,主力既想将价格维持在高位,又不敢长时间停留在高位,因为中小投资者可以在瞬间完成抛售。如果别人都跑了,则主力只能"自己跟自己玩"了。

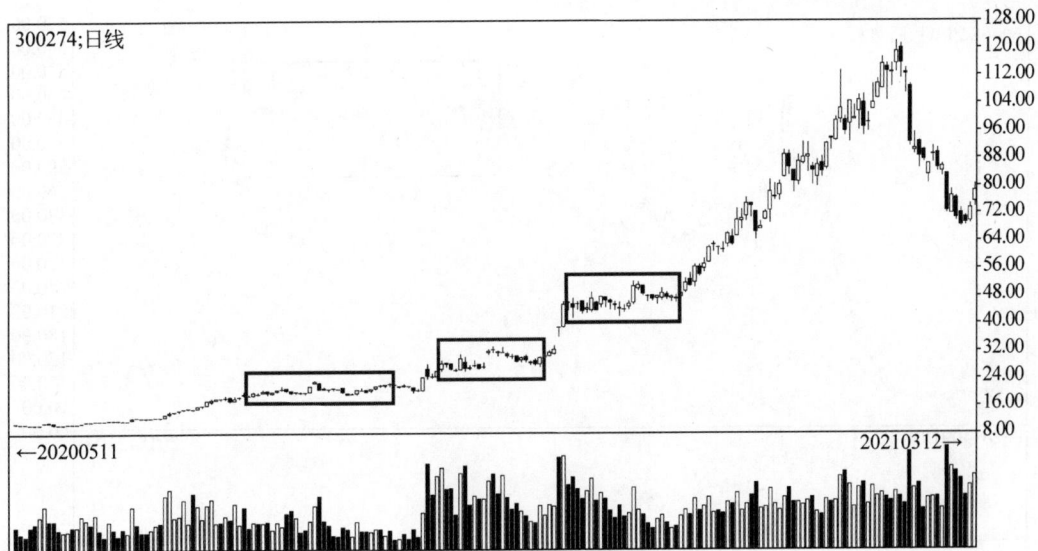

图 7-9　阳光电源日线图

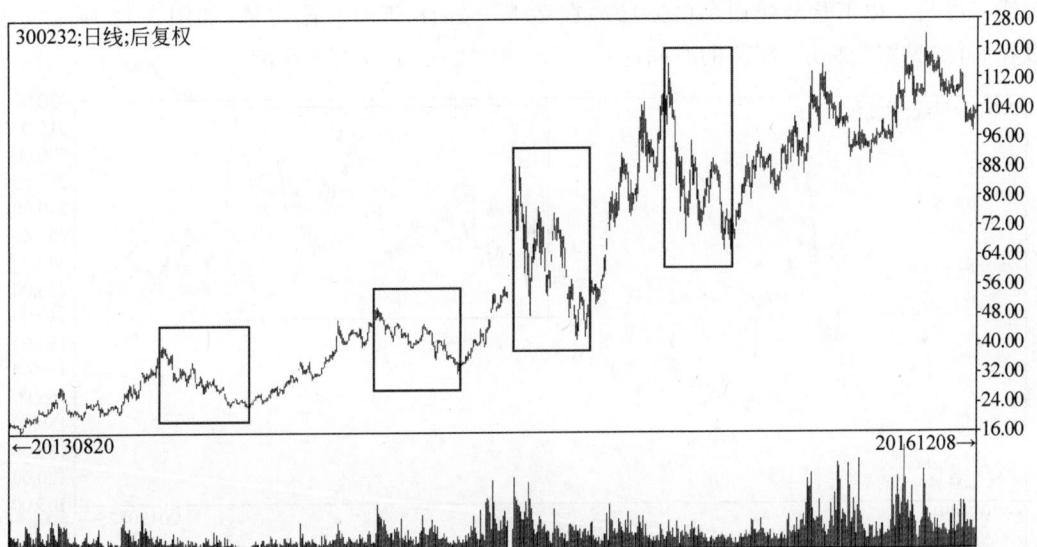

图 7-10　洲明科技日线图

以下是南京新百(600682)在 2014—2018 年的走势,如图 7-11 所示。由于在 2015 年的大牛市中涨幅巨大,出货的过程也比较漫长。在 2017—2018 年的相当长的时间里,主力力图使股价维持在高位,然而,到了 2018 年 6 月 21 日,主力终于不胜重负,股价开始破位下行,当日以跌停收盘。在此后的 7 个交易日里,该股收获 7 个一字跌停,此后才有成交量放出。

为了避免类似的窘境,不少主力采用高位震荡出货的策略,期间制造一些小高潮,吸引

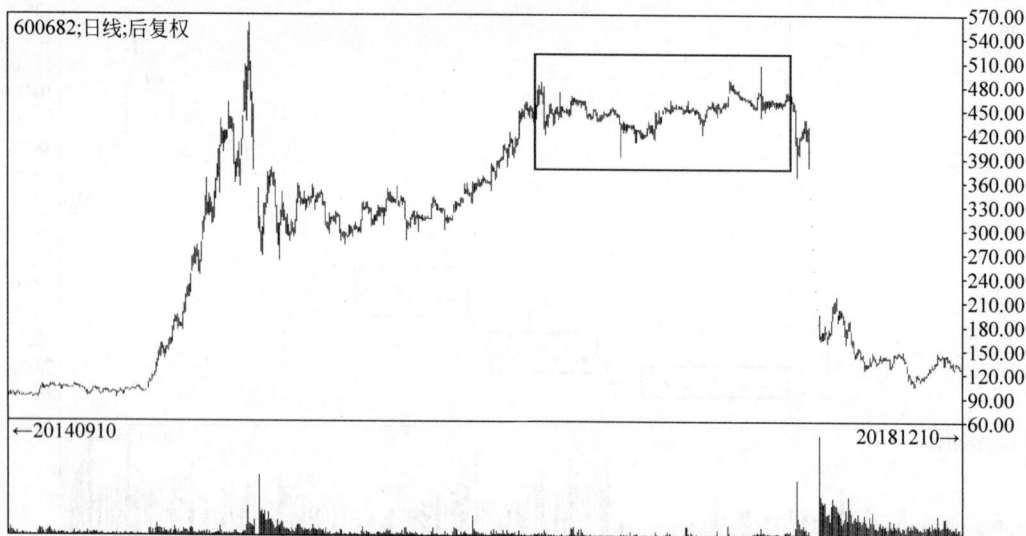

图 7-11　南京新百日线图

短线客参与。以下是节能铁汉（300197）在 2014—2018 年的一段走势，如图 7-12 所示。该
股在高位（见图中标示）震荡的时间超过一年，其间制造了数次小高潮。

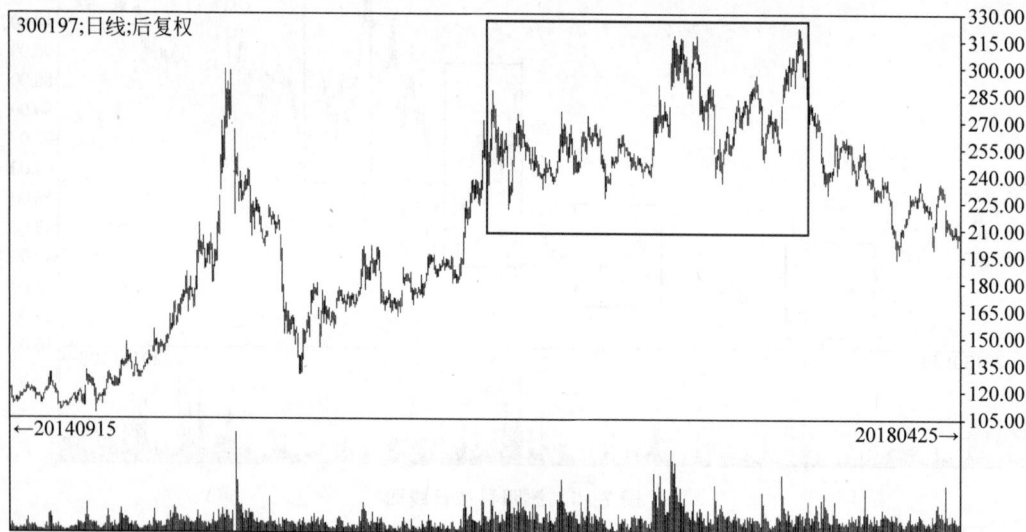

图 7-12　节能铁汉日线图

　　当然，主力出货也要看市场的脸色行事。如果大盘不给力，则主力也只能随行就市，甚
至需要杀跌出货。以下是创业板指数（399006）在 2014—2016 年的走势，如图 7-13 所示。
由于前期牛市中积累的获利筹码过于巨大，大盘迎来了深幅调整。在这种世道中，来不及出
货的主力也只能"贱卖"了事，这也造成了这段时间大量 V 形反转的个股。

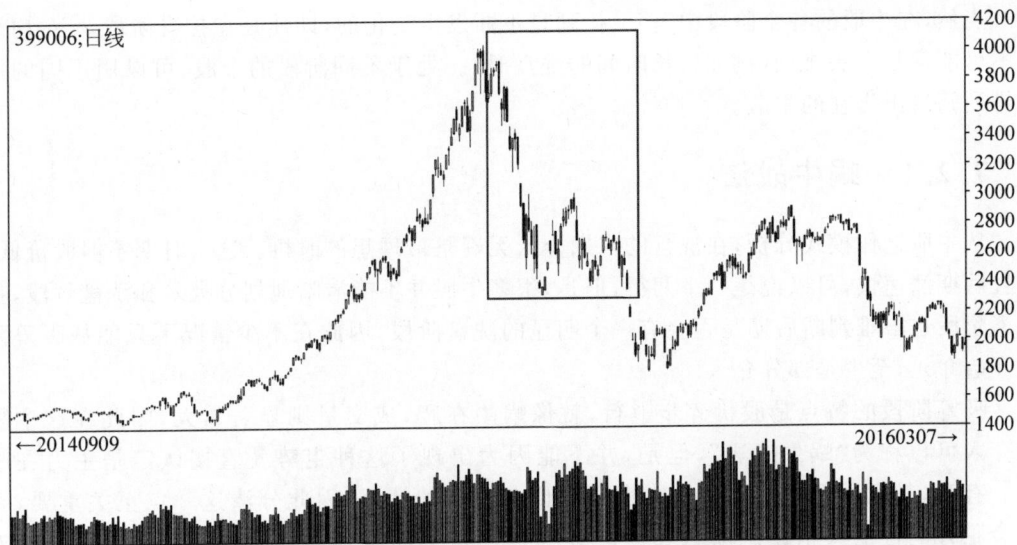

图 7-13 创业板指数 2014—2016 年日线图

7.2 五行均线战法

由于牛股在不同阶段的行为特征不同,因此可以根据个股的走势特点来判断其所处的阶段。如果走势是碎步上行的方式,则目前可能处于吸筹阶段;如果在慢牛上行后有一个突然的杀跌,则可能是洗盘阶段;如果个股已经涨幅巨大,则拉升可能已经接近尾声,需要防止主力杀跌出货了。

了解牛股的运作模式自然是为了在实战中找到潜在的大牛股,此时就是"五行均线战法"(基于"五行均线系统"的操作方法)大显身手的时候了。

"五行均线系统"有 5 根均线,分别是 5 日、30 日、60 日、120 日和 250 日均线。由于均线较多,均线之间的关系较为复杂,因此需要对常见的均线关系作一界定。

首先,"五行均线系统"中相邻的两根均线之间都有一个多空排列的问题,具体如下:

(1)5 日均线和 30 日均线。

(2)30 日均线和 60 日均线。

(3)60 日均线和 120 日均线。

(4)120 日均线和 250 日均线。

以 5 日均线和 30 日均线为例,当 5 日均线位于 30 日均线上方时,称这一对均线处于多头排列状态,反之则是空头排列状态,其余均线之间的关系也是如此:当较短的均线处于上方时称为多头排列,反之则称为空头排列。

这样,5 根均线就构成 4 组多空关系。如果上述 4 对均线均处于多头排列状态,就是完全的多头排列,如果均处于空头排列状态,就是完全的空头排列。

当然,在牛股的各个阶段中,多空排列是不断发生变化的,即使是在拉升阶段,4对均线也不可能都是多头排列(例如较长时间的洗盘时)。处于不同阶段的个股,可以用不同的均线排列筛选出潜在的牛股。

7.2.1 蜗牛战法

从牛股运作模式分析,在洗盘的末期介入无疑是最理想的时机。这个时期不但股价低,而且后期涨速快,可以说是一举两得,但是,很多牛股并不能清晰地划分吸筹和洗盘阶段,在吸筹阶段也很难判断后期是否会有一个明显的洗盘阶段,因此在不少情况下只能从吸筹阶段开始介入,至少是部分介入。

吸筹阶段的特点是股价碎步上行,就像蜗牛在爬,成交量则显著放大,因此在这个阶段介入可以称为"蜗牛战法",但是,并不能因为出现了这种走势就直接认定是主力在吸筹。有时,较大的下跌行情中的中期反弹也会有这种特征,因此分清这一点至关重要,否则会犯方向性的大错误。那么如何区分吸筹还是中期反弹呢?一个有力的武器就是五行均线系统。

一般来讲,吸筹阶段会让均线系统转向多头排列,因此选择多头排列的个股可以避免不少陷阱。

以下是三诺生物(300298)的一段走势,如图7-14所示。该股在吸筹初期时的五行均线系统并不呈多头排列,其中30日均线在60日均线下方,60日均线也在120日均线下方。经过一段时间的震荡上行走势后,均线系统才呈现出完全的多头排列。

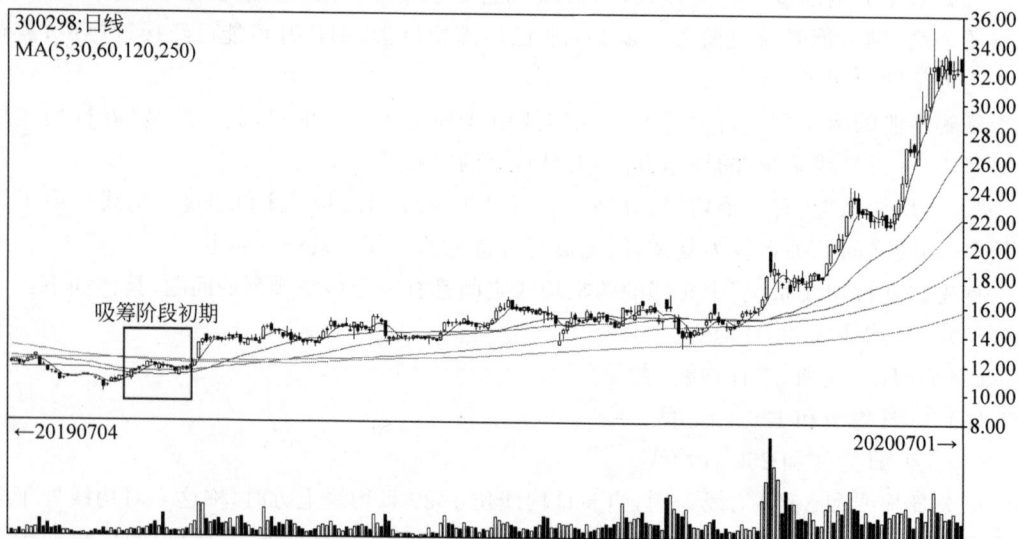

图 7-14 三诺生物日线图

因此,当五行均线系统逐渐转向完全多头排列,同时伴随着成交量放大,而个股累计的涨幅又不大时,可以初步判断该股处于吸筹阶段。

　　但是,上述吸筹方式也有弊端。由于建仓周期长,如果个股基本面不错或者市场较为活跃,则该股可能会被其他机构或者所谓的牛散看中而产生争抢。为了避免这种情况的发生,某些主力可能先将股价一口气拉到所有均线之上,然后修复均线系统使之呈多头排列。

　　以下是引力传媒(603598)在2023年的一段走势,如图7-15所示。在吸筹阶段,主力直接把股价拉到所有均线之上,在数日的强势调整之后,该股就开始了大幅拉升,即使是在调整期间,该股也始终在所有中长期均线(指5日均线外的其他均线,下同)上方运行。

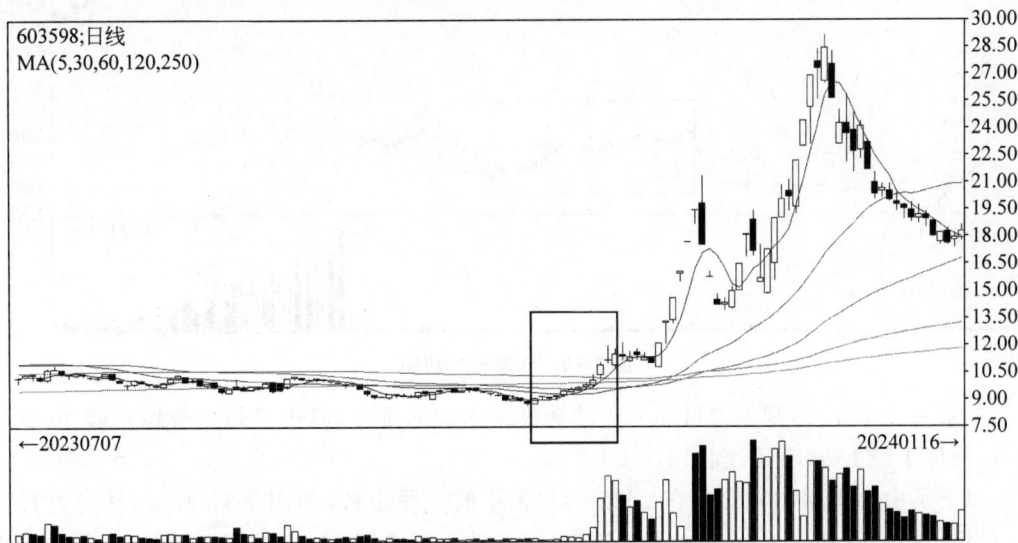

图 7-15　引力传媒日线图

　　这种模式的特点是:股价一口气拉到所有均线上方,一般离最上方的中长期均线有一定距离,然后在该价位附近震荡,期间不会跌破任何中长期均线,但是此期间均线系统未必呈完全的多头排列。

7.2.2　鲣鸟战法

　　能在洗盘阶段末期介入潜在的牛股自然是最理想的,但是洗盘究竟会杀到什么程度并无一定之规,比较"狠"的主力可能会将所有中长期均线全部跌破,也有一些主力会保留年线(一般在最下方)不跌破。当然,如果主力不想过分打压,则仅破一下30日均线甚至连30日均线都不跌破都是可能的。

　　这个阶段股价都会先有一个俯冲而后迅速拉起的过程,就像鲣鸟捕鱼时那样。鲣鸟是一种善于飞行和游泳的海鸟,捕鱼时一般先升至30m左右的高空,然后以接近110km的时速俯冲入水,入水时的冲击波甚至能击晕猎物,这样它们就能轻松捕获猎物并再次腾空而起。处于洗盘末期的牛股就像俯冲入水的鲣鸟一样冲击力极强,因此寻找这种股票的战法可以称为"鲣鸟战法"。

以下是欧菲光(002456)在2023年的一段走势,如图7-16所示,洗盘阶段见图中标示。在该阶段末期,股价跌破了所有中长期均线,但也只有短短几日而已,而这几天是最佳的买点。

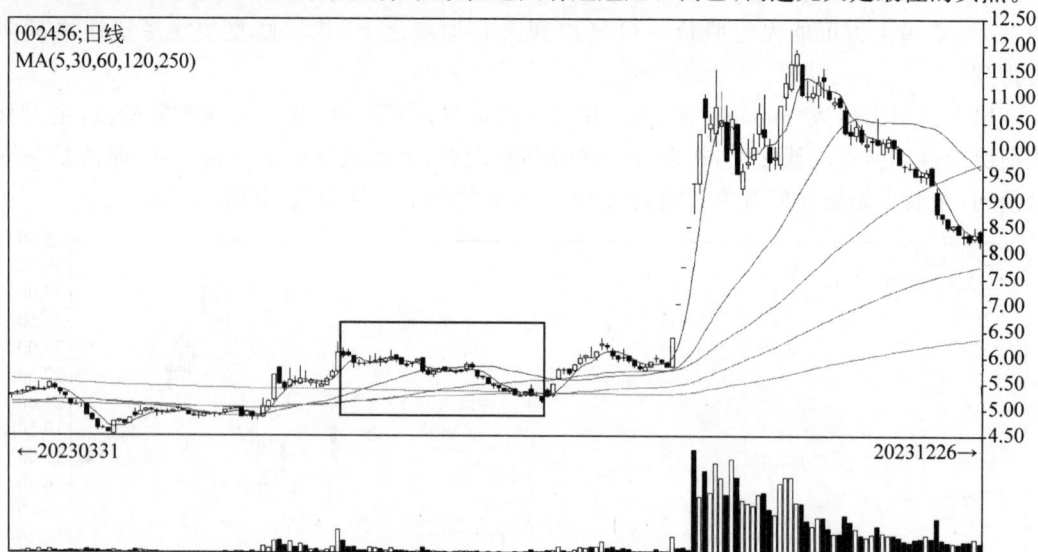

图 7-16　欧菲光日线图

如果大盘不允许,则主力可能来一波蜻蜓点水式的洗盘,股价只是短暂地跌破30日均线(一般位于最上方)就迅速收回。

以下是中际旭创(300308)在2022—2023年的一段走势,如图7-17所示,洗盘过程不长,最低点也仅仅跌破了30日均线。在30日均线下方徘徊了3天之后,该股就重回均线上方并开启了主升浪。

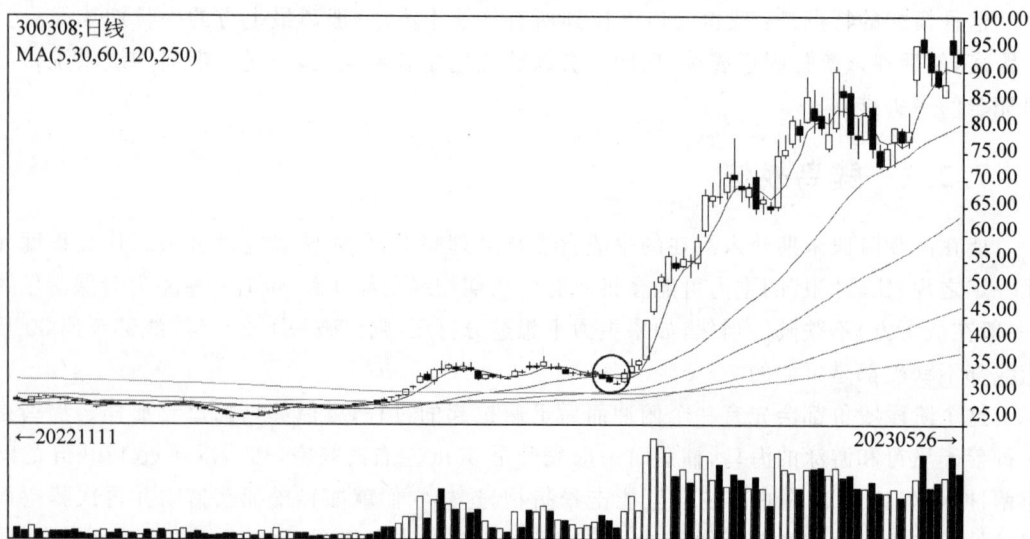

图 7-17　中际旭创日线图

在这种情况下的低点其实比较容易判断,洗盘过程属于三浪形态,第1浪和第3浪的高度一般相差不多。为了增加迷惑度,主力往往在洗盘后期制造一点恐怖气氛,让形态看上去恶劣一些。

以下是江龙船艇(300589)在2020年的一段走势,如图7-18所示。8月19日和20日,该股收出两根大阴线,给人一种加速下跌的感觉,同时还跌穿了30日均线,然而,这只是主力的空头陷阱,股价在30日均线下方仅仅停留了4天就反转向上了。

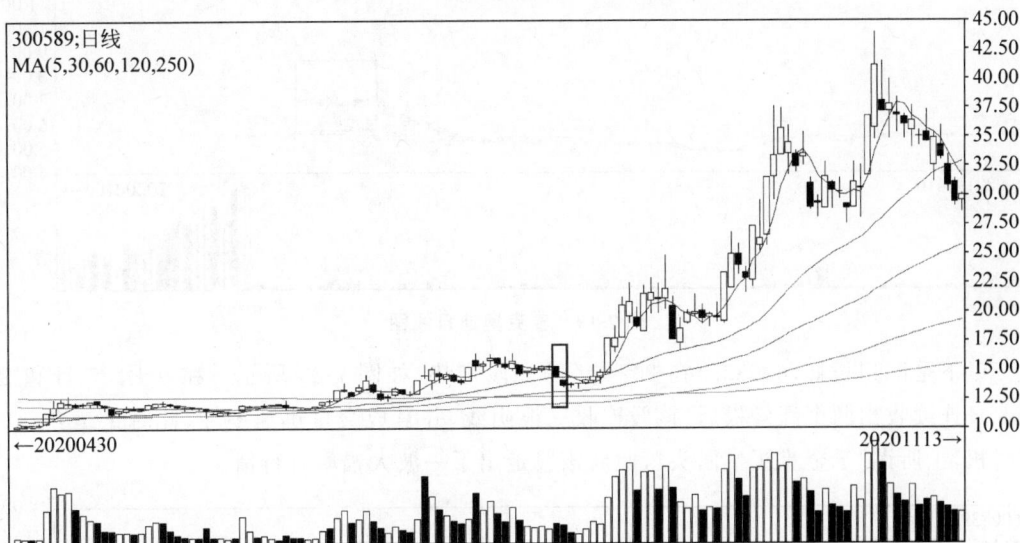

图 7-18 江龙船艇日线图

如果板块处于热点或者主力惜售,则洗盘甚至不会跌穿任何一条中长期均线,这常常出现在拉高建仓之后的洗盘中,麦克奥迪(300341)在2019年11月的一段走势就是这种情况,如图7-19所示。洗盘阶段的走势呈"一"字形,想要在更低的价位介入就没有可能了。

在洗盘模式下介入,成交量是需要考察的一个重要因素。一般来讲,洗盘应该伴随着成交量的缩量,当然这是和前期高点附近的成交量相比的,前面中际旭创的例子中就是如此。

不过,成交量的大小和价位高低也有一定的关系,如果洗盘发生在前期高点附近,则希望成交量显著缩减也是不现实的。有时,成交量的放大反而是看涨的信号,因为这意味着筹码开始松动,主力洗盘的目的不就是为了让大家交出筹码吗?

7.2.3 深蹲战法

如果吸筹阶段和洗盘阶段都没找到合适的介入机会,则进入拉升阶段的个股能否介入呢?如果股价刚刚脱离主力成本区,离均线系统也不太远,则此时介入的风险并不算高。有时,主力在拉升一小段后会有一个强力回撤的过程,就像弹跳前的深蹲动作一样,在这个阶段介入也是一个不错的买点。

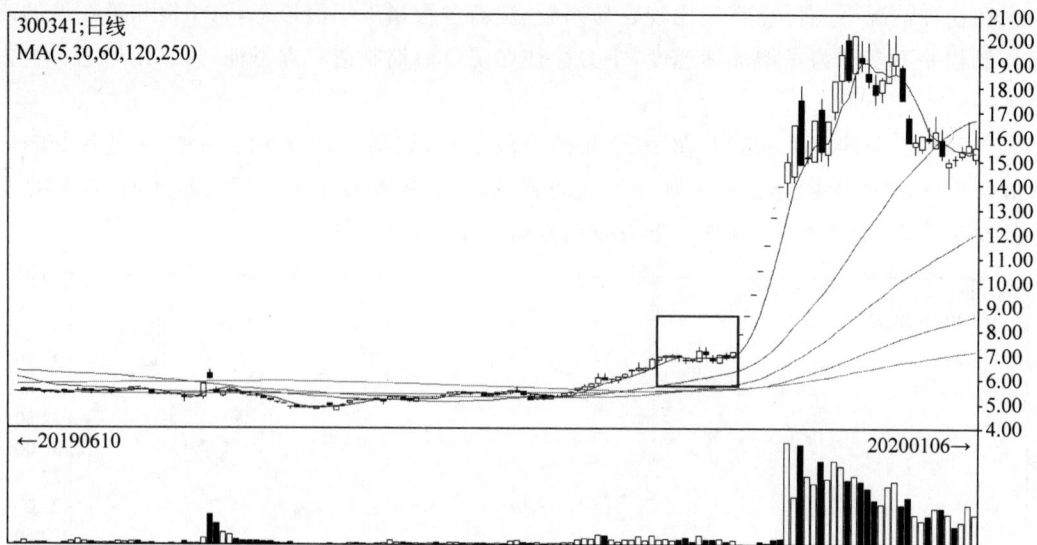

图 7-19　麦克奥迪日线图

　　以下是四川长虹（600839）在 2024 年的一段走势，如图 7-20 所示。在 9 月 30 日和 10 月 8 日连续收出两个涨停板后，该股连收三根阴线，并且成交量迅速萎缩，此时正是介入的好时机，正所谓"千金难买牛回头"，此后该股走出了一波大幅飙升行情。

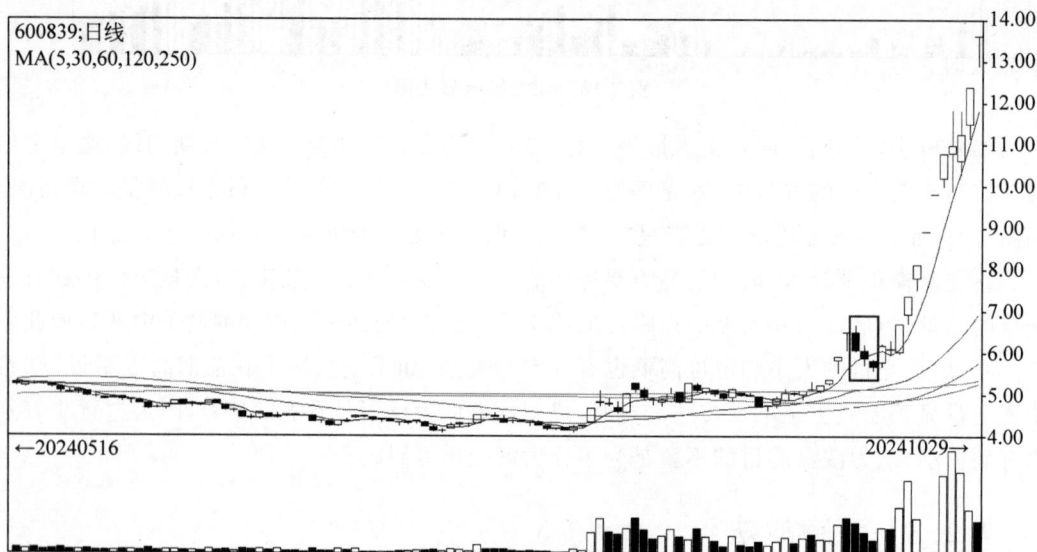

图 7-20　四川长虹日线图

　　无独有偶，欧菲光（002456）在这一期间也走出了类似的走势，三根阴线之后，该股走出了一波较大的行情，如图 7-21 所示。

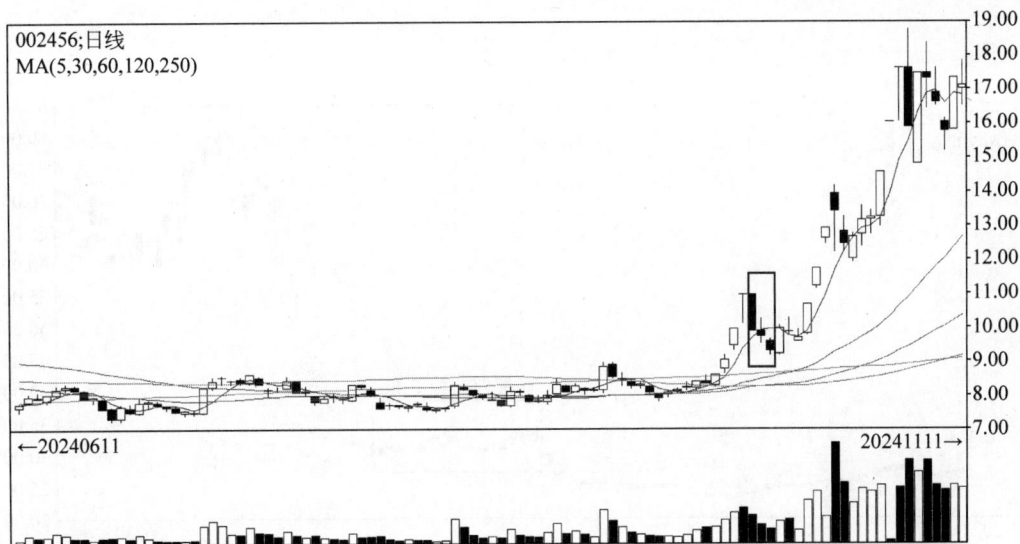

图 7-21 欧菲光日线图

7.2.4 牛角战法

即使进入拉升阶段,股价的上涨也不会是一帆风顺的,主力往往会绞尽脑汁让持股者在途中下车,以便在更高的高位把"踏空者"再次诱进场。这往往出现在股价离均线较远,乖离率较大时。通过一段时间的震荡调整后,均线形态得以修复,短期获利盘出局,从而为下一轮拉升做好准备。

在这个阶段,K线上往往会出现上涨中继的形态,而均线系统一般是多头排列的。在上涨中继中,三浪中继是最常见的一种,由于其形态类似一对牛角,因此这种战法称为"牛角战法"。在判断是否是三浪中继时,需要考察股价与均线系统的关系,特别是与 30 日均线的距离。当调整结束时,股价通常离 30 日均线不远,在某些情况下主力会打穿 30 日均线制造一个空头陷阱。

以下是新易盛(300502)在 2022—2023 年的一段走势,如图 7-22 所示。该股在 2 月的前半个月内有一波拉升,特别时 2 月 7 日后的几天内涨幅较大,乖离率也有点大,于是主力在这个位置附近构筑了三浪中继,在形态的末端,股价打穿了 30 日均线,但很快就收复了。

上述的三浪中继属于标准形态,实战中也会发现一些变形的三浪中继。以下是上能电气(300827)在 2021 年的一段走势,如图 7-23 所示,这个三浪调整中的第 3 浪的起点明显高于第 1 浪的起点。

另一种常见的中继形态是"一字中继",即像一个"一"字的中继。以下是乐歌股份(300729)在 2020 年的一段走势,如图 7-24 所示,其中 7 月上旬的"一字中继"较为显眼。在上涨趋势中,"一字中继"一般不会跌破 30 日均线,它可以在一轮较大的上涨行情中反复出现,就像一级一级的台阶。

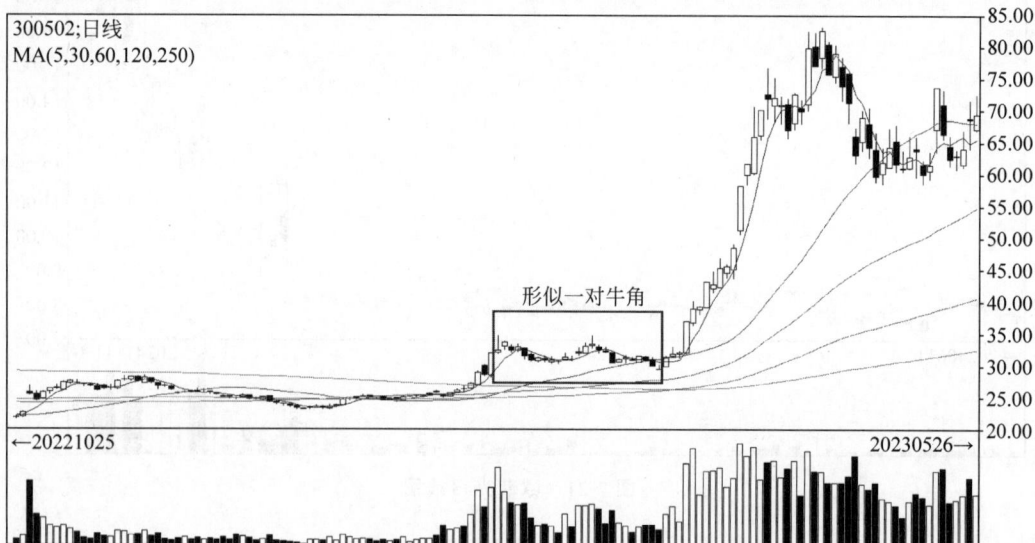

图 7-22　新易盛日线图

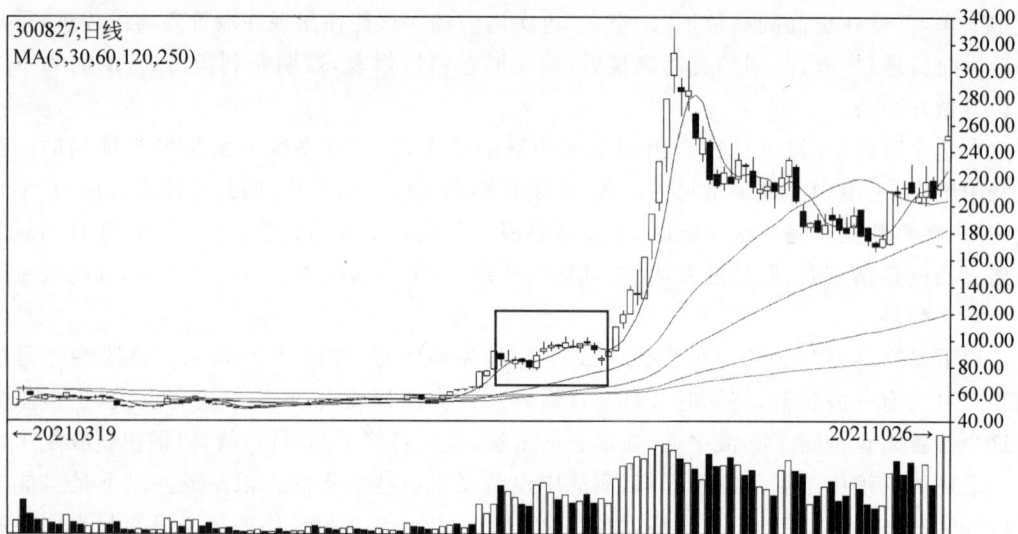

图 7-23　上能电气日线图

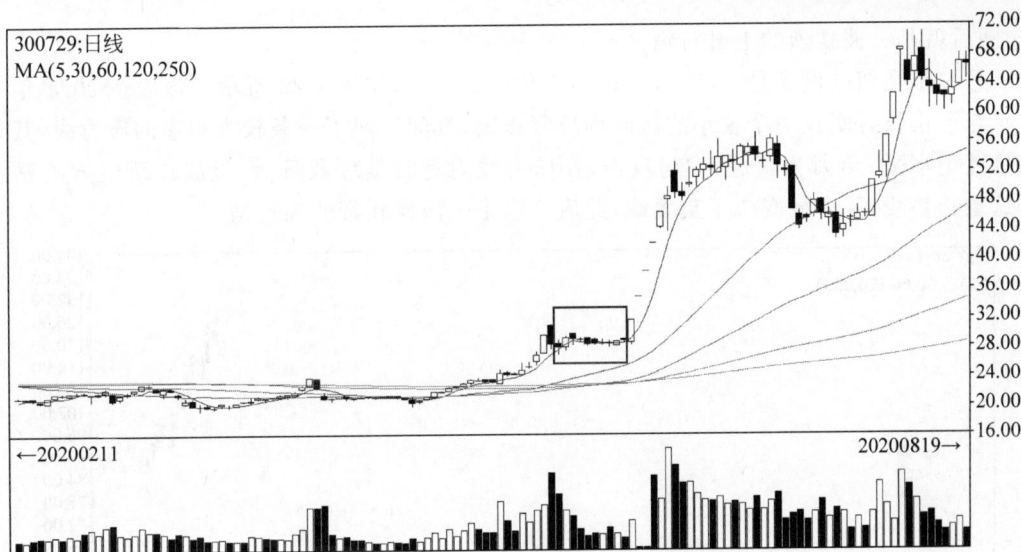

图 7-24 乐歌股份日线图

7.2.5 突破战法

在介绍趋势线时曾提到过,压力线被突破时可以变成支撑线。当压力线下降坡度较缓或者接近水平时,如果该压力线被强势突破,则后面往往会有较为可观的行情。当然,强势突破时对其均线系统有一定的要求,其五行均线系统应该基本上是多头排列的(并不要求完全的多头排列)。

以下是四川长虹(600839)在 2023—2024 年的一段走势,如图 7-25 所示,其压力线较为平坦,接近水平。当压力线被强势突破(2024 年 9 月 30 日)后,该股有一个回探压力线的动

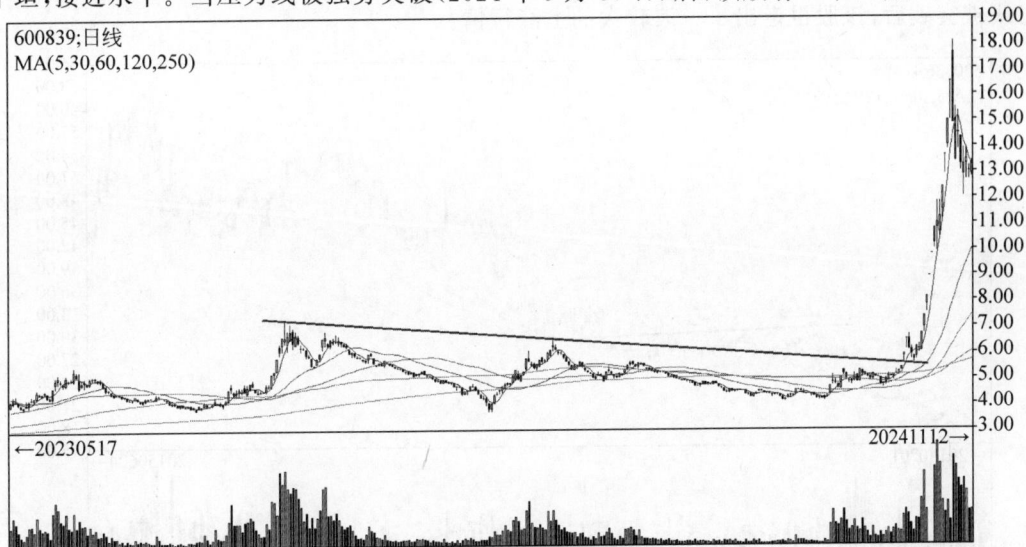

图 7-25 四川长虹日线图

作，随后就是一波猛烈的上升行情。

另一个类似的例子是 2021 年的山西焦化（600740），如图 7-26 所示。该股在 2021 年上半年花了很长时间在一个狭小的区间内反复震荡，其间形成了一条较为明显的压力线，其方向接近于水平。8 月份，该股发起攻击，在压力线附近时整理数日后，该股以跳空方式站上了这条趋势线，压力线变成了支撑线，此后开启了一波澜壮阔的大行情。

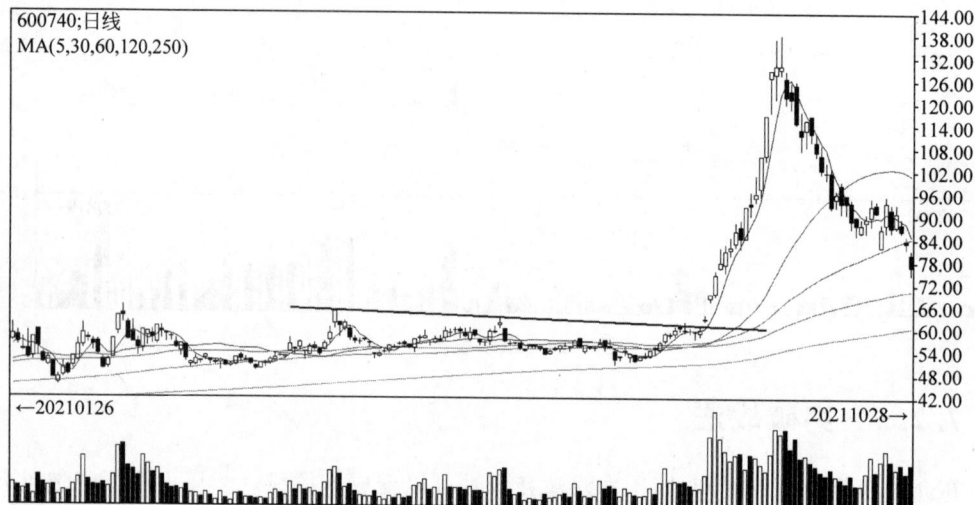

图 7-26　山西焦化日线图

上面例子中的压力线都是较为长期的，因而突破后催生的行情较大，也有一些较为短期的压力线，它们被突破后也会有一波上涨行情，不过幅度可能不是那么大。

以下是中国软件（600536）在 2014—2015 年的一段行情，如图 7-27 所示。当上方的压力线被突破后，该股也走出了一波较大的上涨行情。

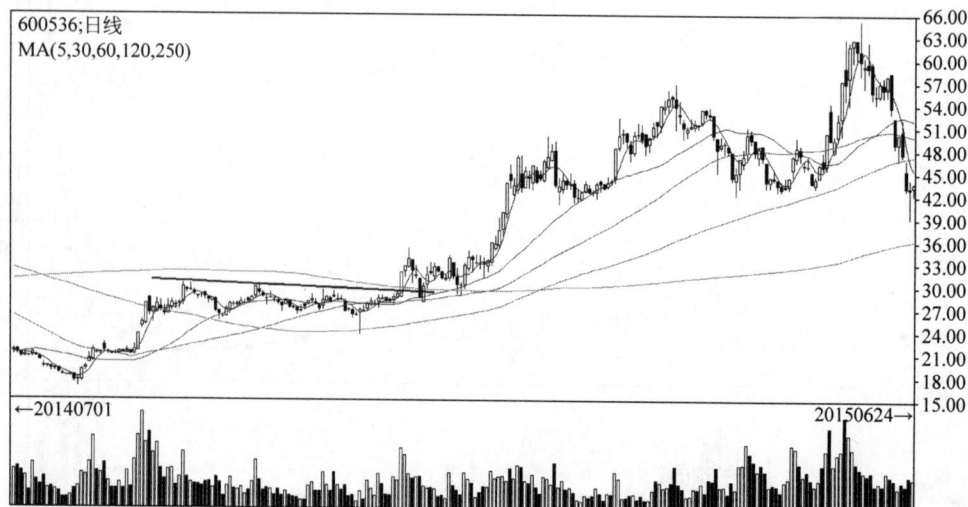

图 7-27　中国软件日线图

一些大型的持续形态,例如三角形,在突破后也会有一波行情。以下是人民网(603000)在 2023 年的一段走势,如图 7-28 所示,该股在 6 月至 8 月形成了一个较大的三角形。当三角形被突破后,该股有一波上涨行情,但总体来讲空间不大。究其原因,这个三角形出现在一波较大的上涨行情后期,当时总体涨幅已经相当大了,因此三角形虽然被突破了,但是空方力量也变得越来越强大,在这种情况下行情自然也就走不远了。

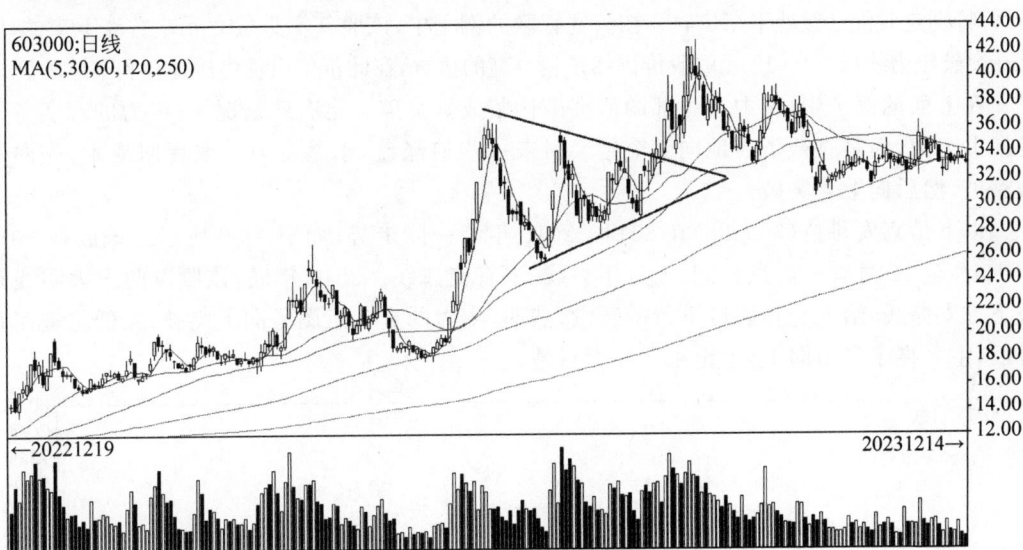

图 7-28 人民网日线图

这就引出了一个真突破还是假突破的问题。以下是云赛智联(600602)在 2012—2019 年的一段走势,如图 7-29 所示。该股在 2015 年 8 月至 2016 年 10 月的走势构成了一个大

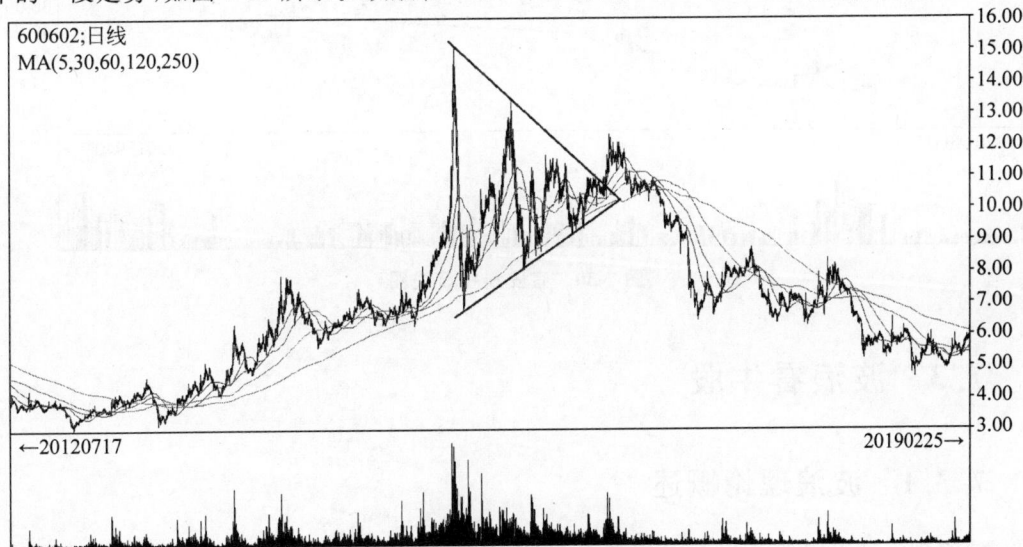

图 7-29 云赛智联日线图

型的三角形。后期,主力将股价拉至压力线上方,形成了一个突破向上的走势。虽然这个突破时间持续较长,但是从长远看这部分形态(见图中标示)仍然只是一个暂时性的假突破,主力的真正意图是吸引买家从而完成出货的目的。在此期间买入的投资者在后面相当长的时间里都没有解套的机会。

因此,对于一些结构较大的持续形态来讲,不能因为压力线被突破就简单地认为会有一波大行情,特别是股价已经处于高位时。在云赛智联的例子中,该股其实是从3元左右涨上来的,因此在突破压力线后,11~12元的股价仍然是相当高的位置,在此价位出货仍然是获利丰厚的。

在上面的例子中,主力将头部的假突破伪装成真突破。也有些情况下,主力的真实意图是向上突破,但是直截了当地向上突破会引来一些追涨盘,于是主力采取迂回战术,先向下假突破,然后向上真突破。

以下是宜安科技(300328)在2014—2015年的一段走势,如图7-30所示。该股在2014年10月至12月有一段盘整期,上有压力线,下有支撑线。2014年底,该股以两根大阴线跌破下方支撑线,给人一种破位下行的感觉,然而,主力的真实意图是向上突破,在低位震荡几日后,主力终于发力向上,走出了一波大行情。

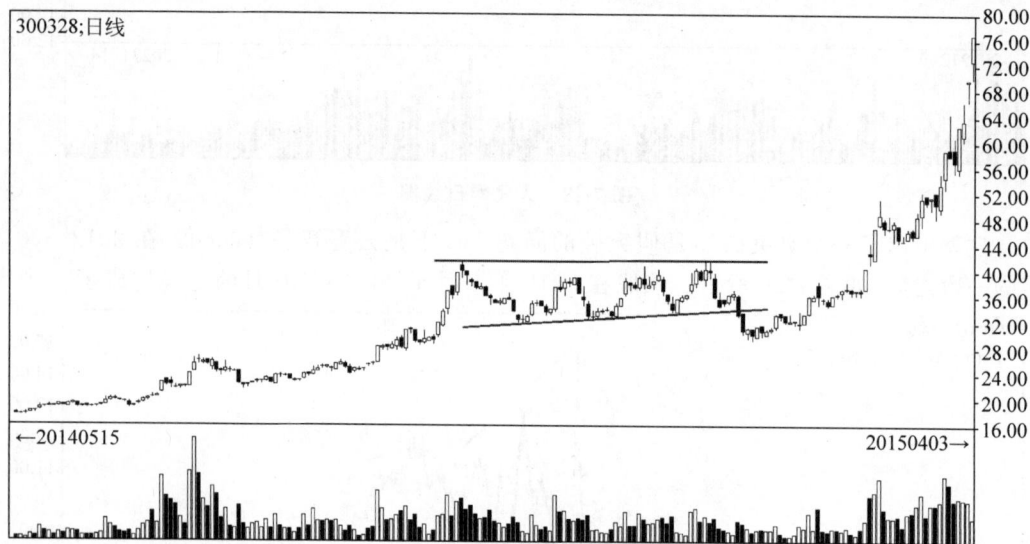

图7-30 宜安科技日线图

7.3 波浪看牛股

7.3.1 波浪理论概述

波浪理论是美国证券分析家拉尔夫·纳尔逊·艾略特以道琼斯工业平均指数(Dow Jones Industrial Average,DJIA)为对象进行研究而创建的一种理论,因此常称为"艾略特波浪理论"。

该理论认为,市场走势就像大海中的波浪一样一浪接一浪,而且具有周期性,其走势不断重复一种模式。以上涨趋势为例,每周期由 8 个波浪(上升 5 浪和下跌 3 浪)组成,如图 7-31 所示。

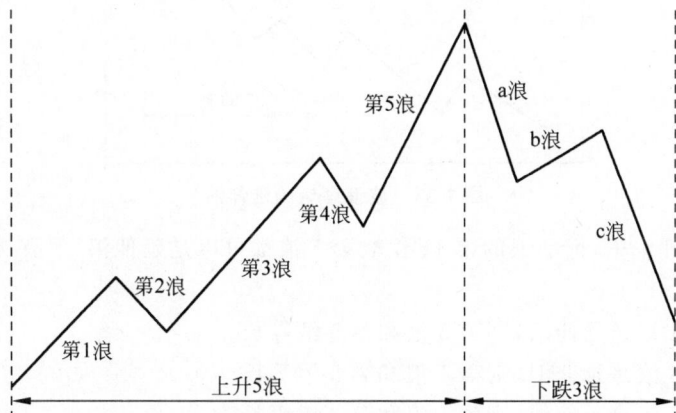

图 7-31　波浪理论的一个周期

艾略特波浪理论将不同规模的趋势分成九大类,最长的超级大循环(Grand Supercycle)可以跨越 200 年,而次微浪则只覆盖数小时,但是,无论趋势的规模大小,每周期都由 8 个波浪构成。简单来说,波浪是嵌套的,大浪中有中浪,中浪中有小浪,小浪中还有更小的浪……

以一个完整的上涨趋势为例,其 8 个浪的全过程(如图 7-32 所示)如下。

(1)5 个上升浪:按编号为 0-1,1-2,2-3,3-4,4-5,通常用第 1 浪、第 2 浪、第 3 浪、第 4 浪、第 5 浪表示。

(2)3 个下跌浪:按编号为 5-a,a-b,b-c,通常用 A 浪、B 浪、C 浪来表示。

需要注意的是,3 个下跌浪属于对 5 个上涨浪的修正,因此 c 点的位置应该高于 0 点。

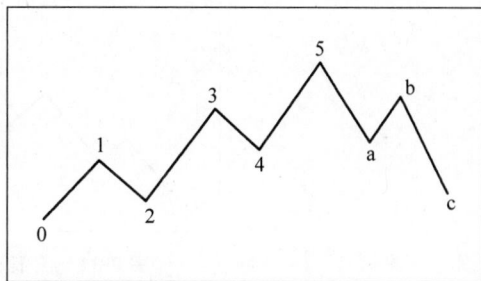

图 7-32　波浪理论的 8 个浪

在艾略特波浪理论的 8 个浪中,有 3 条规则属于铁律:

(1)在第 1、第 3、第 5 浪中,第 3 浪不可以是最短的一个浪。

(2)第 2 浪的回撤必须小于第 1 浪。

(3)第 4 浪的低点不能低于第 1 浪的高点。

注意,上述规则中没有规定第 5 浪的高点必须高于第 3 浪的高点,因此这种情况是允许的,而且还有一个特殊的名称:失败的第 5 浪。

为了使每个周期都符合 8 浪的规则,艾略特波浪理论允许延伸浪的存在,如图 7-33 所示。

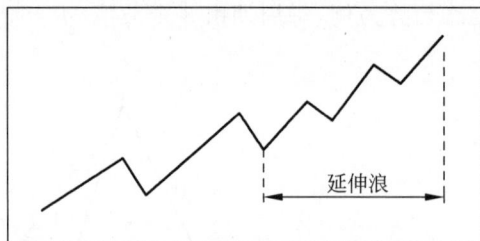

图 7-33　波浪理论的延伸浪

艾略特波浪理论中,推动浪的第 1、第 3、第 5 浪都可以是延伸浪,但有一些额外的规则,具体如下:

(1)如果第 1 浪是延伸浪,则第 3 浪和第 5 浪等长。

(2)如果第 3 浪是延伸浪,则第 1 浪和第 5 浪等长。

(3)如果第 5 浪是延伸浪,则第 1 浪和第 3 浪等长。

艾略特波浪理论认为,第 1、第 3、第 5 浪中只有一浪是延伸浪,但有时会出现一种特殊的浪形,即整个推动浪由规模相似的 9 浪结构组成,如图 7-34 所示。在这种情况下无法区分究竟哪个浪出现了延伸浪,因此干脆将其列为特殊情况。

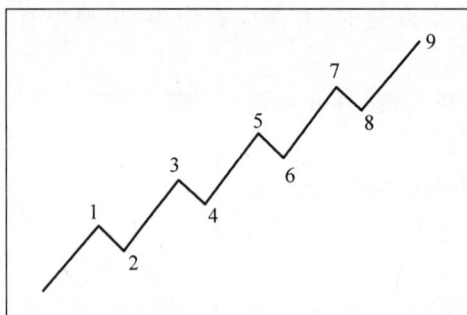

图 7-34　波浪理论中的 9 浪结构

7.3.2　波浪理论的缺陷

艾略特波浪理论自诞生以来就饱受争议。由于波浪理论的规则只有 3 个,因此符合这几个规则的数浪方法很多,其结果就是“千人千浪”,因而主观随意性很强。下面举一个例子说明,如图 7-35 所示,为了便于说明,图中标出了主要的高点和低点。

首先来看一下怎样确定起点。该段走势中最低点为 B_1,因此一般会把 B_1 点设为起点,但是,由于艾略特波浪理论中允许失败的第 5 浪,即第 5 浪的高点低于第 3 浪的低点,因此将 B_2 定义为起点也是一种可能,此时 T_1-B_2 构成下跌浪的第 5 浪。可以说,该理论中的起点取决于前一周期,而前一周期又取决于再前一个周期⋯⋯

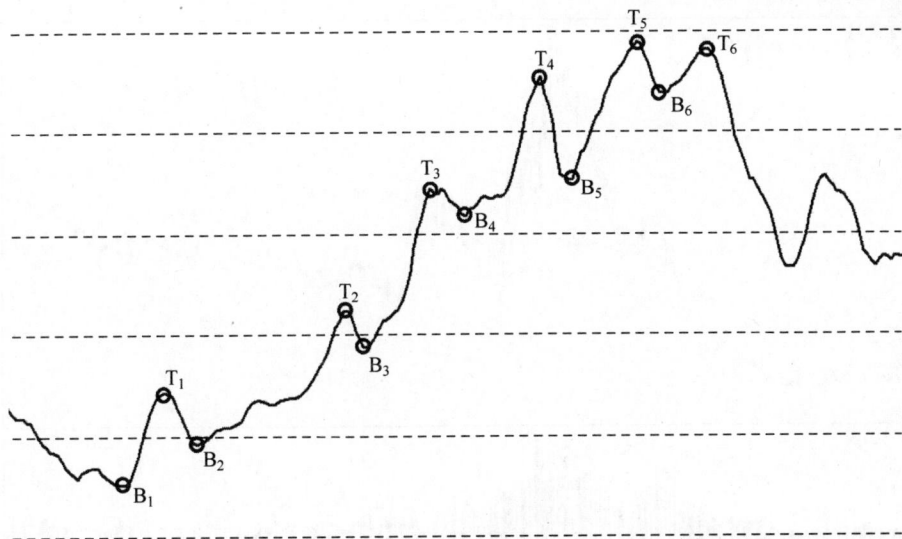

图 7-35 千人千浪

为了避免将问题复杂化,可以假设一个明显的低点就是起点,在这个例子中就是 B_1 点,接下来的任务是确定第 1 浪至第 5 浪。

第 1 浪可以是 B_1-T_1、B_1-T_2、B_1-T_3、B_1-T_4、B_1-T_5,当然此后需要根据规则排除掉一些。假设第 1 浪为 B_1-T_1,下面的任务是如何确定第 2 浪和第 3 浪。第 2 浪相对容易,因为 T_1 后的合理低点只能是 B_2,但是第 3 浪的高点就有多种选择了,T_2、T_3、T_4 都有可能,甚至 T_5 也是可能的,那是"失败的第 5 浪"的情况,此时 B_6-T_6 就成了第 5 浪了。

接下来需要检查一下 3 个规则是否被满足,假设 B_2-T_2 构成了第 3 浪,第 3 浪长于第 1 浪,第 1 个规则是符合的,另外两个规则经检查也没有问题,如此这种数浪法是可行的。

但这并不是唯一可行的数浪法,事实上,符合 3 个规则的数浪法有多种,示例如下:

(1) B_1-T_1-B_2-T_2-B_3-T_5。

(2) B_1-T_1-B_2-T_4-B_5-T_5。

(3) B_1-T_2-B_3-T_4-B_5-T_5。

上面的几个例子也并非全部可能性。如果遇到更为复杂的情况,则各种各样的数浪法更是层出不穷,而每个人都认为自己的方法是正确的。

确实,根据波浪理论的规则来看,这些数浪法都是合理的,但是如果一种理论因为很少的规则使其可以被任意解释,则这个理论的意义又在哪里呢?

波浪理论甚至对怎样才算是一个完整的浪都没有明确的定义,例如,对沪深 300 指数(399300)在 2014—2015 期间的那段牛市行情该如何定义?

对于这段行情,可以将其定义为一个完整循环中的 5 浪上涨,如图 7-36 所示。

也可以将它定义为一个波澜壮阔的大五浪中的第 1 浪,如图 7-37 所示。

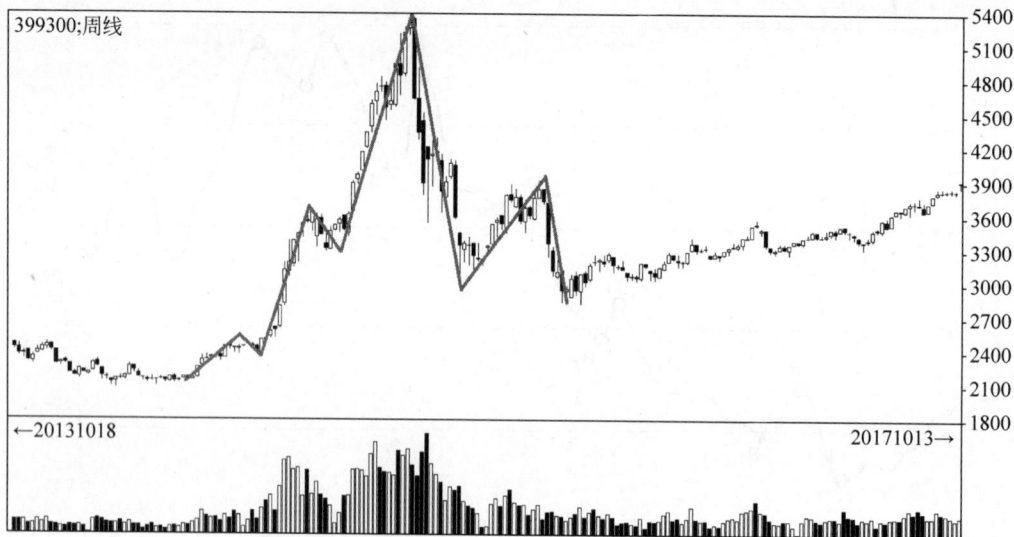

图 7-36　沪深 300 指数数浪法（1）

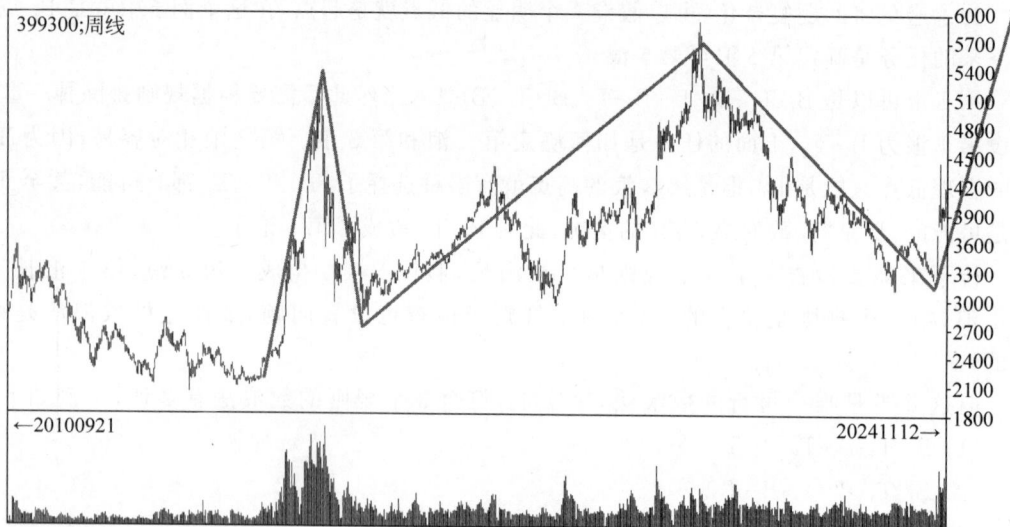

图 7-37　沪深 300 指数数浪法（2）

甚至可以将它定义为一轮大熊市行情中的 C 浪反弹，如图 7-38 所示。虽然 ABC 浪的时间跨度比 5 浪下跌行情要长得多，但是波浪理论并没有规定 5 浪下跌与 3 浪反弹的时间比例，这种情况并没有违反三条铁律。

所以，只要有足够的想象力，你就可以任意构造你的理论，并且找到相应的依据。由于波浪理论给了支持者太多的解释空间，也给了一些心怀不轨之人可乘之机。常有一些伪专家打着波浪理论的旗号招摇撞骗，对于一些不明就里的投资者来讲，他们的理论似乎颇有道理，但是当他们利用波浪理论来推荐一些炒到高位的个股时，你可千万要小心了。

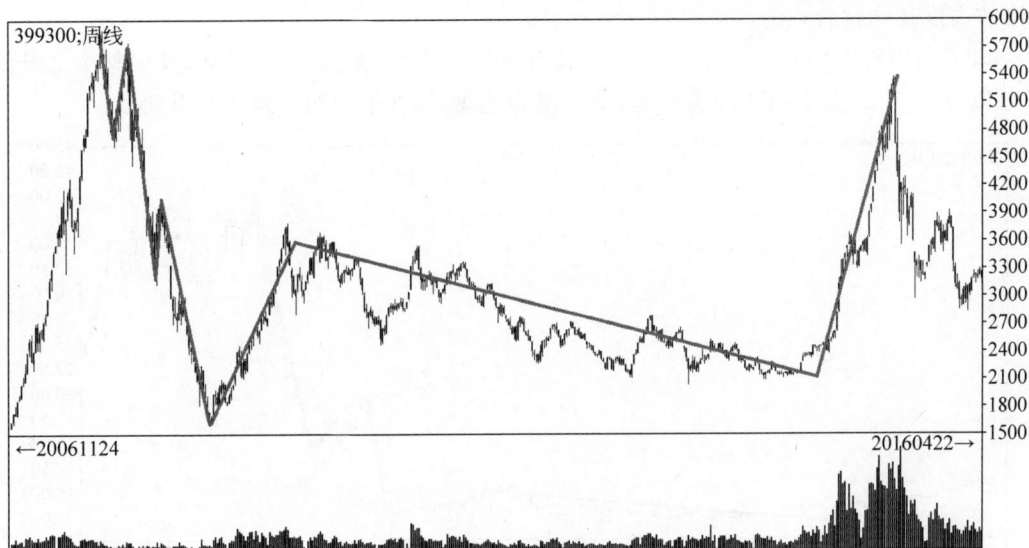

图7-38 沪深300指数数浪法（3）

　　此外，失败的第5浪和延伸浪的设定也给随意的解释打开了方便之门。举一个简单的例子，由于如图7-39（a）所示的3浪结构在股市中随处可见，因此任何这样的形态都可以解释为5浪上升浪的前3浪，如果后期股价冲过了前期高点，就是正常的第5浪（如图7-39（b）所示），如果后期冲高未果，就是失败的第5浪（如图7-39（c）所示），如果后面还有几浪，就是延伸浪（如图7-39（d）所示），太方便了。

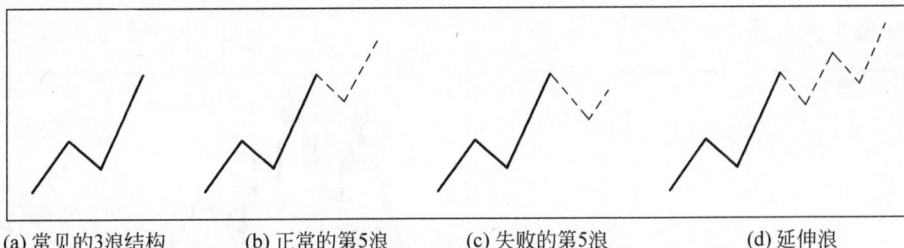

| (a) 常见的3浪结构 | (b) 正常的第5浪 | (c) 失败的第5浪 | (d) 延伸浪 |

图7-39 3浪结构的各种可能

　　但是，这样的划分除了能给出某种"事后诸葛亮"的判断之外，没有任何用处。

7.3.3　牛股的波浪

　　波浪理论虽然有一些缺陷，但也并非一无是处。实际上，波浪理论用来解释某些牛股的运作模式还是颇为有效的。如前所述，牛股从底部到顶部的过程大致可以分为吸筹、洗盘、拉升和出货等阶段，如果按照波浪理论的5浪上升来看，则吸筹一般是第1浪，洗盘一般是第2浪，拉升可能仅仅是第3浪，也可能第3浪和第5浪都拉升。由于吸筹期间一般呈碎步上行走势，因此总体涨幅不会太高，至少和后面的拉升阶段相比，因此第3浪的高度超过第

1 浪的高度是非常合理的。

以下是中青宝(300052)在 2020—2022 年的一段走势,如图 7-40 所示,其中整个上升阶段可以分为 5 浪,其中第 1 浪为吸筹,第 2 浪为洗盘,第 3 浪至第 5 浪为拉升阶段。

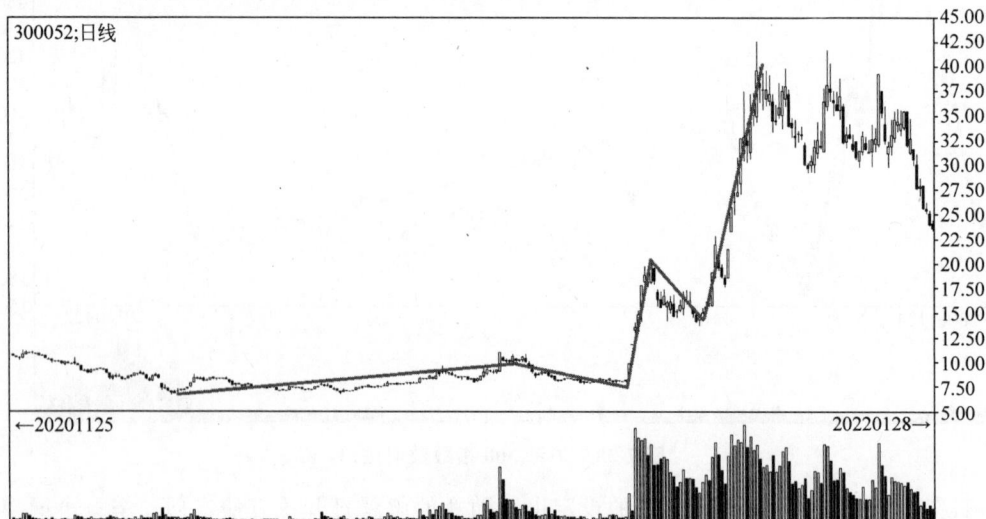

图 7-40　中青宝的上升 5 浪

如果头部构筑阶段出现顶背离,则主升浪一般在第 3 浪就结束了。以下是润和软件(300339)在 2021 年的一段走势,如图 7-41 所示,顶部构造是一个顶背离,7 月 2 日至 16 日的那段上涨走势是第 5 浪。当然,第 3 浪和第 5 浪的划分并非只有一个标准答案,此处的划分只是一种个人习惯。

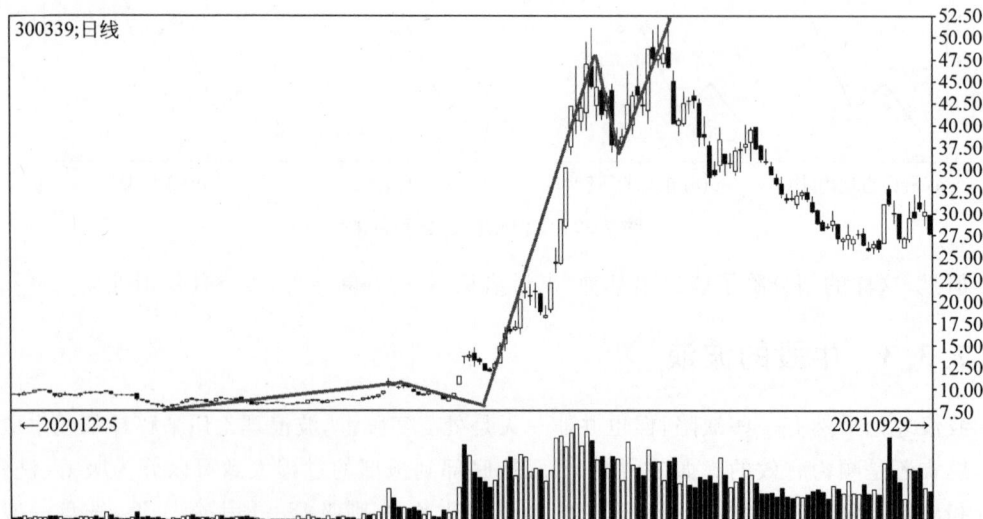

图 7-41　润和软件的上升 5 浪

量 化 篇

▶▶▶

量化交易初步

通过前面介绍的一些技术分析的方法和技巧,我们不难发现一些潜力股,但是通过传统方法根据 K 线图识别效率实在太低。试想一下,目前仅沪深股市就有五千多只股票,即使每只股票只花 10s,这么多股票看一遍也要十几小时,这不是普通人可以做到的。

为了提高效率,有的股票软件提供了通过公式筛选的方法,但是这种方法仍然有很大的局限性,因为很多值是公式取不到的,而且公式筛选也有很多限制,往往需要进行二次加工。解决这一问题的理想方法是通过编程解决,当然这对投资者有一定的要求。

随着我国教育水平的提高,具有大学背景和编程基础的投资者越来越多。对这些投资者来讲,通过一些简单的小程序进行股票研究乃至制定选股策略是完全可能的。只要有一点 Python 基础,那么选股的效率可以成百上千倍地提高,收益率的提高自然也是指日可待的,本章旨在这方面做一点抛砖引玉的工作。

近年来量化交易逐渐进入我们的视野之中,一个专业的量化交易策略体系可以非常复杂,投资者的学习成本也相当高,其实,普通投资者没有必要深入了解量化交易的方方面面,对他们来讲,通过一些小程序选股或者进行策略验证是最实用的。本章将对量化交易中常见的一些需求给出解决方案,同时介绍一些相关的思路和技巧,希望在实战方面对读者有所裨益。

8.1 Python 的安装

量化交易是一种利用数学模型、统计学分析和计算机技术来指导投资决策的交易方法,其核心思想是通过系统性地分析历史数据和市场趋势,制定可执行的有利可图的交易策略。量化交易可以帮助投资者减少主观判断的偏差和情绪的干扰,提高交易的准确性和一致性,但是,市场是不断变化的,基于历史数据的量化模型不可能完全准确预测未来的走势,因此量化交易也存在一定的风险。

Python 在量化投资领域受到普遍欢迎,就连一些知名的金融机构也对 Python 青睐有加。除了语法简洁易于上手外,它还拥有众多的第三方库,这使 Python 成为量化行业的标配,本书也将采用 Python 作为编程语言。

对于非专业编程人员来讲,选择一个简单实用的开发平台大有帮助,这里要推荐的是 Anaconda。Anaconda 是一个开源的 Python 发行版本,支持 Linux、macOS 和 Windows 系统。它提供包管理与环境管理功能,可以很方便地解决多版本 Python 并存、切换及各种第三方包安装等问题。

下面以 Windows 系统为例介绍 Anaconda 的下载与安装。Anaconda 的官方下载网址为 https://www.anaconda.com/download,打开后如图 8-1 所示。

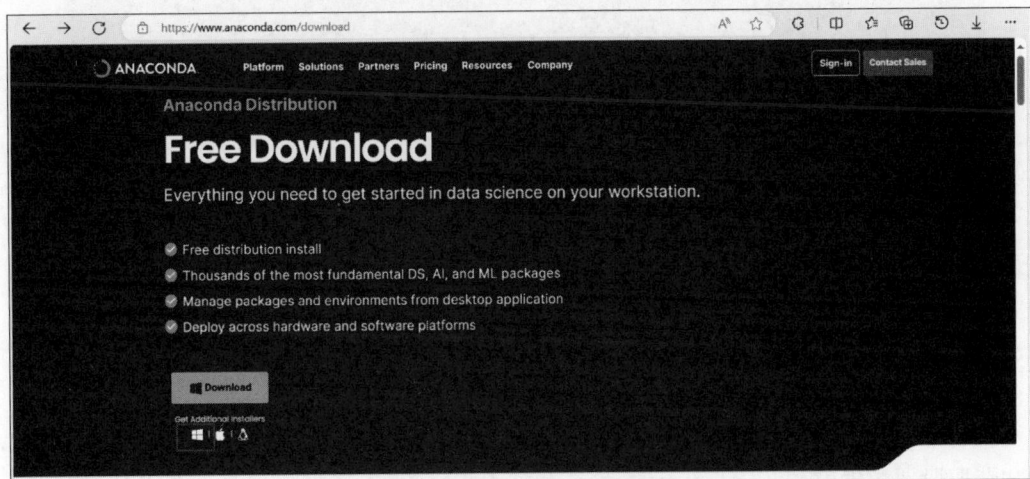

图 8-1　Anaconda 下载页

下载默认版本可以直接单击绿色 Download 按钮,如果需下载某个特定版本,则可单击下方 3 个图标之一选择合适的操作系统,Windows 的选项在最左边,如图 8-1 中方框所示。Windows 版的安装文件一般是 exe 文件,下载完成后可直接执行 exe 文件运行安装程序。安装过程较为简单,安装路径一般选择默认值即可。

Anaconda 包括 Anaconda Navigator、Anaconda Prompt、Jupyter Notebook 和 Spyder 等组件,它们的主要功能如下。

（1）Anaconda Navigator：管理环境和工具包的图形用户界面。

（2）Anaconda Prompt：命令行工具。

（3）Jupyter Notebook：基于网页的交互式环境。

（4）Spyder：Python 语言的开发环境。

本书的编程主要在 Spyder 中进行,其界面如图 8-2 所示,主要由以下几部分组成。

（1）代码编辑窗口：主要用于编写代码。

（2）帮助窗口：主要用于显示帮助内容、变量信息、绘图结果及文件目录等。

（3）控制台：主要用于显示程序运行结果等。

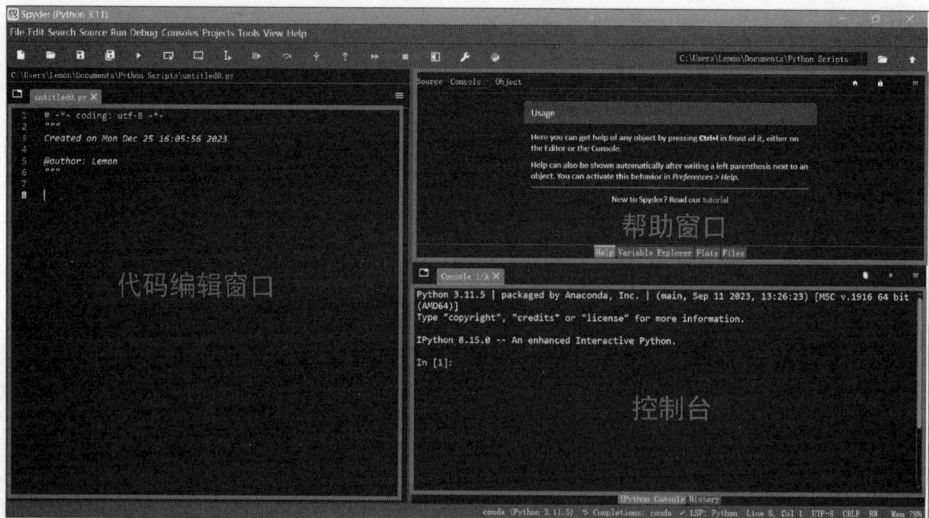

图 8-2　Spyder 界面

8.2　入门案例

一切准备就绪之后,我们将进入实战环节。对量化交易来讲,有一些操作是最基础的,例如获取股票数据、绘制 K 线图、计算均线和技术指标等,本节将从这些最基本的内容开始讲解。

8.2.1　获取股票数据

量化交易是通过对历史数据的分析和统计来制定交易策略的,因此获取数据是一切的基础。目前有多种途径可以获取股票的历史数据,例如 Akshare、BaoStock、Tushare 等。Akshare 是一个开源的财经数据接口库,通过它获取股票数据免费及时,而且无须登录或者申请 Token,因此本书将以 Akshare 为例介绍各种数据的获取。

Akshare 的安装非常简单,只需在 Anaconda Prompt 中输入以下命令行:

```
pip install akshare
```

如果安装比较慢,则可以指定一个源,例如用清华大学的镜像源安装的命令行如下:

```
pip install akshare – i https://pypi.tuna.tsinghua.edu.cn/simple/
```

安装完成后可进入 Python 环境尝试导入 Akshare 库,如图 8-3 所示。如果执行后没有报错,则说明安装成功。

1. 股票基本信息

获取股票的基本信息可以通过 akshare. stock_individual_info_em()接口函数实现,该

图 8-3 Akshare 安装测试

函数仅需一个参数,即需要查询的股票代码,例如获取代码为 000001 的股票基本信息的代码如下:

```
import akshare as ak

info = ak.stock_individual_info_em(symbol = '000001')
print(info)
```

上述程序的运行结果如图 8-4 所示。

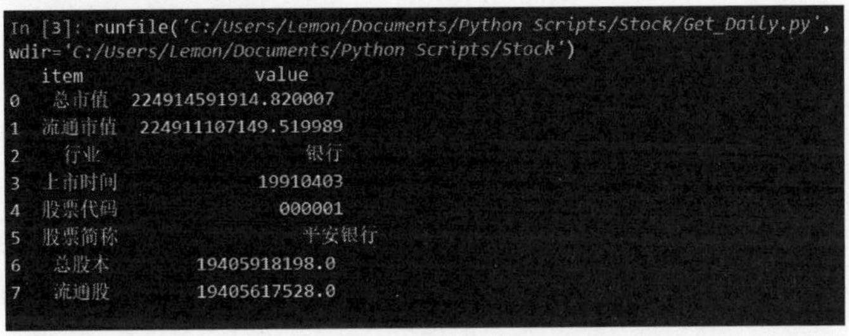

图 8-4 股票基本信息查询结果

2. 历史数据

获取股票历史数据可以通过 akshare.stock_zh_a_hist()接口函数实现,该函数需要如下参数。

(1) symbol:股票代码。

(2) period:时间周期,可选项有'daily'、'weekly'和'monthly',分别代表日线、周线和月线。

(3) start_date:股票数据的起始日期。

(4) end_date:股票数据的截止日期。

(5) adjust:是否复权,可选项有''、'qfq'、'hfq',分别代表不复权、前复权和后复权。

下面的例子通过该函数获取平安银行(000001)2024 年 1 月 1 日至 9 月 30 日的历史数据,代码如下:

```
#第 8 章/Get_Daily.py

import akshare as ak

daily = ak.stock_zh_a_hist(symbol = '000001',
                           period = 'daily',
                           start_date = '20240101',
                           end_date = '20240930',
                           adjust = '')
print(daily)
```

上述程序的运行结果如图 8-5 所示。

```
In [1]: runfile('C:/Users/Lemon/Documents/Python Scripts/Stock/Get_Daily.py', wdir='C:/Users/Lemon/Documents/Python Scripts/Stock')
             日期     开盘     收盘     最高  ...    振幅   涨跌幅   涨跌额   换手率
0    2024-01-02   9.39   9.21   9.42  ...  2.24 -1.92 -0.18  0.60
1    2024-01-03   9.19   9.20   9.22  ...  0.76 -0.11 -0.01  0.38
2    2024-01-04   9.19   9.11   9.19  ...  1.20 -0.98 -0.09  0.45
3    2024-01-05   9.10   9.27   9.44  ...  4.06  1.76  0.16  1.03
4    2024-01-08   9.23   9.15   9.30  ...  2.05 -1.29 -0.12  0.58
..          ...    ...    ...    ...  ...   ...   ...   ...   ...
176  2024-09-24  10.11  10.37  10.37  ...  2.89  3.29  0.33  0.84
177  2024-09-25  10.52  10.50  10.70  ...  2.41  1.25  0.13  1.11
178  2024-09-26  10.50  11.15  11.15  ...  6.19  6.19  0.65  1.59
179  2024-09-27  11.35  11.42  11.56  ...  4.75  2.42  0.27  1.98
180  2024-09-30  11.62  12.21  12.30  ...  6.48  6.92  0.79  2.80

[181 rows x 11 columns]
```

图 8-5　Get_Daily. py 运行结果

调用 stock_zh_a_hist() 函数获取的数据是 Pandas 的 DataFrame 类型，可以用 DataFrame. Columns 来查询列名，查询结果如图 8-6 所示。

```
In [2]: runfile('C:/Users/Lemon/Documents/Python Scripts/Stock/Get_Daily.py',
wdir='C:/Users/Lemon/Documents/Python Scripts/Stock')
Index(['日期', '开盘', '收盘', '最高', '最低', '成交量', '成交额', '振幅', '涨跌
幅', '涨跌额', '换手率'], dtype='object')
```

图 8-6　查询列名的结果

如果需要数据类型等更详细的信息，则可以通过 DataFrame. info()函数获得，查询结果如图 8-7 所示。

```
In [1]: runfile('C:/Users/Lemon/Documents/Python Scripts/Stock/Get_Daily.py',
wdir='C:/Users/Lemon/Documents/Python Scripts/Stock')
<class 'pandas.core.frame.DataFrame'>
RangeIndex: 181 entries, 0 to 180
Data columns (total 11 columns):
 #   Column  Non-Null Count  Dtype
---  ------  --------------  -----
 0   日期      181 non-null    object
 1   开盘      181 non-null    float64
 2   收盘      181 non-null    float64
 3   最高      181 non-null    float64
 4   最低      181 non-null    float64
 5   成交量     181 non-null    int64
 6   成交额     181 non-null    float64
 7   振幅      181 non-null    float64
 8   涨跌幅     181 non-null    float64
 9   涨跌额     181 non-null    float64
 10  换手率     181 non-null    float64
dtypes: float64(9), int64(1), object(1)
memory usage: 15.7+ KB
None
```

图 8-7　查询详细信息的结果

3. 实时数据

如果需获取股票的实时行情数据,则可通过 akshare.stock_zh_a_spot_em()接口函数实现,代码如下:

```
import akshare as ak

spot = ak.stock_zh_a_spot_em()
print(spot)
```

该函数可以一次性获取上海、深圳、北京三地交易所的数据,其结果如图 8-8 所示。

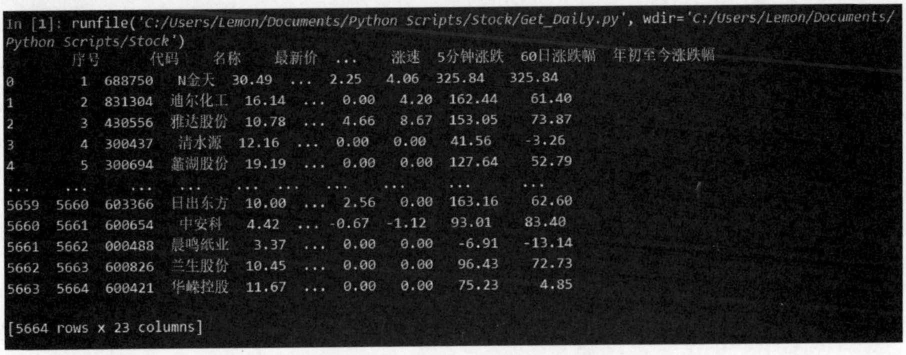

图 8-8　查询实时行情的结果

如果需分别获取三地的实时行情数据,则可以通过下列函数实现。

(1) 上海:stock_sh_a_spot_em()函数。

(2) 深圳:stock_sz_a_spot_em()函数。

(3) 北京:stock_bj_a_spot_em()函数。

Akshare 提供的数据还有很多,具体可以参考其官方网站。

8.2.2　K 线图绘制

绘制 K 线图可以用 Matplotlib 和 Mplfinance 库来实现。Matplotlib 库已经包含在 Anaconda 中,无须另行安装,Mplfinance 是一个基于 Matplotlib 的开源 Python 库,专为绘制金融图表而设计,支持各种常见的金融图表类型,例如 K 线图、成交量图、移动平均线图等。

安装 Mplfinance 只需在 Anaconda Prompt 中输入以下命令行:

```
pip install mplfinance
```

用 Mplfinance 绘制 K 线图需要用到 candlestick_ohlc()函数,在调用该函数时需要将日期转换为数值。下面是先通过 Akshare 获取历史数据而后绘制 K 线图的例子,代码如下:

```
# 第 8 章/Chart_simple.py

import akshare as ak
import pandas as pd
import matplotlib.dates as mdates
import matplotlib.pyplot as plt
from mplfinance.original_flavor import candlestick_ohlc

# 获取日线数据
daily = ak.stock_zh_a_hist(symbol = '000001',
                           period = 'daily',
                           start_date = '20240301',
                           end_date = '20240930',
                           adjust = 'qfq')
df = pd.DataFrame(daily)

# 将日期转换为数值,并生成绘制 K 线图需要的数据格式
df['日期'] = pd.to_datetime(df['日期']).apply(lambda x: mdates.date2num(x))
data = df[['日期', '开盘', '最高', '最低', '收盘', '成交量']]

# 绘制 K 线图
fig = plt.figure(figsize = (12, 8))
ax = fig.add_subplot(111)
candlestick_ohlc(ax, data.values, width = 0.6, colorup = 'red', colordown = 'green')
plt.title('000001', fontsize = 14)
ax.xaxis.set_major_formatter(mdates.DateFormatter('%Y-%m-%d'))
plt.show
```

该程序运行后将显示如图 8-9 所示的 K 线图。

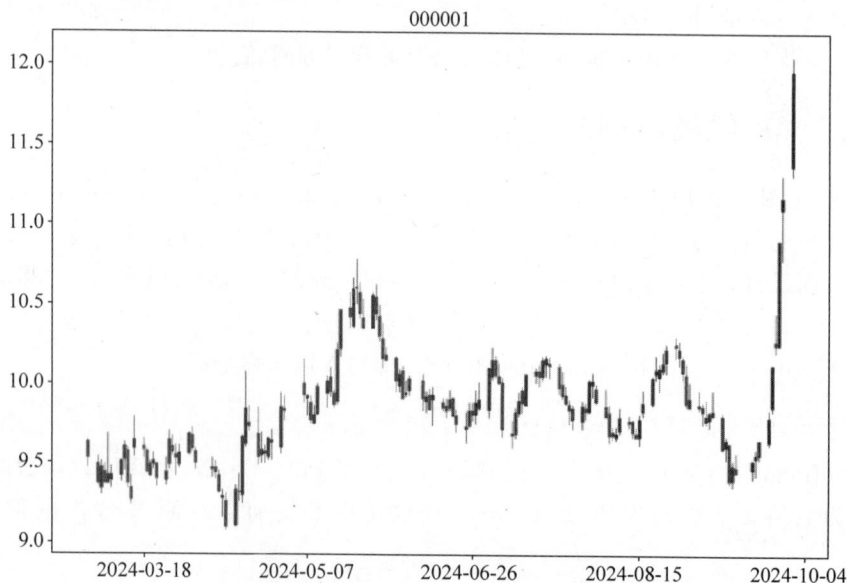

图 8-9　Chart_simple.py 运行结果

8.2.3　均线计算

均线的计算非常简单,Pandas 的 rolling()函数就可以实现。下面举一个简单的例子,代码如下:

```python
# 第 8 章/Moving_average.py

import akshare as ak
import pandas as pd

# 获取日线数据
daily = ak.stock_zh_a_hist(symbol = '000001',
                           period = 'daily',
                           start_date = '20240101',
                           end_date = '20240930',
                           adjust = 'qfq')
df = pd.DataFrame(daily)

# 计算 5 日和 30 日均线值
df['MA5'] = df['收盘'].rolling(window = 5).mean()
df['MA30'] = df['收盘'].rolling(window = 30).mean()

# 在控制台输出均线数据
data = df[['日期', '开盘', '最高', '最低', '收盘', 'MA5', 'MA30']]
print(data)
```

该程序用 rolling()函数计算平安银行的 5 日和 30 日均线,其运行结果如图 8-10 所示。

```
In [1]: runfile('C:/Users/Lemon/Documents/Python Scripts/Stock/Moving_average.py',
wdir='C:/Users/Lemon/Documents/Python Scripts/Stock')
           日期    开盘    最高    最低    收盘     MA5      MA30
0    2024-01-02   8.43   8.46   8.25   8.25    NaN       NaN
1    2024-01-03   8.23   8.26   8.19   8.24    NaN       NaN
2    2024-01-04   8.23   8.23   8.12   8.15    NaN       NaN
3    2024-01-05   8.14   8.48   8.11   8.31    NaN       NaN
4    2024-01-08   8.27   8.34   8.15   8.19   8.228      NaN
..          ...    ...    ...    ...    ...    ...        ...
176  2024-09-24   9.86  10.12   9.83  10.12   9.728  9.833333
177  2024-09-25  10.27  10.45  10.20  10.25   9.874  9.849667
178  2024-09-26  10.25  10.90  10.25  10.90  10.142  9.889667
179  2024-09-27  11.10  11.31  10.78  11.17  10.446  9.939667
180  2024-09-30  11.37  12.05  11.31  11.96  10.880 10.012333

[181 rows x 7 columns]
```

图 8-10　Moving_average.py 运行结果

8.2.4　技术指标计算

通过技术指标可以识别市场趋势、价格波动模式和潜在的买卖信号,如果希望对各种技术指标进行深度研究,则 TA-Lib 库是一个比较理想的选择。TA-Lib 的全称是 Technical Analysis Library,是一个技术分析库,专门用于金融市场的量化交易策略开发。它提供了

150 多种常用的技术分析指标,包括 MACD、RSI、KDJ、动量指标、布林带等。TA-Lib 提供了 Python 接口,不过它是基于 Cython 的,安装时还需要 Microsoft Visual C++14.0 的支持,因此略显烦琐。

其实,常见的技术指标计算都比较简单,一般几行代码就可以实现,因此此处的技术指标计算将不使用 TA-Lib 库。

1. MACD

根据定义,计算 MACD 时先要计算出快速(一般为 12 日)和慢速(一般为 26 日)移动平均线的值,然后在此基础上得到 DIF 和 DEA 的值,最后计算出 MACD 的红绿柱。

下面是一个根据日线数据计算 MACD 的例子,代码如下:

```
# 第 8 章/MACD.py

import akshare as ak
import pandas as pd

# 获取日线数据
daily = ak.stock_zh_a_hist(symbol = '000001',
                           period = 'daily',
                           start_date = '20240101',
                           end_date = '20240930',
                           adjust = 'qfq')
df = pd.DataFrame(daily)

# 计算 MACD 指标
df = df[['日期', '开盘', '最高', '最低', '收盘']]
EMA12 = df['收盘'].ewm(span = 12, adjust = False).mean()
EMA26 = df['收盘'].ewm(span = 26, adjust = False).mean()
df['DIF'] = EMA12 - EMA26
df['DEA'] = df['DIF'].ewm(span = 9, adjust = False).mean()
df['MACD'] = 2 * (df['DIF'] - df['DEA'])

print(df)
```

上述程序的运行结果如图 8-11 所示,可见 MACD 的计算还是比较简单的。

```
In [1]: runfile('C:/Users/Lemon/Documents/Python Scripts/Stock/MACD.py', wdir='C:/Users/Lemon/Documents/
Python Scripts/Stock')
          日期      开盘     最高     最低     收盘       DIF        DEA      MACD
0    2024-01-02    8.43    8.46    8.25    8.25   0.000000   0.000000   0.000000
1    2024-01-03    8.23    8.26    8.19    8.24  -0.000798  -0.000160  -0.001276
2    2024-01-04    8.23    8.23    8.12    8.15  -0.008593  -0.001846  -0.013494
3    2024-01-05    8.14    8.48    8.11    8.31  -0.001839  -0.001845   0.000011
4    2024-01-08    8.27    8.34    8.15    8.19  -0.006099  -0.002696  -0.006807
..          ...     ...     ...     ...     ...        ...        ...        ...
176  2024-09-24    9.86   10.12    9.83   10.12  -0.043495  -0.075450   0.063910
177  2024-09-25   10.27   10.45   10.20   10.25   0.000956  -0.060169   0.122250
178  2024-09-26   10.25   10.90   10.25   10.90   0.087624  -0.030610   0.236468
179  2024-09-27   11.10   11.31   10.78   11.17   0.176066   0.010725   0.330681
180  2024-09-30   11.37   12.05   11.31   11.96   0.306371   0.069854   0.473034

[181 rows x 8 columns]
```

图 8-11 MACD.py 运行结果

2. RSI

RSI 是根据一定时期内上涨和下跌幅度之和的比率计算而来的，我们很容易根据这个定义写出计算 RSI 的算法，代码如下：

```
＃第 8 章/RSI.py

import akshare as ak
import pandas as pd

＃获取日线数据
daily = ak.stock_zh_a_hist(symbol = "301539",
                           period = "daily",
                           start_date = "20240331",
                           end_date = '20240830',
                           adjust = "")
df = pd.DataFrame(daily)

＃计算 RSI1
df = df[['日期', '开盘', '最高', '最低', '收盘']]
n = 6
delta = df['收盘'].diff()
up = (delta.where(delta > 0, 0)).rolling(n).sum()
down = ( - delta.where(delta < 0, 0)).rolling(n).sum()
rsi = up/(up + down) * 100
df['RSI1'] = rsi

print(df)
```

上述程序的运行结果如图 8-12 所示。

```
In [1]: runfile('C:/Users/Lemon/Documents/Python Scripts/Stock/RSI.py', wdir='C:/Users/Lemon/Documents/
Python Scripts/Stock')
              日期      开盘     最高     最低     收盘        RSI1
0     2024-04-15   40.00  43.99  35.79  35.98        NaN
1     2024-04-16   35.00  37.49  31.11  33.50        NaN
2     2024-04-17   34.11  36.90  33.50  33.69        NaN
3     2024-04-18   32.63  35.66  32.45  33.92        NaN
4     2024-04-19   33.00  33.00  28.69  28.69        NaN
..           ...     ...    ...    ...    ...        ...
91    2024-08-26   18.30  18.34  17.94  18.14  22.727273
92    2024-08-27   17.79  17.81  17.16  17.40  21.739130
93    2024-08-28   17.40  17.67  17.15  17.44  26.347305
94    2024-08-29   17.30  17.80  17.17  17.68  37.777778
95    2024-08-30   17.55  18.19  17.46  17.97  51.871658

[96 rows x 6 columns]
```

图 8-12 RSI. py 运行结果

如果将上述结果与股票软件中的数据对比，则会发现它们并不一样。其实，股票软件中的 RSI 是用另一种方法计算的，下面的程序采用和股票软件相同的算法计算 RSI，代码如下：

```
＃第 8 章/RSI2.py

import akshare as ak
```

```
import pandas as pd

# 获取日线数据
daily = ak.stock_zh_a_hist(symbol = '000001',
                           period = 'daily',
                           start_date = '20240101',
                           end_date = '20240930',
                           adjust = 'qfq')
df = pd.DataFrame(daily)

# 计算上涨和下跌值
df = df[['日期', '开盘', '最高', '最低', '收盘']]
delta = df['收盘'].diff()
plus = delta.clip(lower = 0) # 上涨值
minus = (-delta).clip(lower = 0) # 下跌值

# 计算 RSI1
up1 = plus.ewm(com = 5, min_periods = 6).mean()
down1 = minus.ewm(com = 5, min_periods = 6).mean()
rsi1 = up1/(up1 + down1) * 100
rsi1 = rsi1.fillna(0)
df['rsi1'] = rsi1

# 计算 RSI2
up2 = plus.ewm(com = 11, min_periods = 12).mean()
down2 = minus.ewm(com = 11, min_periods = 12).mean()
rsi2 = up2/(up2 + down2) * 100
rsi2 = rsi2.fillna(0)
df['rsi2'] = rsi2

# 计算 RSI3
up3 = plus.ewm(com = 23, min_periods = 24).mean()
down3 = minus.ewm(com = 23, min_periods = 24).mean()
rsi3 = up3/(up3 + down3) * 100
rsi3 = rsi3.fillna(0)
df['rsi3'] = rsi3

print(df)
```

上述程序的运行结果如图 8-13 所示,此处的结果是和股票软件一致的。

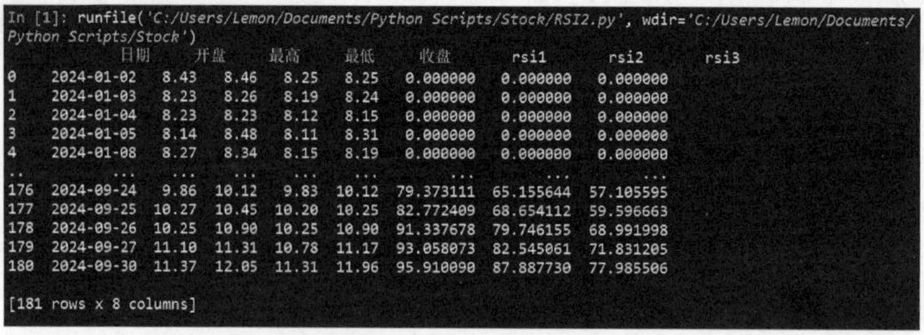

图 8-13　RSI2.py 运行结果

3. KDJ

KDJ 的计算较为简单,根据其定义进行计算即可,下面是一个根据日线数据计算 KDJ 指标的例子,代码如下:

```python
# 第 8 章/KDJ.py

import akshare as ak
import pandas as pd

# 获取日线数据
daily = ak.stock_zh_a_hist(symbol = '000001',
                           period = 'daily',
                           start_date = '20240101',
                           end_date = '20240930',
                           adjust = 'qfq')
df = pd.DataFrame(daily)

# 计算 RSV
n = 9
df = df[['日期', '开盘', '最高', '最低', '收盘']]
low = df['最低'].rolling(n, min_periods = 1).min()
high = df['最高'].rolling(n, min_periods = 1).max()
rsv = (df['收盘'] - low)/(high - low) * 100

# 计算 KDJ 指标
k = rsv.ewm(alpha = 1/3, adjust = False).mean()
d = k.ewm(alpha = 1/3, adjust = False).mean()
j = 3 * k - 2 * d
df['k'] = k
df['d'] = d
df['j'] = j

print(df)
```

上述程序的运行结果如图 8-14 所示。

```
In [1]: runfile('C:/Users/Lemon/Documents/Python Scripts/Stock/KDJ.py', wdir='C:/Users/Lemon/Documents/
Python Scripts/Stock')
        日期      开盘    最高    最低    收盘         k          d           j
0    2024-01-02  8.43  8.46  8.25  8.25  0.000000   0.000000    0.000000
1    2024-01-03  8.23  8.26  8.19  8.24  6.172840   2.057613   14.403292
2    2024-01-04  8.23  8.23  8.12  8.15  7.056403   3.723876   13.721456
3    2024-01-05  8.14  8.48  8.11  8.31  22.722287  10.056680   48.053500
4    2024-01-08  8.27  8.34  8.15  8.19  22.355398  14.156253   38.753690
..      ...      ...   ...   ...   ...      ...        ...         ...
176  2024-09-24  9.86  10.12  9.83  10.12  67.373170  44.040142  114.039225
177  2024-09-25  10.27  10.45  10.20  10.25  72.132572  53.404286  109.589145
178  2024-09-26  10.25  10.90  10.25  10.90  81.421715  62.743429  118.778287
179  2024-09-27  11.10  11.31  10.78  11.17  85.158336  70.215064  115.044879
180  2024-09-30  11.37  12.05  11.31  11.96  88.969194  76.466441  113.974699

[181 rows x 8 columns]
```

图 8-14 KDJ.py 运行结果

8.3 进阶技巧

在掌握了均线和技术指标的计算方法之后,还可以做一些更为复杂的事情,例如通过均线的交叉或者 MACD 的交叉来寻找买卖点。此外,还可以让程序自动寻找某种 K 线组合或者反转形态,从而挖掘其中的投资机会。

8.3.1 均线交叉识别

第 5 章介绍了通过均线交叉来捕捉波段行情的技巧,下面我们用平安银行(000001)的历史数据来验证一下,代码如下:

```python
# 第 8 章/MA_Cross.py

import akshare as ak
import pandas as pd
import numpy as np

# 获取日线数据
daily = ak.stock_zh_a_hist(symbol = '000001',
                           period = 'daily',
                           start_date = '20231001',
                           end_date = '20240930',
                           adjust = 'qfq')
df = pd.DataFrame(daily)
lines = daily.shape[0] # 数据条数

# 计算 10 日和 30 日均线值
df = df[['日期', '收盘']]
df['MA10'] = df['收盘'].rolling(window = 10).mean()
df['MA30'] = df['收盘'].rolling(window = 30).mean()
x = df.values
print(df)

# 标记均线交叉处
mark = np.zeros(lines) # 用于标记的数组
for i in range(30, lines):
    if x[i-1][2] > x[i-1][3]:
        if x[i][2] <= x[i][3]: # 死叉
            mark[i] = 2
    else:
        if x[i][2] > x[i][3]: # 金叉
            mark[i] = 1

# 输出每次出现金叉和死叉的日期、收盘价和收益率
for i in range(30, lines):
    if mark[i] == 1:
        j = i
```

```
        while j < lines - 1:
            j = j + 1
            if mark[j] == 2:
                c1 = x[i][1]  # 金叉日的收盘价
                c2 = x[j][1]  # 死叉日的收盘价
                print(x[i][0], c1, x[j][0], c2, c2/c1 - 1)
                break
```

上述程序统计了 10 日均线与 30 日均线金叉期间的收益率,其运行结果如图 8-15 所示。如果将该算法运用到所有 A 股中,则可以对 10 日均线与 30 日均线金叉期间的收益情况做一个总体的评估。同样,还可以将 10 日均线和 30 日均线换成其他均线组合并统计出相应的收益率,如此大工作量的评估工作是手工统计无法实现的。

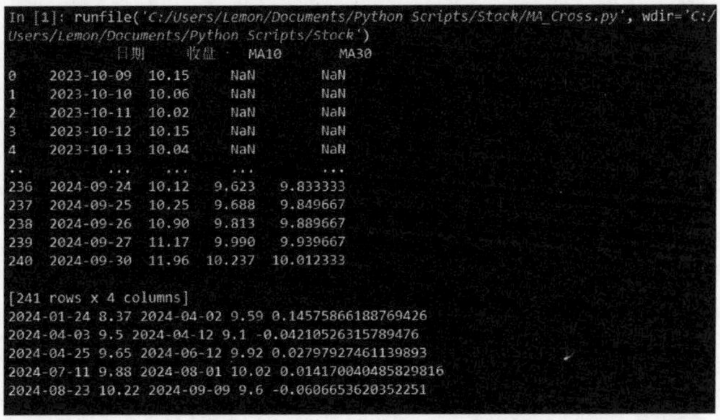

图 8-15　MA_Cross.py 运行结果

8.3.2　MACD 金叉识别

MACD 金叉能提供较好的趋势买入机会,我们同样可以统计一下 MACD 金叉期间的收益率。下面的例子对平安银行(000001)一年内的数据进行了统计,代码如下:

```
# 第 8 章/MACD_Cross.py

import akshare as ak
import pandas as pd
import numpy as np

# 获取日线数据
daily = ak.stock_zh_a_hist(symbol = '000001',
                            period = 'daily',
                            start_date = '20231001',
                            end_date = '20240930',
                            adjust = 'qfq')
df = pd.DataFrame(daily)
lines = daily.shape[0]  # 数据条数

# 计算 MACD 指标
```

```
df = df[['日期', '收盘']]
EMA12 = df['收盘'].ewm(span=12, adjust=False).mean()
EMA26 = df['收盘'].ewm(span=26, adjust=False).mean()
df['DIF'] = EMA12 - EMA26
df['DEA'] = df['DIF'].ewm(span=9, adjust=False).mean()
df['MACD'] = 2 * (df['DIF'] - df['DEA'])
x = df.values
print(df)

#标记均线交叉处
mark = np.zeros(lines) #用于标记的数组
for i in range(30, lines):
    if x[i-1][4] > 0:
        if x[i][4] <= 0: #死叉
            mark[i] = 2
    else:
        if x[i][4] > 0: #金叉
            mark[i] = 1

#输出每次出现金叉和死叉的日期、收盘价和收益率
for i in range(30, lines):
    if mark[i] == 1:
        j = i
        while j < lines - 1:
            j = j + 1
            if mark[j] == 2:
                c1 = x[i][1] #金叉日的收盘价
                c2 = x[j][1] #死叉日的收盘价
                print(x[i][0], c1, x[j][0], c2, c2/c1 - 1)
                break
```

上述程序的运行结果如图 8-16 所示。

```
In [1]: runfile('C:/Users/Lemon/Documents/Python Scripts/Stock/MACD_Cross.py', wdir='C:/
Users/Lemon/Documents/Python Scripts/Stock')
             日期     收盘       DIF       DEA      MACD
0    2023-10-09  10.15  0.000000  0.000000  0.000000
1    2023-10-10  10.06 -0.007179 -0.001436 -0.011487
2    2023-10-11  10.02 -0.015914 -0.004331 -0.023164
3    2023-10-12  10.15 -0.012205 -0.005906 -0.012597
4    2023-10-13  10.04 -0.017935 -0.008312 -0.019246
..          ...    ...       ...       ...       ...
236  2024-09-24  10.12 -0.043495 -0.075450  0.063910
237  2024-09-25  10.25  0.000956 -0.060169  0.122250
238  2024-09-26  10.90  0.087624 -0.030610  0.236468
239  2024-09-27  11.17  0.176065  0.010725  0.330681
240  2024-09-30  11.96  0.306371  0.069854  0.473034

[241 rows x 5 columns]
2023-12-22 8.24 2024-03-06 9.37 0.13713592233009697
2024-04-18 9.84 2024-05-30 10.16 0.03252032520325199
2024-07-01 10.1 2024-07-08 9.68 -0.04158415841584162
2024-07-12 10.06 2024-07-24 9.88 -0.017892644135188873
2024-08-16 9.88 2024-09-02 9.86 -0.002024291497975894
```

图 8-16　MACD_Cross.py 运行结果

8.3.3　K 线组合识别

K 线组合在行情研判上具有一定的意义,例如启明星可以预示底部的反转,因此找到符合某种条件的 K 线组合对我们选股有很大的帮助。下面的例子在山东华鹏(603021)的历史数据中查找启明星形态,代码如下:

```
#第8章/Kline_combi.py

import akshare as ak
import pandas as pd

# 获取日线数据
daily = ak.stock_zh_a_hist(symbol = '603021',
                           period = 'daily',
                           start_date = '20240101',
                           end_date = '20240930',
                           adjust = 'qfq')
df = pd.DataFrame(daily)
x = df.values
print(df)

# 寻找启明星形态
lines = daily.shape[0]              # 数据条数
for i in range(1, lines - 2):
    prev = x[i - 1][2]              # 前收盘
    open = x[i][1]                  # 开盘价
    close = x[i][2]                 # 今收盘
    if close/prev < 0.965:
        prev = close
        open = x[i + 1][1]
        close = x[i + 1][2]
        if (close/prev > 0.995) and (close/prev < 1.005):
            prev = close
            open = x[i + 2][1]
            close = x[i + 2][2]
            if close/prev > 1.035:
                print(x[i][0])
```

上述程序的运行结果如图 8-17 所示。

从输出结果可以看出,该股在 2024 年有两次符合启明星的特征,一次在 6 月 24 日,另一次在 8 月 2 日,可以从 K 线图上观察一下搜寻结果是否正确,如图 8-18 所示。图中可以看出,这两次走势确实符合启明星的走势特征,其中 6 月 24 日的那一次在底部区域,而 8 月 2 日那次在上涨途中。如果希望剔除上涨途中的情况,则可以在代码中添加一些判断条件,确保出现该 K 线组合之前是下跌走势。此外,在寻找 K 线组合时,历史数据应该是复权过的,因为未经复权的数据对正确判断涨跌幅会造成不利影响。

```
In [1]: runfile('C:/Users/Lemon/Documents/Python Scripts/Stock/Kline_combi.py',
wdir='C:/Users/Lemon/Documents/Python Scripts/Stock')
              日期    开盘    收盘    最高    最低   ...        成交额      振幅   涨跌幅
涨跌额      换手率
0     2024-01-02  6.59  6.85  7.25  6.41   ...  524506336.0  12.75  3.95  0.26  23.78
1     2024-01-03  6.62  6.77  6.82  6.51   ...  319394738.0   4.53 -1.17 -0.08  14.95
2     2024-01-04  6.77  6.56  6.79  6.48   ...  198600021.0   4.58 -3.10 -0.21   9.42
3     2024-01-05  6.52  6.36  6.68  6.34   ...  121220116.0   5.18 -3.05 -0.20   5.89
4     2024-01-08  6.35  6.16  6.48  6.16   ...  100093607.0   5.03 -3.14 -0.20   4.99
..       ...      ...   ...   ...   ...   ...         ...     ...   ...   ...    ...
176   2024-09-24  2.80  2.86  2.87  2.77   ...   20500660.0   3.62  3.62  0.10   2.27
177   2024-09-25  2.91  2.90  3.00  2.88   ...   25511935.0   4.20  1.40  0.04   2.71
178   2024-09-26  2.91  3.01  3.01  2.89   ...   21475627.0   4.14  3.79  0.11   2.27
179   2024-09-27  3.04  3.25  3.29  2.98   ...   35718822.0  10.30  7.97  0.24   3.54
180   2024-09-30  3.34  3.50  3.51  3.17   ...  109849384.0  10.46  7.69  0.25  10.22

[181 rows x 11 columns]
2024-06-24
2024-08-02
```

图 8-17　Kline_combi.py 运行结果

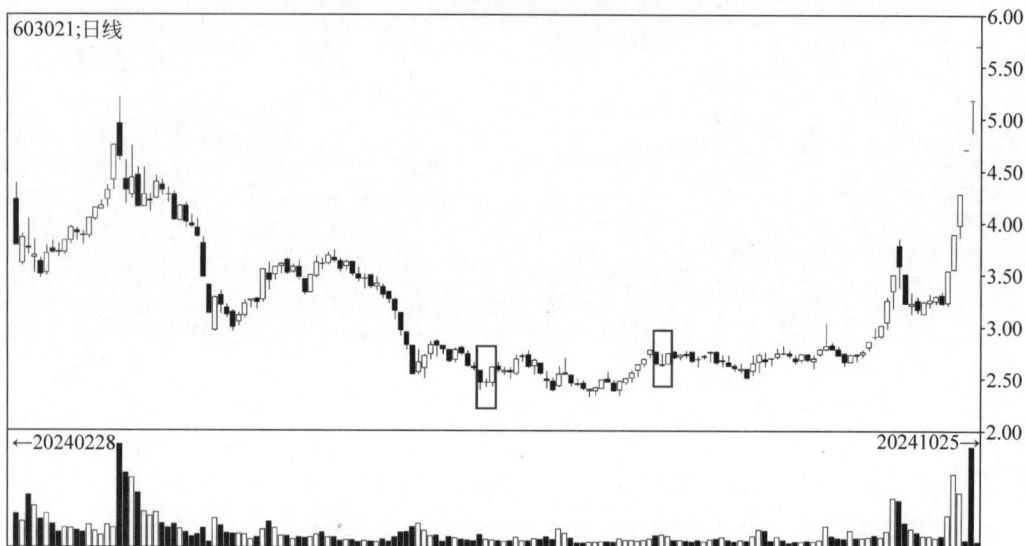

图 8-18　山东华鹏走势中的启明星形态

8.3.4　反转形态识别

寻找反转形态比 K 线组合要复杂得多。以较为简单的双重底为例，首先要判断出阶段性的低点，然后对邻近的两个低点进行比较，确保它们的价位大致相同，最后还要判断这两个低点是否是阶段性的底部。下面是根据华测检测（300012）的历史数据寻找双重底的例子，代码如下：

```
# 第 8 章/Double_Bottom.py

import akshare as ak
```

```
import pandas as pd
import numpy as np

#判断是否是阶段性低点的函数
def Is_Low(arr, Id, span = 5):
    low = arr[Id][4]    #最低价
    i = Id - span
    while i <= Id + span:
        if arr[i][4] < low:
            return False
        i = i + 1
    return True

#获取日线数据
daily = ak.stock_zh_a_hist(symbol = '300012',
                           period = 'daily',
                           start_date = '20231001',
                           end_date = '20240630',
                           adjust = 'qfq')
df = pd.DataFrame(daily)
x = df.values
print(df)

#所有阶段性低点
lines = daily.shape[0]    #数据条数
low = np.zeros(lines, dtype = np.int32)
n = 0
for i in range(5, lines - 5):
    if Is_Low(x, i):
        n = n + 1
        low[n] = i
        print('低点日期:', x[i][0])

#寻找双重底
for i in range(1, n - 1):
    Id1 = low[i]
    Id2 = low[i + 1]
    if (Id2 - Id1 > 5):
        low1 = x[Id1][4]
        low2 = x[Id2][4]
        #print(low1, low2)
        rate = low1/low2
        if (rate > 0.995) and (rate < 1.005):
            Id0 = low[i - 1]
            Id3 = low[i + 2]
            if (low1 < x[Id0][4]) and (low2 < x[Id3][4]):
                print('双重底:', x[Id1][0], x[Id2][0], '低点:', low1, low2)
```

上述程序的运行结果如图8-19所示。

```
In [1]: runfile('C:/Users/Lemon/Documents/Python Scripts/Stock/Double_Bottom.py', wdir='C:/
Users/Lemon/Documents/Python Scripts/Stock')
              日期    开盘    收盘    最高  ...   振幅    涨跌幅   涨跌额    换手率
0      2023-10-09  18.58  18.61  18.86  ...  1.78   0.16   0.03   0.58
1      2023-10-10  18.66  18.34  18.74  ...  2.69  -1.45  -0.27   0.49
2      2023-10-11  18.40  18.32  18.54  ...  1.25  -0.11  -0.02   0.42
3      2023-10-12  18.40  18.13  18.45  ...  2.18  -1.04  -0.19   0.51
4      2023-10-13  17.01  16.67  17.17  ...  7.17  -8.05  -1.46   2.48
..            ...    ...    ...    ...  ...   ...    ...    ...    ...
172    2024-06-24  10.83  10.64  10.87  ...  2.57  -2.21  -0.24   0.78
173    2024-06-25  10.65  10.41  10.74  ...  3.29  -2.16  -0.23   0.74
174    2024-06-26  10.40  10.73  10.85  ...  5.09   3.07   0.32   0.68
175    2024-06-27  10.69  10.52  10.76  ...  3.08  -1.96  -0.21   0.73
176    2024-06-28  10.32  10.06  10.51  ...  4.37  -4.37  -0.46   1.55

[177 rows x 11 columns]
低点日期: 2023-10-26
低点日期: 2023-11-07
低点日期: 2023-11-23
低点日期: 2023-12-28
低点日期: 2024-01-18
低点日期: 2024-02-02
低点日期: 2024-03-08
低点日期: 2024-03-28
低点日期: 2024-04-19
双重底: 2024-01-18 2024-02-02 低点: 10.5 10.52
```

图 8-19   Double_Bottom. py 运行结果

在设定的时间段内,华测检测(300012)有一个双重底,其在 K 线图中的形态如图 8-20 所示。掌握了寻找双重底的技巧后,可以用类似的方法寻找双重顶、三重顶、三重底、头肩顶、头肩底等,它们的原理大同小异,此处就不一一列出代码了。

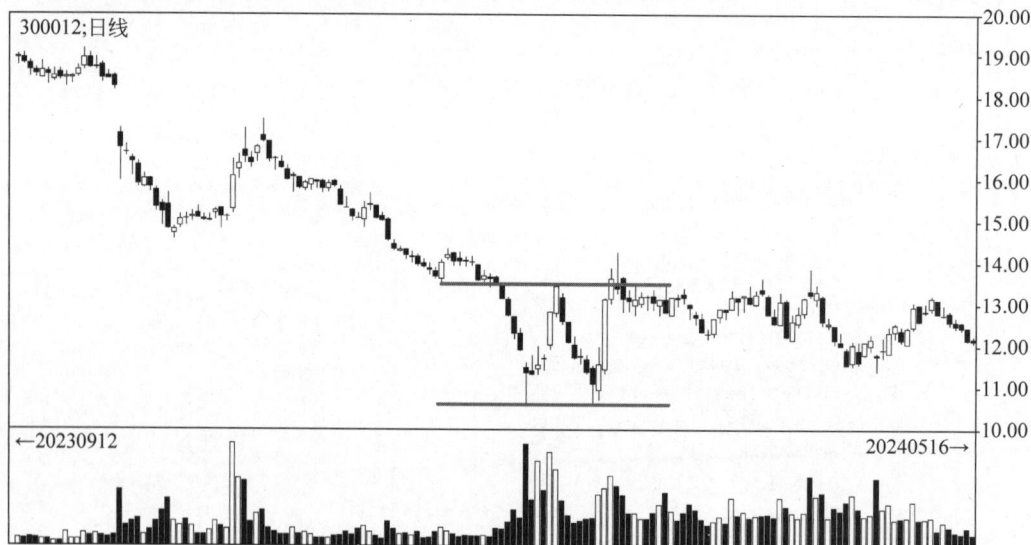

图 8-20   华测检测走势中的双底形态

8.3.5　巨量长阳识别

成交量急剧放大和缩小时往往是转势的标志,通过对成交量的跟踪可以发现潜在的机会。下面的例子在麦克奥迪(300341)的历史数据中寻找成交量急剧放大的大阳线,代码如下:

```
#第8章/Huge_Volume.py

import akshare as ak
import pandas as pd

#获取日线数据
daily = ak.stock_zh_a_hist(symbol = '300341',
                           period = 'daily',
                           start_date = '20240101',
                           end_date = '20240930',
                           adjust = 'qfq')
df = pd.DataFrame(daily)
x = df.values
print(df)

#列出巨量长阳发生的时间
lines = daily.shape[0]      #数据条数
for i in range(1, lines):
    rate = x[i][5]/x[i-1][5]
    if rate > 5:
        prev = x[i-1][2]       #前收盘
        open = x[i][1]         #今开盘
        close = x[i][2]        #今收盘
        if close/prev > 1.05 and close/open > 1.05:
            print(x[i][0], '巨量长阳')
```

上述程序的运行结果如图 8-21 所示,程序搜索到两根巨量长阳。

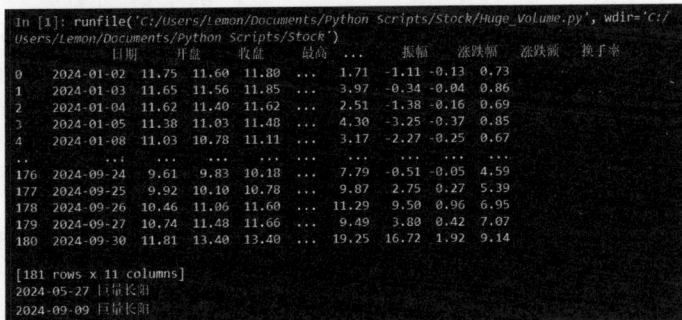

图 8-21　Huge_Volume.py 运行结果

查看该股的 K 线图,确实发现有两根巨量阳线,如图 8-22 所示。

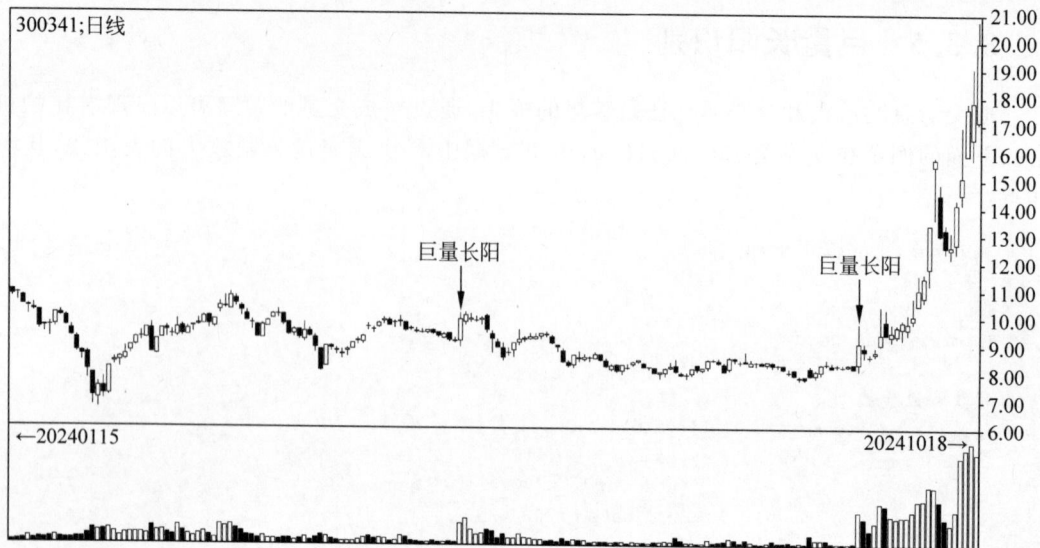

图 8-22　麦克奥迪走势中的巨量长阳

　　上面介绍了一些量化交易中的一些常用的分析手段,在此基础上还可以实现更复杂的算法,例如将均线和成交量结合起来可以寻找类似"蛟龙出海"和"断头铡刀"的 K 线形态,通过均线系统可以寻找多头排列的底部潜力股,通过技术指标可以寻找顶背离和底背离等。可以说,量化交易为我们探索股票的奥秘提供了一个十分强大的工具,擅用这个工具对我们提高收益率、降低风险都大有裨益。

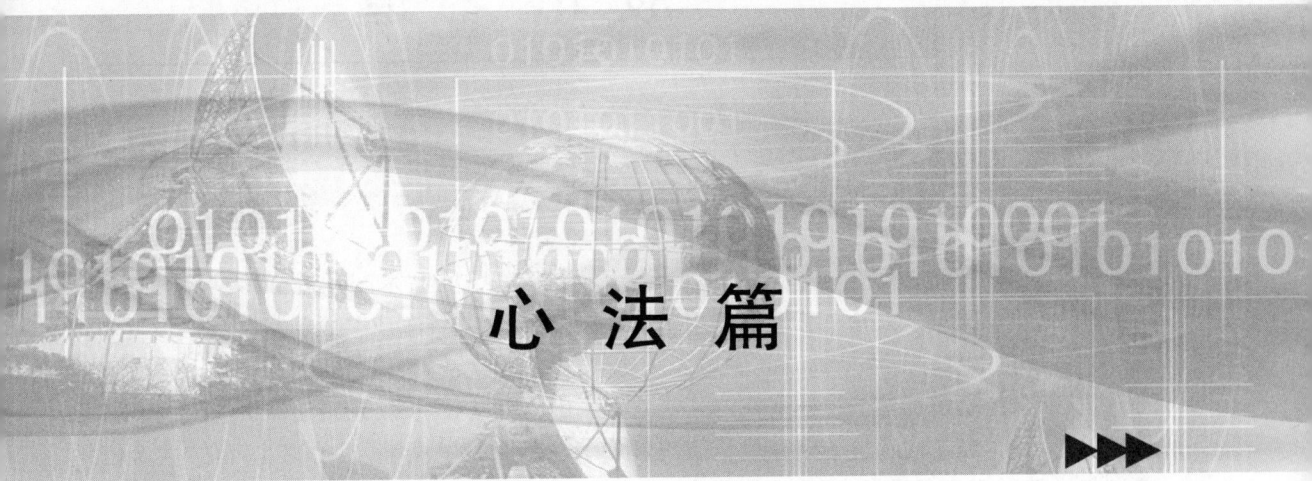

心 法 篇

## 第 9 章

股 市 之 道

或许有人会问,有了技术还不够吗,还需要什么道?

让我们看一看金庸先生在《天龙八部》中是如何描述武功的"术"和"道"的天壤之别的。在少林寺,吐蕃国国师大轮明王鸠摩智用"大金刚拳"中的"洛钟东应""般若掌"中的"慑魔外道"和"摩诃指"中的"三入地狱"和"袈裟伏魔功"震慑住了众僧,又以"拈花指"击伤了玄渡大师,少林寺众位高僧都未能识破他使的其实并非真的少林绝技,而是用逍遥派的"小无相功"催动的。后来,虚竹为了少林荣誉依法炮制,用"韦陀掌"和"罗汉拳"对付鸠摩智的"大金刚拳""如影随形腿""多罗指法"等少林绝技,但实则也是靠"北冥神功"的真气催动的,因此"大金刚拳""般若掌""韦陀掌"和"罗汉拳"这些少林绝技都落入了"术"的范畴,而高手们制胜的法宝并不是这些低级的"术",而是背后的"道",那才是真正高级的东西。

在股市中也是一样。技术分析,归根到底属于"术",是低级层面上的东西。一个人如果仅仅学会了一些所谓的"技术"就沾沾自喜,甚至自以为是,则他在股市之中恐怕会得到很多教训。股市高手们看待技术和《天龙八部》中鸠摩智和虚竹看待少林绝技是一样的,这些东西终究只是表面文章,对高手们来讲,这些东西不值一提,甚至可以用来颠覆,例如,以MACD的金叉、死叉作为买入、卖出信号在不少时候确实是有效的,但是在某些情况下,例如牛市行情中,不少主力往往用"死叉"来洗盘,而高手们则往往反其道而行之,将"死叉"的卖出信号变成买入信号。这样的应用对于只懂得粗浅的"术"的技术人士来讲恐怕就难以理解了,而这正是"道"的威力,因为"古之善为道者,微妙玄通,深不可识""道之出口,淡乎其无味""不笑不足以为道"。

9.1 道法自然

说到"道",自然要提起老子的《道德经》。《道德经》分为《道经》和《德经》两部分,共81章。

《道德经》是五千年中华文明的瑰宝,五千言道尽天地玄机、人生智慧,是前无古人、后无来者的伟大哲学著作。《道德经》早已超越国界,被翻译成多种语言,广泛传播于世界各地,并受到不少西方思想家的推崇。

那么，《道德经》中的"道"究竟是什么呢？关于这一点，《道德经》第 25 章写道："有物混成，先天地生。寂兮寥兮，独立而不改，周行而不殆，可以为天地母。吾不知其名，强字之曰道，强为之名曰大。"由此可知，《道德经》所讲的"道"是指宇宙万物的源头，是天地之母，一切的根本。

《易传·系辞》曰："一阴一阳之谓道。"中国易学思想认为万事万物都有阴阳两个方面，两者互相对立而又相辅相成，世间万物乃至人事兴衰都是阴阳消长的产物。阴与阳就是《易经》中所讲的"两仪"，《易经·系辞》有云："易有太极，是生两仪，两仪生四象，四象生八卦，八卦定吉凶，吉凶生大业"，这就是万物生生不息的过程。

股市是一个阴与阳不断变化的市场，国人将上涨和下跌的 K 线称为"阳线"与"阴线"，表达了对"一阴一阳之谓道"这一理念的认同。在股海之中沉浮的人们大都喜欢阳线讨厌阴线，然而，没有阴就没有阳，没有跌就没有涨，阴阳既对立又统一，缺一不可。对阴阳消长之理最直观的描述莫过于"太极图"了，如图 9-1 所示。

图 9-1　太极图中的阴阳

中国的道家文化向来有"悟道"之说。万事万物皆有"道"，股市自然也不例外。

"道"无处不在，"悟道"也不必拘泥于场所和形式。出家人可以在道观寺庙中悟道，世俗之人也可以在股市之中"悟道"，所谓"条条道路通罗马"，只要不迷失本性，在哪里悟道都是一样的。股市是浓缩的人生，十年股市给人的感悟可能是非市场人士一辈子都体会不到的。

股市之"道"贵在实践。当对《道德经》的理念了然于胸之后，一幅 K 线图就可能引起无限的遐想，让你体会到"道"的玄妙，而这种感悟往往可以用《道德经》中的一句经文来概括。随着类似的感悟越来越多，对《道德经》的理解会越来越透彻，对股市运作规律的了解也会越来越全面，越来越深刻。到了一定的程度，股市、金钱乃至名利都变得不再重要，而唯有那"独立而不改，周行而不殆"的"道"，才是生命中永恒的存在和追求。

9.2　股市悟道

《道德经》的思想博大精深，对股市的启迪是全方位的，本节将挑选《道经》中的一些经典章节进行探讨。

9.2.1　故常无，欲以观其妙

《道德经》第 1 章：

"道可道，非常道；名可名，非常名。

无，名天地之始；有，名万物之母。

故常无，欲以观其妙；常有，欲以观其徼。

此两者同出而异名，同谓之玄，玄之又玄，众妙之门。"

开篇第1章，老子提出了两个非常重要的概念："无"和"有"。他还指出，只有常处于"无"的状态，才能"观其妙"，常处于"有"的状态，才能"观其徼"。

我们生活在一个物质世界，或者说"有"的世界，有身体、有情感、有欲望。进入股市的目的是获取收益，因此股市中人时刻处于"有"的状态，即使是清空了股票，很多人仍然挂念着股市，猜想着后市会如何走，想着下一次该买什么股票……

但是，凡事"关心则乱"，越是想着股票，就越容易受到消息和走势的影响。消息对人的影响是显而易见的，很多人把消息一分为二："利多"和"利空"，但是，消息往往受到趋势的影响，即使是所谓的"利空"，在牛市氛围下也常常"空"不起来，或者沦为主力洗盘的工具，而所谓的"利好"，在熊市中也往往作用有限，甚至只对开盘造成些许影响。

走势对技术派的影响更大些，有的主力刻意营造一些看似"恶劣"的走势，其目的是在拉升前赶走意志不坚定的持股者。以下是陕西黑猫（601015）在2020年的一段走势，如图9-2所示。12月3日，该股收报一根大阴线，5日均线拐头向下，其后两天的走势也相当弱势，给人一种调整仍将继续的感觉。

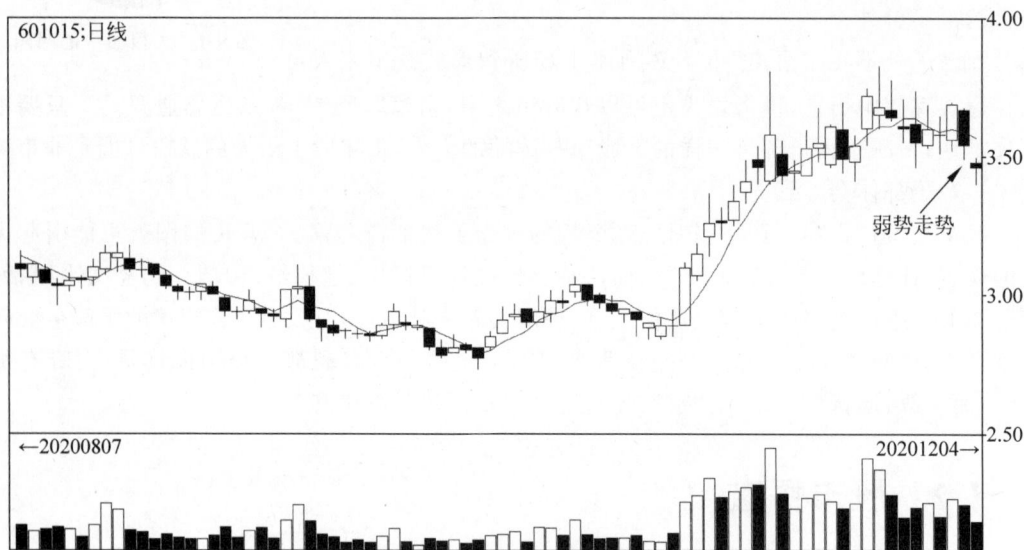

图9-2　陕西黑猫日线图

但是，该股在此后的走势却令人"大跌眼镜"。大阴线后的第3天起，该股连收几根大阳线，让看空者后悔莫及，而这几根大阳线还只能算是序幕，在调整一段时间后，该股更是走出了波澜壮阔的大行情，如图9-3所示。

那么怎样才能从一张普普通通的K线图中看出"门道"呢？答案是"常有"和"常无"。首先，我们对股票要有所了解，懂得常用的分析方法，这就是"常有"，其次，我们不能执迷于技术，而是要在"无"的境界中领悟它的本质。当然，"无"的境界并不容易达到，尤其是对欲念较重的人来讲。

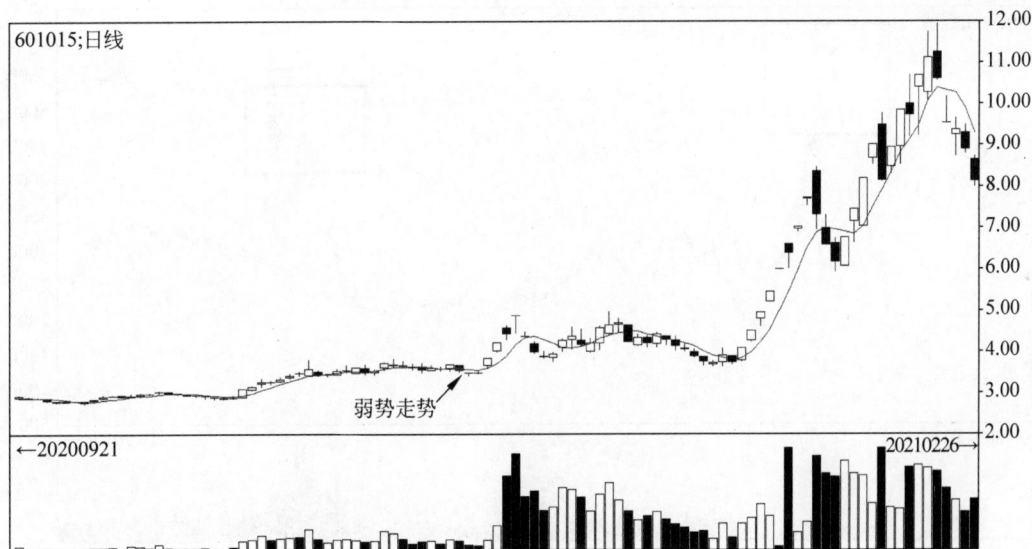

图 9-3 陕西黑猫后期走势

9.2.2 天下皆知美之为美,斯恶已

《道德经》第 2 章:

"天下皆知美之为美,斯恶已;

皆知善之为善,斯不善已。

故有无相生,难易相成,长短相形,高下相盈,音声相和,前后相随,恒也。

是以圣人处无为之事,行不言之教。"

"天下皆知美之为美,斯恶已;皆知善之为善,斯不善已",这句话在股市中可谓"经典中的经典"。当一轮牛市拉开序幕之时,能够感知到的人其实很少,大多数人仍然心有余悸,但凡有几个点的利润就赶快落袋为安了。随着行情的深入,越来越多的个股走出大行情,卖得早的人发现捂紧股票才是王道,于是任何一次回调都被认为是买入的机会。此时,市场上弥漫着乐观的气氛,任何看空后市的说法都会被打脸,看空做空者甚至遭到嘲笑和鄙视。到了一定的阶段,市场上甚至没有了看空的声音,然而,正是这人人沉醉其中的美妙时光,也是做空力量悄然聚集风险随时降临的时刻。这就是"天下皆知美之为美"之时,也是"恶已"(坏了)的时候。类似的例子并不少见,例如 2007 年的蓝筹股行情,以及 2015 年的互联网+行情,当时的走势如图 9-4 所示。

9.2.3 不贵难得之货

《道德经》第 3 章:

"不尚贤,使民不争。

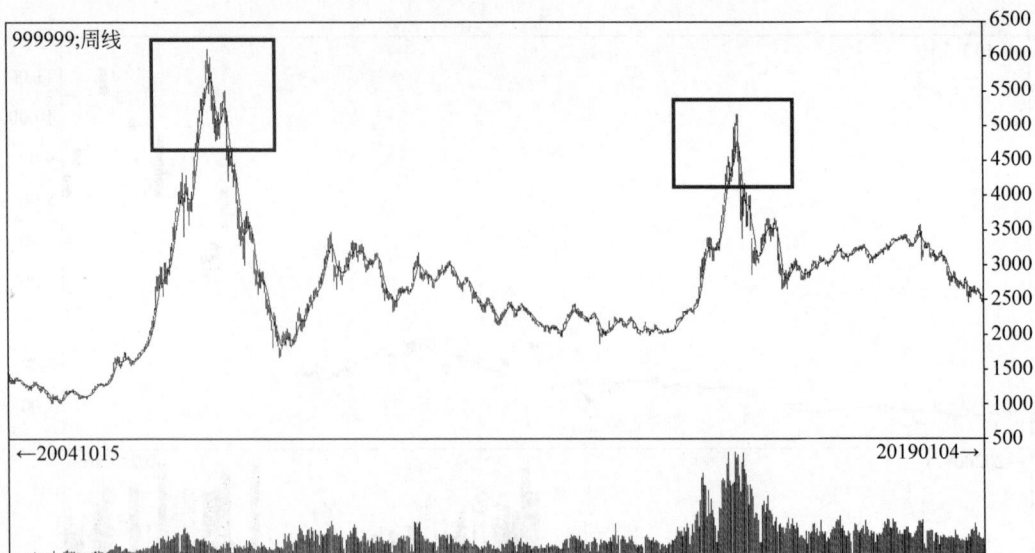

图 9-4　上证指数 2007 年和 2015 年牛市见顶时走势

不贵难得之货,使民不为盗。

不见可欲,使民心不乱。"

俗话说:"物以稀为贵"。在日常生活中,我们很容易感受到"稀缺"的价值,例如,同样一场演唱会的门票,靠近舞台前排正中的座位的价格往往要比后排的座位的价格高出数倍甚至更高;一场巴菲特的慈善午餐可以拍卖到数百万甚至上千万美元;一幅世界名画竟然可以拍卖到上亿美元。于是,人们对稀缺的难得的东西趋之若鹜,很多情况下甚至催生出了黑市和不法行为。

但是,正因为"难得之货"的经济价值,也催生出了众多的陷阱和骗局,例如,古玩因其"难得"而备受追捧,但是慷慨解囊的收藏者很多时候会遇到"做旧"的仿品或者赝品。在各类五花八门的骗局之中,因为"难得之货"而上当受骗的人数不胜数。

股市之中的各种"陷阱"自然也不会少,例如,不少股票因为利好消息一飞冲天,因此各种各样的"内幕消息"也成了走捷径者的香饽饽。于是,不少骗子通过"内幕消息"大肆行骗。再如,有些人迷信操盘手能够"翻手为云,覆手为雨",如果因为某种"机缘巧合"结识了所谓的操盘手,则他们往往因为"机会难得"而对其言听计从,最后落入精心设计的圈套。至于各种所谓"高手"的股票群就更是司空见惯了,这些所谓的"高手"吹嘘着自己的高收益,"翻番"对他们来讲似乎如探囊取物一般简单,然而不缺钱的"高手"搞股票群居然还是为了赚钱,不免让人"大跌眼镜"。

两千多年前,老子就教导我们"不贵难得之货",然而时至今日,"难得之货"仍然被作为诱饵用来行骗,人性之亘古不变可见一斑。

9.2.4　多言数穷,不如守中

《道德经》第 5 章:

"天地不仁,以万物为刍狗。

圣人不仁,以百姓为刍狗。

天地之间,其犹橐籥乎?

虚而不屈,动而愈出。

多言数穷,不如守中。"

以杰西·利弗莫尔为原型的《股票作手回忆录》是一本经典的股票入门书,其中包含了大量的心得体会,里面不少理念是值得我们学习的,但也有个别观点笔者并不认同,例如,"股票永远不会太高,高到让你不能开始买进,也永远不会太低,低到不能开始卖出"。

这句话应该是在表达一种理念:趋势不会轻易结束,上涨的趋势不会因为价格高而结束,下跌的趋势也不会因为价格低而结束。关于这一点,笔者大体认同,但是,如果趋势已经持续了较长时间,并且短时间内的涨幅很高,则即使趋势不会马上反转,也至少会有一个明显的回调或者需要盘整一段时间,那么此时的买入是否明智呢?俗话说,"高处不胜寒",价格越高,风险也越高,在价格已经很高时再去追高,本质上讲是一种极端行为,是"刀尖上舔血"的赌徒行径,不值得提倡。

至于持续的下跌,情况可能要复杂一些,因为下跌可能由于基本面的根本变化而引起的,例如之前被市场追捧的牛股被发现业绩造假,可能退市甚至破产清算。在此种情况下,《股票作手回忆录》中的那句话是适用的。当然,股价的上涨也可能是由基本面的明显改善而引起的,例如上市公司突然推出一种非常热销的"独家产品",导致利润大幅增长,或者收购了一家盈利能力很强的企业。

收购,如果是属于强强联合的那种收购,则确实能大大增强上市公司的盈利能力,但是,如果收购属于市场行为而不是幕后交易,则收购方肯定也需要付出相应的对价,这体现在财务报表的"商誉"这一项目上。"商誉"并不是一次性计入就万事大吉了,而是需要每年进行减值测试,如果发现减值迹象,则要计提商誉减值损失并计入利润表。商誉,动辄数亿元数十亿元,因此商誉减值损失一旦发生对利润的影响无疑是巨大的,而股价也自然会受到波及,其中一个典型的案例就是数知科技(300038)。

数知科技的前身是梅泰诺。2016 年,梅泰诺启动资产重组,收购宁波诺信 100% 股权,并通过宁波诺信间接控制 BBHI(一家海外互联网广告供应端平台公司,主营互联网营销业务),这笔交易的对价高达 60 亿元。

在三年业绩承诺期满后不久,BBHI 的业绩出现暴雷。2020 年 12 月 23 日晚,数知科技公告称,公司重大资产重组后形成了较大金额的商誉,由于 BBHI 等企业经营状况持续恶化,公司预计减值金额为 56 亿~61 亿元。

2021 年 4 月 30 日,因 2020 年年度财务会计报告被出具无法标示意见的审计报告,数知科技被实施退市风险警示。2022 年 5 月 31 日,数知科技宣布收到深交所终止上市的决定,进入退市程序。

所以,通过收购实现"乌鸡变凤凰",虽然可能性是存在的,但要想实现质的飞跃仍然是任重道远、风险莫测的。在股市中,不少情况下收购的目的是炒作,而投资者需要对各种收购进行仔细鉴别。"多言数穷,不如守中"告诉我们凡事不要走极端,这绝对是一句至理名言,值得广大投资者谨记。

9.2.5　上善若水

《道德经》第8章:

"上善若水。

水善利万物而不争,处众人之所恶,故几于道。

居善地,心善渊,与善仁,言善信,政善治,事善能,动善时。

夫唯不争,故无尤。"

此章赞颂了水之德:"居善地,心善渊,与善仁,言善信,政善治,事善能,动善时。"在股市之中,如果能拥有"水之德",则一切问题都将迎刃而解。

"居善地"并不难理解。所谓"君子不立危墙之下",一个基本面糟糕的垃圾股,即使各种"概念"满天飞,故事讲得天花乱坠,那也是"危墙",是"是非之地"。古语道:"良禽择木而栖",一个优秀的投资人自然也要择股而持。选股得当甚至可以穿越熊市,看一看贵州茅台(600519)的走势就可以知道"居善地"的重要性,如图9-5所示。当然,任何事物都有其兴衰,也没有一只股票会永远辉煌。

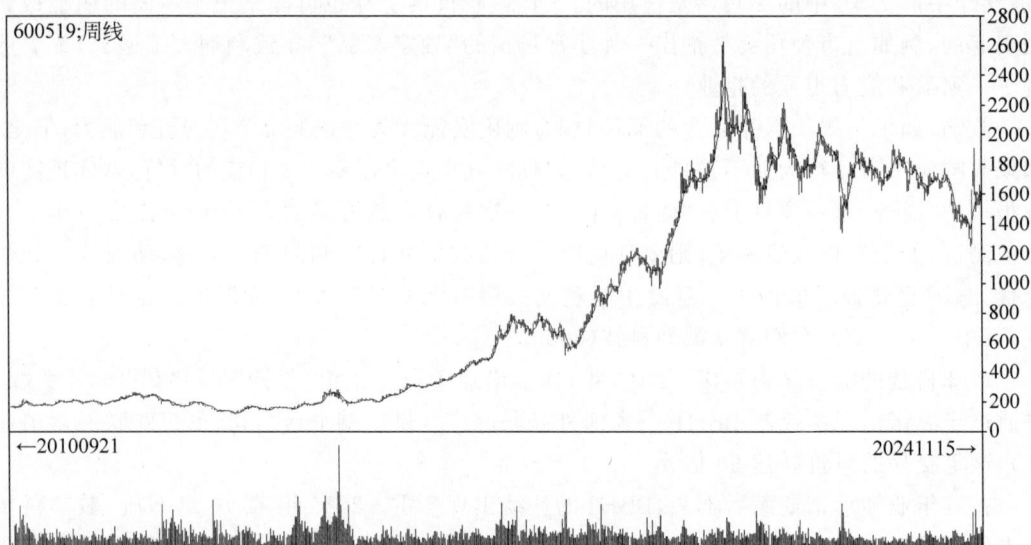

图 9-5　贵州茅台周线图

"心善渊"的"渊"可以理解为深邃、渊博。世人往往只看表面,很少有人能深入到事物的本质。当今社会,当说一个人是否成功时,往往会从名利的角度来评判。浅薄之人甚至会根据人的衣着打扮将人分成三六九等,衣着光鲜、满身名牌的人被认为是成功人士,穿着朴素或者不注重穿着的人则被人瞧不起。不少人以拥有一块名牌手表、一只名牌手袋为荣,而另一些人则热衷于整修"脸面",隆鼻、隆胸、抽脂,只要能让外表"光鲜靓丽",甚至不惜以健康为代价。他们对外貌上的微小瑕疵斤斤计较,却对心灵上的斑斑点点视而不见。一切都流于表面,没有人关注更为深邃、更为内在的东西。很多人宁愿花费大量时间交际应酬、结交权贵,也不愿意静下心来读书或者内省。

反映在股市中的是,不少人对上市公司的质地漠不关心,甚至选择性忽略。只要是市场热点,有没有业绩支撑无所谓,有没有持续经营能力也无所谓,先赶一波潮流再说。不少人甚至都不知道买入股票的主营业务是什么,更不用说它有什么核心竞争力。殊不知,市场热点来得快去得更快,很多时候甚至连潮水都没有退去,不少人已经在裸泳了。

"言善信"涉及的是信用问题。"信用"是一个社会的根本,如果"欠债还钱""言而有信"这些基本的准则都得不到遵守,则这个社会还有什么进步的动力? 有些上市公司对信息披露不当回事,甚至公然造假。对此,笔者的原则是,买入股票时除了要了解该公司的盈利能力外,还要了解其诚信程度,对于造假、欺诈、言而无信的上市公司一律加入黑名单。

"政善治"体现在上市企业中就是善于经营,但是,有些上市公司甚至都懒得经营,整天想着蹭热点、改名字,这样的企业又有什么投资价值?

"动善时"讲的是时机问题。股市中的"时"非常重要,本书中从头到尾强调的一个重点是"趋势",而趋势归根到底就是"时"。"力拔山兮气盖世"的一代英雄项羽也会慨叹"时不利兮骓不逝",可见"时"对人的重要性。在牛市中,由于得了"天时",往往随便捡一个股票就能轻松获利,而在熊市之中,即使是 2、3 个点的差价都很难寻。"时也,势也",时势才能造英雄,只有"动善时"才能事半功倍无往不利。"时"的重要性怎么强调都不为过。

"居善地,心善渊,与善仁,言善信,政善治,事善能,动善时",这短短 21 个字为我们完整而又精辟地概括出一个上佳的股市投资理念,可谓"一字千金"。

9.2.6　功遂身退,天之道也

《道德经》第 9 章:

"持而盈之,不如其已;揣而锐之,不可长保。

金玉满堂,莫之能守;富贵而骄,自遗其咎。

功遂身退,天之道也。"

"功遂身退,天之道也"早已成为很多人的至理名言,然而,知易行难,即使是纵横捭阖的风云人物,能做到这一点的也是屈指可数。越王勾践卧薪尝胆的故事世人皆知,但辅佐他重振雄风的范蠡、文种的结局却是许多人不了解的。

越王勾践在夫椒被吴军打败后,卧薪尝胆,苦心经营二十年,终于灭掉了吴国,吴王夫差因不堪亡国之辱而拔剑自杀。此时,看穿勾践嘴脸的范蠡选择了功成身退,他离开越国来到齐国,隐藏身份开始了经商之路,成为一代巨富,人称"陶朱公"。到达齐国后,范蠡还给文种送来一封信,信中说:"飞鸟尽,良弓藏;狡兔死,走狗烹。越王此人长颈鸟嘴,只可以与之共患难,不可以与之共富贵,你为何不离去?"文种看过信后似有所悟,称病不再上朝,但并未离去,最终被勾践赐死。范蠡和文种虽然都是勾践的重臣,但是不同的理念造就了他们不同的结局。范蠡"功遂身退",不但保住了性命,而且富甲一方,为后人所敬仰,而对人性缺乏深刻理解的文种却终究逃不过一死,可叹!

同样的事情发生在刘邦和他的重臣张良和韩信之间。张良在帮助刘邦取得天下之后选择了"功遂身退",得以安享晚年,而帮助刘邦"战必胜,攻必克"的韩信则因为迷恋权位最终被诛杀并灭了三族。历史是何其的相似!

在股市当中,因为不懂得"功遂身退"之道而惨遭厄运的人也不在少数,前文提到的杰西·利弗莫尔就是这样一个例子。

在1907年金融危机中,杰西·利弗莫尔通过做空在一天之内就赚了100万美元,在此后的大反弹中,他又大赚了一笔,净资产达到了300万美元。300万美元,即使在今天也不是一个小数目,而那个年代的利弗莫尔已经不啻于今天的亿万富翁。利弗莫尔过上了奢侈的生活,但并未想到"功遂身退"。1915年,他破产了。

不过,他很快又东山再起,在1929年的华尔街股灾中,他净赚了1亿美元。1亿美元在当时可是个天文数字,要知道,当时美国全年财政收入也只有42亿美元。如果此时选择"功遂身退",则他仍然是一个成功者,至少是在股市中,但是,他仍然没有收手。1934年,他用光了全部的运气,又一次申请破产,当时列明的资产只有84 000美元,而负债则高达250万美元。1940年11月28日,利弗莫尔在曼哈顿一家饭店的衣帽间里用手枪结束了自己的生命,临终前他给第3任妻子写了一封长信,信中写道:"我的人生是一场失败!"

杰西·利弗莫尔的结局令人唏嘘,作为华尔街的一名传奇人物,他曾有过数次辉煌,如果懂得"功遂身退",则他的结局可能是截然不同的。当然,股市中也有"功遂身退"的成功者,例如彼得·林奇。1990年,年仅46岁的林奇在他最巅峰的时刻选择了退休,离开了他热爱的共同基金圈子。

"功遂身退"者之所以少,是因为那是"天之道也",而懂得"天之道"的人又怎么可能会多呢?"明道若昧;进道若退;夷道若纇",岂虚言哉?所以,大多数人只能沉迷在"金玉满堂"的世界里,却不知道这一切"莫之能守"!《红楼梦》中《好了歌》写道:"世人都晓神仙好,只有金银忘不了!终朝只恨聚无多,及到多时眼闭了"。歌词非常浅显,但其中蕴藏的人生哲理却是深刻的。

9.2.7　驰骋畋猎,令人心发狂

《道德经》第12章:

"五色令人目盲;五音令人耳聋;五味令人口爽;

驰骋畋猎,令人心发狂;难得之货,令人行妨。

是以圣人为腹不为目,故去彼取此。"

在电影《黑客帝国》中,人类的反叛者塞弗在出卖尼奥时对史密斯说:"我知道这块牛排并不存在,我知道等我把它放进嘴里,母体会告诉我的大脑,它多汁又美味……"塞弗其实明白,感觉只是对大脑的一种刺激,一种神经信号,甚至可以说是一种"幻觉",但是,他却宁愿要这种"幻觉",宁愿去做母体中的奴隶,为什么?

在人间生活了几十年之后,很多人会觉得"色、声、香、味、触"这些感觉是真实不虚的,而他们对人生的愿景也无外乎"吃得好、穿得好、有钱花"。无怪乎塞弗在与史密斯谈条件时这么说："我要当有钱人,最好是重要人物,例如明星……"也无怪乎在《黑客帝国》的影评中有不少人对塞弗的选择表示支持……

现代科学表明,我们在这个世界上的各种体验,无论是"色、声、香、味、触"都是通过神经系统传进大脑的,大脑再将神经信号转化成视觉、听觉、嗅觉、味觉和触觉等各种感觉。既然感觉只是一种神经信号,那么通过某种技术来模拟这种信号从而产生类似的感觉也完全是可能的。《般若波罗蜜多心经》中说:"是故空中无色,无受想行识。无眼耳鼻舌身意,无色声香味触法",这段经文和《道德经》第 12 章表达的内涵是何其的相似!

在股市之中,很多人喜欢追涨杀跌,然而牛市苦短,追涨往往意味着亏损或被套,损失了金钱或者时间不说,往往还把心情搞糟了,这就是"驰骋畋猎,令人心发狂"吧!杰西·利弗莫尔在 1929 年的股灾中成为亿万富翁,在当时的美国乃至世界上,他已经是屈指可数的富豪了。他早已不再缺钱,可他为什么还要在股市中纵横驰骋,最终输光了全部身家呢?恐怕是因为"驰骋畋猎"让他"心发狂"了吧!《股票作手回忆录》中有一句话是这样说的:"一个人必须小心防备很多事情,最重要的是要小心他自己,也就是说要小心人性"。这句话其实是以杰西·利弗莫尔的口吻说的,但是利弗莫尔最终还是败给了人性,败给了自己。

9.2.8 万物并作,吾以观其复

《道德经》第 16 章:

"致虚极,守静笃。

万物并作,吾以观其复。

夫物芸芸,各复归其根。

归根曰静,静曰复命。

复命曰常,知常曰明。

不知常,妄作凶。

知常容,容乃公,公乃全,全乃天,天乃道,道乃久,没身不殆。"

天地万物生生不息,虽然瞬息万变,其道却是始终不变的,这就是老子所讲的"常"和"根"。"吾以观其复"的"复"指的是"循环往复",是天地宇宙的普遍规律。一年有春、夏、秋、冬四季,寒来暑往,又是一年,这就是一个循环,一次"复";一天之中有白天黑夜二十四小时,清晨太阳从东方升起,傍晚夕阳西下,这也是一个循环,一次"复"。

在股市中,牛市和熊市也是交替运行的,有着一定的周期,有人称其为"牛熊周期"。当然,股市中的周期并不像钟表那么精准。以下是上证指数过去 30 年的走势图,如图 9-6 所示,其中重要的顶点之间大致也存在着一个周期。

"复"意味着什么?它意味着"有涨必有落""有牛必有熊",就像有日出就会有日落,有涨潮就会有退潮一样。任何企业、任何行业都会有景气高峰和低谷,指望一个企业能永远增长下去是不现实的。同样,要指望股市中只有牛市而没有熊市也是不现实的。古有"日出而作,日落而息",这不是落后,而是《道德经》所讲的"知常"。

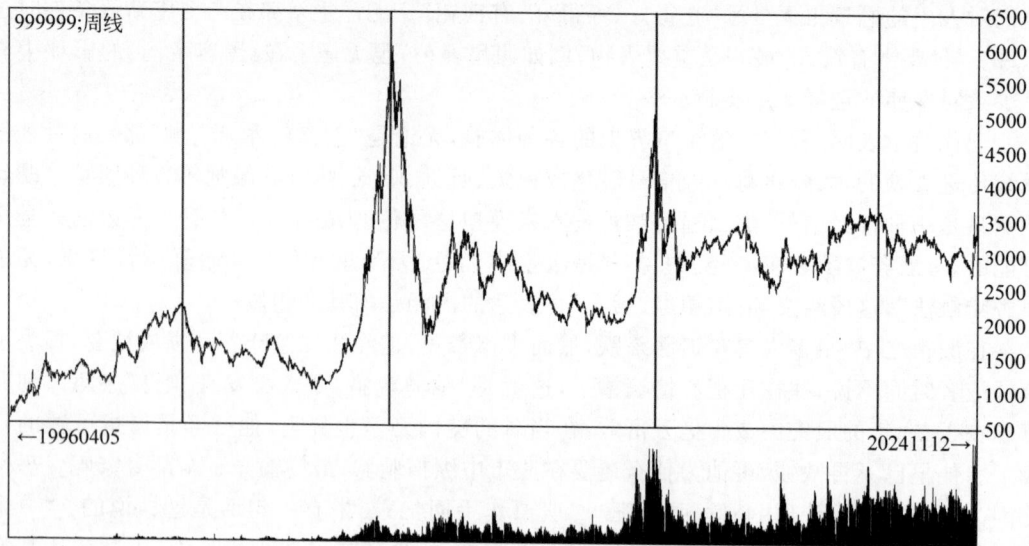

图 9-6 上证指数 30 年中的周期

"知常"是明智的选择,不知常而胡乱作为只能招致厄运。《股票作手回忆录》中有一句话很经典:"做所有的事情都要讲时机。不理基本大势,持续不断操作的意愿,是华尔街上许多人亏损的原因,连专家也不能避免。"这句话中所讲的"不理基本大势,持续不断操作的意愿"其实就是妄作,而老子在两千多年前就已经告诫过我们:"妄作凶"。

所以,不顾及市场整体趋势,一味地瞎折腾,往往事倍功半,甚至南辕北辙。一名成熟的投资者应该学会"观其复",在世道不佳时懂得"一动不如一静",避免"妄作"。

9.2.9 我独异于人

《道德经》第 20 章:

"众人熙熙,如享太牢,如春登台,

我独泊兮其未兆,如婴儿之未孩,儽儽兮若无所归。

众人皆有余,而我独若遗。我愚人之心也哉,沌沌兮!

俗人昭昭,我独昏昏;俗人察察,我独闷闷。

澹兮其若海;飂兮若无所止。

众人皆有以,而我独顽似鄙。

我独异于人,而贵食母。"

这一章描述了得道者与众人的不同:"众人都兴高采烈的,如同在参加丰盛的宴席,又如春天登上高台欣赏风景,而我对此无动于衷,就像一个不会嬉笑的婴儿,形单影孤,似乎找不到归宿。众人都有所余,唯独我似乎缺少了什么。众人对世事都清清楚楚、明明白白,只有我浑浑噩噩、糊里糊涂。"

这里看似在赞扬世人"活得开心,活得明白",实际上却是一种不折不扣的讽刺。是啊,世人都在所谓的"生活"中奔忙挣扎,甚至看似很开心,但是他们都在追求什么?是什么让他们开心?功名、金银、娇妻、儿孙,如同《红楼梦》的《好了歌》所写的那样?

《道德经》中的"我独异于人,而贵食母"这句话有着深刻的含义,这里不就其本义作更多的解读,因为那与本书的主题无关,但是,"我独异于人"这句话对股市中人来讲是意义非凡的。

股市中向来有"十人九亏"的说法。在股市中成为赢家的方法千千万,但是有一点是共同的,那就是必须与众不同。有的投资者对股票的成长性及发展前景做深入细致的研究,在看到巨大的成长空间之后坚定持有而忽略短期市场波动,最终成为大赢家;有的投资者擅长挖掘牛股,在牛股起飞之前埋伏其中,"守得云开见月明",最终满载而归;有的投资者则在周期股的底部区域埋伏,等到行业景气上升时获利了结,也能获利颇丰;也有的投资者擅长"选时",在大盘活跃时灵活出击,一旦大盘走弱则养精蓄锐见好就收,照样过得逍遥自在。

总而言之,要在股市长久生存,没有一点拿得出手的"绝活"是不行的。如果人云亦云,活在"蜂巢思维"之中,则你在股市中将会有"交不完的学费","上不完的课",浪费了时间精力还赔钱,这又是何苦呢?

股市的门槛看似很低,但是淘汰率却是很高的,并非所有人都适合股市。我们甚至可以这么说:大部分人不适合股市!

初入股市,很多人都很"谦虚",他们喜欢听"专家"的意见,殊不知,"股市无专家"。电视里的财经节目经常会有一些"专家"发表评论,例如股评家或者经济学家。股评家,作为证券从业人员,按规定是不能自己操作股票的,也就是说他们是没有实战经验的,听"股评家"的意见,相当于找不会开车的人教你开车。如果一个人把驾驶汽车的理论背得滚瓜烂熟,但他没开过车,则你会请他教你开车吗?

所以,唯一可靠的人是你自己,即使开始你不懂,那没关系,可以学习,但是最后一定要是自己做的决策,知道为什么这么做,如果错了,则可以分析原因加以改进。这样还可以避免在亏损时推卸责任:"都是听了某某某,所以亏了。"那只是一种借口,将自己的错误转嫁到别人头上。

9.2.10 飘风不终朝,骤雨不终日

《道德经》第23章:

"希言自然。

故飘风不终朝,骤雨不终日。

孰为此者?天地。

天地尚不能久,而况于人乎?"

在自然界中,通常狂风刮不了一个早晨,暴雨也下不了一整天,因为能量耗尽,无以为继了。股市中也是一样,人们都希望大牛市,然而大牛市就同"飘风"和"骤雨"一样不可持续,当作多能量被耗尽之后,等待人们的往往是无尽的萧瑟。近20年来,我国股市出现过两次大牛市,一次是2005—2007年的大牛市;另一次是2014—2015年的大牛市,然而,牛市后都出现

了大幅度的调整,很多人不仅将牛市中的所得悉数奉还,还深度被套,踏上了漫漫的解套之路。

个股也是一样,虽然上涨时的疾风暴雨令人心潮澎湃,但急速回落时的走势也同样让人心惊胆战。以下是山西焦化(600740)近 30 年的走势图,如图 9-7 所示,期间有多次暴涨,但此后的调整也同样猛烈,这充分验证了"飘风不终朝,骤雨不终日"的道理。

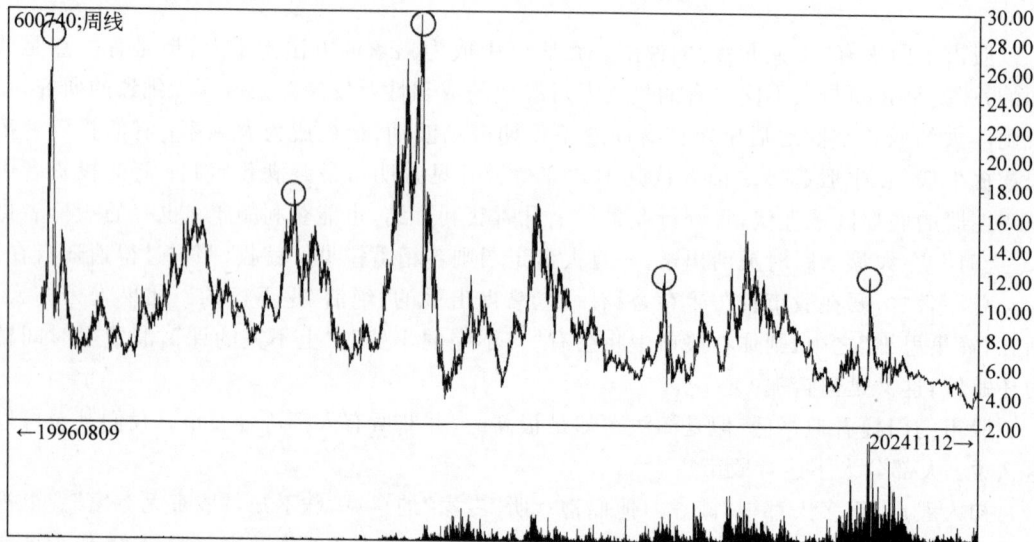

图 9-7 山西焦化 30 年周线图

9.2.11 物壮则老

《道德经》第 30 章:

"以道佐人主者,不以兵强天下,其事好远。

师之所处荆棘生焉。大军之后必有凶年。

善有果而已,不敢以取强。

果而勿矜,果而勿伐,果而勿骄,果而不得已,果而勿强。

物壮则老,是谓不道,不道早已。"

如果把人生分成不同的年龄段,则大致可以分为童年、青年、壮年、老年这 4 个阶段。壮年是人生的鼎盛时期,很多著名的科学家出成果是在壮年。到了老年,不但体力衰退,各种各样的老年病也次第登场,让人防不胜防。

股市中人都喜欢牛市,特别是股票的主升浪,速度快、涨幅高,走势也令人赏心悦目,但是,这个阶段也是风险最高的,因为"飘风不终朝,骤雨不终日",主升浪随时可能戛然而止,而无论是 V 形反转还是高位的剧烈震荡都令人心惊胆战。

以下是集泰股份(002909)在 2022 年的一段走势,如图 9-8 所示。6 月 10 日起,该股迎来一波大行情,股价扶摇直上,持股者自然是如醉如痴,然而,天有不测风云,在冲高到20.72 元的高位后,涨势戛然而止。在没有任何征兆的情况下该股开始了断崖式下跌,没能及时获利出局者面临的是利润大幅缩水乃至被套的结局。在此过程中,如果说有什么好的卖点或者信号,则日线级别的 MACD 死叉无疑是屈指可数的信号之一了,但是,7 月 5 日该股发出死叉信号时股价已经不到 14 元了,比高点位置足足低了 30％以上。

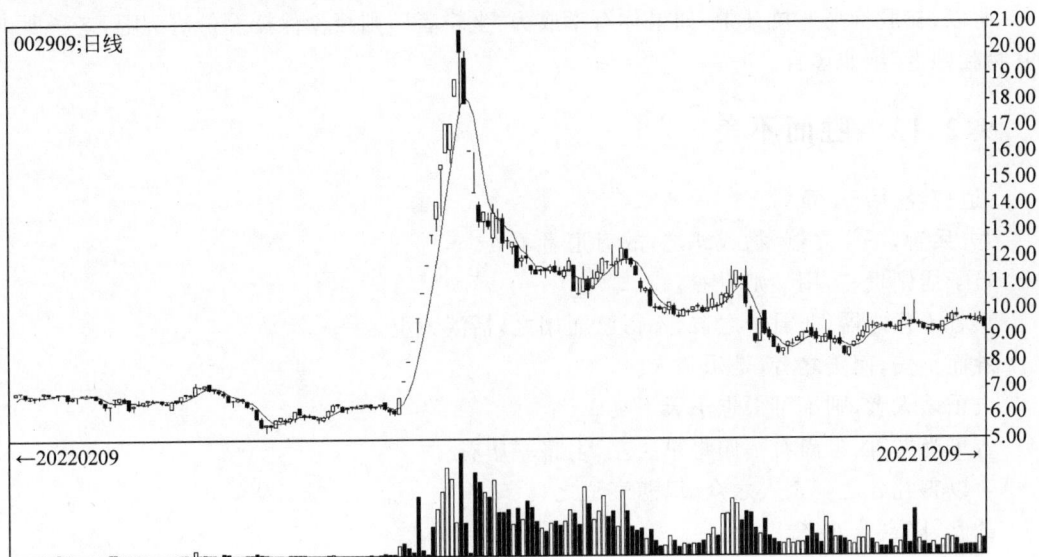

图 9-8　集泰股份日线图

　　所以,走势最强劲的时候,也是即将衰竭之时,这就是"物壮则老"告诉我们的道理。不管如何,集泰股份在趋势逆转的过程中至少还给了投资者出局的机会,而一些窒息式跌停出货的股票则让人欲哭无泪,2015 年中曾经涨势如虹的大牛股威创股份(002308,2024 年被深交所摘牌退市)就是这样一个例子,如图 9-9 所示。

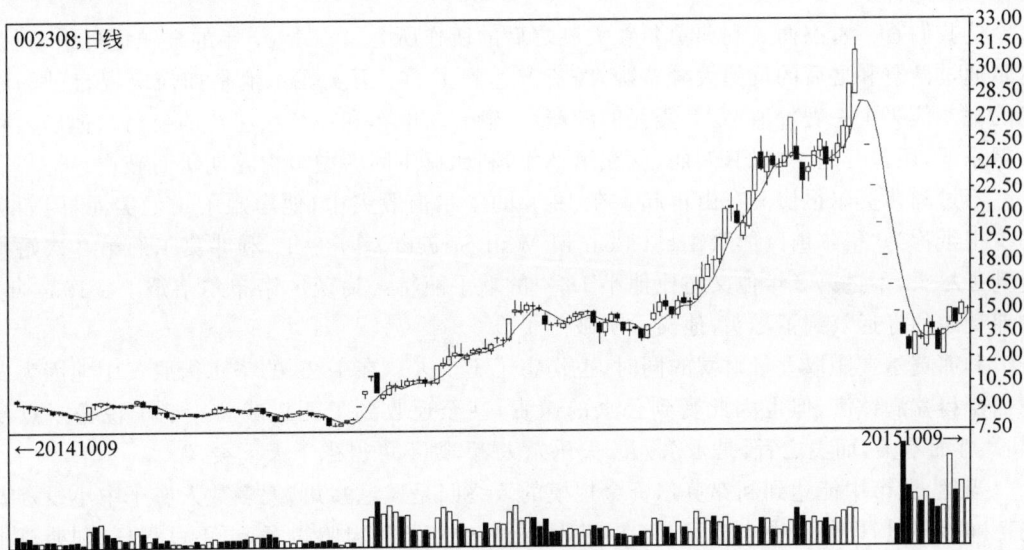

图 9-9　威创股份日线图

2014 年底,该股的股价还在 8 元以下,此后该股一路飙升,2015 年 6 月 11 日一度冲高至 31.71 元,一时风光无限,然而,6 月 12 日,该股因拟披露重大事项而停牌,等到复牌已经是 3 个月之后了。9 月 8 日,该股复牌,之后一路跌停,打开跌停时股价只有 14 元左右了。

所以,在股价高速拉升中,如果你有幸成为"坐轿者",则至少保持一份清醒吧,老子所讲的"物壮则老"绝非虚言。

9.2.12　胜而不美

《道德经》第 31 章:

"夫兵者,不祥之器,物或恶之,故有道者不处。

君子居则贵左,用兵则贵右。

兵者不祥之器,非君子之器,不得已而用之,恬淡为上。

胜而不美,而美之者,是乐杀人。

夫乐杀人者,则不可得志于天下矣。

吉事尚左,凶事尚右。偏将军居左,上将军居右。

言以丧礼处之。杀人之众,以悲哀泣之。

战胜,以丧礼处之。"

战场是残酷的,所谓"一将功成万骨枯"。当战争的胜利者在欢呼胜利时,战败者只能在角落里舔舐着伤口,而那里还有更多因为战争失去亲人或者流离失所的无家可归者,所以,老子说:"兵者不祥之器,非君子之器,不得已而用之","战胜,以丧礼处之"。

股市如战场。每一波牛市和熊市下来,股市中都会产生大批的"胜利者"和"失败者",虽然胜利和失败只是暂时的。"胜利者"为自己的胜利欢呼雀跃,乃至不可一世,而失败的种子也往往就此种下。

让我们看一看杰西·利弗莫尔在大胜之后的所作所为。在 1907 年的金融危机中,利弗莫尔通过做空和之后的反弹大赚特赚,净资产达到了 300 万美元。他是如何庆祝自己的胜利的呢?他买了一艘价值 20 万美元的游艇、一辆有轨电车和一套在纽约的公寓。他出入私人俱乐部,还包养起了情妇,然而,就在第 2 年,利弗莫尔因为做多棉花期货而破产。

不过利弗莫尔很快又东山再起。在 1929 的华尔街股灾中,他净赚了 1 亿美元,因而被不少报纸称为"华尔街巨熊"(Great Bear of Wall Street)。1932 年,利弗莫尔的第 2 次婚姻走到了尽头,不过第 2 年他又与比他小 18 岁的歌手丽特·梅茨·诺布尔结婚了。1934 年,利弗莫尔的好运气到了尽头,他又一次破产了。

利弗莫尔在赚取大量财富的同时,也伤害了不少人。在 1929 的华尔街股灾中他因为做空而赚得盆满钵满,但也因此受到公众的谴责,甚至还收到了死亡威胁。老子说得一点没错:"胜而不美,而美之者,是乐杀人。夫乐杀人者,则不可得志于天下矣。"

当然,股市中能达到利弗莫尔资金规模的人终归是凤毛麟角,大多数人属于中小投资者的范畴。不过,即使是中小投资者,在"获胜"之后也切不可自鸣得意,更不可猖狂,利弗莫尔就是我们的前车之鉴。

9.2.13　知止可以不殆

《道德经》第 32 章：

"道常无，名朴；虽小，天下莫能臣。

侯王若能守之，万物将自宾。

天地相合，以降甘露，民莫之令而自均。

始制有名，名亦既有，夫亦将知止，知止可以不殆。

譬道之在天下，犹川谷之于江海。"

《易经》八卦中有一卦为艮卦，《象传》上说："艮，止也。时止则止，时行则行，动静不失其时，其道光明"。"时止则止，时行则行"可谓金玉良言。

历史上因为"该止不止"而功败垂成的案例数不胜数。以三国时期蜀国为例。在"大意失荆州，败走麦城"后，关羽和他的儿子关平被杀，而刘备为了夺回荆州，以及为关羽报仇，不顾诸葛亮等人的劝告执意伐吴，结果在夷陵之战中被陆逊火烧连营七百里，大败而回，蜀军因此损失惨重，元气大伤。刘备败就败在"不知止"，这场战争不仅大大消耗了蜀军的战力，也使吴蜀联盟走向瓦解，为蜀国的灭亡留下了重大隐患。

在股市中，"知止"的重要性同样不可忽视。杰西·利弗莫尔从亿万富翁到最终的自杀身亡归根到底仍然是"不知止"。"知止可以不殆"，虽然老生常谈，但是要做到着实不易。

9.2.14　自知者明，自胜者强

《道德经》第 33 章：

"知人者智，自知者明。

胜人者有力，自胜者强。

知足者富，强行者有志，不失其所者久，死而不亡者寿。"

人贵有自知之明，然而古往今来因为缺乏自知之明而沦为笑柄者不在少数，"纸上谈兵"的故事就是一例。赵国名将赵奢之子赵括自幼熟读兵法，谈论起兵家之事以为天下人无出其右。他曾与父亲赵奢谈论军事，连赵奢都挑不出他的毛病，但赵奢也不曾夸赞他，因为赵括把战争这种关乎生死存亡的大事说得很简单。

公元前 260 年，秦国与赵国在长平激战，廉颇深知赵军实力不及秦军，便制定了依托有利地形固守营垒而后伺机反攻的策略。秦国见赵国固守不战，便派间谍散布廉颇投降的谣言，并扬言秦不怕廉颇，怕的是赵奢之子赵括，如果赵括统率赵军，则秦军一定抵挡不住。赵孝成王信以为真，用赵括替下了廉颇。结果，只会纸上谈兵的赵括中了白起的计策，四十多万赵军全军覆没，赵括也在战场上被乱箭射死。一个没有自知之明且只会纸上谈兵的将领不但害死了自己，还将赵国的精锐尽数葬送。经此一战后赵国元气大伤，而秦国则为统一六国扫清了障碍。

在股市之中，"自知之明"也同样重要。股市其实并不适合所有人，即使是牛市中也有不

少人亏损,在熊市中则亏损面更大。"十人九亏"虽然不是铁律,但也绝非虚言。股市之中的成功者永远只能是少数,切记!

9.2.15 将欲取之,必固与之

《道德经》第 36 章:

"将欲歙之,必固张之;

将欲弱之,必固强之;

将欲废之,必固兴之;

将欲取之,必固与之。

是谓微明。

柔弱胜刚强。

鱼不可脱于渊,国之利器不可以示人。"

为何股市之中"十人九亏"?因为大多数人把股市看反了。股市之中,牛股走强之前往往给人很"弱"的感觉,而主力想诱人买入的股票则往往给人以强势的感觉,这就是"将欲弱之,必固强之"和"将欲取之,必固与之"在股市中的体现。关于牛股走强前的"示弱"技法,将在"反者道之动,弱者道之用"中详细解读,此处就"将欲弱之,必固强之"给出几个案例。

以下是天齐锂业(002466)在 2023—2024 年的一段走势,如图 9-10 所示。该股在 2023 年 12 月 6 日、12 月 28 日和 2024 年 1 月 11 日各收出一根放量大阳线,给人以走势强劲的感觉。如果因为这几根大阳线就判断该股会出现一波行情,那你就错了。事实上,每根阳线后面都有数日的调整,而如果在最后一根大阳线处买入,则后面再也找不到比它更高的价位卖出了,此后的绵绵阴跌足以让人肝肠寸断、后悔莫及。

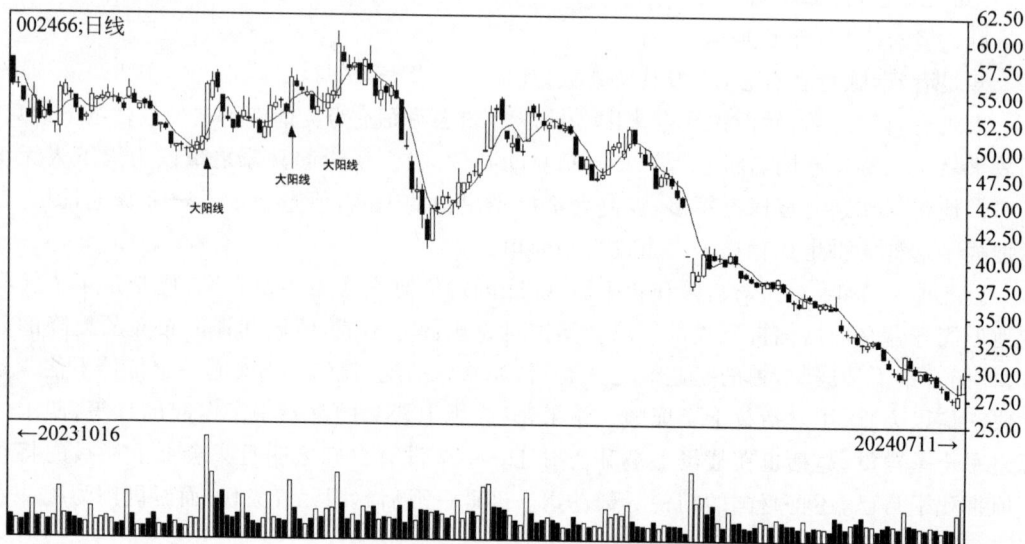

图 9-10 天齐锂业日线图

　　上面是用 K 线的走势"示强"的例子。很多时候,市场主力往往通过将股价拉上重要均线来"示强",而这种表面上的强势往往是强弩之末。如果能在此时看破主力的诡计,反其道而行之,则"卖在高点"并非难事。

　　以下是上证指数在 2007 年大牛市见顶前后的一段走势,如图 9-11 所示。自从 6124 点见顶之后,上证走出了一波回调走势,并一度跌破了 30 日和 60 日均线。一般来讲,大牛市后出现这种走势是中线看淡的迹象。不过,此后股指走出一波反弹行情,2008 年 1 月 8 日之后还站到了所有中长期均线之上,给人以强势回归的感觉,然而,这只是主力的障眼法而已,事后证明,这波走势属于回光返照的反弹行情,也是中期退场的最后机会,此后股指一路跌跌不休,没有及时撤离的投资者损失惨重。在这波反弹行情中,主力就采用了"将欲弱之,必固强之"的示强策略。

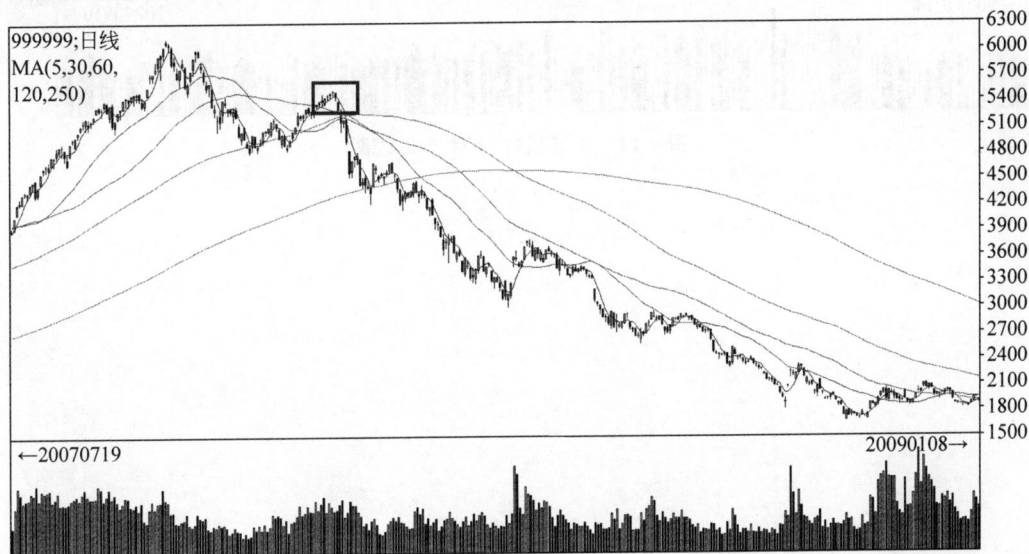

图 9-11　上证指数 2007 年牛市见顶后的回光返照

　　其实,类似的示强行为不光出现在大牛市的头部区域,不少中期反弹行情的顶部也经常出现这种走势。以下是上证指数在 2024 年的一段走势,如图 9-12 所示。2 月 5 日,上证在探低 2635 点之后来了一波反弹走势。三四月间,该指数始终在年线下方震荡,直到 4 月 26 日一举上穿年线,至此所有中长期均线都被踩在脚下。随着年线的突破和走势的活跃,市场氛围趋于乐观,不少人甚至看到了 4000 点,然而,好景不长,在年线上震荡了一阵之后,股指最终还是选择了向下破位,此后又是绵绵的阴跌,因此当股价经过一轮中期反弹行情最终冲破所有均线的压制,市场气氛转换为乐观的时候,往往是需要警惕的时刻。当然,是否见顶还取决于不少其他因素,不可一概而论。

999999;日线
MA(5,30,60,120,250)

←20231214

20240910→

3200
3150
3100
3050
3000
2950
2900
2850
2800
2750
2700
2650
2600

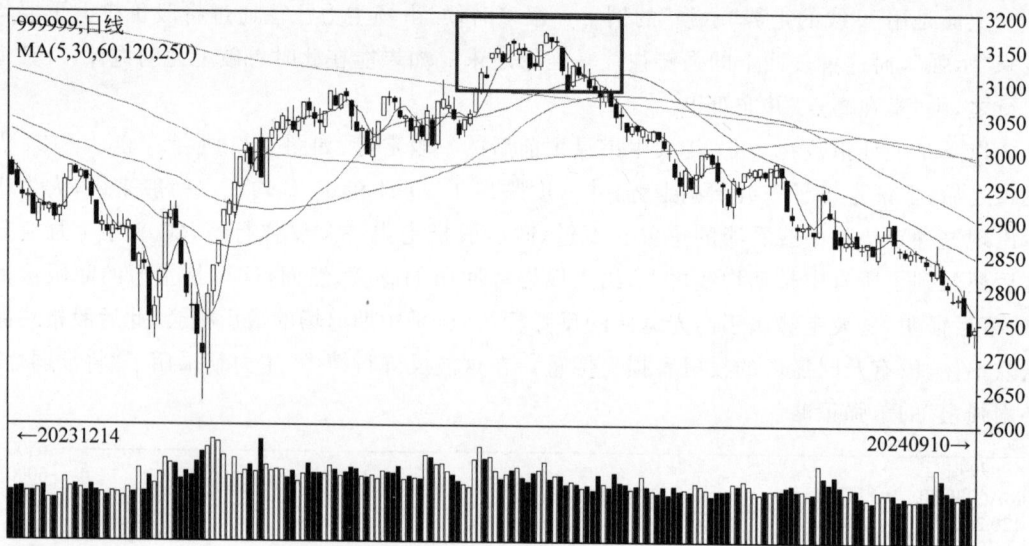

图 9-12   上证指数 2024 年日线图

## 第 10 章

股 市 之 德

第 38 章之后的内容是《道德经》的第二部分:《德经》。《道德经》实际上有多个版本,其中流传较广的是河上公版和王弼版(魏晋时期王弼注释的版本)。1973 年,长沙马王堆汉墓出土了一批帛书,其中也包括《道德经》。经过整理复原,人们发现该版本与通行版之间有一些差异,其中最显著的差异是《德经》在《道经》之前,这也说明了"德"在老子心目中的重要地位。

10.1 上德与下德

在《德经》开头的第 38 章中,老子提出了"上德不德,是以有德;下德不失德,是以无德"的著名论断。上德近乎道,随天性之自然而行,有德而不以德为德,是无心于德,故为上德;下德则先有为德之心,虽亦是德,只能算是下德。上德与下德的区别可以从当年梁武帝与达摩祖师的对话中看出。

梁武帝名萧衍,本是南齐的大臣,后得萧宝融"禅位"(实则被逼让位)而建立了梁朝。梁武帝早期勤于政事,还是有一番作为的,晚年则一心向佛,成为一名虔诚的佛教徒。为了侍奉佛祖,梁武帝大建寺院,还三次舍身皇家寺庙。在梁武帝的倡导下,佛教进入鼎盛时期,仅建康(今南京)城内就有寺庙 500 多座,僧尼更是超过了十万之众。如此多的寺庙和僧尼都需要供养,重担自然落到了普通百姓的头上。

梁大通元年,达摩祖师渡海来华,受梁武帝之邀来到都城建康。梁武帝问:"朕即位以来,造寺、写经、度僧不可胜数,有何功德?"达摩回答:"并无功德"。梁武帝大惊,问道:"何以并无功德?"达摩答道:"这只是人天小果有漏之因,如影随形,虽有非实。"梁武帝造寺、写经、度僧确实做了不少事,但是他把功德放在了首位,是有心为之,只能算是下德,因此虽然虔心向佛,梁武帝的结局却并不好。公元 549 年,侯景发动叛乱攻入建康城,梁武帝被囚禁,最终饿死宫中。

股市之中需不需要德?其实,第 9 章中的不少内容和德有关,例如"胜而不美""知止可以不殆""自知者明,自胜者强"等,所以,"德"不仅不可或缺,而且是关乎我们在股市生死存亡的大事,而那些失德者,例如杰西·利弗莫尔,已经付出了沉痛的代价。

10.2　德行天下

10.2.1　万物得一以生

《道德经》第 39 章：

"昔之得一者：天得一以清；

地得一以宁；神得一以灵；

谷得一以盈；万物得一以生；

侯王得一以为天下贞。

其致之也。"

在本章中，老子用大量篇幅论证了"一"的重要性："天得一以清；地得一以宁；神得一以灵；谷得一以盈；万物得一以生；侯王得一以为天下贞。"

股市之中向来有注重基本面的"价值投资派"和注重技术分析的"技术派"两大门派。价值投资派注重买入价格低于价值的股票，对下跌趋势选择性忽略，甚至越跌越买，而技术派则注重趋势，信奉"强者恒强"。有的技术派人士对趋势的强调甚至到了痴迷的地步，《股票作手回忆录》中有一句经典语录说道："股票永远不会太高，高到让你不能开始买进，也永远不会太低，低到不能开始卖出。"这句话似乎也道出了众多趋势追随者的心声，在他们眼中，只要趋势向上，不管价格多高，涨幅多高都可以买入。他们似乎忘了《股票作手回忆录》的原型杰西·利弗莫尔曾数次破产。破产的原因可能不止一个，但操作理念过于激进，过于注重趋势而忽略了相反的力量恐怕是不无干系的。

另一个极端是"价值投资派"。他们一旦认定某只股票物有所值，往往不顾市场趋势和经济形势，越跌越买。他们自认为对公司知根知底，殊不知市场风云变幻，就连企业的经营者也常常对企业的方向感到困惑。企业的财务报表和盈利能力只能代表过去，而决定股价的是企业的未来。当然，基本面较好的企业抗风险能力较强，即使遇上熊市也相对抗跌，但是市场随时都在变化，而建立在历史数据之上的无限加码则无异于赌博。

其实，"价值"和"趋势"并非对立的，完全可以通过某种纽带将它们和谐统一地结合起来为投资者服务，例如，在个股初选阶段可以重点关注基本面，即基于价值投资理念挑选出候选的股票，而在买卖点选择上则可以采用顺势而为的策略。这样，"价值"和"趋势"可以兼得，同时也避免了极端情况的发生。当然，具体操作过程中还需要一些细化，例如，有的股票基本面不错，趋势也是向上的，但是累计涨幅过高，此时就需要多考虑一下近期是否会有大幅回调的可能。

10.2.2　反者道之动，弱者道之用

《道德经》第 40 章：

"反者道之动；弱者道之用。

天下万物生于有，有生于无。"

　　股市中有"十人九亏"的说法，这意味着大多数人的看法往往是错误的，"相反意见理论"也因此应运而生。"相反意见理论"认为当绝大多数人看法一致时，他们常常是错误的一方，此时正确的选择应当是反其道而行之。这和"反者道之动"不是异曲而同工吗？

　　例如，MACD金叉一般被认为是买入信号，死叉则被认为是卖出信号。这通常是成立的，但是在牛市行情中主力往往反其道而行之。为了在主升浪前逼退"坐轿者"，主力常用的策略是先在MACD上做出"死叉"的卖出信号，然而在某一天出其不意地突然拉起，使离场者"踏空"。

　　以下是联创股份（300343）在2021年的一段走势，如图10-1所示。该股在2021年第3季度有过一波暴涨行情，其间涨幅惊人，但是它起飞前的走势却毫不起眼。注意，6月30日该股曾出现过一次MACD死叉，第2天是一根大阴线，绿柱放大，第3天是一根小阳线，绿柱继续放大，此时完全没有买入信号，恐怕也没有人想到买入，但是，第4天该股收出了一根巨阳，涨幅高达20%，而且主要涨幅是在收盘前一小时完成的。主力突如其来的一根大阳线打乱了场外观望者的步伐，此时的"踏空者"只有两种选择：追高或等待回调，然而，主力没有给观望者任何机会，此后该股一路高歌，一口气从3元多涨到了29.90元。

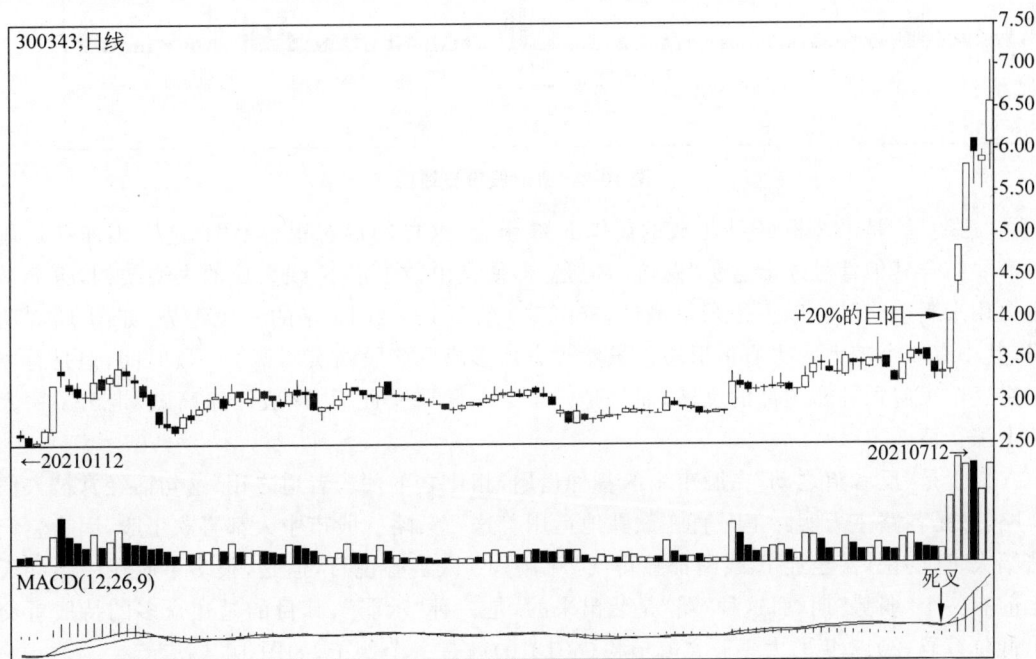

图 10-1　联创股份日线图

　　上面的例子是对技术指标买卖信号的反向应用，而"反其道而行之"也可以用在K线组合上，例如，"启明星"是一种常见的底部反转形态，但是某些主力也用它来伪造底部，诱使投资者买入。

以下是凯迪股份(605288)在 2023—2024 年的一段走势,如图 10-2 所示。2024 年 1 月 23—25 日,该股构筑了一个标准的"启明星"形态。如果据此买入,则此后的走势会让你后悔莫及,因为接下来的走势不是向上反转,而是更猛烈的下跌。

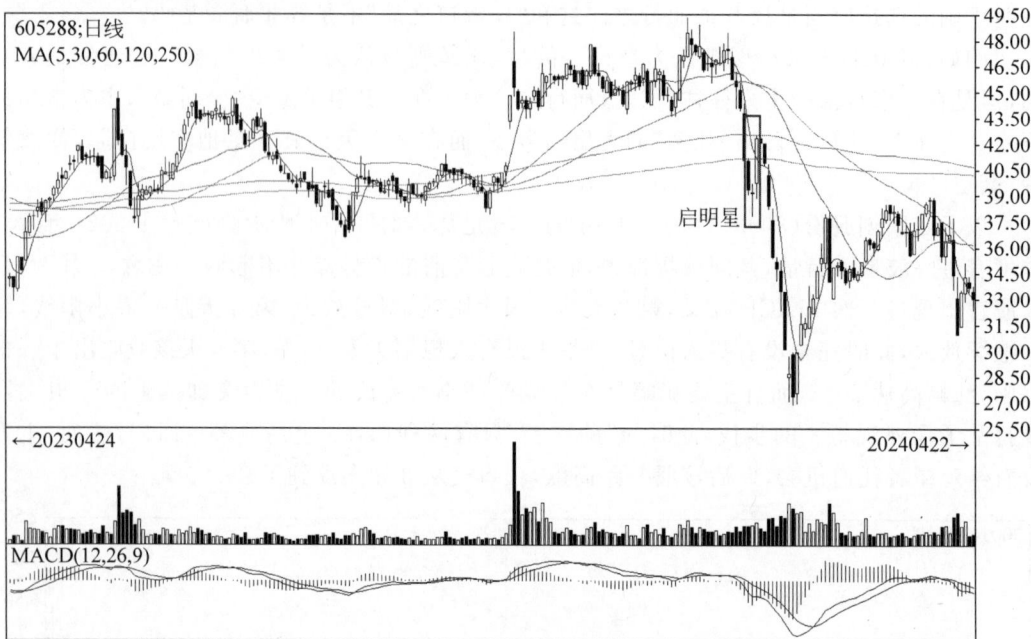

图 10-2 凯迪股份日线图

"启明星"是由 3 根 K 线组成的简单 K 线组合,这样的形态很容易"伪造",因而在运用时需要结合其他信号才能避免"踩坑",但是,即使是由数十根 K 线组成的大型结构,也会被主力用来制造陷阱。以下是东华测试(300354)在 2014—2015 年的一段走势,如图 10-3 所示,其中有一个较大的头肩顶形态。虽然头肩顶形成后该股确实调整了一段时间,但是总体来讲这个头肩顶并非顶部的反转,而只是一个空头陷阱。此后,该股一路高歌,走出了一大波上涨行情。

以上是"反者道之动"在股市中的各种运用,相比之下,"弱者道之用"这句话经常被人们忽略,但是各路主力实际上一直在默默地运用着这一策略。股市中人都喜欢牛股,因为它们涨幅大、速度快,甚至连 K 线图都显得气势磅礴,令人赏心悦目,但是,很多牛股在一飞冲天之前有一个"弱势"期,而这种"弱"是装出来的,是一种"示弱",其目的是让众多的持股者交出低位筹码,2015 年的大牛股文峰股份(601010)就是一个例子,如图 10-4 所示。

事实上,该股在 2015 年 2 月之前一直默默无闻,直到 2 月 11 日一根大阳线上穿 30 日均线宣告行情的开始。当日收盘价为 10.97 元,其后在两个月不到的时间里股价一路疯涨至 52 元,涨幅近 400%。

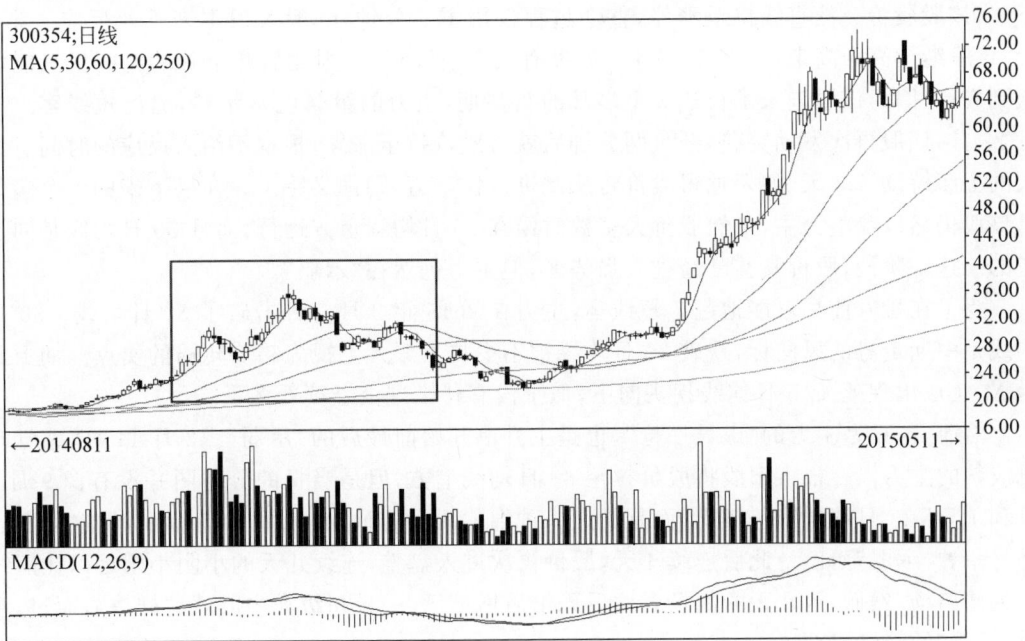

图 10-3 东华测试日线图

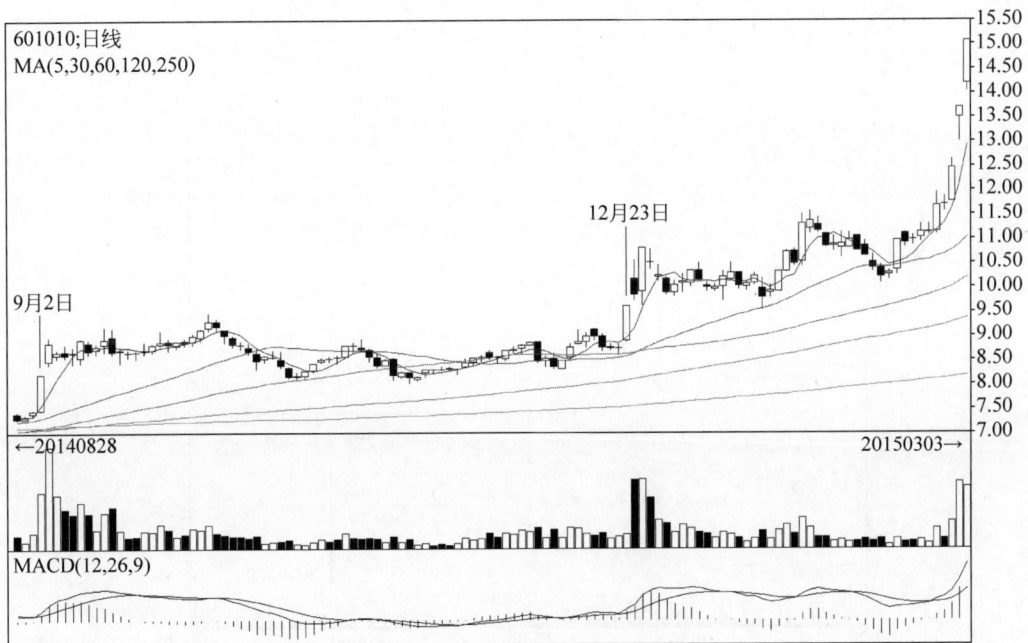

图 10-4 文峰股份日线图

　　如果从 2 月 11 日向前寻找成交量放大的源头,则可以追溯到 2014 年 9 月 2 日。当天下午,该股股价突然直线拉至涨停,整个过程仅用了 5 分钟,一般人根本来不及反应。第 2 天,该股继续高开高走,收涨 7.79%。如果有人在当天买入,则此后几个月的时间里只能收获到寂寞,因为该股进入了长达 3 个多月的盘整期,主力的策略就是示弱,逼出短线客。12 月 23 日,该股再次发动突袭,开盘两分钟后就将股价拉至涨停,根本不给人反应的时间。此次的上涨持续了 3 天,如果觉得股价将从此进入快车道,则你又错了。在接下来的 1 个多月里该股仍然以盘整为主,虽然股价大多数时候在 30 日均线上方运行,而且 30 日均线是向上走的。这一阶段,股价其实已经进入强势区,但主力仍然在"示弱"。

　　为了在拉升前尽可能地赶走短线客,主力在 2015 年 2 月 6 日击破了 30 日均线。30 日均线是中期走势的风向标,跌破 30 日均线被不少技术派人士视为趋势转弱的卖点。加上此时 MACD 出现死叉,5 日均线拐头向下,似乎没有什么理由继续看多了。

　　然而,这只是主力的"虚晃一枪",也是主升浪开始前最后的"示弱"。2 月 11 日,感觉时机成熟的主力以一根大阳线将股价拉至 30 日均线上方,但是当日的分时图并没有像 9 月 2 日和 12 月 23 日那样锋芒毕露,而是给人一种绵软无力的感觉,如图 10-5 所示,但这只不过是另一种"示弱"而已。此后连续 4 天,股价再次进入盘整,连续几天的小阴小阳足以让短线客失望离场,然而,这几天的离场者此后恐怕后悔不已,一只超级大牛股就这样擦肩而过,主力"示弱"的策略成功了。

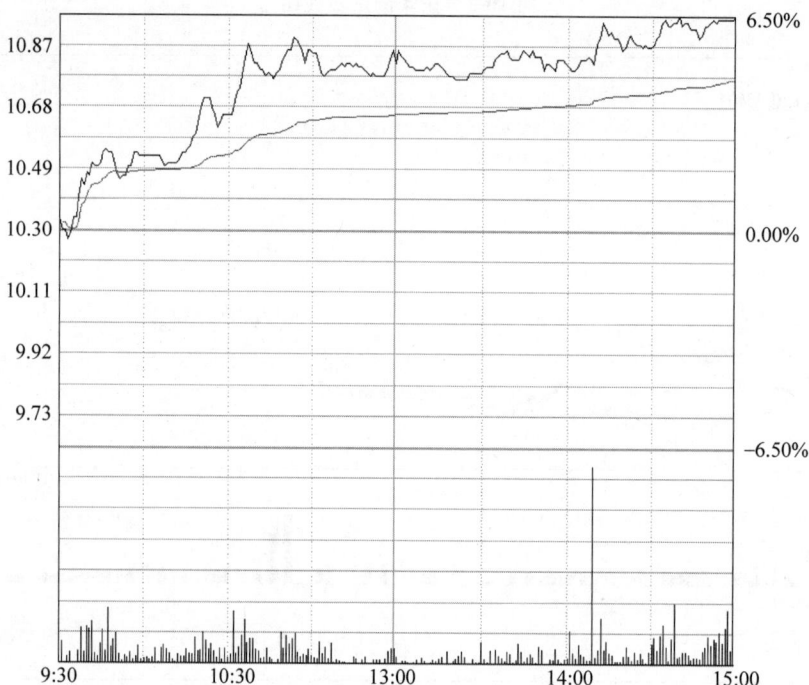

图 10-5　文峰股份 2015 年 2 月 11 日分时图

　　示弱大致可以分为两大类,一类是以横盘为主的"磨"字诀,另一类是以跌破重要均线、支撑线或技术指标的"破"字诀。在"示弱"这一策略的综合运用上,文峰股份是一个经典案例。对中小投资者来讲,如何从"弱势"股中找出潜伏的牛股才是重中之重。当然,要看穿主力的"阳谋"、抓住起飞前的牛股,需要的不仅是一双慧眼。在股市之中,性急是吃不了热豆腐的,主力也不会让你轻松乘坐它的"火箭"。在火箭发射之前,主力会想尽方法把各路人马"磨走""吓跑",就像《西游记》中取经团队经历的各种磨难一样,而只有意志坚定的有"德"之人才能取得真经凯旋。

说到"破"字诀,其中也有不少学问。文峰股份中的"破"主要是 30 日均线的"破"。另有一些牛股,它们不仅会破 30 日均线,还会破掉其他中长期的均线,有的主力甚至不惜破掉所有的均线来让你看空。关于均线的各种"破",第 7 章中已经介绍过,此处就不再深入了。

另一种"破"的方式是"破"支撑线。很多时候,压力线被突破之后会变成支撑线,而主力会击破这种支撑线给持股者造成心理压力。

以下是新集能源(601918)在 2023—2024 年的一段走势,如图 10-6 所示。2023 年 9 月至 11 月期间,该股在 5.17 元一线形成了一条压力线。该压力线在 11 月底被突破,并变成支撑线,见图中标示,但是该股主力似乎并不希望做多者安心持股,12 月 28 日,该股收出一根大阴线,盘中一度跌到 5.08 元的低位,也跌破了这根支撑线。这根大阴线还击破了 30 日均线,同时伴随着成交量的急剧放大,MACD 的绿柱也开始变长,上涨趋势似乎终止了,然而,两天后,主力以一根更大的阳线扭转了下跌趋势,MACD 也再次出现了金叉。事实证明,这根击穿前期支撑线的大阴线是主力示弱的诡计。经过一段时间的大幅震荡之后,该股走出了一波像样的上涨行情,2024 年 5 月 31 日股价冲高到 10.71 元,比支撑线处的价位高出了一倍以上。

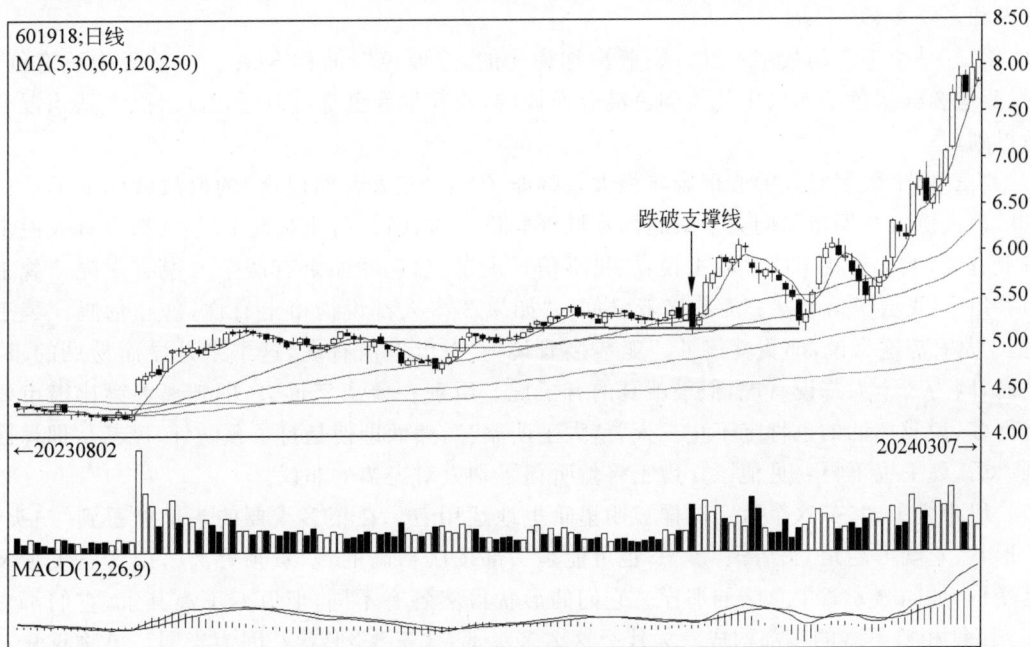

图 10-6　新集能源日线图

从上述例子不难看出，"弱者道之用"被各路主力广泛采用，但又秘而不宣。

10.2.3 三生万物

《道德经》第 42 章：

"道生一，一生二，二生三，三生万物。

万物负阴而抱阳，冲气以为和。"

"道生一，一生二，二生三，三生万物"这句话有着多种不同的解释。一种观点认为，"道生一，一生二，二生三"的过程就是《易经》中所讲的"太极生两仪，两仪生四象，四象生八卦"，每次生都是指数级别的分裂。另一种观点认为这句话中的"一"是指"太极"，"二"是指"阴阳二气"，"三"则是指"阴阳二气"加上"中气"。相比之下，笔者更倾向于后一种观点。

我们对事物的认识大多是从"二元论"起步的，好和坏、冷和热、高和低、黑和白，诸如此类，但是世界是丰富多彩的，不是非黑即白的，黑和白之间还有很多中间地带。事物都有两个极端：有大就有小，有冷就有热，有高就有低，有爱就有恨……但对立面在本质上是相同的，只不过程度不同而已。

当你去洗海水浴的时候，如果问一下先下水的朋友："水冷吗？"朋友会回答："不冷，下来吧！"下水之后才发现水里好冷！是的，冷和热的标准在哪里？分界线是 20℃ 还是 30℃？如果我们看温度计，上面只有温度，并没有标明哪里是冷，哪里是热，所以，万事万物除了有"阴阳"两极外，还有"中"。只有有了"三"，这个世界才是和谐的。一年有春夏秋冬四季，夏天热冬天冷，春秋最为宜人，春秋就是夏与冬的"中"，有了春天和秋天，我们的岁月才会如此迷人和多姿多彩。

"三"是个神奇的数字。红、绿、蓝被称为光的"三原色"，简称 RGB。自然界中只有红、绿、蓝这 3 种颜色是无法用其他颜色混合而成的，而其他颜色都可以通过红、绿、蓝适当混合而得到。

"三"这个数字对人的心理影响很大，《韩非子》中"三人言而成虎"的典故就体现了这一点。魏大臣庞恭即将陪同太子去赵国都城邯郸作人质，临行前他对魏王说："如果有人说街市上有虎，大王您相信吗？"魏王说："我不信。"庞恭又问："如果有两个人说有虎呢？"魏王回答道："我会半信半疑。"庞恭接着又问："如果 3 个人都说街市上有虎，您相信吗？"魏王道："大家都这么说，那我就信了。"庞恭接着说："街市上没有虎，这本来是显而易见的事，然而，因为 3 个人都说有虎，似乎就真的有了虎。臣现在要离您远去，邯郸离大梁比街市要远得多，说我坏话的也肯定不止三人，请大王明察！"，然而即使是打了预防针，庞恭从邯郸回国以后，魏王也不再召见他了。魏王果然听信了别人对庞恭的非议。

股市之中，"三"这个数字同样被明里暗里地运用着。在很多重要的头部能看到"三头"的形状，它既可能是"头肩顶"形态，也可能是头部依次抬高的"双重顶背离"，或者三重顶及其变形，如同第 6 章中总结的那样。它们的形状虽然各有不同，但万变不离其宗，它们都由 3 个高度相差不多的头部构成。为什么这么多头部是"三头"形状？因为当同一事物重复三次之后，人们往往会认为那是真的。魏王因为 3 个人说有虎，就相信了街市上有虎；不明就里的投资者因为 3 次冲高就相信后市会继续上涨,结果上了主力的当。

10.2.4　甚爱必大费

《道德经》第 44 章:

"名与身孰亲?

身与货孰多?

得与亡孰病?

是故甚爱必大费;多藏必厚亡。

知足不辱,知止不殆,可以长久。"

人都有所爱好,这本无可厚非,但是万事都有个度,当对某样事物的"爱"超过正常限度时会有重大的耗费,这是老子对我们的告诫。

西周末年,褒族人为了救出被关押的褒珦,物色了一名美女,起名褒姒,将她献给周幽王。周幽王对褒姒十分宠爱,随即把褒珦放了。褒姒虽然美艳,却从来没有笑过。为了博褒姒一笑,周幽王听信佞臣的主意,在没有军情的情况下点燃了烽火。诸侯以为京城告急,急忙起兵前来救驾,结果却被告知是大王和王妃放烟火取乐,诸侯们知道被戏弄后,悻悻而归,褒姒觉得好玩,禁不住笑了,周幽王也大喜过望。此后,周幽王数次戏弄诸侯,诸侯们渐渐就不来了。公元前 771 年,犬戎真的来犯,周幽王命人点起烽火后,屡次被戏弄的诸侯们没人前来救驾,周幽王不得已出逃,结果被犬戎兵乱刀砍死,西周就此灭亡。

周幽王因为对褒姒的"甚爱"最终使他失去了江山,还丢了性命,耗费不可谓不大,教训不可谓不深。股市中的道理也是一样。有些人进入股市后沉迷其中,不但投入了大量的金钱,还把所有时间都花在其中,甚至冷落了家人。最后,股市中没有发达,家庭却出现了矛盾,实在是可叹。古往今来,因为执迷于名利而家破人亡乃至丢了性命的事例数不胜数。"甚爱必大费",这难道不是老子对世人的警告吗?

10.2.5　为道日损

《道德经》第 48 章:

"为学日益,为道日损。

损之又损,以至于无为,无为而无不为。

取天下常以无事,以及其有事,不足以取天下。"

在这一章,老子提出了"为学"与"为道"的不同之处。做学问讲究知识的积累,知识积累得越多,越容易触类旁通,也越容易形成一个思想体系,但是为道则要讲究损。世人都喜欢"益",不喜欢"损",但是易经 64 卦中就有"损"卦,而且是吉卦。

作为一个企业,首先要减损的是"妄作"。企业之间的竞争是全方位的竞争,但归根到底是核心竞争力的比拼。一个企业资源有限,不可能样样都精,因此主业"专而精"才是生存和发展之道,然而,总有一些企业不考虑自身特点,搞所谓的"多元化经营",最后却搞成一个烂摊子,甚至关门大吉。类似的例子数不胜数,在上市企业中则表现为"追随热点""好大喜功"。互联网大潮来了,赶快搞个"XX网络",数字经济来了,赶快再搞个"数字XX",结果副业没搞好,还把主业给拖垮了。

对一名股市投资者来讲,"损"同样很重要,此处的"损"可以理解为减少操作次数。股市变幻莫测,不少投资者追求"短平快",希望"捞快钱",结果却往往适得其反,频繁换股在牛市行情中往往"捡了芝麻,丢了西瓜",在熊市行情中则只能频繁止损。短线操作不是不可行,但是需要建立在胜率的基础上。如果胜率无法达到70%(经验值),则除去手续费和判断失误造成的亏损后往往是白忙一场。

当然,个人的"操作风格"也与个性甚至年龄有关。个性的影响很容易理解,有的人天生性子急,什么事情都希望立竿见影,然而股市最终拼的是"定力",连主力都要靠"磨"来逼退短线客,作为个人投资者就更需要"耐力"和"定力"了。

年龄往往是被忽略的一个因素。年轻时血气方刚,容易冲动,有时做事欠考虑,反映在股市上就是看到一个买入信号就匆匆买入,而一旦判断失误又想一抛了之,结果常常一错再错。回想起来,笔者在初入股市之时也有过这样一段"冲动期",结果一轮上涨行情只喝了点"汤",而在下跌行情中又不得不止损,最后落得收益惨淡。在一次自我总结中,笔者发现大部分利润来自少数几个中线持有的优质股,而大多数的短线操作最后盈亏相抵,等于白忙。也正是这次总结使笔者下定决心以"中线持股"为主。随着年龄的增长,冲动性买入也得到了控制,最终水到渠成,收益率有了明显提高。

股市中还有一种"常见病"是反复切换操作思路。当股指突破某一关键点位或重要均线后,市场情绪往往会转向乐观,一些业内人士会怂恿投资者"捂紧股票",一些媒体也开始鼓吹"牛市到了",然而事与愿违,除了屈指可数的大牛市行情之外,在大多数情况下市场会进入调整期,不少人在调整初期就将前期的利润还给了市场,甚至还陷入亏损。随着调整的深入,市场氛围趋于冷静甚至悲观,此时又会有一些业内人士开始鼓吹短线交易,怂恿你落袋为安,于是会有一些投资者转换思路,变中线持股为"短线思维"。于是,有利润的股票都抛了,留下的是一堆套牢的股票,而往往在你"落袋为安"的短线股中会有一些股票保持强势,但是你抛售时的价位已经再也回不来了……

类似的事情在股市中不断发生着,让我们用一个具体的例子来看一看事情是怎么演变的。以下是新集能源(601918)在2023—2024年的一段走势,如图10-7所示。2023年8月28日,该股高开高走收出一根大阳线,此后该股慢牛上行,不少人内心可能充满了希望,感觉这只股票有戏,然而好景不长,9月19日该股收出阶段性高点之后就开始了调整,其后股价上蹿下跳,先后跌破了30日和60日均线。

更要命的是,该期间大盘十分弱势,上证指数甚至无法跨过30日均线,均线系统则呈空头排列,指数呈下行趋势。在如此惨淡的市场氛围中,能坚持中长线持股的投资者恐怕为数不多,再加上一些人落袋为安的鼓噪,大多数投资者可能真的进入"短线思维"模式了,然而,该股并没有随大盘逐波下行,在振荡了一段时间后反而走出了一波颇为可观的上涨行情,而在此期间"顺应形势,转换思路"的投资者将为错过这段时间段内罕见的牛股而后悔不已。

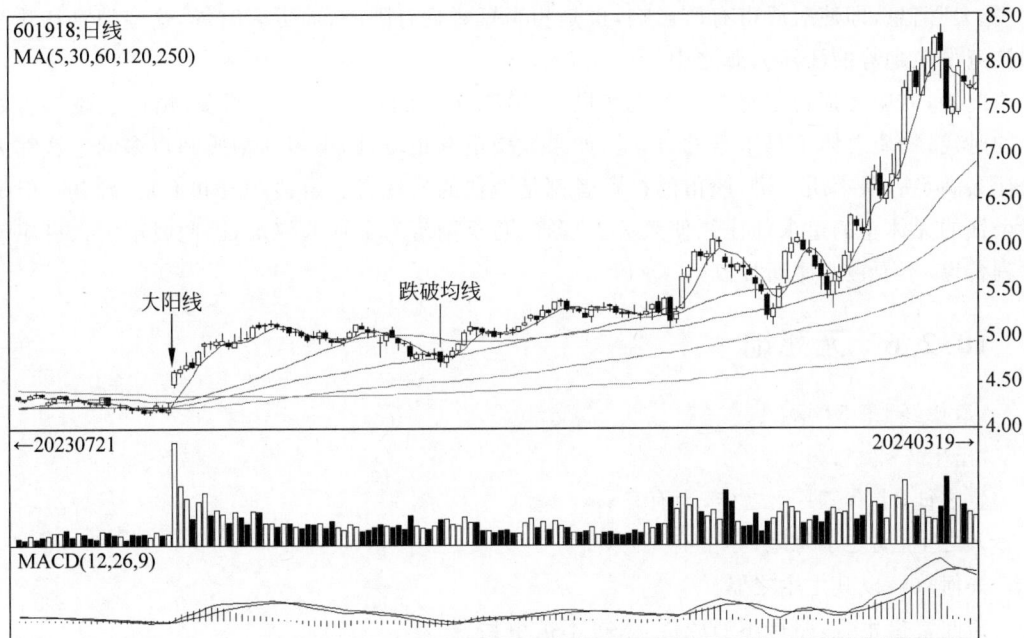

图 10-7　新集能源日线图

其实，很多时候市场就是在"培养"投资者"顺应形势"的思维惯性，下跌趋势中投资者往往被教导"多看少动""落袋为安"，当你养成了这种思维定势之后，随之而来的上涨行情中就只能"捡点芝麻"了，而当上涨行情持续一段时间，特别是重要的阻力位被突破，K线形态再度变得完美之后，又会有一些声音让你"捂紧股票"。当你再次接受"教导"改成中长线持股之后，情况又变化了……所以，与其不断根据市场形势调整思路，不如坚持一种思路，这样，至少有一半的时候是你"走运"的时候。除非你是大势研判的高手，否则不断地"顺应形势"只会两面挨打、两头受气。

另一种必要的损是技术之"损"。初听之下似乎有点匪夷所思，技术难道不是多多益善吗？以技术指标为例，常见的就有 MACD、RSI、KDJ、DMI、OBV、BOLL 等十余种，让人眼花缭乱，而在具体运用上，各种技术指标又往往互相矛盾，很多时候 A 指标发出买入信号，B 指标却发出了卖出信号，究竟听谁的好？

其实，技术指标在于精而不在于多，掌握 2～3 种就足够了。技术指标基本上可以分成两大类：追随趋势的指标和逆向指标。追随趋势的指标中最经典的非 MACD 莫属，而逆向指标其实就是超买超卖指标，例如 RSI 和 KDJ，因此熟练掌握 MACD、KDJ、RSI 这 3 大指标已经完全够用了，根本不需要学那么多。

还有一种损是信息之损。当今时代是个信息爆炸的时代，各种各样的信息无穷无尽，互联网上更是有着海量的信息。为了提高股市中的收益率，不少投资者把功夫花在收集各种信息上，从时事新闻到经济分析，从股市评论到论坛博客，总怕错过了什么，但是，大量的信息对提高收益率并没有多大的帮助，反而耗费了无数的时间和精力，搞得身心疲惫，而且，不少"重大"消息,即使对股市有所影响,也是相当短暂且有限的,而更多时候,这些消息和政策都被淹没在趋势的汪洋大海之中。

此外,欲望之损也很重要。人生在世,有着数不清的烦恼。欲望越多,烦恼也越多。如今的时代,物质总体上是丰富的,但是,如果欲望没有止境,则再多的物质和再多的金钱都无法让人满足。从本质上讲,股市的投资者都是金钱的追逐者。金钱本身并不是"恶"的,但是对金钱的无休止的追求却往往使人失去理智,乃至沦落为金钱的奴隶,因此股市中人更应该时刻警惕,不要被心魔所控制。

10.2.6　无死地

《道德经》第 50 章:

"出生入死。

生之徒,十有三;死之徒,十有三;

人之生,动之于死地,亦十有三。

夫何故? 以其生生之厚。

盖闻善摄生者,路行不遇兕虎,入军不被甲兵。

兕无所投其角,虎无所用其爪,兵无所容其刃。

夫何故? 以其无死地。"

股市如战场,《孙子兵法》云:"昔之善战者,先为不可胜,以待敌之可胜。不可胜在己,可胜在敌。"《道德经》中的"无死地"和《孙子兵法》中的"不可胜"有着异曲同工之妙。在股市中,一旦买入了股票,就相当于进入了战场,股市的潮起潮落,任何的风吹草动都会对股价造成影响。如果股价畸高,则风险就更大了。

柏拉图说:"人是习惯的奴隶。"当一只股票较长时间没有大的波动时,人们往往会放松警惕,认为这只股票没有多大风险,即使该股累计涨幅已经很高,2018 年的南京新百(600682)就是这样一个例子,如图 10-8 所示。该股在 2015 年的互联网+行情中乘风而起,与 2013 年的低点相比,2015 年 6 月的高点甚至高出 10 倍有余。此后,虽然大盘大幅调整,但该股总体保持坚挺,2017 年全年都在 37 元附近震荡,成交量也呈萎缩态势,这种情况一直持续到了 2018 年。2018 年 6 月 21 日,该股突然出现尾盘杀跌并出现跌停,此后该股连续出现 7 个一字跌停,令持股者措手不及,损失惨重。

在这个案例中,无论是持续持股还是短线操作的投资者都犯了一个极其严重的错误:"立于危墙之下"。从启动前的走势分析,该股主力的成本相当低,即使是 7 个跌停板后的价位对他们来讲仍然是获利丰厚的,因此该股随时可能出现崩塌的走势,而在 37 元附近买入或者持有该股的人们究竟是怎么想的呢?

老子曰:"生之徒,十有三;死之徒,十有三",如果不想成为股市中的"死之徒",则离那些价格畸高的股票远一点吧。这不仅体现在累计涨幅很高的股票上,也体现在缺乏业绩支撑的所谓"概念股"上。

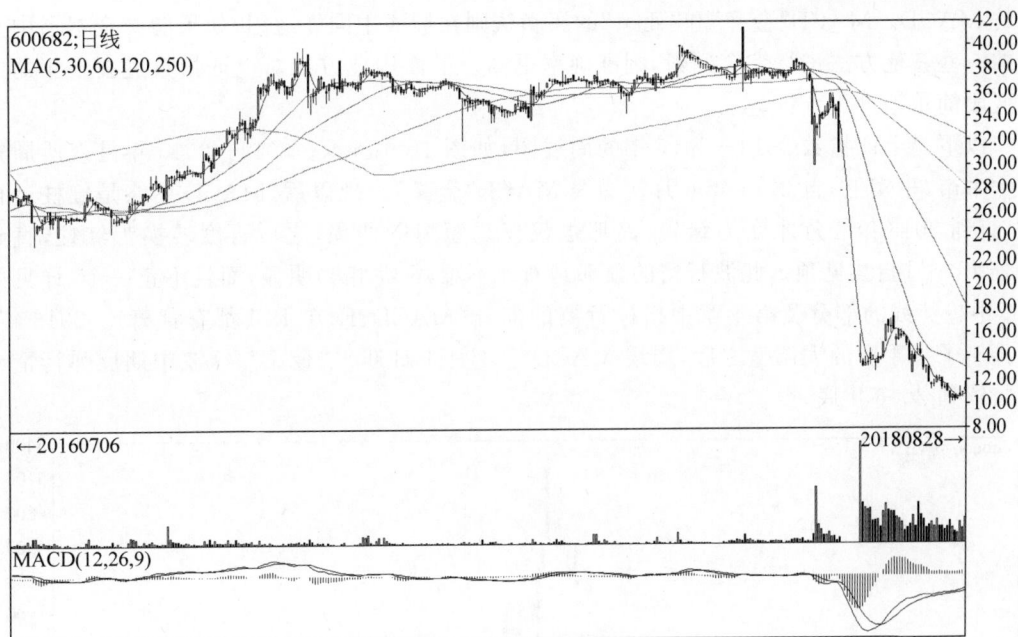

图 10-8　南京新百日线图

10.2.7　势成之

《道德经》第 51 章：

"道生之，德畜之，物形之，势成之，

是以万物莫不尊道而贵德。

道之尊，德之贵，夫莫之命而常自然。

故道生之，德畜之。长之育之，成之熟之，养之覆之。

生而不有，为而不恃，长而不宰，是谓玄德。"

此处讲到一个非常重要的概念："势"。汉语中的"势"是一个非常精妙的词，可以表达多种含义，例如形势、势力、姿势、趋势等。股市中也经常用到"势"这个词，"趋势"恐怕是股市中最重要的概念了，"顺势而为"在股市中怎么强调都不过分。顺势则事半功倍，顺风顺水；逆势则如逆水行舟，事倍而功半。

股市不相信勤奋，在熊市中再折腾也往往收获寥寥甚至损失惨重，而运筹得当，一年只要抓住一波行情就能轻松获取 20% 以上的收益。或许有人对 20% 的收益率表示不屑，但是如果参考"股神"巴菲特的年均收益率就可以发现这绝对是个不小的数字，要知道巴菲特执掌的伯克希尔公司 1965—2022 年的复合年增长率仅为 19.8%。当然"仅为"这个词并不是一个合适的词，如果每年能够达到这个收益率，则 20 年的收益率就是 3708%，试问股市中有几个人达到了这个收益率？

趋势的把握并非易事，但也并非不可捉摸，把握中期趋势最简单有效的方法是用周线级别的 MACD。MACD"金叉"和"死叉"的买卖法则在周线中同样适用,如果能结合本书中介绍的一些其他方法进行综合判断,则准确率更高。下面用此方法对上证指数过去十年的中期波段简单地进行分析。

以下是上证指数 2013—2017 年的周线图,如图 10-9 所示。2014—2015 年是众所周知的大牛市,事实上,自 2014 年 6 月初周线 MACD"金叉"出现以后,MACD 始终是红柱运行的,直到 2015 年 3 月才变为绿柱,而那也仅仅是短短的两周,之后再度转换为红柱,直到 2015 年 6 月指数见顶。此波行情的顶部判断并不难,征兆相当明显,而且不止一个,详见第 3 章中趋势线的部分及第 4 章中指标背离的部分(MACD、KDJ、RSI 都有背离)。2016 年,在经历了一季度的大调整之后,周线 MACD 于 4 月 1 日迎来"金叉",这波中期反弹行情一直持续到 2016 年底。

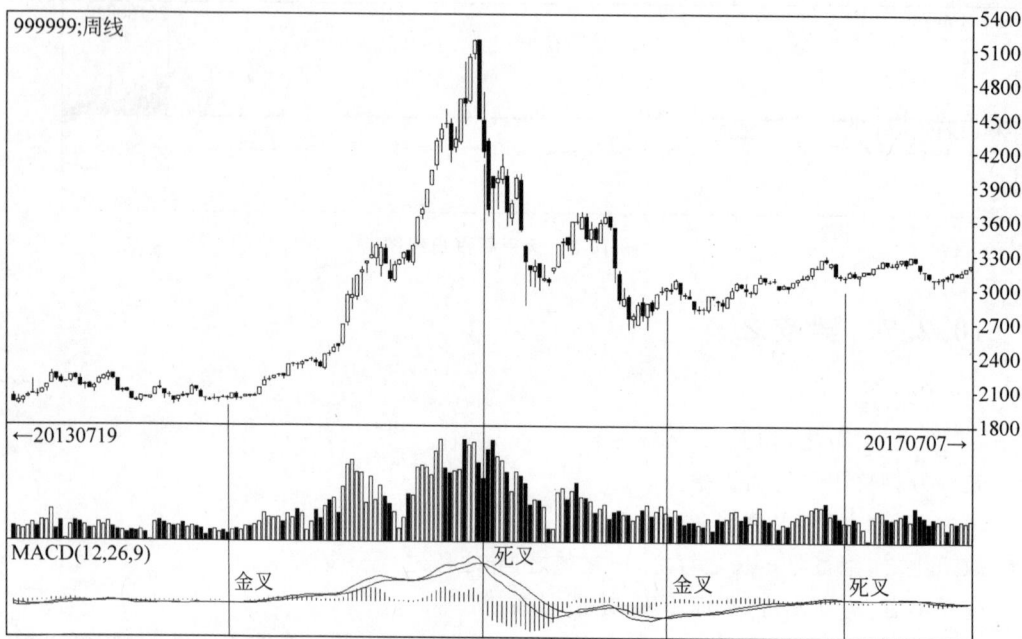

图 10-9　上证指数 2013—2017 年周线图

2017—2020 年上证指数的周线图如图 10-10 所示。2017 年 7 月 7 日,周线 MACD"金叉",一直持续到 11 月底。2018 年的主基调是调整,不过,2018 年 11 月 2 日周线同样有一次"金叉",而且这次是跨年度行情,一直持续到 2019 年 5 月。2020 年,上证指数在 6 月 5 日迎来了周线"金叉",这波行情一直持续到 9 月底。

2020—2024 年上证指数的周线图如图 10-11 所示。受外围因素的影响,2021 年没有出现大的趋势性行情,但是如果参考周线 MACD 的金叉和死叉信号操作,则应该不会有多少亏损。

2022 年有两段较长的金叉期,其中第 2 次是跨年度行情,一直持续到 2023 年 5 月中旬。在经历了 2023 年下半年的调整后,上证指数于 2024 年 2 月 23 日再度迎来了"金叉",这波行情持续约 4 个月,"死叉"发生在 6 月末。

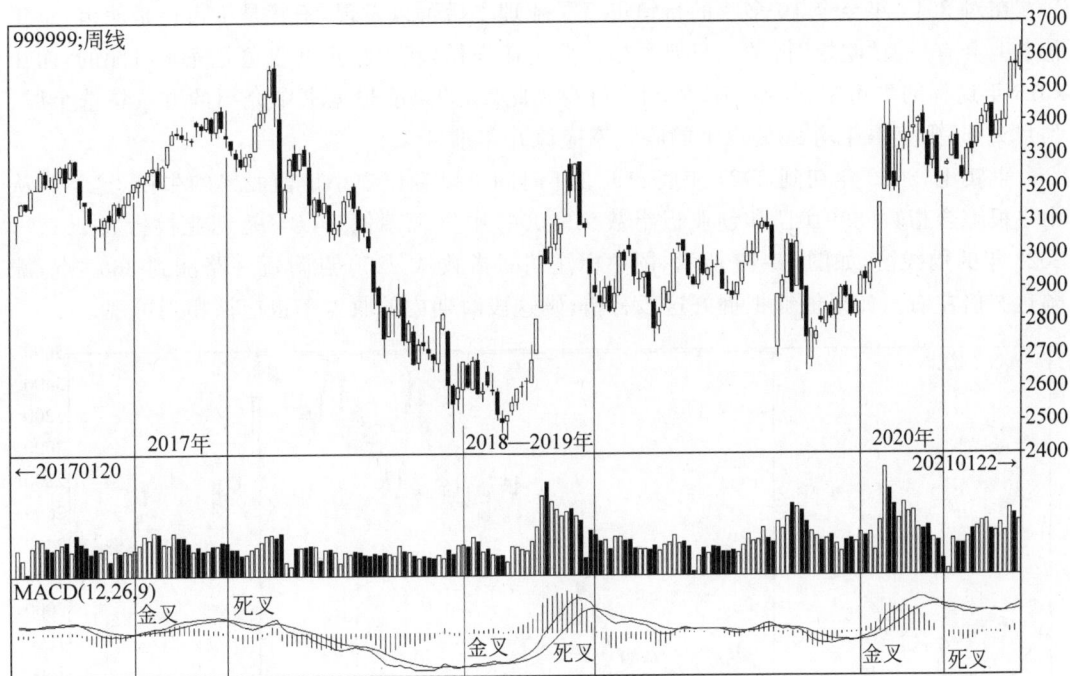

图 10-10　上证指数 2017—2020 年周线图

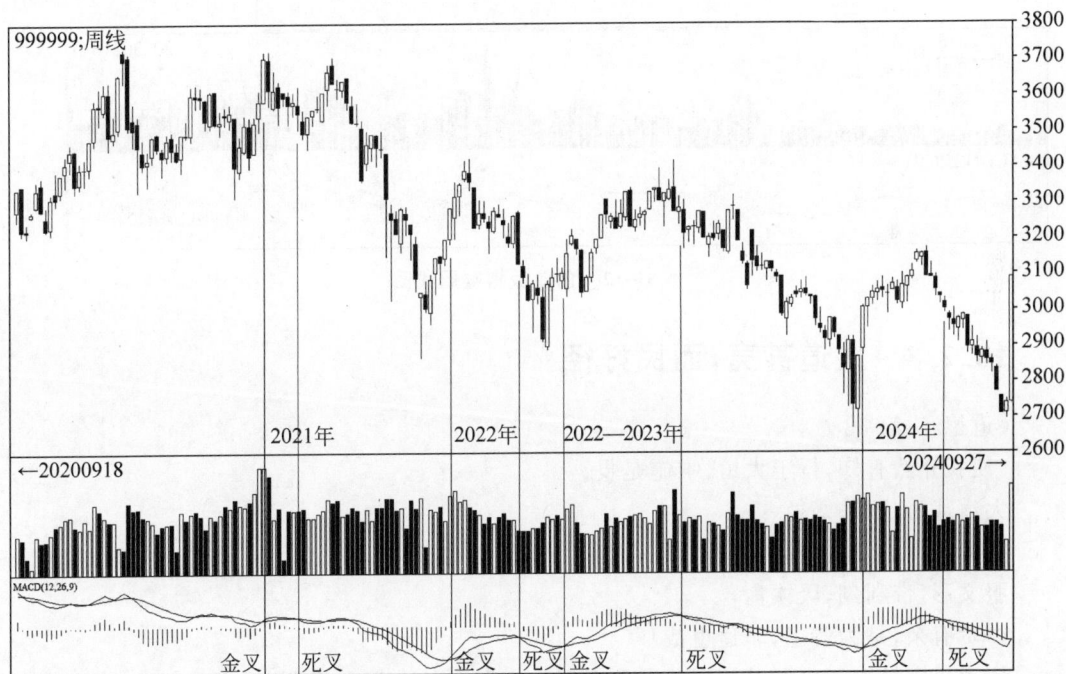

图 10-11　上证指数 2020—2024 年周线图

在对 2014 年至今 10 多年的行情进行了梳理之后可以发现,不管是牛市还是熊市,每年基本上会有一波"吃饭"行情。只要严格按照纪律操作,获得稳定的收益是完全可能的,而在 2015 年这样的牛市中,收益率应该相当可观。此外,如果能根据书中介绍的方法精选个股、预判头部,则获得年均 20% 以上的收益率应该并非难事。

事实上,2019 年初到 2021 年底的近 3 年时间可以看作中小市值股票的牛市,这不难从中小板综合指数(399101)和创业板指数(399006)中发现端倪。以下是创业板指数 2017—2023 年的周线图,如图 10-12 所示,图中标注期间指数从 1200 点附近一路涨到 3600 点,涨幅达 2 倍左右。如果能够把握好这段行情,则这段时期内的收益率也应该相当可观。

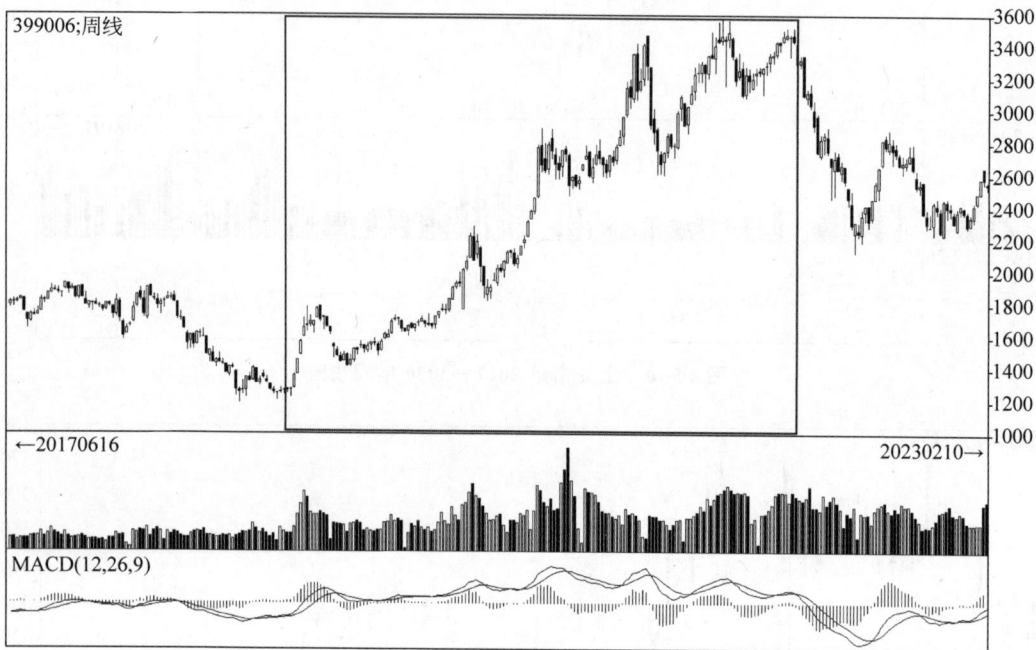

图 10-12　创业板指数周线图

10.2.8　大道甚夷,而民好径

《道德经》第 53 章:

"使我介然有知,行于大道,唯施是畏。

大道甚夷,而民好径。

朝甚除,田甚芜,仓甚虚;

服文彩,带利剑,厌饮食,

财货有余,是为盗夸,非道也哉!"

股市投资最终还是要具体到行业和个股。在股票的选择上可谓"千人千面"。有人喜欢名气大的行业龙头,因为它们市场地位稳固,让人放心;有人喜欢小市值的个股,因为它们成长性好,股性活;有人喜欢低价股,因为高价股给人"高处不胜寒"的感觉;甚至有人专买ST股,他们信奉的是"富贵险中求",赌的是"乌鸡变凤凰"。

一般来讲,越是优质的东西价格越高,但是在股票市场却未必如此,特别是在牛市的氛围中。当某一板块成为市场热点时,所谓的"概念股"往往大行其道,鸡犬升天,但是,那些没有业绩支撑,仅靠所谓的"概念"炒上天的股票,其价值回归之路也往往非常惨烈,有的是窒息式的连续跌停,有的则是暗无天日的绵绵阴跌。更惨的是一些博反弹的短线客,"吃肉"行情没赶上,而仅仅为了几个点的短差却要承受50%甚至更多的亏损,这是何苦?

对于这一点,《道德经》中有非常精彩的概括:"大道甚夷,而民好径"。买入价有所值的优质股就是股市中的"康庄大道",而没有业绩支撑的"概念股"就是某些人喜欢的"小径"。虽然股市中的业绩不是一成不变的,今天的绩优股可能是明天的亏损股或者垃圾股,但是无论如何,在买入股票之前对其基本面全面地进行了解还是有必要的,而这并不难做到。很多人买件衣服甚至日用品都要货比三家精挑细选,而到了股市里却花高价买了一堆垃圾股。无怪乎伟大的物理学家牛顿要说:"我可以计算出天体的运行轨迹,却无法计算人性的疯狂。"

10.2.9 孰知其极,其无正也

《道德经》第58章:

"其政闷闷,其民淳淳;

其政察察,其民缺缺。

祸兮福之所倚;福兮祸之所伏。

孰知其极,其无正也。"

股市之中,很多人都希望买在最低点,卖在最高点,然而,这终究只能是一种一厢情愿的美好愿望。《股票作手回忆录》中有一句话很值得我们深思:"任何人所能学到一个最有帮助的事情,是放弃尝试抓住最后一档,或第一档。这两档是世界上最昂贵的东西。"这句话可以说是"孰知其极,其无正也"在股市之中的最好注脚。"物极必反"并不难理解,但是什么时候才是真正的"物极之时"却永远是一个谜。

本书介绍了不少寻找顶部和底部的技巧,有一些技巧也很实用,但是终究没有一种方法能够完美地预测出反转发生的确切时刻和价位。有不少时候,股票的反转是看不出征兆的,因为市场是千变万化的,人是反复无常的,即使是主力也不可能完全掌控市场,所以,很多时候,特别是当股票直线攀升时,作为一个理智的投资者只能"适可而止"。

看一看那些暴涨又暴跌的股票走势,我们多多少少都能感受到《股票作手回忆录》中那句话的分量。以下是2015年的大牛股全通教育(300359)在2014—2020年的周线图,如图10-13所示。对照这幅图,再想想老子的"孰知其极,其无正也",我们或多或少会有所感悟吧。

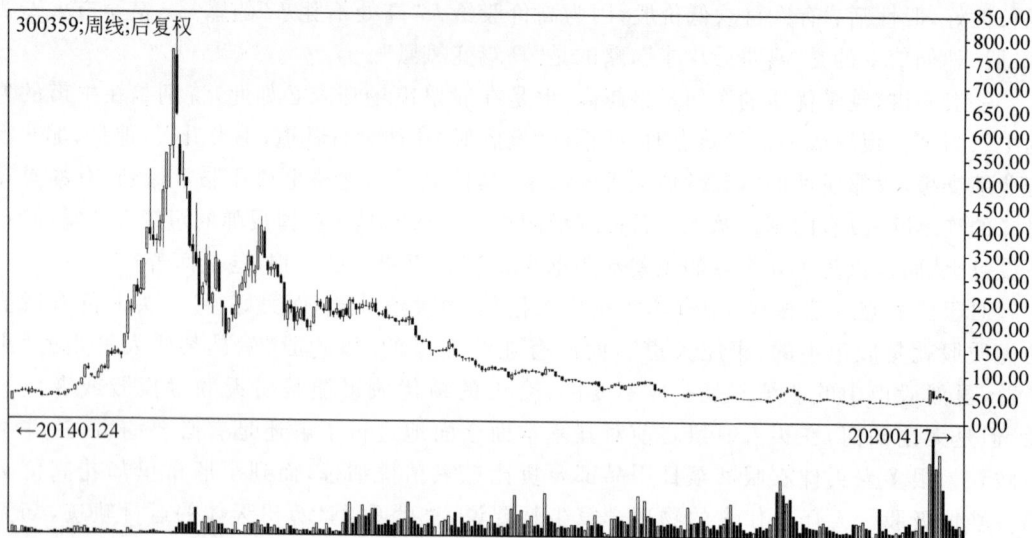

图 10-13　全通教育周线图

10.2.10　图难于其易,为大于其细

《道德经》第 63 章:

"为无为,事无事,味无味。

图难于其易,为大于其细。

天下难事,必作于易;

天下大事,必作于细。"

《黑客帝国》中,当尼奥一行从先知的家中出来时,尼奥发现走廊里有一只黑猫走过去,接着又有另一只走过去,甚至连动作都一模一样。正是这一细节使他意识到那是一个陷阱,因为这种 Déjà vu(似曾相识)只会在矩阵的代码被改动时才会出现,也正是这一发现使他们有了心理准备,最后得以死里逃生。在这一幕中,对细节的敏锐觉察是成败的关键。

如果说《黑客帝国》的一幕只是电影中想象的情节,则伟大的物理学家伦琴发现 X 射线的故事足以证明细节在现实中的重要性。

1895 年的一天,当伦琴在做阴极射线的实验时,为了防止外界光线对放电管的影响,他把房间全部弄黑,还用黑色硬纸给放电管做了个封套。为了检查封套是否漏光,他给放电管接上电源并确认封套没有漏光,然而,当他切断电源后,却意外地发现一米开外的工作台上有微光,而光是从射线管附近的荧光屏上发出的。由于阴极射线在空气中只能传播几厘米,伦琴敏锐地意识到那是一种尚未为人所知的新射线,于是将其命名为"X 射线"。也正因为这一重大发现,伦琴于 1901 年获得第一届诺贝尔物理学奖。

在股市中,细节同样很重要,例如,大盘见顶之时,各板块之间往往会有时间差。细心的投资者不难发现,当许多股票头部明确,甚至已经大幅下跌时,有的板块仍然在构筑头部,其至还在创出新高。此时,利用这段时间差对滞后的板块进行高抛往往能卖在理想的价位上。

又如,入市时间较长的朋友有没有对自己的交易情况进行过统计,例如操作风格是偏于短线还是中长线,盈利主要来自哪里,大盘向上和向下时能否跑赢大盘等。再如,当放跑一只牛股时,你有没有总结过究竟是什么原因,是在主力"示弱"时禁不起煎熬一抛了之,还是在拉升初期就匆匆落袋为安了,当时技术上有没有什么特征……总之,这些看上去不起眼的细节其实相当重要,对身边的细节多关心一下,多想一下为什么,对提高操作水平会有不小的帮助。

10.2.11　非以明民,将以愚之

《道德经》第 65 章:

"古之善为道者,非以明民,将以愚之。

民之难治,以其智多。

故以智治国,国之贼;不以智治国,国之福。

知此两者,亦稽式。常知稽式,是谓玄德。

玄德深矣,远矣,与物反矣,然后乃至大顺。"

对老子在这一章中要表达的思想长期以来一直存在着争议,有人认为此处的"非以明民,将以愚之"是封建帝王实施愚民政策的始作俑者,也有观点认为此处的"愚之"不是指愚民政策,而是倡导淳朴厚道,弃绝机巧奸诈。我们姑且放下这一争论,来看一看股市中的一些似是而非的理论。

早在大约 20 年前,就有一些股评人士推销一种概率论,即基于历史走势统计一年中每个月的涨跌概率,然后把这种概率作为支持看涨或看跌的一种依据,而这种理论居然不乏相信者。

概率无疑是存在的。如果将一枚硬币掷 1000 次或者 1 万次,则正面朝上的概率无疑应该是接近 50%的,但是,概率论是研究随机现象的一种理论,而股市的走势是随机的吗? 即使某一现象是随机的,概率论也不能建立在少数几次测试的基础上,例如,将一枚硬币掷 10 次,那么正面朝上的次数很可能不是 5 次,而是 6 次或 7 次,在这种情况下,我们能说正面朝上的概率是 60%或 70%吗?

同理,20 年前的中国股市不过是个十多岁的"幼儿",而在股市刚刚成立的前几年,由于股票数量少,制度不够完善,因此暴涨暴跌并不少见,如图 10-14 所示,因此即使要进行概率统计,最初的几年也应该予以排除。那么,用屈指可数的几年数据统计出的某月的涨跌概率究竟有什么意义呢?

另一个被广泛推销的"理念"是所谓的"强者恒强"。当前期的牛股经过一段时间的调整之后再度走强之时,某些吹鼓手会搬出"强者恒强"理论鼓吹"又一波主升浪",而此时往往是股价最后的冲高阶段,那些相信"强者恒强"理论而买入的将成为最后的接棒者,等待他们的是遥遥无期的价值回归之路。

股市是一个牵涉莫大利益的市场,因此经常会有一些别有用心之人制造一些似是而非

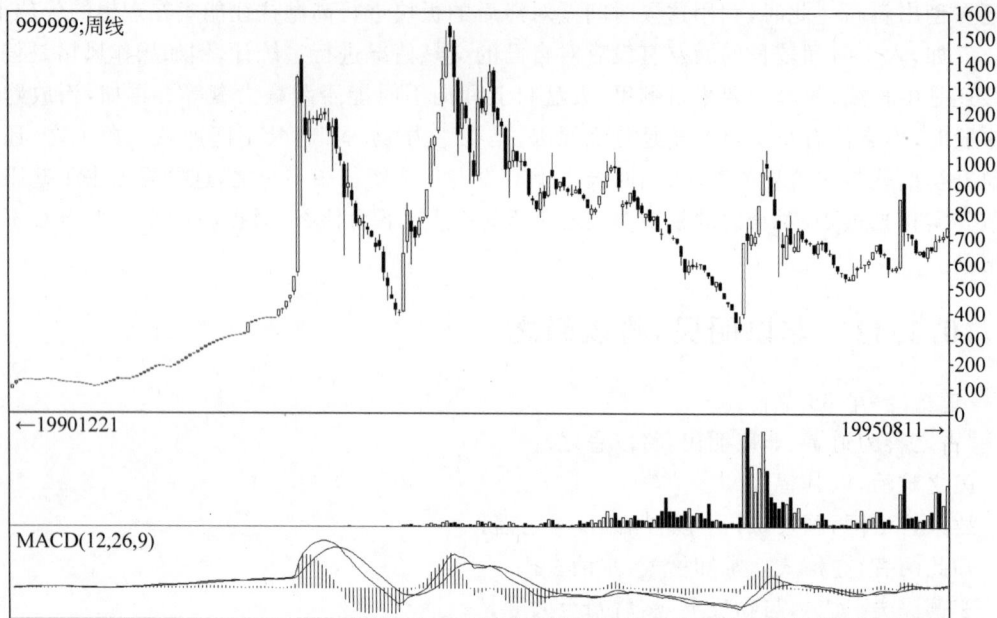

图 10-14　上证指数初期走势图

的理论来谋利。作为一个理性的投资者,不但要睁大眼睛,还要开动脑筋,想一想他们推销的理论是否经得起推敲,避免被愚弄。

10.2.12　不敢为天下先

《道德经》第 67 章:

"天下皆谓我道大,似不肖。

夫唯大,故似不肖,若肖,久矣其细也夫。

我有三宝,持而保之。

一曰慈,二曰俭,三曰不敢为天下先。"

老子在这一章提到了"三宝",其一是"慈",即仁慈或慈悲,其二是"俭",即节俭或节制,其三是"不敢为天下先",这里重点讲一下"不敢为天下先"。

趋势的形成往往是曲折的渐近的。事物的发展一般可以分为萌芽、发展、鼎盛、衰落和消亡等阶段。以一年中的四季为例,当冬天走到尽头之时,阳气萌生,草木开始发芽,但是草木的萌芽阶段是缓慢而艰难的,由于寒气未消,时不时的倒春寒往往令初生的新芽生长艰难甚至夭折。

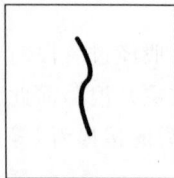

图 10-15　甲骨文中的"乙"字

在十天干之中,"甲""乙"代表春天,五行属"木",其中的"乙"就象征着草木萌发的艰难,如图 10-15 所示。《说文解字》对"乙"字的解释是:"乙,象春草木冤曲而出,阴气尚强,其出乙乙也",意思是说:"像春天的草木那样弯弯曲曲地长出,这时寒气仍然较强,生长十分艰难。"

同样,在股市中新趋势的形成也不是一帆风顺的。以2014—2015年的牛市行情为例,如图10-16所示。2009—2014年,股市经历了5年漫长的调整,其间总体趋势是逐波向下的。趋势的转折出现在2014年上半年,股指在2100点附近反复震荡,这一阶段就如同初春的新芽一样,"阴气尚存,其出乙乙"。

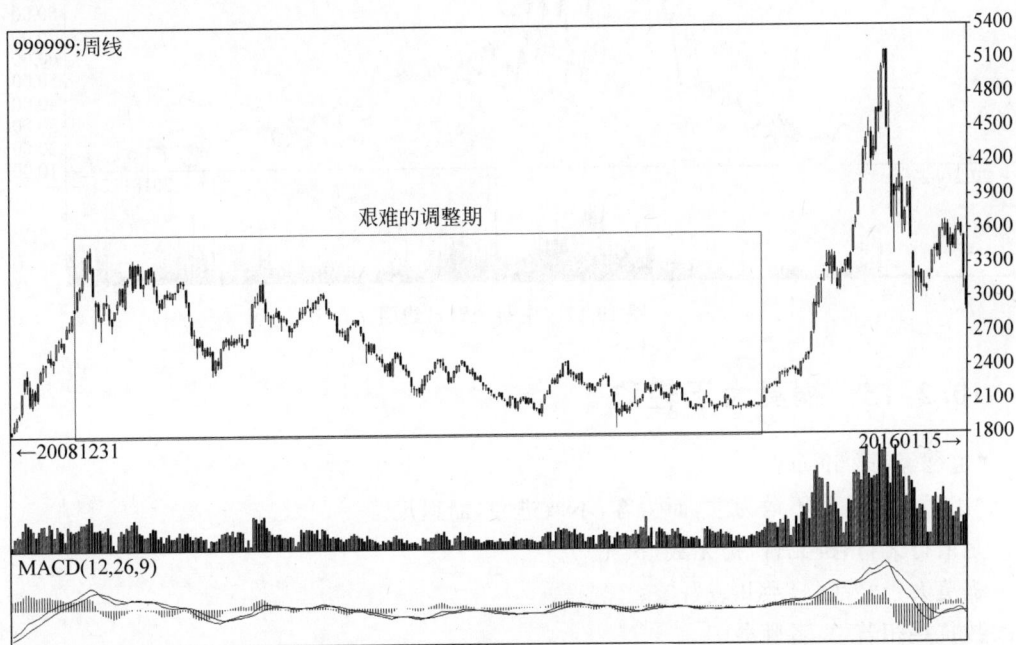

图10-16　上证指数牛市前艰难的调整期

在趋势未明或者趋势转折的阶段,明智的选择是"不敢为天下先"。很多投资者喜欢在下跌过程中"抄底",多数情况下这不是一个明智的选择,因为"熊市不言底",特别是一些前期涨幅巨大的"大牛股",它们的调整过程往往非常漫长。

以2015年的"大牛股"中科金财(002657)为例,如图10-17所示。该股在2015年5月创下186元的历史高点之后开始大幅调整。2017年1月份,在经历一年半的调整之后,该股股价跌到了36元附近,比高峰的时候跌去了80%。如果你觉得它已经跌无可跌,可以"抄底",那么后面等待你的还有无数的"低点",例如2017年4月的31.88元,2017年6月的26.70元,2017年7月的25.01元,2018年2月的16.99元,2018年10月的12.10元等。

所以,《股票作手回忆录》一书中写道:"股票永远不会太高,高到让你不能开始买进,也永远不会太低,低到不能开始卖出。"这句话虽然有些极端,但是表达的观点是非常清晰的:趋势不会轻易改变,永远不要去玩"猜底"的游戏,那会让你得不偿失。

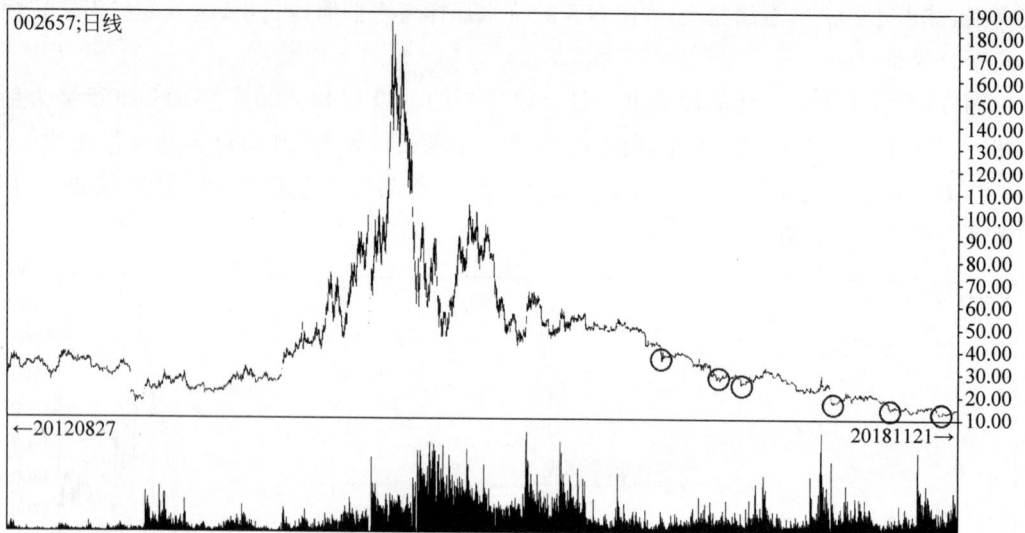

图 10-17 中科金财日线图

10.2.13 祸莫大于轻敌

《道德经》第 69 章：

"用兵有言：吾不敢为主，而为客，不敢进寸，而退尺。

是谓行无行，攘无臂，扔无敌，执无兵。

祸莫大于轻敌，轻敌几丧吾宝。

故抗兵相若，哀者胜矣。"

三国时的关羽无疑是一名传奇人物，他斩颜良、诛文丑、温酒斩华雄、战黄忠、单刀赴会、水淹七军，可谓战功赫赫，然而，他的结局并不好。

《三国志》的作者陈寿对关羽的描述是："称万人敌，为世虎臣，然刚而自矜。"当鲁肃设下鸿门宴邀请关羽赴会时，关羽曾说过："吾于千枪万刃之中，矢石交攻之际，匹马纵横，如入无人之境。岂忧江东群鼠乎！"这固然体现出关羽勇往无前的英雄气概，但也反映出他骄纵轻敌的一面。

当关羽开启声势浩大的北伐时，荆州出现了前所未有的空虚。此时吕蒙以治病为由返回建业，并建议孙权由当时名不见经传的陆逊暂代自己。陆逊为了进一步迷惑关羽，还给关羽写了一封信，对关羽的"丰功伟绩"大肆吹捧，并表达了对关羽的深深仰慕。关羽看完后眉飞色舞，对陆逊甚为轻视，也放松了对东吴的警惕。正是关羽的轻敌导致东吴偷袭荆州成功，关羽不得不败走麦城，最终被擒而丢了性命，其实，陆逊对关羽的了解非常深刻，在与吕蒙的交谈中他对关羽的评价是："羽矜其骁气，陵轹於人。始有大功，意骄志逸"，可谓入木三分。

在股市之中，轻敌更是要不得。股市中最大的敌人是谁？恰恰是你自己。当今时代，股票操作已经非常简单,计算机或者手机可以在数秒内完成你的委托,但你可能要在很长的时间里承受它的后果,所以,控制自己的想法很重要,所谓"一念天堂,一念地狱"并非虚言。《股票作手回忆录》中有一句话讲得好:"投机客要是能够学会什么事情,让他不自大,付任何代价都不算太高",这句话和"祸莫大于轻敌"异曲同工,值得我们深思。

10.2.14 天网恢恢,疏而不失

《道德经》第 73 章:

"勇于敢则杀,勇于不敢则活。

此两者,或利或害,天之所恶,孰知其故。

天之道,不争而善胜,不言而善应,不召而自来,繟然而善谋。

天网恢恢,疏而不失。"

任何方法都有它的弱点。有的方法在某些阶段"如鱼得水",那是因为它恰好顺应了那个阶段的市场,但是当那个"顺风顺水"的阶段结束时,也就是该"还债"的时候了。

例如,放量大阳线上穿年线是不是看涨?确实,很多情况下这种走势是大行情的标志。以下是海辰药业(300584)在 2021—2022 年的一段走势,如图 10-18 所示,放量大阳线上穿年线后就催生了一波大行情。

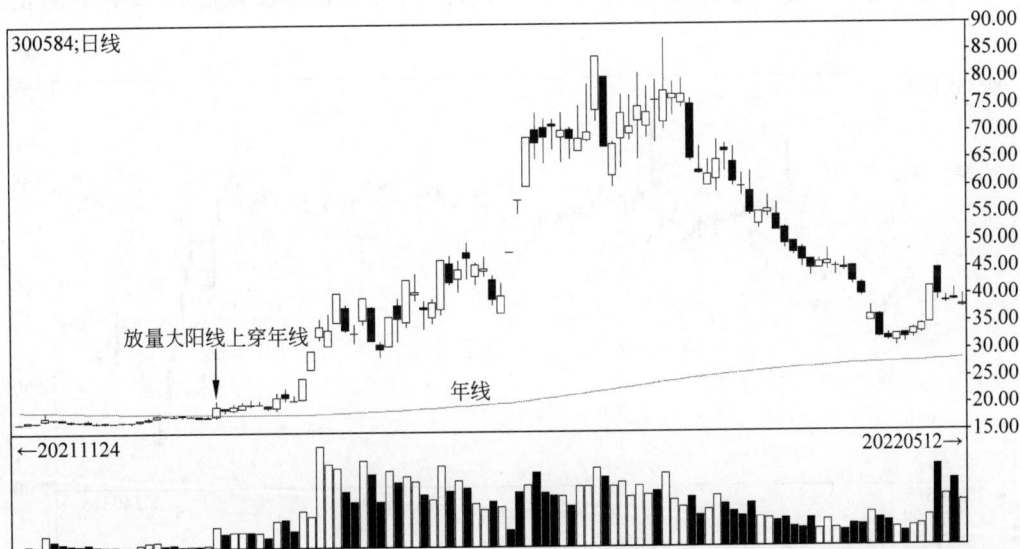

图 10-18 海辰药业日线图

但是,也有不少情况下,放量大阳线上穿年线后行情就基本结束了。以下是日发精机(002520)在 2023—2024 年的一段走势,如图 10-19 所示,其中至少有两次出现这种走势,但是都是第 2 天上冲后就见顶了。

日发精机的情况还算好的,至少第 2 天有个上冲,给了短线客获利了结的机会。也有一些情况下,上穿年线那天就是阶段性顶部,买入就被套,顺灏股份(002565)在 2023—2024 年

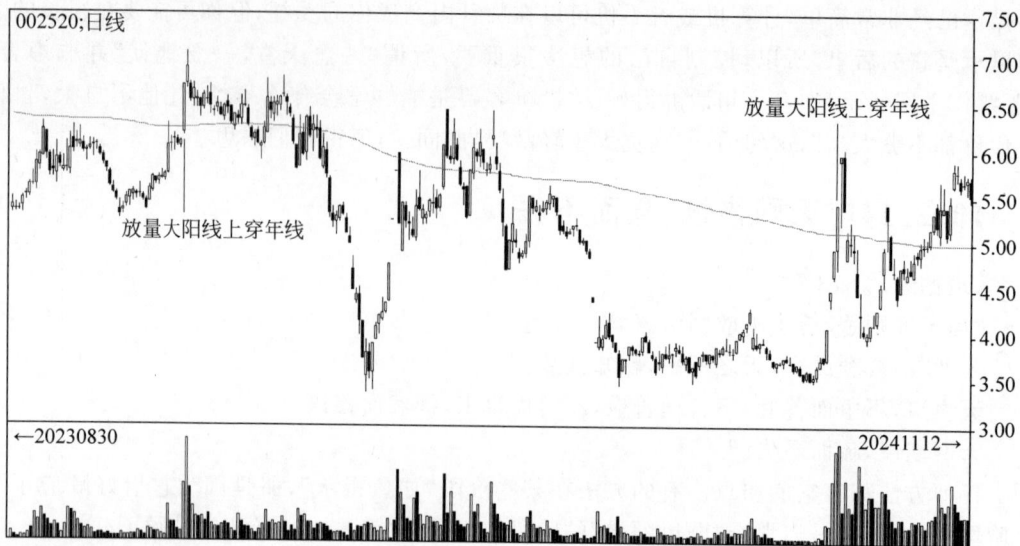

图 10-19　日发精机日线图

的一段走势就是一个例子,如图 10-20 所示,其中有一天该股以巨量上穿年线,但是第 2 天就低开低走,此后更是一路杀跌,冲上年线后买入的投资者要么被套其中,要么只能止损出局。

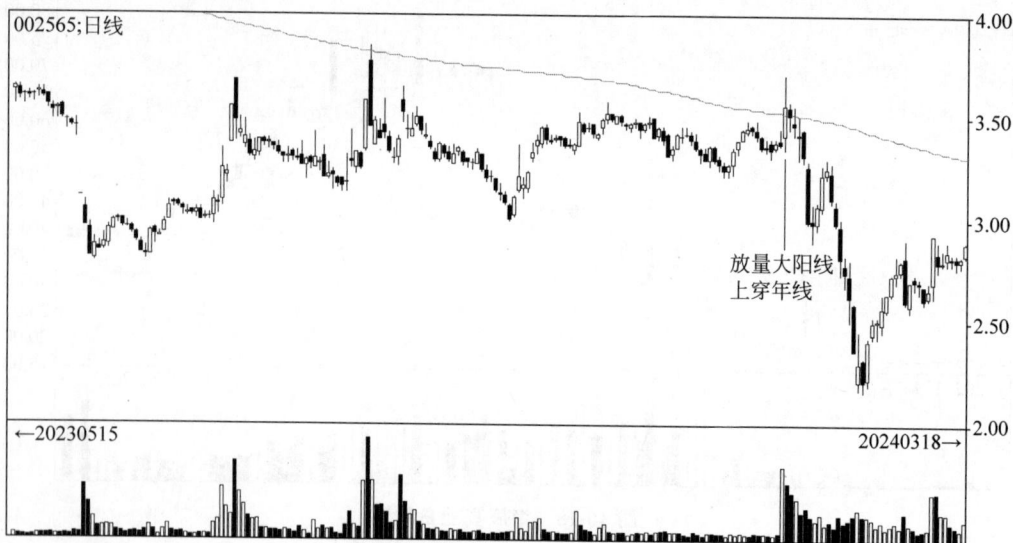

图 10-20　顺灏股份日线图

又如,年线上三浪调整后是不是应该看涨?确实,不少牛股就是这样构筑上涨中继的,第 7 章中就举了不少这样的例子,但是,也有不少情况下后面不是拉升,而是杀跌。以下是万达影城(002739)在 2023—2024 年的一段走势,如图 10-21 所示,其中就出现了三浪调整的形态,但是后市该股并没有发力上攻,而是在震荡一阵后又跌破了年线。

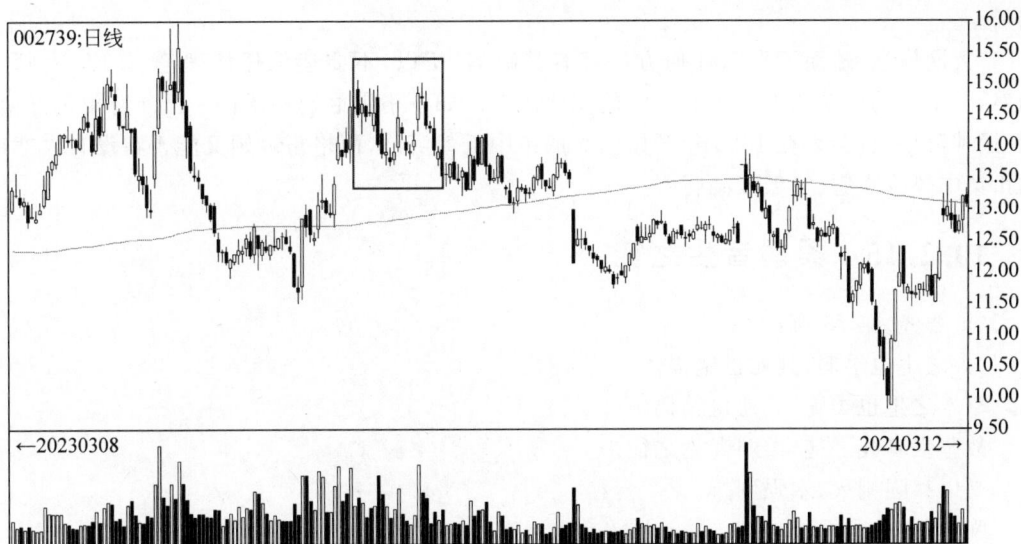

图 10-21　万达影城日线图

　　其实,不管是价值投资还是技术分析都有自身的弱点,用"天网恢恢,疏而不失"来形容也并不为过。本杰明·格雷厄姆和威廉·江恩的人生传奇就是这句话的完美注解。

　　价值投资的鼻祖,《聪明的投资者》的作者本杰明·格雷厄姆早期通过数学量化分析挖掘出了众多绝佳的投资机会,获利颇丰。1926 年,32 岁的格雷厄姆成立了自己的投资基金,经过 3 年的运作,该基金的资产从最初的 40 万美元增值到约 250 万美元(含新增资金),年均收益率超过 20%,远远高于同期道琼斯工业指数的上涨速度,年仅 35 岁的格雷厄姆成了百万富翁。当年的百万美元可不是一个小数目,如果考虑通货膨胀等因素,则他当时的财富相当于今天的数千万美元。

　　然而,天有不测风云,志得意满的格雷厄姆在 1929 年开始的华尔街崩盘中损失惨重,几近破产。可见,价值投资也有它的致命弱点,在大熊市的背景下,价值投资者往往因为长线持有"价值"股票而遭遇巨额亏损,甚至遭遇灭顶之灾。

　　威廉·江恩则是技术派人士熟知的一位技术分析大师,他的《华尔街 45 年》也是一部经典著作,他甚至被一些技术人士奉若神明。

　　江恩用自己创造的以数学及几何理论为基础的买卖方法赚取了 5000 多万美元。1909年,美国一家杂志社对江恩进行了长达 25 天的跟踪采访,期间江恩共进行了 286 次买卖,其中 264 次盈利,22 次损失,盈利率高达 92.3%。更为神奇的是,江恩还成功预言到 1929 年股市崩盘的时间。在 1928 年 11 月 3 日出版的每年展望中,他预言 1929 年 9 月是一个危险的月份,而道琼斯工业平均指数也确实在 1929 年 9 月 3 日见顶,高点为 386.10 点。在此后数年的大熊市中,道指一路下跌,直到 1932 年 7 月触底 40.56 点,跌幅高达近九成。

　　然而,"神人"江恩最终并没有守住他的财富。他死后,他的儿子在接受采访时坦言,江恩仅留下了 10 万美元的遗产。他最终将绝大部分盈利还给了市场,这就是一代技术大师的结局。

"天网恢恢,疏而不失",任何方法都有其缺陷,所以,不要迷信任何理论、任何"大师"。当然,一个人的成功或失败也有一定的偶然因素。如果格雷厄姆和沃伦·巴菲特角色互换,则"股神"巴菲特会否在 1929 年开始的大熊市中折戟沉沙,而格雷厄姆又能否在没有大熊市的市场中风生水起、笑傲江湖呢?

10.2.15　柔弱者生之徒

《道德经》第 76 章:

"人之生也柔弱,其死也坚强。

草木之生也柔脆,其死也枯槁。

故坚强者死之徒,柔弱者生之徒。

是以兵强则灭,木强则折。

强大处下,柔弱处上。"

世人都被教导要"坚强",而老子却告诉我们"坚强者死之徒,柔弱者生之徒",孰对孰错?

《股票作手回忆录》中记载了这样一个故事。珀西·托马斯,一个棉花行业的重量级人物,多次和主人公利文斯顿讨论棉花行情。他"熟悉棉花的一切,从理论到实践无一不精。他拿出大量事实和数据,于是利文斯顿被说服,他开始大笔买进棉花,还不断加码,前后一共买入 44 万包,成为市场上屈指可数的"大户",然而,他做反了,当他最后忍痛出局时,他亏掉了股票和商品期货上赚来的所有利润。

这其实是发生在杰西·利弗莫尔身上的一个真实的故事,只不过那个怂恿他做多的人不是珀西·托马斯,而是泰迪·普莱斯。1908 年,利弗莫尔听信的普莱斯做多棉花期货,但后者却悄悄做空,利弗莫尔由此破产。利弗莫尔的这次破产固然是他没有坚持自己的独立判断造成的,但是其中的另一个重要的因素是他孤注一掷地大买特买,最后成了"多头主力"。证券市场上有不少人迷信主力,其实主力在很多时候日子并不好过,最大的问题是他必须找到足够的"对手盘"。

《魏书·吐谷浑传》中有一个阿豺折箭的故事,讲的是吐谷浑王国的事。吐谷浑的阿豺有二十个儿子。在他病危时,他让儿子们每个人献一支箭,然后拿出一支箭给他的弟弟慕利延,让他折断这支箭,慕利延轻松地做到了。接着,他又拿出十九支箭让慕利延折断它们,这次慕利延没有做到。于是,阿豺说道:"你们知道吗?势单力孤容易折断,聚集成众就难以折断了。只要你们戮力同心,江山社稷方可巩固。"说完就咽了气。

这个故事的寓意是"众人齐心,其利断金",在日常生活中也确实如此,但是在证券市场中则未必。当你成为一个"大户",特别是一个广为人知的"大户"时,也意味着明里暗里你已经成了众矢之的。作为一个"柔弱"的中小投资者,最大的好处就是"船小好掉头"。当发现市场走弱且没有太好的投资机会时,最简单的方法就是清仓出局观望,但是,清仓出局对"坚强"的主力来讲却绝非易事。大量的筹码意味着他们必须花费时日寻找对手盘,而大量的抛售又意味着股价缩水,这反过来又让抛售更加困难。

近年来,监管部门加大对市场操纵的打击力度,处罚了多起操纵市场大案,人们惊奇地发现,那些大户们动用大量资金操纵股价却常常换来巨额亏损。

2020 年 11 月底,证监会发布了对德美化工股价案的处罚决定([2020]103 号)。2017年 2 月 28 日至 2018 年 2 月 22 日期间,刘晓东通过控制"胡某霞"等 16 个个人证券账户及"方正东亚信托有限责任公司-方正东亚·盈泰价值单一资金信托"等 28 个单一资金信托证券账户,操纵德美化工股价,其间共动用资金 26.5 亿元,买卖额度共 103 亿元,最终却亏损了 5 亿多元。

又如,2023 年,证监会公布的一则行政处罚决定书显示,时任凤形股份副董事长、总经理陈维新、李卫卫等 5 人,采取不以成交为目的的频繁或大额申报、撤单等手段,控制 115 个证券账户操纵凤形股份,最终却亏损了 3.04 亿元。

据报道,在上述案例中的李卫卫被称为"华北第一操盘手",曾多次因操纵股价被罚。李卫卫曾与阜兴集团董事长朱一栋联手操纵"大连电瓷"(002606),阜兴集团、李卫卫累计控制使用 461 个账户交易大连电瓷股票,虽然有着资金和信息的优势,但仍然亏损了 5.51 亿元。

种种事例说明,在股市中,做"坚强"的主力并非上佳的选择,老子所讲的"坚强者死之徒,柔弱者生之徒"早已为我们指明了方向。"柔弱"的中小投资者虽然没有资金和信息的优势,但是,只要他们有"道"有"德",操作得法,那么他们在股市中的胜算甚至比"坚强"的主力更大。

10.2.16　理想国

《道德经》第 80 章:

"小国寡民。

使有什伯之器而不用,使民重死而不远徙。

虽有舟舆,无所乘之;虽有甲兵,无所陈之。

使民复结绳而用之。

甘其食,美其服,安其居,乐其俗。

邻国相望,鸡犬之声相闻,民至老死不相往来。"

这一章描述了老子对理想社会的一种愿景。在这充满着上古淳朴之风的图景之中,人与人相互尊重、和谐共处、没有战争,甚至船只车辆也用不上了,因为百姓安居乐业,无须为了生计而背井离乡。

老子的时代距今已有两千多年了。在这两千多年里,人类的科学技术确实有了长足的进步,然而现在的人们却似乎活得更加焦虑了。在和平岁月,人们为工作、生活、家庭奔忙;在战争年代,人们的苦难更是无穷无尽:饥荒、伤残、心灵创伤……可见,科技和物质文明的进步,只有伴随着精神、伦理和道德水平的整体提高,才能使人类文明实现质的飞跃,从而最终实现理想社会。

在一个理想社会里,金钱有没有必要存在?影视系列《星际迷航》描述了 24 世纪人类社会的景象:金钱已经不复存在,获取财富不再是生活的动力,工作是为了改进自我还有整个人类。如果金钱不复存在,则股市也将自然而然地消亡,所谓"皮之不存,毛将焉附"。那么,在股海中沉浮的芸芸众生会不会欣然接受呢?

对很多人来讲,一生中最快乐的时光莫过于童年时代,因为童年时代是无忧无虑的,不必为金钱和一切世俗的东西而烦恼。随着年龄的增长,我们不得不和物质、金钱打交道。在"成功"地获得物质和金钱时,一种暂时的满足感油然而生,而这也不可避免地产生了想要获得更多的欲求,以期再次享受那种快感。于是,这慢慢成为一种思维定势、一种束缚,甚至是一种枷锁。

柏拉图在他的《理想国》中提出了一个"洞穴之喻"。一些囚徒从童年开始便居住在一个洞穴里,他们被铁链束缚着,眼睛只能看到前方洞壁上的影子。他们后上方的洞口处则燃着一堆火,火与洞口之间有一条稍微隆起的路,上面有一堵矮墙。有一些人扛着各种各样的器具、雕像、画像之类的东西沿着那道矮墙移动,这些东西的影子由火光投影到洞壁上,这些囚徒自然而然地认为影子是唯一真实的事物。如果其中的一个囚徒碰巧获释走出洞穴,看到了阳光下的真实世界,此时,他会意识到以前所生活的世界只不过是一个洞穴,而以前所认为的真实事物也只不过是影子而已。

柏拉图在《理想国》中断言:"我们其实在本质上和他们也差不多。在这个洞穴中,他们只能看到由火光投射到洞底墙壁上的影子,这些影子中当然也包括他们自己和同伴们的影子。"他还指出:"如果他们那些本质在他们年幼的时候就受到一番陶冶,使他们摒弃了追求肉体上的快感,例如吃和喝。正是这些快感从他们出生之日起就附在他们身上,成为一种引诱他们堕落的力量,把他们往下拖,使他们的灵魂的视野转向下层的东西。"

柏拉图比喻中的铁链,除了吃喝这些"肉体上的快感"之外,也包括对物质和金钱的追求。从本质上讲,这就是《道德经》第12章所讲的"五色""五音""五味""驰骋畋猎",也就是人的欲望。如果不能很好地控制自己的欲望,则等待人类的可能不是理想国,而是灾难,甚至是毁灭。

本书是一本关于股票的书,在一本这样的书中谈及这些似乎有些离题,但是,人终究要有些理想的,否则人和动物还有什么区别?匈牙利诗人裴多菲在他著名的诗歌《自由与爱情》中写道:"生命诚可贵,爱情价更高,若为自由故,两者皆可抛。"自由有很多种,身体的自由是一种,财务的自由是另一种,而比它们更重要的是心灵的自由。股市中人追求的是财务自由,这本无可厚非,不过在追求财富的同时,也不要忘了"五色令人目盲;五音令人耳聋;五味令人口爽;驰骋畋猎,令人心发狂"这句话,更不要让财富成为心灵自由的羁绊。

图书推荐

书名	作者
HarmonyOS 移动应用开发(ArkTS 版)	刘安战、余雨萍、陈争艳 等
Vue+Spring Boot 前后端分离开发实战(第 2 版·微课视频版)	贾志杰
仓颉语言网络编程	张磊
仓颉语言实战(微课视频版)	张磊
仓颉语言核心编程——入门、进阶与实战	徐礼文
仓颉语言程序设计	董昱
仓颉程序设计语言	刘安战
仓颉语言元编程	张磊
仓颉语言极速入门——UI 全场景实战	张云波
仓颉语言网络编程	张磊
公有云安全实践(AWS 版·微课视频版)	陈涛、陈庭暄
虚拟化 KVM 极速入门	陈涛
移动 GIS 开发与应用——基于 ArcGIS Maps SDK for Kotlin	董昱
Node. js 全栈开发项目实践——Egg. js+Vue. js+uni-app+MongoDB(微课视频版)	葛天胜
前端工程化——体系架构与基础建设(微课视频版)	李恒谦
TypeScript 框架开发实践(微课视频版)	曾振中
Chrome 浏览器插件开发(微课视频版)	乔凯
精讲 MySQL 复杂查询	张方兴
精讲数据结构(Java 语言实现)	塔拉
Kubernetes API Server 源码分析与扩展开发(微课视频版)	张海龙
Spring Cloud Alibaba 微服务开发	李西明、陈立为
解密 SSM——从架构到实践	鲍源野、江宇奇、饶欢欢
编译器之旅——打造自己的编程语言(微课视频版)	于东亮
全栈接口自动化测试实践	胡胜强、单镜石、李睿
Spring Boot+Vue. js+uni-app 全栈开发	夏运虎、姚晓峰
Selenium 3 自动化测试——从 Python 基础到框架封装实战(微课视频版)	栗任龙
NDK 开发与实践(入门篇)	蒋超
跟我一起学 uni-app——从零基础到项目上线(微课视频版)	陈斯佳
Python Streamlit 从入门到实战——快速构建机器学习和数据科学 Web 应用(微课视频版)	王鑫
C++元编程与通用设计模式实现	宋炜
Java 项目实战——深入理解大型互联网企业通用技术(基础篇)	廖志伟
Java 项目实战——深入理解大型互联网企业通用技术(进阶篇)	廖志伟
恶意代码逆向分析基础详解	刘晓阳
网络攻防中的匿名链路设计与实现	杨昌家
零基础入门 CyberChef 分析恶意样本文件	黄雪丹、任嘉妍
Spring Boot 3.0 开发实战	李西明、陈立为
Go 语言零基础入门(微课视频版)	郭志勇
零基础入门 Rust-Rocket 框架	盛逸飞
SageMath 程序设计	于红博
NIO 高并发 WebSocket 框架开发(微课视频版)	刘宁萌
数据星河：构建现代化数据仓库之路	程志远、左岩、翟文麟

书　　名	作　　者
全解深度学习——九大核心算法	于浩文
跟我一起学深度学习	王成、黄晓辉
大模型时代——智能体的崛起与应用实践(微课视频版)	王瑞平、张美航、王瑞芳 等
强化学习——从原理到实践	李福林
HuggingFace 自然语言处理详解——基于 BERT 中文模型的任务实战	李福林
动手学推荐系统——基于 PyTorch 的算法实现(微课视频版)	於方仁
深度学习——从零基础快速入门到项目实践	文青山
LangChain 与新时代生产力——AI 应用开发之路	陆梦阳、朱剑、孙罗庚、韩中俊
玩转 OpenCV——基于 Python 的原理详解与项目实践	刘爽
Transformer 模型开发从 0 到 1——原理深入与项目实践	李瑞涛
语音与音乐信号处理轻松入门(基于 Python 与 PyTorch)	姚利民
图像识别——深度学习模型理论与实战	于浩文
GPT 多模态大模型与 AI Agent 智能体	陈敬雷
非线性最优化算法与实践(微课视频版)	龙强、赵克全
Python 量化交易实战——使用 vn.py 构建交易系统	欧阳鹏程
基金量化之道——系统搭建与实践精要	欧阳鹏程
编程改变生活——用 Qt 6 创建 GUI 程序(基础篇·微课视频版)	邢世通
编程改变生活——用 Qt 6 创建 GUI 程序(进阶篇·微课视频版)	邢世通
编程改变生活——用 PySide6/PyQt6 创建 GUI 程序(基础篇·微课视频版)	邢世通
编程改变生活——用 PySide6/PyQt6 创建 GUI 程序(进阶篇·微课视频版)	邢世通
编程改变生活——用 Python 提升你的能力(基础篇·微课视频版)	邢世通
编程改变生活——用 Python 提升你的能力(进阶篇·微课视频版)	邢世通
Python 区块链量化交易	陈林仙
Unity 编辑器开发与拓展	张寿昆
Unity 游戏单位驱动设计	张寿昆
Unity3D 插件开发之路	陈星睿
Python 全栈开发——数据分析	夏正东
Python 全栈开发——Web 编程	夏正东
Linux x86 汇编语言视角下的 shellcode 开发与分析	刘晓阳
从数据科学看懂数字化转型——数据如何改变世界	刘通
FFmpeg 入门详解——音视频原理及应用	梅会东
FFmpeg 入门详解——流媒体直播原理及应用	梅会东
FFmpeg 入门详解——命令行与音视频特效原理及应用	梅会东
FFmpeg 入门详解——音视频流媒体播放器原理及应用	梅会东
FFmpeg 入门详解——视频监控与 ONVIF＋GB28181 原理及应用	梅会东
深入浅出 Power Query M 语言	黄福星
深入浅出 DAX——Excel Power Pivot 和 Power BI 高效数据分析	黄福星
从 Excel 到 Python 数据分析：Pandas、xlwings、openpyxl、Matplotlib 的交互与应用	黄福星
云计算管理配置与实战	杨昌家
AI 芯片开发核心技术详解	吴建明、吴一昊
MLIR 编译器原理与实践	吴建明、吴一昊